제8판

# 무역실무

구종순 저

박영사

# | 제8판을 내면서 |

먼저 이 책을 애독해 주신 여러 독자들에게 참으로 감사의 인사를 드리고자 한다. 특히 이 책을 교재로 채택해 주신 일선의 교수님들, 국제통상직, 관세사 등 각종 고시 준비를 하고 취업에 대비해 왔던 독자들, 그리고 무역업을 창업하고 무역거래에서 지침서로 활용해 주신 일선 실무자들에게 무한한 감사를 드린다.

최근 우리나라의 경제가 암울하다는 징후는 곳곳에서 포착되고 있고, 뉴스에서는 1/4분기 우리나라 경제성장률이 마이너스라고 보도되었다. 반도체 수출이 저조하다는 게 주요 원인이라 했다. 내수시장이 좁은 우리나라의 성장 동력은 대외무역이 아닐 수가 없다. 무역으로 나라를 세운다는 마음자세를 다시 한 번 되새길 필요가 있다.

이번 제8판에서는 전체적인 틀은 변화를 주지 않고 다음과 같은 점에 주안점을 두고 개정하였다.

첫째, 우리나라 대외무역법의 가장 최근까지의 개정 사항을 반영하였다. 무역은 국가 간의 상거래이기 때문에 일반적인 상거래와는 달리 국가적 차원의 관리가 필요하다. 이에 따라 우리나라의 모든 무역은 대외무역법의 범위 내에서 이루어지고 있기 때문에 이 책 전반에 걸쳐 대외무역법과 관련된 내용을 업데이트하였다.

둘째, 제1부 2장 전자무역 분야의 내용을 현실에 맞게 조정하였다. 전자무역과 관련된 법률을 새로 소개하였고, 전자무역 관련기관으로 전자무역기반사업자의 내용을 정리하고 여기서 제공하는 전자무역기반사업자의 서비스를 일목요연하게 그림으로 제시하였다.

셋째, 제2부 5장 무역지원제도에서 무역금융과 관련하여 금융중개지원대출관련 내용을 소개하였다. 이 내용은 그동안 간과되어 왔던 것인데 이번 개정에서 그 내용을 자세하게 정리하였다.

넷째, 제2부 6장 클레임 및 상사중재에서 표준중재조항 부분을 새로운 것으로 대체하였으며 그 내용도 알기 쉽도록 정리하였다.

마지막으로 그동안 강의를 하면서 느꼈던 애매하거나 중복되는 분야를 확실히 정리하였다. 독자들이 질문했던 사항에 대해서도 알기 쉽게 정리하였다.

흔히들 끝이 없는 시작은 없다고들 하지만, 저서의 개정 작업만은 정말 끝이 없는 시작인 것을 느낀다. 나름대로 많은 자료와 신념을 가지고 작업에 임했지만 부족한 점이 많은 줄 안다. 지금까지 해 왔던 것처럼 독자 여러분의 아낌없는 비판과 질타를 바라며 저자 또한 이런 비판과 질타를 통해 끊임없이 매진할 것을 약속드린다.

끝으로 이번 개정을 흔쾌히 허락해 주신 박영사의 안종만 회장님, 임재무 상무님에게 감사드리며 또한 이번에 저자의 까다로운 편집 요구로 고생을 많이 하신 편집부 배근하 선생님께 감사드린다.

2019년 4월

저자 씀

# 머 리 말

대망의 2000년부터는 우리 나라의 무역업도 완전 자유화가 되어 우리 국민이면 누구나 지구상의 어떤 국가와도 무역거래를 할 수 있게 된다. 그 동안 까다롭고 복잡하게 느껴졌던 우리 나라에서의 무역거래도 이제 쉽고 간편한 OECD형 무역거래로 바뀌고 있는 것이다. 이런 대변화에 발맞추어 드넓은 세계시장으로 나아가고 싶어하는 젊은 무역학도들의 길잡이로서 무역실무를 집필하게 되었다.

이 책은 저자가 지난 20여 년 동안 대학강단 및 일선 무역업체에서 무역실무, 신용장, 해상보험, 무역계약 등 무역실무 분야를 강의하면서 느꼈던 점을 체계화한 것인데 모두 4부 15개 장으로 구성되어 있다.

제 1부에서는 준비과정으로서, 무역거래의 구체적 내용을 이해하는 데 필요한 무역의 기초개념과 우리 나라 대외무역법의 기본내용을 다루었다.

이후부터는 무역거래의 진행과정에 따라 내용이 전개되는데 제 2부는 해외시장조사에서 시작하여 무역계약이 체결되는 과정까지를 단계별로 다루었다. 특히 무역거래의 핵심이 되는 무역가격조건, 국제운송, 해상보험 및 대금결제에 중점을 두었는데 이는 무역, 운송, 보험, 결제 모두를 한 권의 책으로 이해할 수 있도록 시도한 것이다.

제 3부는 무역계약이 체결된 후 수출 및 수입이 이행되는 구체적 절차를 다루었다. 상관습이나 무역의 성격에 따라 거래절차가 다르기 때문에 일목요연한 절차를 정립하는 것이 어려웠지만 우리 나라에서 많이 이용되는 신용장방식의 거래를 중심으로 설명하였다. 그리고 수출입과정을 현장감 있게 설명하기 위해 현재 사용되고 있는 주요 서식을 내용별로 첨부하였다.

마지막으로 제 4부는 무역거래와 관련되는 여러 가지 제도와 클레임 해결과정을 다루었다. 무역관련제도는 수출입의 이행과정에서 참고ㆍ활용될 성질이지만 그 내용이 너무 많아 별도로 다루었다. 그리고 클레임의 해결과정은 무역거래의 최종 단계이므로 이 책의 마지막 장에서 다루었다.

무역실무는 무역업의 창업을 준비하는 기성세대부터 대학에 입학하여 1년이 지난 풋풋한 젊은 무역학도에 이르기까지 독자층이 다양하지만 이 책은 대학교재로서 미래를 준비하는 학생들을 주요 대상으로 하였다. 다양한 국가간의 상거래를 한 권의 책으로 일목요연하게 집필하는 것은 정말 어려운 일이었다. 여러 가지 부족한 점이 많을 줄로 생각한다. 아무쪼록 아낌없는 비판을 바라며 저자 또한 이런 비판을 토대로 끊임없이 매진할 것을 약속한다.

이 책을 쓰는 과정에서 저자는 많은 사람들의 도움을 받았다. 먼저 대전대학교 무역학과 선길균 교수님은 시종일관 옆에서 주옥같은 조언을 아끼지 않으셨다. 이 자리를 빌어 다시 한번 감사 드린다. 그리고 한일관세사의 김찬만 관세사님, 동양화재해상보험의 이일령 이사님, 전자통신연구원의 조성원 박사, 능률협회의 이제현 선임연구원은 관련 분야에 대한 조언과 더불어 귀중한 자료를 제공해 주었다. 충남대학교를 졸업하고 일선에서 근무하는 많은 제자들도 까다로운 자료 요청과 질의에도 불구하고 성심껏 저자를 도왔다. 중소기업은행의 김은태 대리, 쌍용화재보험의 엄걸 군에게 감사 드린다. 아울러 이 책의 집필·정리 과정에서 대학원생 유영신 양은 바쁜 연구원 업무에도 불구하고 원고 및 서식의 정리를 정성껏 해 주었다. 진심으로 그 노고에 감사 드린다.

박영사의 안종만 사장님, 송일근 편집부장님, 이구만 차장님, 김희경 선생님을 위시하여 많은 분들이 이 책의 출간을 위해 애써 주셨다. 이 분들께 진심으로 감사 드린다.

1999년 2월
저자 씀

무역실무

The Practice
IN Trade

# | 차 례 |

## |제1부| 무역거래의 구성 ___ The Practice IN Trade

# 제4장 국제운송

# 제6장 무역대금결제

# |제2부| 무역거래의 절차
The Practice IN Trade

# 제1장 해외시장조사와 오퍼

# 제 4 장　수입이행의 주요 단계

# 제 5 장　무역지원제도

The Practice IN Trade

제 **1** 부

# 무역거래의 구성

# Summary

무역은 국가와 국가간에 물품을 사고파는 상거래이다. 세계무역은 자유로운 무역을 원칙으로 하지만 대부분의 국가는 자국의 경제정책에 맞추어 수출을 촉진하고 수입을 적정하게 조정하는 무역관리를 시행하고 있다. 우리나라도 무역관계법규를 통해 무역거래자 중 일정 자격요건을 갖춘 자를 종합무역상사, 전문무역상사 등으로 지정하여 수출의 견인차 역할을 하도록 하고 있으며, 수출입물품도 수출입공고, 통합공고 등을 통해 일정 제한을 가하고 있다. 우리나라는 가공무역이 주류를 이루고 있지만 그 밖에 중계무역, 연계무역, 수위탁판매무역, 임대차무역 등도 활발히 이루어지고 있다.

무역거래에서는 수백 년 동안 상관습으로 내려 온 FOB, CIF 등과 같은 정형화된 거래조건이 사용되고 있고 운송, 보험 및 금융결제 시스템이 뒷받침됨으로써 거래가 실행된다. 정형화된 거래조건은 Incoterms에 의해 당사자간의 의무가 명백히 규정됨으로써 분쟁요소를 사전에 방지하였다. 아울러 무역거래는 해상운송과 더불어 발전해 왔지만 오늘날에는 육상운송, 항공운송, 컨테이너운송 등 모든 운송수단이 무역거래에서 이용되고 있다. 또한 상품의 장거리 운송에는 많은 위험이 따르기 때문에 해상보험을 통한 보호조치가 반드시 필요하며 아울러 금융기관은 공신력을 이용하여 수출업자와 수입업자간의 대금결제를 원활히 해준다.

이와 같이 정형화된 거래조건, 운송, 보험 및 금융은 무역거래를 수행하는데 절대적으로 필요한 중추적 기능이다.

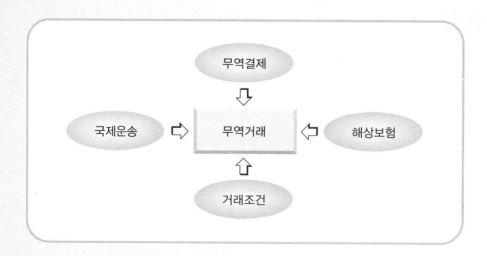

# 제 1 장

# 무역거래의 기초

무역은 물품을 사고파는 국가간의 거래이다. 무역거래에서 형성되어 온 상관습과 무역거래의 질서를 유지하는 무역관계법규 및 국제통일규칙이 무역실무의 주요 내용이 된다. 무역실무에 대한 이해를 돕기 위해서 먼저 무역은 어떠한 성질을 지니고 있으며, 우리나라에서는 누가 어떤 물품으로 무역업을 할 수 있는지 그리고 무역은 어떠한 형태로 이루어지는가를 살펴보기로 한다.

## 제1절 | 무역의 의의

### 1. 무역의 개념

무역은 국가와 국가간에 물품을 사고 파는 상거래를 말한다. 무역은 곧 물품의 매매를 의미하지만 동일한 국가 내에서 이루어지는 매매에 대해서는 대체로 무역이라는 표현을 쓰지 않는다. 일반적으로 말하는 무역은 다른 국가간에 이루어지는 상거래, 즉 외국과의 무역을 의미한다.

그리고 무역거래의 대상이 되는 물품(goods)은 넓은 의미에서 보면 일반적인 상품 외에도 용역, 자본거래 등을 모두 포함한다. 오늘날에는 정보통신망을 이용하여 소프트웨어와 같은 전자적 무체물을 사고팔기 때문에 이도 무역거래의 대상이 되고 있다.

무역은 관점에 따라서 국제무역, 세계무역, 외국무역 또는 대외무역으로 표현된다. 국제무역(international trade)은 일정한 지역 내의 여러 국가 사이의 무역거래를 객관적으로 볼 경우에 사용되는 표현이며, 세계무역(world trade)은 일정한 지역의 무역거래가 세계 전체로 확대될 때 사용하는 표현이다.

한편 외국무역(foreign trade) 또는 대외무역은 주관적인 관점에서 자국과 타국과의 무역, 즉 자국의 입장을 기준으로 다른 여러 나라와 이루어지는 무역을 의미한다. 예를 들어 거래상대방 국가와의 무역을 표시할 때에는 대일무역, 대미무역 등으로 표시한다.

무역이 지니고 있는 일반적인 성격을 살펴보면 다음과 같다.

첫째, 무역은 국가와 국가간의 상거래이기 때문에 일국 전체의 경제에 영향을 미치는 국민경제적 성격을 지닌다. 특히 부존자원이 빈약한 국가일수록 대외무역에 대한 의존도가 높아 무역의 중요성이 강조되고 있다.

둘째, 무역은 국민경제적 성격을 지니기 때문에 대부분의 국가들은 대외무역을 관리·통제한다. 개발도상국가들은 자국의 국제수지를 개선하고 국내산업을 보호하기 위해서 수입제한, 수출진흥정책 등을 통해 대외무역을 통제하며, 선진국들도 정도의 차이는 있지만 자국의 경제발전을 위해서 대외무역을 관리하고 있다.

셋째, 무역은 국내 상거래에 비해 위험도가 매우 높은 편이다. 먼저 장거리 대량운송으로 인해 상품의 도난, 분실, 파손 등과 같은 위험이 발생할 수 있으며 또한 수출업자와 수입업자간의 거래과정에서 수출대금의 회수가 어렵다든지 수입상품을 입수할 수 없는 위험이 따른다. 그리고 무역거래에는 환율변동에 따른 환위험이 수반되며 아울러 수입제한, 환거래제한 등 정책변동으로 인한 비상위험(political risk)이 발생할 수 있다.

넷째, 무역은 운송, 보험, 금융 등 여러 보조수단을 필요로 한다. 무역은 해상운송과 더불어 발전해 왔지만 오늘날에는 육상운송, 항공운송, 컨테이너운송 등 모든 운송수단이 무역거래에서 이용되고 있다. 또한 상품의 장거리 운송에는 많은 위험이 따르기 때문에 해상보험을 통한 보호조치가 반드시 필요하며 아울러 금융기관은 공신력을 이용하여 수출업자와 수입업자간의 대금결제를 원활히 해 준다.

다섯째, 정보통신기술의 발달과 컴퓨터의 보급으로 무역업무 중 많은 부분이 인터넷, 전자문서교환(electronic data interchange: EDI) 등 전자적 수단에 의해 수행되고 있다. 인터넷을 이용하여 해외시장정보를 얻어 거래를 제의하고 계약을 체결하기도 한다. 그리고 대부분의 선진국가들에서는 서류를 사용하지 않는 전자문서교환방식의 수출입통관절차를 시행하고 있다. 이와 같은 무역의 전자화는 과거 전통적 방식의 무역거래에 비해 시간과 비용을 절약할 수 있어 계속 확대되어 가고 있다.

여섯째, 오늘날 주요 국가들은 상호 관세를 철폐하거나 점차적으로 인하하는 자유무역협정(free trade agreement: FTA)을 체결하여 이 협정의 테두리 내에서 무역을 수행한다. 이에 따라 자국 생산을 증명하는 원산지증명서의 발급 등 원산지관리가 중요한 무역 업무로 등장하고 있다.

마지막으로 무역은 국제통일규칙에 의해서 상거래질서가 유지된다. 무역은 언어, 관습, 법률 등이 다른 국가 사이에 이루어지기 때문에 여러 가지 마찰과 분쟁이 발생할 소지가 있다. 이에 따라 UN, 국제상업회의소(International Chamber of Commerce: ICC) 등 여러 국제기구들은 그 동안 무역거래에서 보편화된 상관습을 수용하여 통일규칙을 제정하고 이를 당사자들의 합의에 의해 사용하도록 권고하고 있다. 따라서 오늘날의 무역거래는 이러한 국제통일규칙을 근간으로 수행되고 있다.

## 2. 무역관리

### 2-1 무역관리의 의의

무역은 한 나라의 경제발전에 많은 영향을 미치기 때문에 대부분의 국가들은 대외무역을 관리하고 있다. 국가가 무역거래에 개입하여 대외무역의 질서를 유지하고 자국의 경제정책에 맞추어 수출을 촉진하고 수입을 적정하게 조정하는 것을 무역관리라 한다.

일반적으로 부존자원이 빈약한 국가나 개발도상국가들은 대외무역을 효율적으로 관리함으로써 자국의 경제발전을 도모한다. 즉 국제수지를 개선하고 국내유아산업을 보호하기 위해 수출진흥, 수입제한 등과 같은 정책을 통해서 대외무역을 관리한다. 또한 선진국들도 대외무역을 진흥하고 공정한 수출입 거래질서를 확립하기 위해 대외무역을 어느 정도 조정하고 있다.

그러나 오늘날의 무역관리는 무역자유화라는 국제적 경향에 따라 무역거래를 제한하는 관리형태는 가급적 최소화하려는 경향이 있다. 따라서 무역관리를 통한 정부의 정책은 억제 또는 제한적인 것보다 오히려 공정한 거래질서를 유지하고 국제무역의 효율성을 기하려는 자율적인 형태를 띠고 있다.

### 2-2 무역관리의 일반적 형태

(1) 관　세

관세는 수출입물품에 부과되는 조세이며 수입관세와 수출관세로 구분된다. 수입관세는 국가의 재정 확보 혹은 국내산업을 보호하기 위해서 부과되는데 수입을 억제하는 효과가 있다. 수출관세도 재정의 확보나 수출통제의 효과는 있지만 모든 국가들이 수출을 장려하는 입장에 있기 때문에 수출관세는 거의 부과되지 않는다.

(2) 수량제한

수출입물품의 수량이나 금액을 제한하기 위해서 국가별 또는 품목별로 일정 한도(quota)를 정하고 그 범위 내에서만 수출입을 허용하는 제도이다. 수량제한은 수출입을 억제하는 면에서 가장 강력하기 때문에 GATT나 WTO에서 기피하는 제도이다.

### (3) 수입과징금 및 수입담보금

수입과징금은 수입물품에 대하여 관세 이외에 추가로 징수되는 부과금을 말한다. 무한정 관세를 인상할 수 없으므로 관세 대신 수입과징금을 부과하여 수입을 억제한다. 수입담보금은 수입을 실행하기 전에 일정한 금액의 현금 또는 유가증권을 적립하도록 하여 수입업자에게 자금부담을 과중하게 함으로써 수입을 억제한다.

### (4) 수출입의 금지(제한)

정치적, 사회적, 경제적 이유나 국제법규에 따라 특정 국가와의 수출입이나 특정 물품의 수출입을 금지하거나 제한함으로써 무역을 관리하는 제도를 말한다.

> ▶ GATT · WTO

GATT는 관세 및 무역에 관한 일반협정(General Agreement on Tariffs and Trade)으로서 1993년 우루과이 라운드(UR)가 타결되기 전까지 세계무역의 질서를 이루어 왔다. 지금도 GATT는 존속하고 있지만 사실상 그 기능이 WTO로 흡수되어 GATT 체제는 종료되었다고 할 수 있다.

WTO(World Trade Organization)는 우루과이 협상에 따라 새로운 국제무역질서를 관할하기 위해 1995년 1월 창설된 무역기구이다. WTO는 UR협상 결과를 각국이 잘 준수하는지 감독하고 분쟁이 생길 때 조정하거나 심판한다. WTO는 법적 강제력을 가지고 운영하기 위해 그 산하에 분쟁해결기구(Dispute Settlement Body: DSB)를 별도로 두고 있다.

### (5) 무역업의 허가 및 수출입의 승인

일정한 자격이나 요건을 갖춘 자에 대해서 수출입거래를 할 수 있도록 무역업의 허가, 등록, 신고제 등을 실시하는 제도를 말한다. 그리고 필요한 경우 개별 수출입거래에 대해서도 관계 당국으로부터 별도의 승인을 받도록 함으로써 무역을 관리한다.

### (6) 수출보조금 및 수출자율규제

수출보조금은 국가가 수출업자 혹은 수출품 생산업자에게 금융지원을 해 줌으로써 수출가격을 인하시켜 수출을 확대하는 제도를 말한다. 수출자율규제(voluntary export restraints: VERs)는 수입국의 수입제한조치를 미리 방지하기 위해서 수출국 스스로 수출을 자제하는 것을 말한다. 통상적으로 수입국이 특정 물품에 대한 수입제한조치를 실시하기 위해서는 GATT를 통한 교섭이 필요하기 때문에 수입국이 먼저 수출국에 자율규제를 요청하는 경우가 많다.

### (7) 수출입링크제

수출입링크제(export-import link system)는 지역별 또는 상품별로 수출과 수입을 연결시켜 수출입을 허용하는 제도이다. 주로 개발도상국가나 후진국 등에서 수출을 장려하고 꼭 필요한 만큼의 원자재를 수입할 목적으로 실시한다. 예를 들어 원료수입을 승인하고 일정 기간 내에 그 원료를 사용하여 만든 제품의 수출을 의무화시키거나 특정 상품의 수출실적에 따라 수입할 수 있는 권리를 부여한다.

### (8) 무역관리제도

대부분의 국가는 무역금융, 무역보험 등의 제도를 통해 무역업자를 지원하기도 하고 무역을 간접적으로 관리하고 있다. 예를 들어 우리나라의 경우 수출거래 등에서 발생하는 여러 가지 손실을 보상하는 무역보험을 운영하고 있기 때문에 위험국가와의 거래도 촉진시킬 수도 있고 보험료나 보상금액 등을 적절히 조절하여 특정 지역과의 무역거래를 간접적으로 관리할 수도 있다.

## 3. 무역관계법규

### 3-1 대외무역법

대외무역법은 우리나라의 대외무역거래를 전반적으로 조정하기 위한 기준법으로서 1986년 12월 31일부터 시행되고 있다. 아울러 대외무역법에서 위임된 사항과 그 시행에 따른 필요사항을 정하기 위해 대외무역법시행령 및 대외무역관리규정이 시행되고 있다. 따라서 우리나라의 대외무역법령은 대외무역법, 대외무역법시행령 및 대외무역관리규정으로 구성되어 있다.

대외무역법은 대외무역을 진흥하고 공정한 거래질서를 확립하여 국제수지의 균형과 통상의 확대를 도모함으로써 국민경제의 발전에 이바지함을 목적으로 한다(대외무역법 제 1 조).

현행 대외무역법이 지니는 특징을 살펴보면 다음과 같다.

첫째, 대외무역법은 대외무역에 관한 일반법이며 기준법으로서, 헌법 제125조 ‘국가는 대외무역을 육성하며 이를 규제·조정할 수 있다’ 는 규정에 따라 제정되었다.

둘째, 대외무역법은 대외무역의 자유화를 원칙으로 한다. 통상의 확대를 통한 국민경제의 발전을 도모하기 위하여 모든 품목의 수출과 수입은 자유롭게 이루어지도록 한다. 다만, 수출은 수출자율규제나 국내수급의 조정이 필요한 경우, 수입은 1차 산품이나 불요불급의 사치품인 경우 예외적으로 규제한다.

셋째, 대외무역법은 자유롭고 공정한 무역을 조장함을 원칙으로 한다. 정부는 헌법에 의하여 체결·공포된 무역에 관한 조약과 일반적으로 승인된 국제법규에서 정하는 바에 따라 자유롭고 공정한 무역이 이루어지도록 한다.

넷째, 대외무역법은 국제법 적용의 최소화를 원칙으로 한다. 대외무역법은 국제상관습이나 국제조약을 준수하지만, 국제법규나 국제협정에 무역에 관한 제한규정이 있을 경우에는 그 목적을 달성하기 위해 필요한 최소한의 범위 내에서 운영되도록 한다.

마지막으로, 대외무역법은 수출입질서 유지와 대외신용 향상을 중요시한다. 대외무역법은 관련 조항을 통해 수출입질서 유지를 위한 협약을 체결하고, 불공정 수출입행위를 금지시키는 등 수출입질서를 유지하며 대외신용을 향상시키기 위해 적극적인 역할을 하고 있다.

### 3-2  기타 무역관계법규

#### (1) 관 세 법

관세법은 관세의 부과와 징수, 수출입물품의 통관 등을 적정하게 하고 관세수입을 확보함으로써 국민경제의 발전에 이바지함을 목적으로 한다.

#### (2) 외국환거래법

외국환거래법은 외국환거래와 그 밖의 대외거래의 자유를 보장하고 시장기능을 활성화하여 대외거래의 원활화 및 국제수지의 균형과 통화가치의 안

정을 도모함으로써 국민경제의 건전한 발전에 이바지함을 목적으로 한다.[1]

### (3) 수출용 원재료에 대한 관세 등 환급에 관한 특례법

이 법은 수출용 원재료에 대한 관세 등의 환급을 적정하게 함으로써 능률적인 수출 지원과 균형 있는 산업발전에 이바지하기 위하여 관세법 등에 대한 특례를 규정함을 목적으로 한다. 약칭으로 관세환급특례법이라 한다.

### (4) 무역보험법

무역이나 그 밖의 대외거래와 관련하여 발생하는 위험을 담보하기 위한 무역보험제도를 효율적으로 운영함으로써 무역과 해외투자를 촉진하여 국가경쟁력을 강화하고 국민경제발전에 이바지함을 목적으로 한다.

### (5) 전자무역촉진에 관한 법률

이 법은 전자무역의 기반을 조성하고 그 활용을 촉진하여 무역절차의 간소화와 무역정보의 신속한 유통을 실현하고 무역업무의 처리시간 및 비용을 절감함으로써 산업의 국제경쟁력을 높이고 국민경제의 발전에 이바지함을 목적으로 한다.

### (6) 불공정 무역행위조사 및 산업피해구제에 관한 법률

이 법은 불공정한 무역행위와 수입의 증가 등으로 인한 국내산업의 피해를 조사·구제하는 절차를 정함으로써 공정한 무역질서의 확립과 국내산업의 보호를 도모하고, 세계무역기구 설립을 위한 마라케시협정[2] 등 무역에 관한 국제협약의 이행을 위하여 필요한 사항을 규정함을 목적으로 한다.

### (7) 자유무역지역의 지정 및 운영에 관한 법률

이 법은 자유로운 제조, 물류, 유통 및 무역활동 등이 보장되는 자유무역지역을 지정·운영함으로써 외국인 투자의 유치, 무역의 진흥, 국제물류의 원활화 및 지역개발 등을 촉진하여 국민경제의 발전에 이바지함을 목적으로 한다.

---

1) 대외무역법, 관세법 및 외국환거래법을 무역의 3대 기본법이라 한다.
2) 마라케시 협정은 1994년 모로코의 마라케시(Marrakech)에서 111개국이 서명한 세계무역기구(WTO) 설립협정을 말한다.

## 제2절 | 무역거래자와 수출입물품

## 1. 무역거래자

　무역거래자는 수출 또는 수입을 하는 자, 외국의 수입업자 또는 수출업자에게서 위임을 받은 자 및 수출과 수입을 위임하는 자 등, 물품 등의 수출 행위와 수입 행위의 전부 또는 일부를 위임하거나 행하는 자를 말한다(대외무역법 제2조의3).

　여기에서는 무역거래자를 편의상 무역업자, 무역대리업자 및 기타 무역관계업자로 구분하여 살펴보기로 한다.

### 1-1 무역업자

　우리나라는 2000년 1월 1일부터 무역업이 완전 자유화되어 누구나 사업자등록증만 있으면 무역거래를 할 수 있다. 다만 산업통상자원부에서는 전산관리체제의 개발과 운영을 위하여 무역거래자에게 각각의 무역업 고유번호를 부여하고 있다. 현재 무역업 고유번호 부여업무는 한국무역협회에 위탁되어 있다.

　이 제도는 의무사항은 아니지만 무역업 고유번호가 없으면 수출실적을 공인받을 수 없는 등 여러 불편이 따른다. 무역업 고유번호를 받고자 하는 자는 사업자등록증 원본 1부 및 무역업고유번호신청서(서식 1-1 참조) 1부를 한국무역협회 본부 혹은 국내지부에 제출·신청하여야 하며 한국무역협회장은 신청서류를 접수하는 즉시 고유번호를 부여한다.

　그리고 우리나라는 현재 신시장 개척, 신제품 발굴 및 중소기업·중견기업의 수출확대를 위하여 수출실적 및 중소기업 제품 수출비중 등을 고려하여 무역거래자 중에서 전문무역상사를 지정·지원하고 있다(대외무역법 제8조의2). 이에 산업통상자원부장관은 ① 최근 3년간 평균 또는 직전년도 수출실적 100만 달러 이상, 그리고 ② 전체 수출실적 대비 타 중소·중견기업 제품의 최근 3년간 평균 수출비중 또는 직전년도 수출비중이 20% 이상 두

**서식 1-1**  무역업고유번호신청서

---

## 무역업고유번호신청서
### APPLICATION FOR TRADE BUSINESS CODE

| | | 처리기간(Handling Time) |
|---|---|---|
| | | 즉시(Immediately) |

| ① 상 호<br>(Name of<br>Company) | | ② 무역업고유번호<br>(Trade Business<br>Code) | |
|---|---|---|---|
| ③ 주 소<br>(Address) | | | |
| ④ | 전화번호<br>(Phone<br>Number) | | ⑤ 이메일주소<br>(E-mail Address) | |
| | 팩스번호<br>(Fax<br>Number) | | ⑥ 사업자등록번호<br>(Business Registry<br>Number) | |
| ⑦ 대표자 성명<br>(Name of Rep.) | | ⑧ 주민등록번호<br>(Passport Number) | |

대외무역법 시행령 제21조 제1항 및 대외무역관리규정 제24조의 규정에 의하여 무역업고유번호를 위와 같이 신청합니다.

I hereby apply for the above-mentioned trade business code in accordance with Article 24 of the Foreign Trade Management Regulation.

신청일:         년     월     일
Date of Application  Year  Month  Day

신청인:                    (서명)
Applicant                  Signature

### 사단법인 한국무역협회 회장
### Chairman of Korea International Trade Association

유의사항: 상호, 대표자, 주소, 전화번호 등 변동사항이 발생하는 경우 변동일로부터 20일 이내에 통보하거나 무역업 데이타베이스에 수정 입력하여야 함.

가지 요건을 모두 갖춘 경우 전문무역상사로 지정하여 수출신용보증 우대,
해외전시회 참가 우대 등을 지원하고 있다.[3]

### 1-2  무역대리업자

무역대리업자는 무역거래자 중에서 외국의 수입업자 또는 수출업자의
위임을 받아 수출 또는 수입을 대신해 주는 업자를 뜻한다고 볼 수 있다. 우
리나라의 경우 관습적으로 오퍼상, 구매대리업자 등으로 불리는 무역대리업
자들이 활동하고 있다. 무역대리업도 2000년 1월 1일부터 무역업과 마찬가
지로 완전 자유화이다.

#### (1) 오 퍼 상

우리나라에서 오퍼상이라고 하면 외국의 수출업자를 대리하여 국내 수
입업자들에게 물품매도확약서를 발행하고 부수적으로 수입업무를 대행해
주는 무역대리업자를 말한다. 물품매도확약서는 무역대리업자가 매매당사
자에게 상품명세, 가격조건 등을 주요 내용으로 하는 매입 또는 매도의사를
문서로 발행한 물품공급에 관한 확약서를 말한다. 물품매도확약서를 무역거
래에서는 통상 오퍼(offer)라고 하기 때문에 이런 무역대리업자들을 오퍼상
으로 부르고 있다.

오퍼상들은 해당 분야에 대한 전문 지식과 정보를 가지고 국내 수입업
자가 요구하는 물품에 대해 여러 해외 수출업자들로부터 거래조건을 받아
가장 유리한 조건으로 수입할 수 있는 경우를 선정하여 이를 수입업자에게
제시하고 일정한 수수료를 받는다. 그러나 오퍼상은 단순히 오퍼만 발행하
지 않고 수입거래에 따른 여러 가지 부대업무도 처리해 주기 때문에 일종의
수입대행업자로 간주될 수 있다. 전문적으로 무역부서를 운영하고 있지 않
은 경우나 무역에 대한 지식이나 정보가 부족할 경우 오퍼상을 통하여 대행
수입하는 경우가 유리하다.

---

3) 우리나라는 1975년부터 수출 진흥을 목적으로 대형 수출업체 중에서 일정 요건을 갖춘 업
체를 종합무역상사로 지정·운영해 왔는데, 이 제도가 2009년 폐지됨에 따라 새로운 수출
진흥 모델로서 전문무역상사제도를 도입하였다. 수출 노하우가 풍부한 무역업체를 전문무
역상사로 지정하여 이를 통해 중견기업의 제품은 물론 수출초보기업이나 개인이 생산한 제
품이나 서비스까지 수출할 수 있도록 지원하고 있다.

### (2) 구매대리업자

구매대리업자는 외국의 수입업자를 대리하여 국내에서 물품의 구매, 구매알선 또는 이에 부대되는 업무를 취급하는 외국 기업의 국내 대리점이거나 국내 지사를 말한다. 보통 외국 수입업자들은 국내 관련 업계에 정통한 사람이나 업체를 구매대리점(buying agent)으로 지정하거나, 구매대리업무만을 전문으로 수행하는 지사(buying office)를 운영한다. 이들은 외국 수입업자의 국내 대리인으로서 외국의 수입업자로부터 위임을 받아 우리나라 수출업자와 물품구매계약을 체결하고 구매물품을 외국으로 선적해 보낸다.

## 1-3  기타 무역관계업자

### (1) 중개인

중개인(broker)은 매도인과 매수인간의 매매계약체결을 주선하는 자를 말하며 쌍방으로부터 중개수수료(brokerage)를 받는다. 중개인은 매매계약을 직접 체결하지 않기 때문에 대리인이 아니다.

### (2) 지급보증대리인

지급보증대리인(factor: del credere agent)은 물품의 판매알선과 함께 수출업자에게 대금지급을 보증하는 중개업자를 말한다. 만약 수입업자가 수입대금을 지급하지 않으면 지급보증대리인이 수출업자에게 보상해 준다.

따라서 지급보증인은 판매수수료 외에 지급보증에 따른 지급보증수수료(del credere commission)를 받는다. 그러나 오늘날의 팩터는 거래알선업무보다 신용을 제공하는 금융기능을 주로 수행한다.

### (3) Confirming House

Confirming House는 주로 아프리카, 중남미 등지의 수입업자를 대리하여 직접 주문을 하거나 수입업자의 주문을 확인해 주는 런던, 뉴욕 등에서 활동하는 일종의 무역보조자이다. 최근에는 이를 Export House라고도 한다. Confirming House는 수입업자를 대신하여 수출업자에게 주문서를 송부하고, 주문을 확인해주기 때문에 수출업자에 대해서 대금지급의무를 진다.

### (4) 연합수출간사회사

회사 내에 수출업무를 전담할 수 있는 독립부서가 없을 경우 여러 제조업자들이 공동으로 활용할 수 있는 수출전담부서를 만들 수 있는데 이러한 업무를 수행하는 회사를 연합수출간사회사(combination export manager firm: CEM) 또는 수출관리회사(export management company)라 한다. 연합수출간사회사는 제조업자의 수출부서 역할을 대행하는 것이므로 대외거래나 해외광고 등은 모두 제조업자의 명의로 한다. 주로 취급물품의 종류가 다르고 상호 비경쟁적인 입장에 있는 소규모 제조업자들이 연합수출간사회사를 많이 이용한다.

## 2. 수출입물품

대부분의 국가들은 정치·경제적 목적에 따라 수출입물품의 범위를 제한하고 있다. 우리나라의 경우 수출입공고 등을 통해 수출입물품의 품목, 수량, 금액, 대상지역 등을 한정한다.

### 2-1  수출입물품의 제한

모든 물품은 원칙적으로 아무런 제한 없이 자유롭게 수출입이 이루어지지만 대부분의 국가들은 경제적, 정치적, 사회적 목적 등에 따라 수출입물품의 범위를 제한하고 있다. 우리나라의 경우 산업통상자원부장관은 다음 각호의 어느 하나에 해당하는 이행 등을 위하여 필요하다고 인정하여 지정·고시하는 물품 등의 수출 또는 수입을 제한하거나 금지할 수 있다(대외무역법 제11조 제1항). 이에 따라 수출 또는 수입이 제한되는 물품 등을 수출하거나 수입하려는 자는 산업통상자원부장관의 승인을 받아야 한다.

① 헌법에 따라 체결·공포된 조약과 일반적으로 승인된 국제법규에 따른 의무의 이행

② 생물자원의 보호

③ 교역상대국과의 경제협력 증진

④ 국방상 원활한 물자 수급

⑤ 과학기술의 발전

⑥ 그 밖에 통상·산업정책에 필요한 사항으로서 대통령령으로 정하는 사항[4]

---

4) 여기서 대통령령으로 정하는 사항이란 항공 관련 품목의 안전관리에 관한 사항을 말한다(대외무역법시행령 제16조).

## 2-2  수출입공고

산업통상자원부장관은 필요하다고 인정하는 경우에는 수출입승인대상 물품 등의 품목별 수량·금액·규격 및 수출 또는 수입지역 등을 한정할 수 있다. 이에 따라 수출입의 제한, 금지, 승인, 신고, 한정 및 그 절차 등을 정했을 경우 이를 공고하여야 한다. 이와 같이 개별적인 수출 또는 수입물품에 대하여 수출·수입이 제한되는지의 여부와 이에 따른 추천 또는 확인사항 등을 산업통상자원부장관이 종합적으로 정리하여 공고하는 것을 수출입공고라 한다.

**표 1-1**  수출제한품목

| HS | 품 목 | 수출요령 |
|---|---|---|
| 2505 | 천연모래(착색된 것인지의 여부를 불문하며, 제26류의 금속을 함유하는 모래를 제외한다) | |
| 10 | 규 사 | 다음의 것은 한국골재협회의 승인을 받아 수출할 수 있음. |
| 90 | 기 타 | ① 규산분($SiO_2$)이 90% 이하의 것 |
| 2517 | 자갈·왕자갈·쇄석(콘크리트용·도로 포장용·철도용 또는 기타 밸러스트용에 일반적으로 사용되는 것에 한한다). 싱글과 플린트(열처리한 것인지의 여부를 불문한다), 슬랙·드로스 또는 이와 유사한 산업폐기물의 매카담(이호의 앞부분에 열거한 물품들과 혼합한 것인지의 여부를 불문한다), 타르매카담 및 제 2515호 또는 제 2516호의 암석을 입상·파편상·분상으로 한 것(열처리한 것인지의 여부를 불문한다. | |
| 10 | 자갈·왕자갈·쇄석·싱글과 플린트 | 1. 다음의 것은 승인없이 수출할 수 있음.<br>① 구석, 싱글과 플린트 |
| 41 | 대리석의 것 | 2. 기타의 것은 한국골재협회의 승인을 받아 수출할 수 있음. |

수출입공고에는 수출금지품목, 수출제한품목 및 수입제한품목을 게기한다. 따라서 수출입공고상의 수출제한품목과 수입제한품목으로 게기되지 않은 품목은 원칙적으로 수출입자유화 품목이다. 수출입제한품목을 수출입하려면 동 공고상의 품목별 수출입요령에 따라 수출입승인을 받아야 한다.

그리고 수출제한품목의 수출요령, 수입제한품목의 수입요령 및 수출입절차 간소화를 위한 수출입요령에서 정하는 승인기관의 장은 산업통상자원부장관의 합의(승인)를 얻어 동 승인요령을 공고하여야 한다(수출입공고 제8조).

수출입공고의 예를 살펴보면 〈표 1-1〉과 같다.

> ▶ **수출입공고의 표시방법**

수출입공고의 품목표시방법은 'Positive List System' 혹은 'Negative List System' 두 가지가 있다.

'Positive List System'은 수출입공고에 수출 또는 수입이 허용되는 품목만을 표시하고, 여기에 표시되지 않은 기타의 품목은 원칙적으로 수출 또는 수입이 제한 내지 금지되도록 하는 품목표시방법을 말한다.

'Negative List System'은 수출입공고에 수출 또는 수입의 제한품목만을 표시하고 여기에 표시되지 않은 나머지 품목은 수출 또는 수입이 허용되도록 하는 품목표시방법이다.

우리나라는 1967년 GATT에 가입한 이후 수출입공고 표시방법을 종전의 'Positive List System'에서 'Negative List System'으로 개편하였다.

그러나 'Positive List System' 혹은 'Negative List System'이라는 표현은 수출입공고 표시방법에만 사용되는 것이 아니라 그 성격이 위의 내용과 유사한 경우에는 아무런 제한 없이 사용하는 일반적 표현이다.

## 2-3 통합공고

우리나라의 경우 필요에 따라 대외무역법 이외의 다른 법령에서도 해당 물품의 수출입 요건, 절차 등을 정하고 있다. 예를 들어 식품 등의 수입에 대해서는 식품위생법 등에 의거해 식품검사, 검역 등을 받도록 하고, 전기용품은 전기용품안전관리법 등에 의거해 전기용품안전인증을 받아 수입할 수 있도록 한다.

이와 같이 수출입을 제한하지는 않으나 요건을 갖추도록 하는 내용을

표시한 공고를 통합공고라 한다. 현재 약사법 등 60개 관련 법령 중 수출입
과 관련된 부문이 통합 · 고시되고 있다.

통합공고에 대한 자료는 관계 행정기관의 장이 산업통상자원부장관에게
제출해야 한다(대외무역법 제12조). 그리고 산업통상자원부장관은 제출된 소
관 물품의 수출입요령에 관한 자료에 대해서 수출입규제의 필요성, 대상물품
의 타당성, 유사물품과의 혼동, 무역관행 등을 검토 · 조정하여 수출입요령을
정한다. 만약 통합공고에서 정한 요건확인의 내용과 수출입공고의 제한내용
이 동시에 적용될 경우에는 모두 충족되어야만 수출 또는 수입이 가능하다
(통합공고 제7조).

## 2-4  전략물자의 수출입

### (1) 전략물자의 고시

현재 주요 국가들은 세계적인 테러 행위를 방지하기 위해 대량살상무기
의 제조에 사용되는 원료, 물품, 기술 등을 전략물자로 분류하여 이의 유통
을 엄격히 제한하고 있다. 우리나라의 경우도 국제수출통제체제의 원칙에
따라 국제평화 및 안전유지와 국가안보를 위하여 수출허가 등 제한이 필요
한 물품(기술 포함)을 전략물자로 지정하여 고시하고 있다(대외무역법 제19조
1항). 전략물자로 지정 · 고시된 물품을 수출하거나, 기술을 이전할 경우, 혹
은 수입하거나 중개할 경우에는 일반 수출입거래와 달리 별도의 절차를 따
라야 한다.

### (2) 전략물자의 수출허가

전략물자로 지정 고시된 물품을 수출하거나, 기술을 ① 국내에서 국외
로 이전하거나, ② 국내 또는 국외에서 대한민국 국민(국내법에 따라 설립된
법인을 포함한다)으로부터 외국인(외국의 법률에 따라 설립된 법인을 포함한다)
에게로 이전할 경우 산업통상자원부장관이나 관계 행정기관의 장의 수출허
가를 받아야 한다. 다만, 「방위사업법」에 따라 허가를 받은 방위산업물자 및
국방과학기술이 전략물자에 해당하는 경우에는 수출허가를 받을 필요는 없
다(대외무역법 제19조 2항).[5]

---

5) 전략물자를 수입하려는 자는 산업통상자원부장관이나 관계 행정기관의 장에게 수입목적
등의 확인을 내용으로 하는 수입목적확인서의 발급을 신청할 수 있다.

### (3) 대량파괴무기 등의 상황허가

전략물자에는 해당되지 않더라도 대량파괴무기와 그 운반수단인 미사일의 제조 · 개발 · 사용 또는 보관 등의 용도로 전용될 가능성이 높은 물품 등을 수출할 경우에도 수입업자나 최종 사용자가 그 물품 등을 대량파괴무기 등의 제조 · 개발 등에 전용할 의도가 있음을 알았거나, 최종 용도에 대해 필요한 정보 제공을 회피할 경우 등에는 산업통상자원부장관이나 관계 행정기관의 장으로부터 상황허가를 받아야 한다(대외무역법 제19조 3항).[6]

### (4) 전략물자 등의 이동중지명령

한편 산업통상자원부장관과 관계 행정기관의 장은 전략물자나 상황허가 대상인 물품 등이 허가를 받지 아니하고 수출되거나 거짓이나 그 밖의 부정한 방법으로 허가를 받아 불법 수출되는 것을 막기 위하여 필요하면 적법한 수출이라는 사실이 확인될 때까지 전략물자 등의 이동중지명령을 할 수 있다. 그리고 전략물자 등을 국내 항만이나 공항을 경유하거나 국내에서 환적하려는 자는 산업통상자원부장관이나 관계 행정기관의 장의 허가를 받아야 한다(대외무역법 제23조 3항).

### (5) 전략물자의 중개

전략물자를 제3국에서 다른 제3국으로 이전하거나 매매를 위하여 중개하려는 자는 대통령령으로 정하는 바에 따라 산업통상자원부장관이나 관계 행정기관의 장의 허가를 받아야 한다. 다만, 그 전략물자의 이전 · 매매가 수출국으로부터 다자간 국제수출통제체제의 원칙에 따른 수출허가를 받은 경우는 제외된다(대외무역법 제24조).

### (6) 자율준수 무역거래자

산업통상자원부장관은 기업 또는 대통령령으로 정하는 대학 및 연구기관의 자율적인 전략물자 관리능력을 높이기 위하여 전략물자 여부에 대한 판정능력, 수입업자 및 최종 사용자에 대한 분석능력 등을 갖춘 무역거래자를 자율준수 무역거래자로 지정하고 있다(대외무역법 제25조 제1항).

---

6) 물품 등의 무역거래자는 산업통상자원부장관이나 관계 행정기관의 장에게 수출하려는 물품 등이 전략물자 또는 상황허가 대상인 물품 등에 해당하는지에 대한 판정을 신청할 수 있다(대외무역법 제20조 2항). 그리고 산업통상자원부장관이나 관계 행정기관의 장은 15일 이내에 신청한 물품 등이 전략물자 또는 상황허가 대상인 물품 등에 해당하는지를 판정하여 신청인에게 알려야 하며 판정의 유효기간은 2년이다(대외무역법시행령 제36조).

자율준수 무역거래자는 대통령령으로 정하는 바에 따라 수출허가를 받은 물품 등의 최종 사용자에 관한 관리 업무, 수출허가를 받은 물품 등의 최종 용도에 관한 관리 업무, 그 밖에 전략물자 수출허가 제도를 효율적으로 운용하기 위하여 산업통상자원부장관이 정하여 고시하는 업무전략물자에 대한 수출통제업무의 일부를 자율적으로 관리할 수 있다. 그리고 자율준수 무역거래자는 해당 기간 내에 그 현황이나 실적을 산업통상자원부장관에게 보고하여야 한다(대외무역법시행령 제43조).

### 2-5  플랜트 수출

일반적으로 플랜트 수출은 단순한 물품만의 수출이 아니라 물품인 기계, 설비, 장치 등과 이들을 설치해서 가동시킬 수 있는 설계, 시공, 기술 등 하드웨어와 소프트웨어가 결합된 복합적인 수출을 말한다. 이처럼 플랜트 수출은 기술, 인력 등이 함께 묻어가는 수출이기 때문에 일반 수출과는 달리 산업통상자원부장관의 승인을 요하고 있다.

이에 따라 다음 각 호의 어느 하나에 해당하는 플랜트 수출을 하려는 자는 산업통상자원부장관에게 수출승인을 받아야 하고 그 승인된 사항을 변경할 때에도 마찬가지이다(대외무역법 제32조).

① 농업·임업·어업·광업·제조업, 전기·가스·수도사업, 운송·창고업 및 방송·통신업을 경영하기 위하여 설치하는 기재·장치 및 대통령령으로 정하는 설비 중 산업통상자원부장관이 정하는 일정 규모 이상의 산업설비의 수출

② 산업설비·기술용역 및 시공을 포괄적으로 행하는 수출(일괄수주방식에 의한 수출)[7]

## 3. 수출입물품의 분류

무역에서는 수많은 상품이 거래되고 있는데 이들 상품의 이름은 국가마다 조금씩 차이가 있고 동일한 이름의 상품도 독특한 기능이 추가됨에 따라

---

7) 일정규모 이상의 산업설비란 FOB가격으로 미화 50만 달러 상당액 이상인 산업설비를 말한다.

여러 가지로 분류될 수 있다.[8] 또한 똑같은 기능을 가진 상품이더라도 그 용도에 따라서 적용되는 관세율이 달라질 수 있다. 따라서 상품을 체계적으로 분류하는 기준을 만들어 그 기준에 따라서 세계 각국이 공동으로 사용할 수 있는 고유번호를 부여하는 것이 필요하다.

### 3-1  표준국제무역분류(SITC)

1950년 유엔에서 표준국제무역분류(standard international trade classification: SITC) 방식을 제정했는데 이 방식은 1960년에 전면 개정되었고 이후 두 차례 개정되어 오늘에 이르고 있다. 이 분류체계는 경제 분석 및 산업정책 그리고 상품별 무역자료의 통계를 내는 데 편리하도록 총 45,000여 개의 품목을 구분하고 있는데, 대부분의 국가들이 무역통계를 집계할 때 이 방식을 사용하고 있다.

### 3-2  신국제통일상품분류(HS)

한편 1955년 관세협력이사회(현재의 세계관세기구)에서는 관세를 공정하게 부과하고 제각각인 세계 여러 나라의 관세행정을 통일시키기 위해 상품을 재료, 제조과정, 노동과정 및 용도를 중심으로 총 60,000여 개의 상품을 분류한 관세협력이사회 품목표(customs cooperation council nomenclature: CCCN)를 만들어 사용했다.

그러나 과학기술의 발달로 새로운 상품이 많이 개발됨으로써 모든 상품을 분류할 수 있는 방식이 필요하여 세계관세기구에서는 국제무역의 촉진을 위해 기존의 관세협력이사회 품목표(CCCN)를 바탕으로 '통일 상품명 및 부호체계에 관한 국제협약'(The International Convention on the Harmonized Commodity Description and Coding System)을 채택하였으며 이 협약은 1988년 1월 1일부터 발효되고 있다. 우리나라를 포함한 전 세계 대부분의 국가가 이 협약에 가입되어 있다. 이 체계에 의해 상품을 분류하는 방식을 'HS 방식'이라 하는데 현재 세계 대부분의 국가들은 HS 방식에 따라 상품을 공통으로 분류하고 있다.

---

8) 예를 들어 우리나라에서 스쿠버 다이빙을 할 때 적용되는 재킷의 경우 일반의류 재킷으로 판단되면 13%의 관세율이 적용되지만 수상운동용품으로 판단되면 8%가 적용된다.

**표 1-2** HS 상품 분류 체계: 부

| 1부 | 2부 | 3부 | 4부 | 5부 |
|---|---|---|---|---|
| 01류 산동물<br>02류 육과 식용설육<br>03류 어패류<br>04류 낙농품·조란·천연꿀<br>05류 기타동물성 생산품 | 06류 산수목·꽃<br>07류 채소<br>08류 과실·견과류<br>09류 커피·차·향신료<br>10류 곡물<br>11류 곡물의 분과 조분 밀가루·전분<br>12류 채유용종자·인삼<br>13류 식물성엑스<br>14류 기타식물성 생산품 | 15류 동식물성유지 | 16류 육·어류조제품<br>17류 당류·설탕과자<br>18류 코코아·초코렛<br>19류 곡물, 곡분의 주제품과 빵류<br>20류 채소·과실 의조제품<br>21류 기타의조제 식료품<br>22류 음료,주류, 식초<br>23류 조제사료<br>24류 담배 | 25류 토석류·소금<br>26류 광, 슬랙, 회<br>27류 광물성연료, 에너지 |

| 6부 | 7부 | 8부 | 9부 | 10부 |
|---|---|---|---|---|
| 28류 무기화합물<br>29류 유기화합물<br>30류 의료용품<br>31류 비료<br>32류 염료,안료, 페인트잉크<br>33류 향료·화장품<br>34류 비누, 계면 활성제·왁스<br>35류 카세인·알부민·변성전분·효소<br>36류 화약류·성냥<br>37류 필름인화지, 사진용 재료<br>38류 각종화학공업생산품 | 39류 플라스틱과 그 제품<br>40류 고무와 그 제품 | 41류 원피·가죽<br>42류 가죽제품<br>43류 모피, 모피제품 | 44류 목재·목탄<br>45류 코르크·짚<br>46류 조물재료의 제품 | 47류 펄프<br>48류 지와 판지<br>49류 서적·신문 인쇄물 |

| 11부 | 12부 | 13부 | 14부 | 15부 |
|---|---|---|---|---|
| 50류 견·견사견 직물<br>51류 양모·수모<br>52류 면·면사면 직물<br>53류 마류의사와 직물<br>54류 인조필라멘 트섬유<br>55류 인조스테이 플섬유<br>56류 워딩·부직 포<br>57류 양탄자<br>58류 특수직물<br>59류 침투, 도포 한직물<br>60류 편물<br>61류 의류(편물제)<br>62류 의류(편물제 이외)<br>63류 기타섬유제 품·넝마 | 64류 신발류<br>65류 모자류<br>66류 우산·지팡 이<br>67류 조제우모· 인조제품 | 68류 석, 시멘트, 석면제품<br>69류 도자제품<br>70류 유리 | 71류 귀석, 반귀 석,귀금속 | 72류 철강<br>73류 철강제품<br>74류 동과 그제품<br>75류 니켈과 그제 품<br>76류 알루미늄과 그 제품<br>77류 유보<br>78류 연과 그제품<br>79류 아연과 그제 품<br>80류 주석과 그제 품<br>81류 기타의 비금 속<br>82류 비금속제공 구, 스푼·포크<br>83류 각종비금속 제품 |
| 16부 | 17부 | 18부 | 19부 | 20부 |
| 84류 보일러·기 계류<br>85류 전기기기· TV·VTR | 86류 철도차량<br>87류 일반차량<br>88류 항공기<br>89류 선박 | 90류 광학·의료 ·측정·검사 ·정밀기기<br>91류 시계<br>92류 악기 | 93류 무기 | 94류 가구류·조 명기구<br>95류 완구·운동 용구<br>96류 잡품 |
| 21부 | | | | |
| 97류 예술품·골 동품 | | | | |

### 3-3 HS 분류체계

HS 분류체계는 먼저 대분류 수준에서 21개의 부(section)를 수평으로 배열하고, 각 부는 중간 단계 차원에서 류(chapter)로 중분류하고, 각 류는 그 다음의 낮은 단계 차원에서 호(heading)로 소분류하고, 호는 다시 더 낮은 단계의 소호(sub-heading)로 세분류하는 순으로 하향 수직 배열되어 있다. 류-호-소호 순으로 각각 2단위의 코드번호가 부여되는데 총 6단위의 코드번호는 세계 공통이다.

(1) 부

부는 대분류 수준에서 비슷하거나 관련된 상품을 분류한 것인데 〈표 1-2〉와 같이 제1부부터 제21부까지 총 21개의 부로 구성되어 있고 각 부에는 편의상 표제가 설정되어 있다. 제1부는 '산 동물 및 동물성 생산품', 제11부는 '방직용 섬유와 그 제품'과 같이 각 부별로 표제가 있지만 이는 참조로 설정된 것이고 법적 구속력은 없다. 그리고 부가 21개의 부로 나누어지지만 각 부에 대한 번호는 부여하지 않는다.

(2) 류

류는 중간 단계 수준에서 특정 부에 속하는 품목을 재질, 가공형태, 용도 등에 따라 분류한 것인데 반드시 두 단위 수로 표시된다. 제1류부터 제97류까지 총 97개의 류가 있는데 제77류는 유보된 상태이므로 현재는 96개의 류를 사용하고 있다.

류는 앞의 부를 세분한 것인데 각 부는 그 성질에 따라 1개류가 있을 수도 있고 여러 개의 류가 있을 수도 있다. 예를 들어 제3부에는 동식물성유지(제15류)의 1개류만 있지만 제11부에는 견(제50류)을 비롯하여 기타 섬유제품(제63류) 등과 같이 14개의 류가 있다. 각 부별에 있는 류를 합하면 모두 97개이다.

(3) 호

호는 류를 품목에 따라 4단위로 세분한 것으로서 2012년 현재 총 1,244개의 호가 있다.[9] 앞의 2단위는 류를 의미하고 뒤의 2단위는 류 내에서의 품목번호

---

9) HS 품목분류표는 기술 개발에 따른 신제품을 반영하기 위해 주기적으로 개정되고 있는데 1988년 처음 발효된 이후 2012년까지 5차례 개정되었다.

를 나타낸다. 호의 용어는 4단위 코드번호와 연결하여 설정되어 있는 품목 명
을 의미하며 이는 품목분류에 있어서 법적 구속력이 있는 협약된 용어이다.[10]

(4) 소호

소호는 호(4단위)를 5단위 또는 6단위로 세분한 것으로 총 5,225개의 소
호가 있다. 소호의 용어는 코드번호(6단위)와 연결된 품목을 의미하며 법적
구속력이 있는 협약된 용어이다.

### 3-4 HS 품목분류의 예

HS 코드 번호는 모두 6단위를 기본으로 하는데 제일 먼저 상품의 성질
에 따라 부가 결정되면 그 다음 2단위의 류 번호가 부여된다. 류가 확정되면
다시 성질에 따라 2단위의 호 번호가 부여된다. 따라서 호 번호는 류의 번호
를 포함하여 모두 4단위로 구성된다. 소호는 상품의 분류 성질에 따라서 앞
의 류 및 호의 번호 4단위에다 다시 2단위의 번호가 부여되는데 그 예를 살
펴보면 다음과 같다.

(1) 실린더 2000-3000cc 사이의 신차 HS 코드의 예

먼저 제17부에는 철도차량(제86류), 일반차량(제87류), 항공기(제88류)
및 선박(제89류)의 4개 류가 있다. 신차는 일반차량으로서 제87류에 해당되
므로 87 번호가 부여되고 87류에는 다시 16개의 호로 구분되는데 그 중 주
로 사람을 수송할 수 있도록 설계·제작된 승용자동차와 기타의 차량의 코
드번호는 03이다. 따라서 8703의 번호가 확정된다.

그리고 8703 코드번호 내에는 실린더의 용량, 신차와 중고차 등의 여부
에 따라 여러 개의 소호로 분류되어 있는데 실린더 용량이 1,500cc 초과

---

10) 호의 예를 보면 01류(살아있는 동물)에는 다음과 같이 6개의 호가 있다.

| 호 | 호의 용어 |
|---|---|
| 0101 | 말·당나귀·노새·버새 |
| 0102 | 소 |
| 0103 | 돼지 |
| 0104 | 면양과 산양 |
| 0105 | 가금(家禽)류〔닭(갈루스 도메스티쿠스(Gallus domesticus), 종으로 한정한다. 오리·거위·칠면조·기니아새로 한정한다〕 |
| 0106 | 그 밖의 살아 있는 동물 |

3,000cc 이하인 것은 8703.23.이다. 따라서 실린더 용량이 2000-3000cc 사이의 신차는 세계 공통으로 8703.23.이다.

| 명칭 | 자리 수 | 번호 | 품목명 |
|---|---|---|---|
| 류 | 2 | 87류 | 자동차 |
| 호 | 4 | 8703호 | 자동차-승용자동차 |
| 소호 | 6 | 8703.23소호 | 자동차-승용자동차-1500cc초과 3,000cc이하 |

### (2) 립스틱 HS 코드의 예

립스틱은 향료 · 화장품이기 때문에 제6부 제33류에 해당된다. 제33류는 그 성질에 따라 에션설 오일(3301)부터 면도용 제품류, 실내용 조제방취제(3307)까지 7개의 호로 세분된다. 그 중에서 립스틱은 미용 또는 메이크업 제품 류와 기초화장품(3304)에 해당되고 그 밑에 총 5개의 소호가 있는데 이 중 3304.10이 입술화장품 소호이다. 따라서 립스틱은 세계 공통으로 3304.10이 HS 코드번호이다.

### 3-5 관세 · 통계통합품목분류

HS 방식을 사용하는 모든 국가는 6단위까지는 동일한 분류체계를 사용하고 6단위를 초과하는 세부분류는 자국의 사정에 따라 별도로 정한다. 미국 · EU · 중국은 HS 8단위까지 세분류하고, 일본은 HS 9단위까지 세분류하고 있다. 우리나라는 세계 공통의 6단위 분류에다 국내의 제반사정을 감안하여 자체 분류 4단위를 합해 모두 10단위로 품목을 분류해 놓고 있는데 이를 관세 · 통계통합품목분류표, 혹은 한국통일상품분류(Harmonized System Korea: HSK)라 한다.

HSK 4단위는 개별품목에 대해 우리나라가 관세율 적용, 통계작성 등으로 부여한 자체 번호에 해당된다. 산업통상자원부 고시로 공포 · 시행되며, 관세율표, 수출입공고, 통합공고, 무역통계 작성 등에 활용되고 있다.

### (1) 실린더 2000-3000cc 사이의 신차 HSK 코드의 예

우리나라는 실린더 용량을 자동차-승용자동차-1500cc 초과 3,000cc 이

하를 다시 2000cc 이상 3,000cc이하로 세분화하여 두 단위 번호를 부여하고 그 다음 신차 혹은 중고차에 따라서 두 단위 번호를 부여하여 총 4단위 번호가 추가된다.

| 명칭 | 자리 수 | 번호 | 품목명 |
|---|---|---|---|
| 류 | 2 | 87류 | 자동차 |
| 호 | 4 | 8703호 | 자동차-승용자동차 |
| 소호 | 6 | 8703.23소호 | 자동차-승용자동차-1500cc초과 3,000cc이하 |
| HSK | 2 | 8703.23-10 | 자동차-승용자동차-1500cc초과 3,000cc이하-2,000cc이상 3,000cc이하 |
| 최종 HSK | 2 | 8703.23-1010 | 자동차-승용자동차-1500cc초과 3,000cc이하-2,000cc이상 3,000cc이하-신차 |

### (2) 립스틱 HSK 코드의 예

립스틱은 세계 공통 6단위 중 소호가 우리나라에서는 다시 3304.1010(입술화장품) 및 3304.1090(기타 화장품)으로 나누어진다. 이에 따라 립스틱의 최종 HSK 번호는 3304.101000이 된다.

| 명칭 | 자리 수 | 번호 | 품목명 |
|---|---|---|---|
| 류 | 2 | 33류 | 향료·화장품 |
| 호 | 4 | 3304호 | 메이크업 제품류와 기초화장품 |
| 소호 | 6 | 3304.10소호 | 입술화장품 |
| HSK | 2 | 3304.1010 | 입술화장품 |
| 최종 HSK | 2 | 3304.101000 | 더 이상 세분화는 안되지만 균형을 맞추기 위해 번호 부여 |

## 제3절  무역의 형태

현재 국가간에 빈번히 이루어지는 무역거래는 다음과 같다.

## 1. 유형무역과 무형무역

우리나라 대외무역법(제2조)에 의하면 무역은 물품, 용역 및 전자적 형태의 무체물 중 어느 하나에 해당하는 것의 수출과 수입을 말한다.[11] 이 중 형태를 갖추어 눈으로 볼 수 있는 물품을 수출입하는 경우를 유형무역이라 한다. 우리가 알고 있는 일반적인 상품의 수출입이 여기에 해당된다. 반면 경영 상담을 한다든지, 법무관련 서비스를 제공한다든지 등 용역을 거래하거나 애니메이션 등 전자적 형태의 무체물을 전송하는 거래는 무형무역에 해당된다.

## 2. 제3국과 관련된 무역

### 2-1  중계무역

중계무역(intermediate trade)은 물품을 외국으로부터 수입하여 이를 가공하지 않고 원형 그대로 제3국에 수출하는 무역거래를 말한다. 중계무역에는 중계수수료라는 것이 별도로 없으며 단지 수입액과 수출액의 차이를 중계무역업자가 갖게 된다. 중계무역은 주로 해상운송이 편리한 중계무역항을 통하여 이루어진다. 중계무역항은 외환거래가 자유롭고 관세가 부과되지 않는 자유항(free port)을 말하며 대체로 싱가포르, 함부르크 등과 같이 지리적으로 물품이 집산될 수 있는 지역에 위치한다.

중계무역은 제조시설을 갖추지 않고 서류만으로 무역거래가 가능하기 때문에 일반수출에 비해 시간, 비용 등이 절약된다. 그리고 자국물품의 공급

---

11) 대통령령으로 정하는 용역 및 전자적 형태의 무체물 범위에 관한 자세한 것은 제2부 제3장에서 설명하기로 한다.

능력에 한계가 있는 경우 제3국의 물품을 수입하여 수출하면 수출시장을 상실하지 않는 장점이 있다.

그러나 최종 수입업자는 필요 이상의 높은 가격으로 물품을 수입하기 때문에 가능한 한 중계무역업자를 배제하려 한다. 또한 수입국이 무역정책상 최초 수출국과의 무역거래를 억제하고 있는 상황에서 중계무역업자가 최초 수출국의 상품을 중계하면 수입국은 중계국가와의 교역에 제동을 걸 수 있어 중계무역에는 어느 정도 한계가 따른다.

### 2-2 중개무역

중개무역(merchandising trade)은 제3국의 무역중개업자가 자신들이 가지고 있는 무역정보를 이용하여 수출업자와 수입업자간의 거래를 알선하고 중개수수료를 받는 거래를 제3국의 입장에서 중개무역이라 한다. 예를 들어 우리나라의 무역업자가 일본의 자동차용 에어백 생산·수출업자와 중국의 수입업자를 연결시키고 수수료를 받았을 경우 우리나라 입장에서 보면 이는 중개무역에 해당된다.

앞서 설명한 중계무역과의 차이점을 살펴보면 다음과 같다.

첫째, 중계무역의 경우 물품은 중계국가의 보세구역 등으로 일단 반입되었다가 다시 재수출되지만 중개무역의 경우는 물품이 수출국에서 수입국으로 직접 운송된다.

둘째, 중계무역의 경우 중계무역업자가 수출업자로부터 직접 수입하고, 이를 다시 수입업자에 재수출하므로 무역 관련 업무를 모두 수행하지만, 중개무역의 경우는 수출업자가 수입업자에게 물품 등을 직접 선적해보내기 때문에 중개업자는 무역 관련 업무에 전혀 관여하지 않는다.

셋째, 중계무역입자는 무역계약의 직접 당사자이지만 중개무역업자는 거래를 알선만 할 뿐 계약에 직접 참여하지 않는다.

마지막으로 중계무역은 수입금액과 재수출금액과의 차이, 즉 매매차익을 목적으로 하고 중개무역은 중개수수료 취득을 목적으로 한다.

### 2-3 스위치무역

스위치 무역(switch trade)은 수출업자와 수입업자가 직접 매매계약을 체결하고 물품도 수입국으로 운송되지만 대금은 제3국의 무역업자로부터 받는 거래를 말한다. 제3국의 무역업자를 스위쳐(switcher)라 하고 스위쳐가 받는 수수료를 스위쳐 커미션(switcher commission)이라 한다.

중계무역 혹은 중개무역의 경우 수입업자는 중계차익이나 중개수수료 등으로 수입비용이 많이 들기 때문에 어떻게든 원래의 수출업자와 직접 거래를 성사시키려고 한다. 그래서 중간무역업자, 수입원가 등을 감추기 위해 물품은 수출업자가 직접 수입업자에게 운송하지만 대금은 수입업자가 제3자에게 지급하도록 한다. 제3자는 이 금액에서 수수료를 제외한 나머지를 수출업자에게 보내는데 이런 무역을 스위치무역이라 한다.

### 2-4  통과무역

통과무역(transit trade)은 물품이 수출국에서 제3국을 경유하여 수입국으로 운송되는 경우 제3국의 입장에서 본 무역을 말한다. 예를 들어 우리나라의 수출업자가 가전제품을 시베리아 대륙 횡단철도를 이용해서 폴란드로 수출할 경우 이를 러시아의 입장에서 보면 통과무역이 된다. 통과국의 무역업자는 물품이 통과 · 운송되는 동안 대리수수료, 운송료, 보험료, 보관료 등의 수익을 얻을 수 있어 각국은 통과무역을 장려하고 있다.

## 3. 연계무역

양국간의 수출입 균형을 유지하기 위해 수출과 수입을 연계시킨 거래를 연계무역(counter trade)이라 한다. 우리나라의 대외무역관리규정(제2조의 10)에서는 연계무역을 수출과 수입이 연계된 무역거래로서 물물교환, 구상무역, 대응구매 및 제품환매의 형태에 의하여 이루어지는 수출입으로 규정하고 있다.

### 3-1  물물교환

당사국간에 외환거래가 없이 물품만을 서로 교환하는 무역거래를 물물교환(barter trade)이라 한다. 물물교환은 하나의 매매계약서로 수출입거래가 이루어지고 상품의 양과 질에 의해 쌍방간의 지급의무가 상계된다. 그리고 대응수입기간은 통상 1년이지만 거의 동시에 상품이 교환되며 대응수입의무를 제3국에 전가시킬 수 없다. 물물교환은 가장 초보적인 연계무역의 형태이며 양국간에 수출·수입할 수 있는 물품이 적절할 경우에만 이용될 수 있는 한계점이 있다.

### 3-2  구상무역

구상무역(compensation trade)은 수출입물품의 대금을 그에 상응하는 수입 또는 수출로 상쇄하는 무역거래를 말한다. 즉, 수출한만큼 수입하고, 수입한만큼 수출함으로써 수출과 수입을 서로 상쇄시킨다.

구상무역은 물물교환과 마찬가지로 하나의 계약서로 수출입거래가 이루어지지만 환거래가 발생하여 쌍방간에 합의된 통화로 대금이 결제된다. 그리고 구상무역에서는 수입의무를 제3국으로 전가시킬 수 있는데 이 경우를 삼각구상무역(triangular compensation trade)이라 한다.

### 3-3  대응구매

대응구매(counter purchase)는 연계무역의 가장 보편적인 형태로 수출액의 일정 비율만큼을 반드시 구매하겠다는 별도의 계약서를 체결하고 수출하는 거래방식이다. 구상무역은 하나의 계약서로 수출·수입거래가 이루어지지만 대응구매는 수출계약서 및 대응구매계약서 두 가지의 계약서에 의해 쌍방간의 거래가 이루어진다.

따라서 대응구매는 수출계약과 형식상 완전히 분리된 별도의 거래(two-way trade)이다. 그리고 대응수입의무를 제3국으로 전가시킬 수 있다. 대응구매는 과거 서방국가들이 동구권 국가들과의 동서교역에서 많이 활용했던 방식으로 서방측 수출업자들이 동구권에 물품을 수출하면서 일정 기간 내에 동구권 국가의 물품을 수입하겠다는 구매계약을 체결하였다.

대응구매와 정반대의 거래가 선구매(advance purchase)이다. 선구매는 수출업자가 수출하기에 앞서 수입업자로부터 제품을 먼저 구매하고 일정 기간 후 수입업자로 하여금 수출업자의 제품을 수입하도록 약속하는 거래방식이다.

### 3-4  제품환매

제품환매(buy back)는 수출업자가 플랜트, 장비, 기술 등을 수출하고 이에 대응하여 동 설비나 기술로 생산된 제품을 다시 구매해 가는 것을 의미한다. 이는 수입국의 산업을 발전시킬 목적으로 자본, 기술 등을 공여하는 산업

**표 1-3  연계무역의 비교**

| 구   분 | 물물교환 | 구상무역 | 대응구매 | 제품환매 |
|---|---|---|---|---|
| 계 약 서 | 하나의 계약서 | 하나의 계약서 | 수출 · 수입 별도의 계약서 | 수출 · 수입 별도의 계약서 |
| 상계방법 | 환거래 없음 상품에 의한 상계 | 환거래 발생 합의된 결제통화로 상계 | 환거래 발생 합의된 결제통화로 상계 | 환거래 발생 합의에 의한 결제 |
| 대응수입비율 | 100% | 합의에 의해 결정(10~100%) | 합의에 의해 결정(10~100%) | 합의에 의해 결정(100%초과 가능) |
| 대응수입기간 | 통상 1년 이내 (대부분 동시에 교환됨) | 통상 3년 이내 | 통상 5년 이내 | 통상 3, 4~25년 이내(대응수입이 1회에 한하지 않고 계속됨) |
| 수입의무의 3국 전가 여부 | 불   가 | 가   능 | 가   능 | 가   능 |

▶ **산업협력과 절충교역거래**

연계무역의 성격과 유사한 것으로 산업협력, 절충거래 등이 있다. 산업협력은 수입국의 산업을 발전시킬 목적으로 자본거래, 기술 등을 공여하는 것을 말하는데 주로 합작투자방식으로 이루어진다. 합작투자(joint venture)는 수출업자가 자본참여, 판매망 제공 등으로 수입업자와 합작하여 생산된 제품을 대응구매계약에 의해 수입해 가는 것을 의미한다. 제품환매거래도 산업협력의 일환에 해당된다.

절충교역거래(off-set deal)는 군수품거래 시 많이 이용되는 연계무역의 일종이다. 예를 들어 우리나라가 미국에서 전투기를 도입할 때 미국의 수출업자로 하여금 일부 부품을 우리나라에서 수입하도록 함으로써 전투기수입과 부품수출을 연계시킨다. 우리나라는 부품 생산을 시작으로 항공기 산업을 육성할 수 있는 기반을 마련할 수 있다.

협력의 일환으로 이용된다.

지금까지 설명된 네 가지 형태의 연계무역을 비교·요약하면 〈표 1-3〉
과 같다.

## 4. 가공무역

가공무역은 가득액(완제품 수출금액−원료 수입금액)을 얻기 위해 원료의
일부 또는 전부를 외국에서 수입한 후 이를 가공하여 다시 외국으로 수출하
는 거래를 말한다. 가공무역 중에서 원료를 위탁받아 가공하여 이를 위탁자
또는 그가 지정하는 자에게 수출하는 가공무역을 수탁가공무역 그리고 그 반
대를 위탁가공무역이라 한다.

### 4-1  수탁가공무역

수탁가공무역은 가득액을 얻기 위해서 원료의 전부 또는 일부를 거래상
대방의 위탁에 의하여 외국으로부터 수입하고, 이를 가공한 후 위탁자 또는
그가 지정하는 자에게 수출하는 거래이다. 수탁가공무역은 원료의 조달방법
에 따라서 유환수탁가공무역과 무환수탁가공무역으로 구분된다.

유환수탁가공무역은 대상 원료를 유환으로 수입하여 이를 가공한 후 완
제품을 수출하는 거래로서 원료의 수입대금과 완제품의 수출대금이 직접 지
급되고 수취된다. 반면 무환수탁가공무역은 대상 원료를 무환으로 수입하여
가공한 후 가공임만을 받고 그대로 수출하는 거래이다.

### 4-2  위탁가공무역

위탁가공무역은 가공임을 지급하는 조건으로 가공할 원료의 전부 또는
일부를 외국의 거래상대방에게 수출(위탁)하거나 외국에서 조달하여 이를
가공한 후 가공 완제품을 다시 수입하거나 외국으로 인도하는 수출입을 말
한다. 보통 자국에 비해서 가공임이 저렴한 국가나 기술이 상대적으로 발달
한 국가로 원료를 수출하여 가공해 줄 것을 위탁하는 경우가 많다.

### 4-3  보세가공무역

가공무역 중에서 보세가공무역(bonded process transaction)은 수출을 촉진시키기 위해서 정부가 지정한 특정 보세지역(예: 마산 자유무역지역)에 가공설비를 설치하여 외국에서 수입한 원료를 가공한 후 다시 외국으로 수출하는 거래를 말한다. 모든 거래가 보세지역(bonded area)에서 이루어지기 때문에 원료를 수입할 때 관세를 부담하지 않는다. 우리나라는 「자유무역지역의 지정 및 운영에 관한 법률」에 의해 자유무역지역에서 보세가공무역이 이루어지고 있다.

## 5. 수위탁판매무역

### 5-1  위탁판매수출

위탁판매수출(export on consignment)은 위탁자(수출업자)가 외국에 있는 수탁자(중개업자)에게 물품을 무환으로 수출하면서 판매를 위탁하고 물품이 판매된 범위 내에서 수출대금을 회수하는 거래이다. 수출업자는 자기의 비용과 위험부담으로 물품을 위탁·수출하므로 물품의 소유권은 수출업자에게 있으며 판매하고 남은 물품도 수출업자에게 반송된다.

위탁판매방식은 신시장의 개척이나 신규 상품인 경우 많이 이용된다. 즉 현지 내의 광범위한 판매망을 가진 중개업자에게 판매를 위탁해서 먼저 수출대상지역의 시장성을 시험해 본 후 본격적인 거래를 시작한다. 그리고 상품의 가격변동이 심할 경우에도 정식으로 수출계약을 체결하지 않고 위탁판매를 의뢰하여 가격이 가장 유리할 때 판매하도록 한다.

그러나 위탁판매의 경우 일정 기간에 전량이 판매되지 않으면 잔여분을 재고품으로 처리해야 하므로 이에 따른 비용이 소요된다. 또한 수출대금은 물품이 판매된 후 결제되므로 대금회수에 상당한 시간이 소요되고 경우에 따라서 대금회수불능의 위험도 발생할 수 있다.

### 5-2  수탁판매수입

수탁판매수입(import on consignment)은 물품을 무환으로 수입하여 당해 물품이 판매된 범위 내에서 수입대금을 결제하는 거래를 말한다. 위탁판매수출을 수탁자의 입장에서 보면 수탁판매수입이 된다.

수탁자(수입업자)는 판매대리인으로서 위탁자가 지정한 조건에 따라 상품을 시판하고 그 판매대금에서 경비, 수수료 등을 공제한 잔액을 송금하며 잔여분은 위탁자에게 반송한다. 따라서 수입업자는 수입에 따른 자금부담이 전혀 없을 뿐만 아니라 판매에 대한 위험도 없다.

### 5-3  보세창고도거래

보세창고도거래(bonded warehouse transaction: BWT)는 수출업자가 자신의 비용과 위험부담으로 해당 지역에 지점, 출장소 또는 대리점을 설치하고 거래상대국 정부로부터 허가받은 보세창고에 상품을 운송한 후 현지의 시장상황에 따라 판매하는 일종의 위탁판매방식의 거래를 말한다. 보세창고에 보관중인 물품은 관세, 내국세 등이 부과되지 않으므로 보세상태에서 수시로 판매 또는 반송될 수 있다.

보세창고도거래에서 수출업자는 물품을 보세창고에 보관하면서 시장상황에 따라 적당한 시기에 판매할 수 있는 장점을 누릴 수 있다. 그렇지만 시황이 불리하여 본국으로 물품을 반송할 경우 여러 가지 비용이 발생하며 또한 일반수출에 비해 대금회수가 늦는 편이다. 반면 수입업자는 보세창고에서 현품을 확인하고 수입하므로 국내거래와 같은 효과가 있다. 즉 일반수입에 비해 시간, 비용 등을 절약할 수 있고 수입시차에 따른 손실을 최대한으로 줄일 수 있다.

우리나라는 보세창고도거래를 지원하기 위해 파나마의 콜롱(Colon)에 이러한 보세창고를 설치·운영하고 있다. 그리고 네덜란드의 로테르담(Rotterdam)에도 보세창고와 유사한 Central Terminal Station(CTS) 시설을 운영하고 있다. CTS는 수출업자가 해외에 현지판매법인을 설립하여 그 법인 앞으로 물품을 위탁·수출하고, 판매된 범위 내에서 대금을 결제하는 거래를 말한다.

## 6. 임대차 무역

### 6-1  임대수출

임대수출은 임대(사용임대 포함)계약에 의하여 물품을 수출하고 일정 기간 후 이를 재수입하거나 또는 임대기간이 만료되기 전이나 만료된 후 당해 물품의 소유권을 수입업자에게 이전해 주는 수출을 말한다. 시설 · 기재는 수출가액이 크기 때문에 임대형식으로 많이 수출되며 수입업자는 임대기간 동안 임대료를 분할 · 지급한다.

임대조건으로 수출하면 수입업자의 자금부담이 완화되므로 시설 · 기재의 수출판로가 확대되며 또한 이들의 가동에 필요한 기술을 제공함에 따라 양국간의 경제협력체제를 이룰 수 있다. 그리고 국내에서 노임, 원료 등 기타 생산여건이 불리할 경우 이들 조건이 유리한 국가로 시설 · 기재를 이전하고 동 시설을 이용하여 생산된 완제품을 수입할 수 있다.

### 6-2  임차수입

임차수입은 임차(사용임차 포함)계약에 의하여 물품을 수입하고 일정 기간 후 다시 수출하거나 또는 임차기간이 만료되기 전이나 후에 당해 물품의 소유권을 이전받는 수입을 말한다. 임대수출을 반대의 입장에서 보면 임차수입이 된다.

임차수입을 하면 수입업자는 시설 · 기재와 같은 고액의 자본재를 자금부담 없이 확보할 수 있으며 또한 임대인의 기술제공에 따라 시설가동에 필요한 새로운 기술을 도입할 필요가 없다. 그리고 임차한 시설을 이용하여 생산된 제품은 모두 임대인에게 수출할 수 있다.

그러나 임대인이 생산된 제품을 모두 수입하는 계약이 체결되면 가격이 임차인에게 불리하게 결정되는 경우가 많다. 또한 시장경기가 좋아서 수출전망이 있어도 임대인이 제시하는 수량 이상의 생산은 불가능한 단점이 있다.

## 7. 외국인도 수출과 외국인수 수입

### 7-1 외국인도 수출

외국인도 수출은 국내에서 수출통관되지 않은 물품을 외국에서 외국으로 인도하여 수출하고 그 대금은 국내에서 영수하는 거래방식을 말하는데 외국에 있는 우리나라 물품을 외국으로 직접 수출할 때 이용된다. 예를 들어 해외건설현장에서 사용했던 중고시설 기자재를 국내로 반입하지 않고 이를 다시 외국으로 매각할 때나 항해중이거나 어로작업중인 선박을 현지에서 매각할 경우 이 방식의 수출거래가 이용된다.

### 7-2 외국인수 수입

외국인수 수입은 국내에서 수입대금을 지급하지만 물품은 외국의 사업현장으로 직접 운송되도록 하는 거래방식이며 해외건설, 해외투자, 위탁가공 등 해외의 사업현장에 필요한 기자재를 외국에서 수입할 때 많이 이용된다. 즉 해외에서 필요한 물품을 우리나라로 운송했다가 이를 현지로 보내려면 시간과 비용이 많이 들기 때문에 수입대금은 국내에서 지급하고 물품은 외국에서 사업현장으로 직접 운송되도록 한다.

## 8. 기타의 무역

### 8-1 OEM방식 수출

OEM(original equipment manufacturing) 방식의 수출은 외국의 수입업자로부터 제품의 생산을 의뢰받아 생산된 제품에 주문자의 상표를 부착하여 인도하는 주문자 상표부착방식의 수출을 말한다. 이 방식의 거래는 주문자의 요청에 따라 생산된 제품은 모두 수출되므로 수출확대와 기술축적의 계기는 될 수 있지만, 주문량이 줄어들거나 중단될 경우 수출도 자동으로 영향을 받아 독자적인 수출활동이 어려운 점이 있다. 그리고 주문자의 상표를 계속 사용함으로써 새 모델을 개발한다든지 자사 상품의 이미지를 알리는 기회가 없게 된다.

### 8-2　녹다운방식 수출

녹다운(knock-down)방식의 수출은 완제품을 수출하는 것이 아니라 조립생산설비를 갖춘 거래처에 부품이나 반제품을 수출하고 실수요지에서 제품을 완성하는 현지조립방식의 수출을 말한다. 부품이나 반제품의 형태로 수출함으로써 완제품에 대한 수입제한이나 고율의 관세가 부과되는 것을 피할 수 있다. 자동차 등 기계류의 수출에 이 방식이 많이 이용된다.[12]

### 8-3　각서무역

각서무역(memorandum trade)은 일본과 중국간에 국교가 정상화되기 전인 1962년 양국간의 무역에 처음 사용되었던 무역형태이다. 양국이 일·중 총합무역(日中總合貿易)에 관한 각서를 교환함으로써 무역이 이루어져 이를 각서무역이라 하였다. 일본의 수출업자가 중국으로 일정액을 수출하게 되면 일정 기간 후 동일금액만큼을 중국에서 수입하겠다는 각서를 발행해야만 한다. 각서무역은 국교가 정상화되지 않은 두 국가 사이에 처음 시작하는 거래 형태로 활용될 수 있다.

### 8-4　국영무역

오늘날 국영무역은 국가의 기간품목(주로 농산물)의 무역을 정부가 통제함으로써 국내산업의 안정적 발전을 도모하는 한편 국내소비자의 이익을 보호하려는 무역의 형태를 말한다. 우리나라는 우루과이 라운드 협상에서 쌀 등 97개 품목을 국영무역 대상으로 인정받았다. 그리고 정부무역은 정부(대행기관: 조달청)가 무역거래의 책임을 지는 당사자로서 직접 무역거래를 수행하는 형태를 말한다.

---

12) 예를 들어 현재 우리나라 쌍용자동차는 KD 방식으로 자동차를 러시아로 수출하고 있다. 자동차 부분품을 영일신항만을 통해 러시아 블라디보스토크 공장으로 보내면 현지에서는 도장·용접 등의 절차 없이 단순 조립·생산해서 러시아 전역으로 판매하고 있다. 그리고 일본의 마츠다 자동차도 러시아로 신차를 KD 방식으로 수출하고 있는데 일본에서 신차가 우리나라 영일신항만으로 수송되고 거기서 부분품으로 분해되어 러시아로 운송된 후 다시 러시아에서 자동차로 조립 완성되고 있다.

# 제2장
# 전자무역

| 제 1 절 | EDI와 무역자동화
| 제 2 절 | 전자무역의 의의

오늘날 무역업체들은 해외시장조사, 거래제의 및 알선, 계약 등 전통적으로 많은 시간과
비용이 소요되었던 무역과정을 인터넷이나 EDI를 이용하여 신속 정확하게 수행할 수 있게
되었다. 또한 수출입에 관련된 각종 상거래 서식이나 행정서식이 표준화되고 통관, 대금
결제, 물류 등 주요 무역관련 시스템이 인터넷으로 연결되어 처리됨으로써 무역부대비용
을 절감할 수 있게 되었다. 이 장에서는 EDI와 전자무역에 대해서 개략적으로 살펴보고자
한다.

## 제1절 | EDI와 무역자동화

## 1. EDI

### 1-1 EDI의 의의

EDI는 컴퓨터와 정보통신기술을 결합시켜 보다 효율적으로 정보를 전달하는 전자문서교환(electronic data interchange)을 의미한다. 즉 EDI는 컴퓨터를 이용하여 상거래서식이나 공용서식을 일정 양식으로 표준화하고 이를 상호 합의된 통신표준에 따라 교환하여 업무에 활용하는 새로운 정보전달방식을 말한다.

기존에는 서식들이 아주 다양하게 사용되었고 또한 대부분 종이서류를 작성하여 이를 사람이 직접 전달하거나 우편, 팩스 등을 이용해서 정보를 처리하였다. 사람이 일일이 동일한 정보를 반복해서 입력해야 하고 관련 자료도 수작업으로 처리해야만 한다. 이런 과정에서 오류가 발생하고 자료의 정확성도 떨어지고 또한 종이서류 전달에도 상당한 시간이 소요되어 업무처리의 효율성이 많이 떨어졌다.

EDI를 이용하면 발신인은 보내고자 하는 정보를 표준전자문서로 변환시켜 데이터 통신망을 통해 수신인에게 전송하고 수신인은 표준전자문서를 통해 상대방의 의사를 이해하여 그에 따른 조치를 취하게 된다. 종이서류를 교환하지 않고도 거래상대방과의 업무를 신속 정확하게 처리할 수 있어 업무처리시간을 단축하고 많은 인건비를 절감할 수 있게 된다.

EDI는 1960년대 국제운송회사들이 운송서류를 신속히 전달할 목적으로 전자문서를 표준화하여 사용한 것이 시초이다. 오늘날에는 정보전달의 효율성과 편리성으로 인해 많은 공공서식들이 EDI방식으로 처리되기 시작하였으며, 상거래에서도 주문서, 운송지시서 등 관련 서식들이 이 방식으로 처리되고 있다.

특히 서류를 많이 활용하는 국제무역거래에서는 많은 부문에 걸쳐 EDI를 활용하고 있다. 우리나라의 경우 정부의 정책에 의해 수출입통관은 100% EDI로만 처리가 가능하다.

| 표 2-1 | EDI 방식과 기존 업무처리방식의 비교 |
|---|---|

| 구 분 | 종이서류방식 | EDI 방식 |
|---|---|---|
| 업무처리수단 | 문서(paper document) | 전자문서(electronic document) |
| 업무처리의 안 정 성 | 서명, 날인, 전자서명 | 자동전달방법 |
| 전달방식 | 인편, 우편 | 컴퓨터간 통신 |
| 전달매개체 | 무역거래당사자간 많은 전달관계 존재 | 거래당사자와 무역자동화사업 자간 전달관계만 존재 |
| 전달장비 | 사람(교통수단), 우체국 | 컴퓨터, 통신회선 |

EDI의 효과를 구체적으로 살펴보면 다음과 같다.

첫째, EDI의 직접적 효과는 정보처리의 신속성 및 효율성이다. 정보처리에 소요되는 비용을 절감하고 처리시간을 단축할 수 있으며, 업무처리과정에서 발생하는 오류를 감소시킬 수 있다.

둘째, EDI는 정보처리에 필요한 인력을 절감시키고 최소한의 인력배치를 가능하게 하여 관리의 효율성을 증대시키는 간접적 효과를 가져온다. 이밖에 EDI는 재고의 감소, 고객서비스의 강화, 효율적 자금관리 등 부수적인 효과를 제공한다.

마지막으로, EDI의 직접·간접효과로 인해 거래상대방과의 관계를 개선하고 타기업과의 경쟁에서 유리한 위치에 설 수 있으며, 또한 정보시스템을 구축하여 신규사업을 창출하는 전략적 효과를 누릴 수 있다.

EDI를 통해 자료를 송·수신하기 위해서는 EDI 표준, 사용자 시스템, 네트워크 및 교환약정이 필요하다. EDI방식과 기존의 업무처리방식을 상호비교해 보면 〈표 2-1〉과 같이 요약될 수 있다.

## 1-2  EDI 표준

EDI 표준(standard)은 사용자간에 교환되는 전자문서의 내용, 구조, 통신방법 등에 관한 표준양식 및 구문(syntax)을 정한 규칙을 말한다. 이는 언어, 업무처리방식, 컴퓨터 시스템이 서로 다른 거래당사자들이 전자문서를 자유롭게 교환하는 데 필요한 공통언어라 할 수 있다.

    이러한 EDI 표준을 활용함으로써 사용자들은 상호간에 정해진 양식과 절차에 따라 업무 데이터를 교환할 수 있다. 재래식 시스템에서는 업무담당자가 다양한 양식을 직접 검토하여 자료의 내용을 인식하지만 EDI에서는 이것이 불가능하므로 모든 문서는 통일된 양식으로 작성되어야 한다. 따라서 EDI 표준은 서로 다른 거래상대방간 또는 이들의 내부업무 시스템간에 전자문서교환이 이루어지게 하는 가장 핵심적인 역할을 하게 된다.

    EDI 표준은 그 성격에 따라 몇 가지로 구분된다.

### (1) 전자문서표준 및 통신표준

    먼저 EDI 표준은 용도에 따라 전자문서표준 및 통신표준으로 구분되는데, 전자문서표준은 전자적으로 전달될 수 있는 문서, 정보, 순서와 형태 등에 대한 지침을 말한다.

    그리고 통신표준은 컴퓨터를 통한 전자문서의 송수신 규약으로 어떤 정보를 어떤 방식으로 전송할 것인가에 관한 사용자간의 합의를 뜻한다. 일반적으로 의미하는 EDI 표준은 전자문서표준을 의미한다.

### (2) 전용표준 및 공통표준

    한편 EDI 표준은 적용범위에 따라 전용표준 및 공통표준으로 구분된다. 전용표준은 특정 기업만이 활용할 수 있는 표준으로 사설표준이라고도 한다. 초창기의 EDI는 주로 개별기업 또는 그룹 차원에서 사설표준을 기반으로 컴퓨터를 연결시켜 정보를 교환하는 정도였다.

    그러나 이런 정보교환에는 한계가 있기 때문에 여러 기업, 산업, 국가의 사용자들이 함께 사용할 수 있는 공통표준이 개발되었다. 공통표준은 개발단계와 사용하는 목적에 따라 기업표준, 산업표준, 국가표준 및 국제표준으로 세분화될 수 있다.

    국가간의 거래를 위해서는 전 세계의 모든 산업에 통용되고 사용자들이 함께 사용할 수 있는 국제표준이 필요하다. 이에 따라 UN 산하의 유럽경제위원회에서는 EDI 국제표준으로 행정, 무역 및 운송에 관한 EDI 국제표준(Electronic Data Interchange for Administration, Commerce and Transport: UN/EDIFACT)을 개발하였다. UN/EDIFACT는 국제상업회의소, 각국의 EDI 관련 단체들로부터 호응을 받아 1987년 국제표준화기구에 의해 EDI 국제표준으로 승인되어 현재 각국에서 널리 사용되고 있다.

### 1-3  EDI 네트워크

EDI 네트워크는 현재 제3자 네트워크(third party network), 인터넷 등이 활용된다.

### (1) 제3자 네트워크

제3자 네트워크는 부가가치통신망(value added network: VAN)이라고도 하는데, 이는 단지 데이터만을 전송하는 것이 아니고 정보의 축적, 가공, 변환처리 등을 통해 부가가치 서비스를 제공하는 정보통신망을 의미한다. EDI 를 이용하는 당사자들간에는 전자문서를 주고받는 통신방법, 시간, 속도 등 이 다르므로 중간에서 이를 통합·관리하고 분쟁이 발생할 경우 해결할 수 있는 제3자가 필요한데 이를 VAN이라고 한다. 따라서 VAN은 중간에서 정보를 중계전송하기 때문에 기존 방식에서의 우체국과 유사한 기능을 수행하게 된다.

VAN을 이용하게 되면 다른 기종, 다른 시스템간의 접속이 보장되고, 사용자들은 장거리에 있는 수신인과 저렴한 비용으로 단 한번 접속을 통해 다양한 문서를 전송할 수 있다. 그리고 전자문서의 중계, 전송 및 송수신 기록이 보관되어 언제든지 그 내역을 확인할 수도 있다. 우리나라의 무역업무 자동화 시스템에서는 한국무역정보통신(KTNET)이 VAN 사업자로 지정되어 수출입거래 전반에 걸쳐 무역업체와 관련 기관을 연결해 주고 있다.

### (2) 인터넷 네트워크

오늘날 인터넷이 대중화됨에 따라 저렴한 비용으로 전자문서를 주고받을 수 있는 인터넷을 EDI의 네트워크로 활용하는 경우가 급속도로 늘어나고 있다. 인터넷을 활용하게 되면 VAN을 이용할 경우 소요되는 초기 가입비용과 통신비용의 부담이 필요 없게 된다.

인터넷 EDI가 지니고 있는 장점을 살펴보면 다음과 같다.

첫째, 비용이 절감된다. 인터넷은 비상업적인 네트워크이기 때문에 기존의 EDI를 이용할 경우 소요되는 전용선, 소프트웨어 설치비용, 송신료 등을 절약할 수 있다.

둘째, 접속이 용이하고 대상이 광범위하다. 기존의 EDI는 폐쇄형으로 가입자들간에만 정보처리가 가능했지만 인터넷은 개방형이기 때문에 사용자와 장소에 아무런 제한이 없다.

마지막으로 업무간의 연계가 쉬운 편이다. 기존의 EDI로 거래되는 문서와 데이터는 직접적으로 타 업무에 재활용하기가 어렵고 추가적인 변환프로그램이 있어야만 했다. 그러나 인터넷 EDI는 사용자가 특정 문서의 구조를 만들어 사용할 수 있기 때문에 타 업무 프로그램과의 연계가 쉽다.

이런 연유로 현재 인터넷 EDI가 사용되고 있으며 우리나라의 경우도 정부의 정책에 의해 반드시 EDI로 처리되는 수출입통관 절차에 2004년부터 인터넷 EDI가 도입되어 기존의 방식과 병행되고 있다.

## 2. 무역자동화

### 2-1  무역자동화의 의의

무역자동화는 종전처럼 사람이 서류를 직접 들고 은행, 수출입단체, 세관 등을 일일이 다니거나 우편 또는 팩스를 이용해서 무역 업무를 처리하는 대신에 EDI 방식에 의해 컴퓨터로 사무실에서 빠르고 간편하게 무역 업무를 처리하는 것을 말한다. 다시 말해 수출입에 관련된 각종 행정 및 상거래서류를 컴퓨터가 읽을 수 있는 표준화된 전자문서의 형태로 바꾸어 컴퓨터로 주고받음으로써 궁극적으로는 종이서류 없는 무역(paperless trade)을 실현하는 것을 의미한다.

무역규모가 확대됨에 따라 과거와 같이 수작업으로 무역서류를 작성하는 데는 한계가 있어 가급적 서류를 이용하지 않는 무역자동화의 필요성이 제기되었다. 무역자동화는 1970년대 스웨덴에서 처음 논의된 이래 미국, EC, 일본 등 선진국에서 폭넓게 이용되고 있으며 현재 미국, 우리나라 등 선진국에서는 세관신고를 EDI로 제출할 것을 요구하고 있다.

유엔에서도 무역자동화를 통해 세계무역을 확대하고자 행정, 무역 및 운송에 관한 EDI 국제표준(EDIFACT)을 제정하여 기존의 무역관계서류들을 보다 효율적이고 합리적으로 운영할 수 있도록 하였다. 우리나라에서도 1981년 「무역업무 자동화촉진에 관한 법률」이 제정됨에 따라 무역자동화가

| 그림 2-1 | EDI에 의한 무역자동화 |

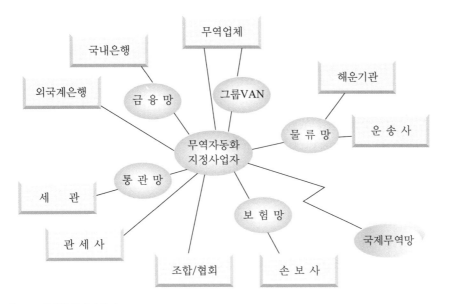

자료 : 한국무역정보통신.

도입되기 시작하였다.[1)]

지금까지의 전통적인 무역업무 처리체계는 무역업체, 세관, 은행, 조합, 항만, 선사 등 무역유관기관이 마치 거미줄과 같이 복잡하게 얽혀 있어서 인력과 시간의 낭비가 많았다. 따라서 거래당사자들은 독자적인 전산망을 구축하거나 사람이 서류를 가지고 일일이 돌아다니면서 무역절차를 밟아야만 했다.

그러나 무역자동화시스템에 의하면 한국무역정보통신, 데이콤 등과 같은 무역자동화 지정사업자가 수출입절차 전반에 걸쳐 중앙에서 무역업체와 무역유관기관을 유기적으로 연결하여 무역관련 각종 전자문서와 무역정보를 24시간 중계, 전송하게 된다. 따라서 무역업체와 무역유관기관은 지역이나 시간에 제약을 받지 않고 국내는 물론 외국과의 무역 업무를 컴퓨터에 의해 신속 정확하게 처리하는 것이 가능하게 된다.

---

1) 이 법은 2005년 12월 23일자로 「전자무역 촉진에 관한 법률」로 개정되었다.

### 2-2  무역자동화 효과

무역자동화가 완성될 경우 그 효과를 살펴보면 다음과 같다.

첫째, 무역부대비용이 절감된다. 무역절차가 컴퓨터로 처리됨에 따라 무역업무 처리시간이 단축되어 무역부대비용을 절감할 수 있다.

둘째, 기업의 지방 분산이 가능하다. 컴퓨터에 의해 시간과 공간의 제약 없이 무역 업무를 즉시 처리할 수 있어 무역업체의 지방 분산과 지방 중소기업의 소량 다품종 수출이 활발해진다.

셋째, 정보산업의 수요가 창출된다. 무역자동화 시스템의 구축 및 확산 과정에서 하드웨어, 소프트웨어 및 네트워크와 같은 정보산업 전 분야에 걸쳐 막대한 신규수요가 창출될 수 있다.

마지막으로 기업 경쟁력을 높일 수 있다. 실시간으로 정보를 활용할 수 있기 때문에 기업들은 고객의 욕구에 보다 신속하고 효과적으로 반응할 수 있어 기업 경쟁력을 높이게 된다.

## 제2절 | 전자무역의 의의

## 1. 전자무역의 개념과 특징

### 1-1  전자무역의 개념

근래에 들어 컴퓨터의 보급이 확산되고, 정보통신기술이 급속도로 발전함에 따라 무역거래에서도 이를 활용하는 새로운 변모가 일어났다. 대표적으로 무역거래서식 일부를 전자식 표준문서로 변환하여 컴퓨터를 통해 주고받는 EDI 방식이 무역업무에서 활용되기 시작하였다. 사람이 일일이 작성하고 처리했던 기존의 업무들을 컴퓨터를 통해 효율적으로 처리할 수 있게 된 것이다.

그리고 보편화된 무역업무는 자동화 시스템을 갖추어 EDI 방식에 의해 컴퓨터로 빠르고 간편하게 처리할 수 있게 되었다. 따라서 종전처럼 사람이 서류를 들고 은행, 세관 등을 일일이 찾아 다니거나 우편, 팩스 등을 통해

업무를 처리할 필요 없이 무역자동화 시스템에 의해 24시간 무역업무를 효율적으로 처리할 수 있다.

특히 인터넷에 의해 상품이나 서비스의 국제간 거래가 가능하게 되어 전통적인 무역거래의 일부분이 인터넷을 사용하는 방법으로 대체되었다. 최근 개방형 네트워크인 웹을 통해 서비스가 가능해짐에 따라 상당 부분의 무역업무가 인터넷에 의해 처리되고 있다.

이와 같이 무역거래에서 인터넷을 포함한 정보통신기술을 활용하여 이루어지는 형태를 기존의 무역형태와 구분하여 전자무역(e-trade)이라고 한다. 전자무역은 무역의 모든 과정 또는 일부를 인터넷, 전자문서교환 등 각종 정보통신기술을 이용하여 전자적으로 처리함으로써, 시간과 공간의 제약

**그림 2-2**　전통적 무역과 전자무역의 비교

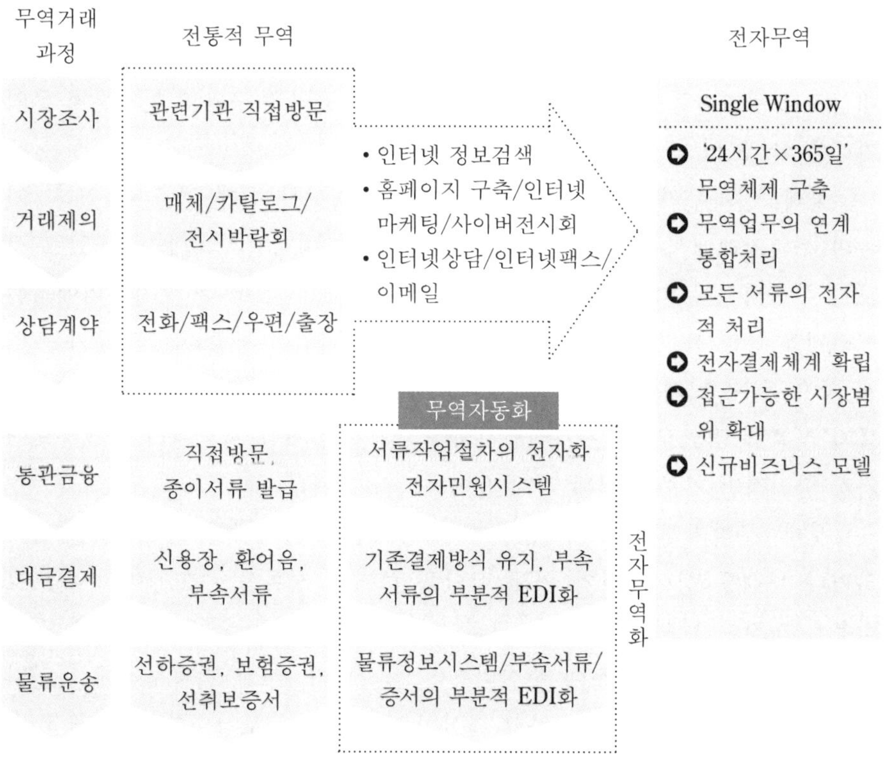

| 무역거래 과정 | 전통적 무역 | | 전자무역 |
|---|---|---|---|
| 시장조사 | 관련기관 직접방문 | | **Single Window** |
| 거래제의 | 매체/카탈로그/전시박람회 | • 인터넷 정보검색<br>• 홈페이지 구축/인터넷 마케팅/사이버전시회<br>• 인터넷상담/인터넷팩스/이메일 | ● '24시간×365일' 무역체제 구축<br>● 무역업무의 연계 통합처리<br>● 모든 서류의 전자적 처리<br>● 전자결제체계 확립<br>● 접근가능한 시장범위 확대<br>● 신규비즈니스 모델 |
| 상담계약 | 전화/팩스/우편/출장 | | |

무역자동화

| 통관금융 | 직접방문, 종이서류 발급 | 서류작업절차의 전자화 전자민원시스템 | |
| 대금결제 | 신용장, 환어음, 부속서류 | 기존결제방식 유지, 부속서류의 부분적 EDI화 | |
| 물류운송 | 선하증권, 보험증권, 선취보증서 | 물류정보시스템/부속서류/증서의 부분적 EDI화 | |

전자무역화

자료: 한국무역협회.

없이 무역업무를 보다 편리하고 신속 정확하게, 그리고 경제적으로 수행하는 무역거래의 형태를 말한다.

전자무역이 등장함에 따라 전통적인 무역에 대한 상대적인 개념으로서 새로운 용어가 필요하게 되어 그 동안 인터넷무역, 사이버무역, 전자무역 등의 용어가 사용되어 왔다. 최근에는 용어를 통일하여 무역의 전부 또는 일부가 컴퓨터 등 정보처리능력을 가진 장치와 정보통신망을 이용하여 이루어지는 거래를 모두 전자무역으로 표현하고 있다. 전통적 방식의 무역거래 과정은 〈그림 2-2〉에서와 같이 점차 전자무역과정으로 변모해 가고 있다.

### 1-2  전자무역의 특징

전자무역이 지니고 있는 특징을 기존의 무역거래와 비교해 살펴보면 다음과 같다.

첫째, 전자무역은 전 세계 시장을 대상으로 한다. 인터넷은 공간의 한계를 초월하기 때문에 그 동안 국가별로 구분되었던 시장들이 하나의 시장으로 통합된다. 따라서 최소의 비용으로 시간과 공간의 제약 없이 전 세계를 대상으로 광고활동을 할 수 있고 전 세계 어느 곳의 누구와도 언제든지 무역거래를 할 수 있다.

둘째, 전자무역에서는 시장에 관한 모든 정보를 쉽게 얻을 수 있다. 기존의 무역거래에서는 거래처를 물색하는 데 많은 시간과 비용이 들었고 정보가 부족하여 무역중개업자를 이용하기도 하였다. 그러나 전자무역에서는 인터넷을 통해 특정 상품을 어느 나라의 어떤 기업이 공급하고 있는가를 쉽게 찾아 볼 수 있게 된다. 또한 시장정보를 실시간으로 얻을 수 있기 때문에 특정 상품을 필요로 하는 거래당사자들간에는 철저한 시장원리가 적용되어 가장 합리적인 기준에 의해 거래가 이루어지게 된다.

셋째, 무역거래비용이 절감된다. 전통적인 무역거래에서는 정보를 취득하거나 거래를 성사시키기 위해 상담을 하거나 서류를 주고받아야 하므로 비용과 시간이 많이 필요했다. 그러나 전자무역에서는 인터넷을 통해 정보와 서류를 주고받기 때문에 통신비용이 절감된다. 또한 전자무역에 관련된 결제시스템이 개발되어 안전하고 확실한 대금결제가 보장되고 있어 금융 수수료를 절감할 수 있다.

넷째, 전자무역을 하게 되면 원천적으로 제품이나 서비스의 가격이 낮아진다. 전자무역은 인터넷을 통해 수출업자와 수입업자가 바로 연결되기 때문에 유통구조가 간단하여 유통비용이 그만큼 줄어든다. 그리고 생산과정에 대한 정보가 공개됨에 따라 가격구조가 평준화되어 제품이나 서비스의 가격이 전반적으로 하락하게 된다.

마지막으로, 전자무역에서는 중소기업들의 활동영역이 넓어진다. 인터넷을 이용해 일반 중소기업들도 네트워크를 구축하여 과거 대기업만이 독점했던 전 세계를 대상으로 하는 광고나 시장개척활동을 할 수 있다.

## 2. 전자무역 관련법규 및 관련기관

### 2-1 전자무역 관련법규

전자무역은 무역의 일부 또는 전부가 전자적 수단에 의해 수행되는 무역거래이므로 우리나라 무역거래의 기본법인 대외무역법, 외국환거래법, 관세법 등의 적용을 받는다. 또한 전자무역은 전자상거래의 한 분야라 할 수 있으므로 전자상거래와 관련된 법규의 적용을 받는데 이와 관련된 대내외 법률을 살펴보면 다음과 같다.

#### (1) 전자문서 및 전자거래기본법

전자문서 및 전자거래기본법(법률 제11690호)은 우리나라 전자상거래를 기존의 상거래와 마찬가지로 안전하게 거래할 수 있도록 규율하는 기본법이다. 이 법은 1999년 7월 1일부터 시행된 전자거래기본법을 개정한 것으로 2013년 3월 23일부터 시행되고 있다. 전자상거래에 대한 정부규제의 최소화, 민간주도에 의한 추진, 신뢰성의 확보 및 국제협력강화를 기본원칙으로 하고 있다.

이 법에서는 전자상거래에서 반드시 필요한 전자문서 및 전자서명에 대하여 그 법적 효력을 인정하고 있다. 따라서 다른 법률에서 특별히 규정하고 있는 경우를 제외하고는 문서가 단지 전자적 형태로 되어 있다는 이유만으로 문서로서의 효력이 부인되지 않는다. 마찬가지로 공인인증기관에서 인증한 전자서명도 다른 법률에서 특별히 그 효력을 부인하는 경우를 제외하고는 서면상의 기명날인 또는 서명과 동일한 효력을 갖게 된다.

### (2) 전자서명법

전자서명법(법률 제11690호)은 전자서명에 대한 법적 효력을 부여한 법으로서 1999년 7월 1일부터 시행되었던 법을 개정한 것이다. 공인인증기관에서 발급한 인증서에 포함된 전자서명인증 키(key)에 합치하는 전자서명생성 키로 생성된 전자서명은 법령에서 인정하는 서명 또는 기명날인으로 간주된다.

이에 따라 전자서명도 일반 서류상의 서명과 마찬가지로 해당 전자문서 명의자의 서명 또는 기명날인으로 간주하고, 해당 전자문서는 전자서명 후에는 그 내용이 변경되지 않은 것으로 추정하게 된다. 현재 전자서명법에 의한 우리나라 공인인증기관은 한국정보인증, 금융결제원, 한국증권전산, 한국전산원, 한국전자인증 및 한국무역정보통신이다.

### (3) 전자무역 촉진에 관한 법률

전자무역 촉진에 관한 법률(법률 제13155호)은 현재 우리나라 전자무역의 기반이 되는 법이다. 이 법은 1992년 7월 1일부터 시행되었던 「무역업무자동화촉진에 관한 법률」을 인터넷 기반의 전자무역 인프라를 구축하고 무역 프로세스의 근본적 혁신을 위해 개정한 것으로 2006년 6월 24일부터 시행되고 있다. 이 법에서는 전자무역 촉진 추진체계, 전자무역기반사업자와 전자무역기반시설 등과 관련된 사항을 규정하고 있다.

### (4) UNCITRAL 전자상거래모델법(Model Law on Electronic Commerce)

UNCITRAL(United Nations Commission on International Trade Law)은 주로 국제무역관계법을 통일하기 위해 활동하는 유엔의 국제무역법위원회이다. 이 위원회의 전자상거래작업반에서 세계 각국이 전자상거래 관련법을 제정할 때 참고하도록 만든 것이 유엔의 전자상거래모델법이다. 이 법은 모델법의 형식을 취하고 있는데 정보가 데이터 메시지 형태라는 이유만으로 법적효력, 유효성 및 집행력이 부인되어서는 안 된다고 규정하고 있다.

### (5) UNCITRAL 표준전자서명법(Model Law on Electronic Signature)

국제전자상거래의 핵심요소인 전자서명과 인증기관에 대한 문제를 규율하기 위해 유엔에서 2000년도에 제정한 국제적인 표준규범이다. 이 법은 전자서명, 인증기관, 외국전자서명 등에 대한 규정을 두고 있어 전자무역의 법적 안정을 도모하고 있다.

## 2-2  전자무역 관련기관

### (1) 전자무역 기반사업자

전자무역의 경우 관련 당사자들이 직접 만나보지 않은 상태에서 관련 업무가 처리되기 때문에 그 성격상 신뢰성과 안전성이 무엇보다 중요하다. 그리고 전자무역이 활성화되려면 먼저 정부가 전자무역을 공식적으로 인정하고 이를 종합적으로 지원하는 기관이 필요하다. 이에 따라 정부는 전자무역을 효율적으로 지원하고 이를 신속히 확산시키기 위해 전자무역 기반사업자를 지정하고 있다.

전자무역 기반사업자는 전자무역을 활성화하기 위해 실제 전자무역을 하려는 기업에게 무역거래의 알선, 전자무역문서의 전달 등 전자무역에 필요한 모든 서비스를 한곳에서 제공하는 전자무역 종합지원기관을 가리킨다. 현재 전자무역 기반사업자로는 한국무역정보통신(KTNET)이 단독 지정되어 있으며 이의 주요역할은 다음과 같다(전자무역촉진에 관한 법률 제6조 2항).

① 전자무역기반시설의 운영업무
② 전자무역기반시설과 외국의 전자무역망간의 연계업무
③ 무역 관련 업무의 전자무역기반시설을 통한 중계·보관 및 증명 등의 업무
④ 전자무역문서의 중계사업 등

### (2) uTradeHub(Ubiquitous Trade Hub)

전자무역 기반사업자로 지정된 한국무역정보통신이 운영하고 있는 전자무역기반시설을 uTradeHub라고 한다. 전자무역 기반시설이란 정보통신망을 통하여 무역업자와 무역관계기관을 체계적으로 연계하여 전자무역문서의 중계, 보관 및 증명 등의 업무를 수행하는 정보시스템을 말하며(전사무역촉진에 관한 법률 제2조 5항), 한국무역정보통신은 uTradeHub를 통해 무역업체 및 화주가 모든 무역업무 프로세스를 단절 없이 처리할 수 있는 단일창구(single window)를 제공하고 있다.

uTradeHub에서는 사용자에게 통합로그인(single sign on) 서비스를 제공하여 하나의 아이디로 모든 서비스를 이용할 수 있어 인터넷을 통한 한 번의 접속으로 모든 무역업무 프로세스를 신속하고 편리하게 원스탑으로 처리할 수 있다.

| 그림 2-3 | uTradeHub(Ubiquitous Trade Hub) |

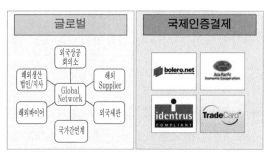

**화주/무역업체**

Single Window

**uTradeHub**

**거래선발굴**
- 무역 e-Market Place
- 거래알선 사이트
- 무역정보 제공기관

**신용조사기관**
- 신용조사기관
- 무역 e-Market Place

**수출입 승인**
- 각 조합/협회
- 상공회의소
- 검역소
- 보험사
- 민간기관

물류  마케팅
통관  **통합DB**  외환/결제
상역

전자문서보관소  중계 시스템

**금융기관**
- 금융결제원
- SWIFT
- 한국은행
- 국내외은행
- 외환/결제망

**물류기관**
- 선사/항공사
- 포워더
- CY, 보세창고
- KLNET
- KILC
- 국가 물류 BPR/ISP

**통관관련 기관**
- 관세사
- 관세청

**글로벌**

외국상공회의소
해외생산법인/지사
Global Network
해외 Supplier
해외바이어
외국세관
국가간연계

**국제인증결제**

bolero.net
Asia-Pacific Economic Cooperation
identrus COMPLIANT
TradeCard

자료: KTNET.

# 제3장
# 무역거래조건

| 제 1 절 | 무역거래조건의 의의와 Incoterms

| 제 2 절 | 무역거래조건의 해설

상거래에서 매매당사자들의 중요한 관심거리 중 하나는 상품의 가격을 결정하는 것이다. 특히 무역거래에서는 통관비, 운송비, 보험료, 관세 등 수출입부대비용이 많이 소요되기 때문에 이들 비용 중 어느 정도를 상품가격에 포함시킬 것인가? 그리고 원거리 교역에 따른 당사자간의 책임 한계점을 어디로 할 것인가? 등을 결정해야 한다. 이에 따라 오래 전부터 당사자들의 비용부담 및 책임한계가 상관습적으로 표준화된 FOB, CIF 등과 같은 거래조건이 사용되어 왔다. 이 장에서는 Incoterms 2010을 중심으로 현재 사용되고 있는 거래조건들을 살펴보고자 한다.

제1절 **무역거래조건의 의의와 Incoterms**

## 1. 무역거래조건의 의의

국내거래에서의 상품가격은 대개가 생산비용에다 매도인의 적정한 이윤을 합한 것이다. 그러나 무역거래에서는 수출국 내에서의 운송비, 수출통관비용, 목적지까지의 운송비 및 보험료, 수입통관비 및 수입관세, 수입국 내에서의 운송비 등 부차적으로 고려해야 할 가격요소가 많다. 따라서 이러한 수출입비용 중 어느 정도를 가격에 포함시켜야 하는가를 결정해야 한다.

막연하게 일정 금액으로만 상품가격을 표시하게 되면 양 당사자들은 자기들한테 유리한 방향으로 해석하기가 쉽다. 예를 들어 컴퓨터를 대당 1,000달러로만 제시하게 되면 수출업자는 생산비와 수출국 내에서 소요되는 운송비 정도만 포함된 가격으로 보고 나머지 부대비용은 모두 매수인이 부담하는 것으로 생각할 수 있다. 그러나 수입업자는 이 가격에 모든 수입비용이 다 포함된 것으로 생각하여 선뜻 가격결정에 동의할 수 있는데 이 양자는 엄청난 가격차이를 초래할 수 있다.

그리고 국가 간의 거래는 매매당사자가 서로 멀리 떨어져 있기 때문에 매도인과 매수인의 책임분기점을 분명히 해야 한다. 어디서 어디까지가 매도인의 책임이고 어디서부터 매수인의 책임인가를 확실히 해야만 사후에 분쟁이 발생하지 않는다.

이와 같이 무역거래에서는 매매당사자들이 상품의 가격을 약정할 때 그 가격에 어떠한 수출입부대비용을 포함시킬 것인가, 그리고 당사자들의 책임은 어느 지점에서 이전되는가를 동시에 결정해야 한다. 그렇다고 하여 계약을 체결할 때마다 당사자들이 모여 각자가 부담해야 할 비용과 책임한계를 정하도록 하는 것은 현실적으로 불가능하다. 이에 따라 무역거래에서는 오래 전부터 매매당사자들의 비용부담 및 책임한계가 상관습적으로 어느 정도 표준화된 FOB, CIF 등과 같은 용어들이 사용되어 왔는데 이를 무역거래조건(trade terms) 혹은 정형거래조건이라 한다.

## 2. Incoterms

### 2-1 Incoterms의 제정

무역거래에서는 오래 전부터 FOB, CIF 등 거래조건과 관련된 용어들이 사용되어 왔지만 이에 대한 통일된 규칙이 없어 각국에 따라 해석상의 차이가 많았다. 이에 따라 무역거래상의 분쟁요소를 없애고 국제무역의 확대를 도모하기 위해서 1936년 국제상업회의소는 무역거래조건의 해석에 관한 국제규칙, 즉 Incoterms 1936을 제정하였다. 그 후 Incoterms는 무역관습의 변화에 따라 여러 차례 개정되었으며 현재 사용되고 있는 것은 2010년에 개정된 Incoterms 2010이다. 그리고 Incoterms는 'International Commercial Terms'의 약칭에서 따온 말이다.

### 2-2 Incoterms 2010의 구성과 특징

#### (1) 구    성

Incoterms 2010에는 11가지 거래조건[1]이 규정되어 있으며 이들 조건은 〈표 3-1〉에서처럼 운송수단에 상관없이 모든 운송에 사용가능한 거래조건과 해상 혹은 내수로 운송에서만 사용할 수 있는 거래조건으로 분류되어 있다.

모든 운송에서 사용가능한 거래조건은 해상, 항공, 육상 등 운송수단에 상관없이 그리고 하나의 운송수단을 활용하든 두 가지 이상의 운송수단을 사용하든 상관없이 사용할 수 있는 거래조건을 의미한다. 여기에는 작업장인도조건(EXW), 운송인인도조건(FCA), 운송비지불인도조건(CPT), 운송비보험료지불인도조건(CIP), 터미널인도조건(DAT), 목적지인도조건(DAP) 및 관세지급인도조건(DDP) 7가지가 있다.

그리고 해상운송이나 강, 운하 등을 이용하는 내수로 운송에서만 사용할 수 있는 거래조건은 선측인도조건(FAS), 본선인도조건(FOB), 운임포함인도조건(CFR) 및 운임·보험료포함인도조건(CIF) 4가지이다.

---

[1] 그 동안 Incoterms에서는 각각의 조건을 거래조건(trade terms)으로 표현해 왔는데 Incoterms 2010에서는 각각의 규칙(rule)으로 표현하고 있다. 하지만 오랜 관습으로 아직까지는 거래조건이라는 표현이 익숙하기 때문에 특별한 경우를 제외하고는 관습적으로 표현하고자 한다.

표 3-1  Incoterms 11가지 거래조건

| 구 분 | 거래조건 | 전신약호 |
|---|---|---|
| 모든 운송에 사용하는<br>거래조건 | 작업장인도(Ex Works) | EXW |
| | 운송인인도(Free Carrier) | FCA |
| | 운송비지불인도(Carriage Paid To) | CPT |
| | 운송비 · 보험료지불인도<br>(Carriage and Insurance Paid To) | CIP |
| | 터미널인도조건(Delivered At Terminal) | DAT |
| | 목적지인도조건(Delivered At Place) | DAP |
| | 관세지급인도(Delivered Duty Paid) | DDP |
| 해상운송 혹은 내수로운송에<br>사용하는 거래조건 | 선측인도(Free Alongside Ship) | FAS |
| | 본선인도(Free On Board) | FOB |
| | 운임포함인도(Cost and Freight) | CFR |
| | 운임 · 보험료포함인도<br>(Cost, Insurance and Freight) | CIF |

## (2) 특  징

현행 Incoterms 2010의 가장 두드러진 특징 중 하나는 국내거래에서도 Incoterms를 적용할 수 있음을 공식화한 것이다. 그 동안 Incoterms는 물품이 국경을 통과하는 국제무역거래에서만 사용되어 왔는데 최근 EU 등과 같은 블록이 형성되어 국경통과절차의 중요성이 약해지면서 Incoterms를 국내거래에서도 사용할 수 있도록 한 것이다. 이에 따라 Incoterms의 부제목도 국내 및 국제거래조건의 사용에 관한 ICC 규칙(ICC rules for the use of domestic and international trade terms)으로 명명하고 있다.

그리고 Incoterms 2010은 거래조건별로 매도인과 매수인의 의무가 〈표 3-2〉에서처럼 10가지씩 대칭 배열되어 있다. 즉 모든 조건에서 매도인의 첫째 의무에는 매매계약과 일치하는 물품, 증명서류 등을 제공해야 하는 매도인으로서의 일반적 의무가 규정되어 있고, 매수인의 첫째 의무에는 매매계약에서 정해진 대금을 지급하는 등의 매수인으로서의 일반적 의무가 규정되어 있다.

또한 당사자들이 합의하거나 관습적인 경우, 전자기록이나 절차 등 전

| 표 3-2 | 매도인 및 매수인 의무 배열표 |
| --- | --- |

| 매도인의 의무 | 매수인의 의무 |
| --- | --- |
| ① 매도인의 일반적 의무 | ① 매수인의 일반적 의무 |
| ② 허가, 승인, 안전 확인 및 기타 절차 | ② 허가, 승인, 안전 확인 및 기타 절차 |
| ③ 운송계약과 보험계약 | ③ 운송계약과 보험계약 |
| ④ 인   도 | ④ 인   수 |
| ⑤ 위험이전 | ⑤ 위험이전 |
| ⑥ 비용배분 | ⑥ 비용배분 |
| ⑦ 매수인에 대한 통지 | ⑦ 매도인에 대한 통지 |
| ⑧ 인도서류 | ⑧ 인도증거 |
| ⑨ 점검, 포장, 확인 | ⑨ 물품검사 |
| ⑩ 정보에 의한 협조와 관련비용 | ⑩ 정보에 의한 협조와 관련비용 |

자통신수단도 서면통신과 동일한 효력이 있도록 규정하고 있다. 따라서 매도인은 일반 서류 대신 전자적 형태의 운송서류를 제시해도 자신의 의무를 충분히 수행한 것으로 간주될 수 있다.

## 2-3  Incoterms의 한계점

Incoterms의 목적은 무역거래에서 가장 일반적으로 사용되고 있는 거래조건들을 해석하기 위한 국제규칙을 제공하는 데 있다. 이로 인해 국가마다 거래조건들을 달리 해석하는 데 따른 불확실성이 어느 정도 감소되었고 여러 가지 거래상의 마찰과 오해도 제거되었다.

그러나 Incoterms는 국제조약이 아니고 민간단체인 국제상업회의소가 제정한 국제규칙이기 때문에 어떠한 구속력도 가지지 못하며 단지 매매당사자들의 합의에 의해서만 이용될 수 있다. 따라서 무역거래에서 반드시 Incoterms를 사용할 필요는 없고 당사자가 합의만 하면 Incoterms 대신 다른 국제규칙이나 상관습을 사용할 수 있다. 우리나라의 경우 무역거래에서는 Incoterms상의 거래조건을 사용하도록 대한상공회의소가 단체로 협약하였다.

그리고 Incoterms는 가능한 한 모든 국가들이 공동으로 사용할 수 있어야 하므로 매매당사자의 기본적인 최소 의무만을 규정하고 있다. 따라서

Incoterms는 특정 지역에서 통용되는 상관습은 개별당사자간의 합의에 의해 특별조항으로 매매계약에 삽입하도록 명시하고 있다. 만약 개별계약상의 특별규정이 Incoterms상의 일반규정과 상이할 때는 특별규정이 우선하여 적용된다.

▶ **와르소-옥스포드 규칙 및 개정미국무역정의**

　　Incoterms 외에 무역거래조건에 관련된 국제규칙으로서는 CIF계약에 관한 와르소-옥스포드 규칙(Warsow-Oxford Rules for CIF Contracts)이 있다. 이 규칙은 CIF에 대한 통일된 해석기준을 마련하기 위해 1932년 국제법협회(International Law Association : ILA)에 의해서 제정되었고 1970년에 개정되어 지금에 이르고 있다. 그리고 미국에서는 아직도 1990년에 개정된 개정미국무역정의(Revised American Foreign Trade Definitions)의 거래조건을 사용하는 경우도 있다. 이 규칙에는 Ex(point of origin), FOB, FAS, C&F, CIF 및 Ex Dock의 6가지 거래조건이 규정되어 있고 FOB는 육상매매에 적합하도록 6가지 종류로 세분화되어 있다.

## 제2절　무역거래조건의 해설

　　Incoterms 2010에는 〈표 3-1〉에서처럼 11가지의 조건들이 2개의 그룹으로 나누어 규정되어 있다. 이 절에서는 각 조건의 개념과 매매당사자의 주요 의무를 살펴보기로 한다.

## 1. 모든 운송에서 사용가능한 조건

　　이 그룹에 속하는 조건은 7가지이며 운송방법에 상관없이 모든 운송에서 사용할 수 있다.

## 1-1 작업장 인도조건(Ex Works: EXW)

### (1) 개  념

작업장 인도조건은 매도인이 계약물품을 작업장에서 매수인에게 인도하는 조건이다. 이 조건에서 의미하는 작업장은 계약물품의 성격에 따라 공장, 농장, 광산 등의 장소가 된다. 실제 거래에서는 이 장소를 구체적으로 표시하여 매도인과 매수인의 책임분기점을 분명히 한다. 만약 물품이 있는 장소가 공장이면 Ex Factory, 공장 중에서도 제철 · 제분 · 제지 공장이면 Ex Mill, 농장이면 Ex Plantation, 창고이면 Ex Warehouse, 광산이면 Ex Mine 으로 표현한다.[2]

매도인은 작업장에 계약물품을 적치할 때까지의 비용과 위험을 부담한다. 별도의 합의가 없는 한 매도인은 매수인이 제공한 운송수단에 계약물품을 적재하거나 수출통관을 이행해야 할 필요가 없다. 반면, 매수인은 계약물품이 현존하는 장소에서부터 최종목적지까지 운송하는 데 소요되는 모든 비용과 책임을 부담해야 한다. 따라서 Incoterms의 11가지 거래조건 중 매도인에게는 최소한의 의무가 부여되는 조건이다.

### (2) 매도인의 의무

① 계약과 일치하는 물품의 제공: 매도인은 매매계약과 일치하는 물품과 증명서류를 제공해야 한다.

② 허가, 인증 및 통관절차: 매도인은 매수인의 요청이 있을 경우 매수인의 위험과 비용으로 물품의 수출에 필요한 수출허가 또는 기타 공적 인증을 취득하기 위한 모든 협조를 매수인에게 제공해야 한다.

③ 물품의 인도: 매도인은 지정된 일자 또는 기간 내에 지정된 인도장소에서 매수인의 임의처분상태로 물품을 인도해야 하며, 만약 그러한 장소와 시기가 규정되어 있지 않은 경우에는 관례적인 장소와 시기에 물품을 인도해야 한다.

④ 매수인에 대한 통지: 매도인은 물품이 매수인의 임의처분상태로 인

---

[2] 유럽에서는 이 조건을 'Ex Loco' 또는 'Spot'이라고 표현하여 계약물품이 있는 현장에서 물품을 인도하는 경우에 사용한다. Loco는 라틴어로서 영어의 Spot의 의미와 같다. 반면 미국에서는 'Ex Point of Origin' 또는 'FOB Origin'이란 표현으로 원산지매매에 이 조건을 많이 이용하고 있다. Incoterms에서는 이를 통일하여 Ex Works로 표현한 것이다.

도될 시기와 장소에 대하여 매수인에게 충분히 통지해야 한다.

(3) 매수인의 의무

① 대금지급:  매수인은 매매계약에 정해진 대로 대금을 지급해야 한다.

② 허가, 인증 및 통관절차:  매수인은 자신의 위험과 비용으로 수출허가 및 수입허가 또는 기타 공적 인증을 취득해야 하고 물품의 수출 및 수입에 관한 통관절차와 필요한 경우에는 제3국을 통과하는 데 필요한 통관절차를 이행해야 한다.

③ 물품의 인수:  계약물품이 매수인의 임의처분상태로 인도되는 즉시 그 물품을 인수해야 한다.

④ 매도인에 대한 통지:  매수인이 지정된 기간 이내에 인도시간이나 인도장소를 결정할 권리를 유보하고 있는 경우에는 매도인에게 그에 대한 충분한 통지를 해야 한다.

### 1-2  운송인 인도조건[Free Carrier ⋯ (named place): FCA]

(1) 개    념

FCA 조건은 매도인이 지정된 장소에서 매수인이 지명·통보한 운송인의 관리하에 수출통관된 물품을 인도함으로써 자신의 의무가 끝나는 조건이다. 따라서 지정된 장소에서 운송인에게 계약물품이 인도되는 시점이 바로 매매당사자간의 비용부담과 책임의 분기점이 된다.

이 조건에서 매도인은 수출에 필요한 모든 법적 절차를 취한 후 지정된 운송인에게 물품을 인도해야 한다. 지정 운송인은 운송수단에 상관없이 매수인이 운송계약을 체결하여 매도인에게 그 명의를 통보한 운송인이다.[3]

(2) 매도인의 의무

① 수출허가 및 수출통관:  매도인은 자신의 위험과 비용으로 모든 수출허가 또는 기타 공적 인증을 취득해야 하고 물품의 수출에 필요한 통관절차도 이행해야 한다.

---

3) FCA 조건에서 만약 매수인이 항공운송인을 지정하여 통보하면 예를 들어 'FCA Kimpo Airport', 그리고 육상운송인을 지정하면 'FCA Seoul Station' 또는 'FCA Yongsan Cargo Terminal' 등과 같이 표기된다. FCA 뒤에 나오는 구체적 장소는 수출국내에서 매도인과 매수인의 비용 및 책임분기점이 된다.

② 물품의 인도: 매도인은 합의된 인도기일이나 기간 내에 지정된 장소 또는 지점(예: 운송터미널 또는 기타 화물인수지점)에서 매수인이 지정하거나 매도인이 선택한 운송인의 관리하에 물품을 인도해야 한다.

FCA 조건하에서 운송인에 대한 물품의 인도는 구체적으로 다음과 같은 때에 완료된다.

첫째, 지정된 장소가 매도인의 영업장구내인 경우에는 물품이 매수인에 의하여 지정된 운송인 또는 운송인을 대리하는 기타의 자에 의하여 제공된 운송수단상에 적재된 때 적법한 인도가 이루어진 것으로 본다.

둘째, 첫번째 이외의 장소가 지정된 경우에는 물품이 매도인의 운송수단에서 양하되지 않은 채 매수인에 의하여 지정되거나 또는 매도인에 의하여 선택된 운송인의 임의처분하에 적치된 때에 인도가 완료된다.

만약 인도지점이 합의되지 않고 여러 개 지점이 이용될 경우에는 매도인은 자신의 목적에 가장 적합한 인도장소를 선택할 수 있다. 그리고 매수인이 정확한 지시를 하지 못하는 경우에는 매도인은 운송방식과 물품의 성질 또는 특성상 요구되는 방법으로 운송인에게 물품을 운송할 수 있다.

(3) 매수인의 의무

① 운송계약의 체결: 매도인이 운송인을 선택하는 경우를 제외하고 매수인은 자신의 비용으로 지정된 장소로부터 운송계약을 체결해야 한다.

② 위험 이전 및 비용부담: 매수인은 물품이 운송인의 보관하에 인도된 때부터 모든 위험과 비용을 부담하고 만약 합의된 기일 내에 운송인을 지정하지 못하거나 또는 지정된 운송인이 물품을 합의된 기일 내에 인수하지 못하게 되면 그로부터 발생하는 모든 위험과 비용도 부담해야 한다.

③ 매도인에 대한 통지: 매수인은 매도인에게 운송인의 명의에 대한 충분한 통지를 해야 한다. 필요한 경우에는 운송방식, 인도일자 또는 인도기간을 명시해야 하며 그리고 계약물품이 운송인에게 인도되어야 할 장소 내의 지점도 통지해야 한다.

## 1-3 운송비 지불 인도조건(Carriage Paid To ··· (named place of destination): CPT)

### (1) 개    념

운송비 지불 인도조건(CPT)은 매도인이 자신과 목적지까지 운송계약을 체결한 운송인에게 수출통관된 물품을 인도함으로써 매도인의 책임이 끝나는 것으로 하는 조건이다. 따라서 이 조건에서 매도인은 먼저 자신의 위험과 비용으로 수출에 필요한 모든 통관절차를 이행해야 한다. 그리고 합의된 목적지까지 적합한 운송계약을 체결하고 운송비를 지급해야 하며 계약물품을 운송인에게 인도 완료해야 한다.

이 조건에서 매도인이 목적지까지 운송계약을 체결하고 운송비를 지급한다고 해서 자신의 책임이 목적지까지 연장되는 것은 아니며 매도인의 책임은 자신과 운송계약을 체결한 운송인에게 물품을 인도하는 시점에서 끝이 난다. 즉 매도인과 매수인의 책임분기점은 매도인이 체결한 운송인에게 물품을 인도하는 시점이 된다.

앞의 FCA 조건은 매수인이 물품을 실어가기 위해 매수인 자신이 운송계약을 체결하고 운송비를 지급하는 것이지만 CPT 조건은 반대로 매도인이 물품을 목적지까지 실어주고 운송비를 지급하는 조건이다. 매도인이 지급한 운송비는 물품의 가격에 포함되어 있다.

### (2) 매도인의 주요 의무

앞의 운송인 인도조건(FCA)에 비해 매도인은 목적지까지 운송계약을 체결하고 운송비를 지급해야 할 의무가 있다.

① 수출허가 및 수출통관: 매도인은 자신의 위험과 비용 부담으로 수출허가 혹은 모든 공적인 승인을 취득해야 하며 또한 물품의 수출에 필요한 통관절차를 모두 이행해야 한다.

② 위험 이전 및 비용부담: 매도인은 물품을 자신과 운송계약을 체결한 운송인에게 인도할 때까지의 모든 위험과 비용을 부담해야 한다.

③ 운송계약 체결: 매도인은 목적지까지 적합한 운송계약을 체결하고 운송비를 지급해야 한다. 운송계약은 해상, 육상, 항공운송 등 상관없으며 목적지까지 여러 운송을 사용하는 운송계약을 체결해도 무방하다.

(3) 매수인의 의무

① 물품의 인수:  매수인은 합의된 목적지에서 계약물품을 운송인으로부터 인수해야 한다.

② 위험 이전:  물품이 운송인에게 인도 완료되는 시점 이후부터 발생하는 위험을 부담해야 한다.

## 1-4  운송비 · 보험료 지불 인도조건〔Carriage and Insurance Paid To … (named place of destination): CIP〕

(1) 개    념

운송비 · 보험료 지불 인도조건(CIP)은 매도인이 계약물품에 대한 수출통관을 필하고 목적지까지 보험계약을 체결한 후 이를 자신과 운송계약을 체결한 운송인에게 인도하는 조건이다. 따라서 이 조건에서 매도인은 자신의 위험과 비용으로 수출에 필요한 모든 통관절차를 이행해야 한다. 그리고 합의된 목적지까지 운송계약과 보험계약을 체결하여 운송비 및 보험료를 지불하고 계약물품을 운송인에게 인도해야 한다.

이 조건은 앞의 운송비 지불 인도조건(CPT)과 동일한데 단지 매도인이 목적지까지 적합한 보험계약을 체결하고 보험료를 지불해야 하는 점이 다르다. 그러나 매도인이 목적지까지 운송보험계약을 체결한다고 해서 매도인의 책임이 목적지까지 연장되는 것은 아니며 자신의 책임은 어디까지나 운송인에게 물품을 인도하는 시점에서 끝이 난다. 따라서 운송 도중의 물품에 대해서 매도인은 책임 질 필요가 없다.

(2) 매도인의 주요 의무

이 조건에서 매도인의 의무는 앞의 운송비 지불 인도조건(CPT)에서의 매도인의 의무에다 목적지까지 운송보험계약을 체결하고 보험료를 지불해야 하는 의무가 추가된다. 매도인은 매수인과 합의하여 보험조건을 선정하고 보험가입금액은 CIP 가격의 110%로 한다.

보험금액은 보험자의 최고보상액인데, 이 금액이 높으면 보험료가 높아진다. 매수인은 당연히 보험금액이 높은 것을 원하기 때문에 양 당사자 간의 분쟁을 막기 위하여 CIP 금액의 110%로 규정한 것이다. 여기서 10%는 희망이익(expected profit)을 의미하는데, 상품이 무사히 목적지에

도착하면 10% 정도의 이익이 생길 것이라고 희망한 것이다.

(3) 매수인의 주요 의무

매수인은 물품이 운송인에게 인도 완료되는 시점 이후부터 발생하는 위험을 부담해야 한다. 이 조건에서 비록 매도인이 목적지까지 보험계약을 체결하지만 운송 도중 물품의 위험에 대해서는 매수인이 책임져야 한다. 만약 운송 도중 물품에 대한 사고가 발생하면 매수인이 보험자에게 클레임을 제기해야 한다.

## 1-5 터미널 인도조건〔Delivered At Terminal … (named terminal at port or place of destination)〕

(1) 개    념

터미널 인도조건은 매도인이 계약에서 합의된 지정 목적항, 혹은 지정 목적지의 터미널에서 운송수단으로부터 물품을 하역하여 수입통관을 필하지 않고 이를 매수인의 임의처분상태로 인도하는 조건을 말한다. 이 조건에서 의미하는 터미널은 덮개의 유무를 불문하며, 부두, 창고, 컨테이너 야적장, 도로 · 철도 또는 항공화물 터미널을 포함한다.

이 조건의 경우 매매당사자간의 비용 및 위험부담의 분기점은 지정 터미널이 된다. 따라서 이 조건을 사용할 경우 터미널 혹은 터미널 내에서의 특정 지점을 명확히 해 두어야 한다. 만약 특정 터미널이 합의되지 않았거나 관습에 의해 결정되고 있지 않은 경우, 매도인은 이 조건의 목적항 또는 목적지에서 자기의 목적에 가장 적합한 터미널을 선택할 수 있다.

DAT 조건은 Incoterms 2010에서 처음 소개된 조건인데 이 조건에서 매도인은 자기의 비용으로 합의된 목적항 또는 목적지까지 물품을 운송하기 위한 운송계약을 체결하고, 터미널까지 운송하여 하역하는데 따른 모든 위험을 부담해야 한다. 한편 매수인은 물품이 지정 터미널에서 인도된 이후의 모든 위험과 비용을 부담한다.

(2) 매도인의 주요 의무

매도인은 수출통관된 물품을 계약에서 합의된 목적항구 혹은 목적지의 터미널까지 운송해야 할 의무가 있다.

① 운송계약의 체결: 매도인은 자신의 위험과 비용부담으로 목적항

구 혹은 목적지의 지정 터미널까지 운송계약을 체결하고 운임을 지급해야 한다.

② 물품의 인도: 매도인은 약정된 일자 또는 기간 내에 수입통관을 필하지 않은 상태로 지정 터미널에서 물품을 매수인에게 인도해야 한다. 그리고 매도인은 지정 터미널에 도착한 운송수단으로부터 물품을 하역하여 인도해야 한다.

(3) 매수인의 주요 의무

매수인은 지정 터미널에 도착한 운송수단으로부터 하역된 물품을 인수해야 한다.

① 수입허가 및 수입통관: 매수인은 자신의 위험과 비용으로 수입허가 또는 기타 공적 인증을 취득해야 하며 그리고 물품의 수입에 필요한 모든 통관절차도 이행해야 한다.

② 비용 부담: 매수인은 매도인으로부터 하역된 물품을 인도받은 시점 이후 발생하는 비용을 부담해야 한다.

## 1-6 목적지 인도조건〔Delivered At Place … (named place of destination)〕

(1) 개    념

목적지 인도조건(DAP)도 Incoterms 2010에 처음 소개된 것으로 이 조건에서 매도인은 지정 목적지에서 수입통관을 필하지 않은 계약물품을 도착된 운송수단으로부터 양하하지 않은 상태로 매수인의 임의처분상태로 인도해야 한다. 이 조건을 사용할 경우 DAP 뒤에 지정 목적지를 표시한다.

이 조건에서 매도인은 자신의 비용으로 지정 목적지 또는 경우에 따라 지정 목적지의 합의된 지점까지 물품을 운송하기 위한 운송계약을 체결하여야 하고, 지정지까지 물품을 운송하는 데 따른 모든 위험을 부담한다.

만약 특정 지점이 합의되지 않았거나 관습에 의해 결정되고 있지 않은 경우, 매도인은 지정 목적지에서 자기의 목적에 가장 적합한 지점을 선택할 수 있다. 그리고 매도인은 지정 목적지에 도착한 운송수단으로부터 물품을 하역해 줄 의무는 없다.

한편 매수인은 지정 목적지에서 자신이 계약물품을 임의로 처분할 수 있는 상태가 된 이후의 모든 위험과 비용을 부담한다. 이 조건에서 물품의 수입통관은 매수인이 하여야 하는데 만약 당사자들이 수입통관절차를 매도인이 밟기를 희망하는 경우에는 DDP조건을 사용하여야 한다.

(2) 매도인의 주요 의무

앞의 터미널 인도조건(DAT)에서는 매도인이 물품을 터미널까지 운송하면 되지만 이 조건에서는 터미널을 벗어나 지정 목적지까지 물품을 운송해야 할 의무가 매도인에게 있다.

(3) 매수인의 주요 의무

앞의 터미널 인도조건(DAT)과 마찬가지로 매수인은 수입통관을 필하고 지정 목적지에서 계약물품을 인수해야 한다. 그리고 매수인은 지정 목적지에 도착한 운송수단으로부터 물품을 하역하는 데 드는 비용을 부담해야 한다.

## 1-7 관세지급 인도조건〔Delivered Duty Paid ··· (named place of destination): DDP〕

(1) 개    념

관세지급 인도조건은 매도인이 계약물품을 매수인이 지정한 수입국의 장소까지 운송해야 하는 조건으로 매도인은 자신의 위험과 비용으로 첫째, 수출국에서 수출통관을 필하고, 둘째, 수입항까지의 운송계약과 보험계약을 체결하고, 셋째, 수입국에서 수입허가를 취득하고, 관세 · 조세 등을 지급하여 수입통관을 필한 후 마지막으로 수입국의 지정 목적지까지 계약물품을 운송하고, 물품의 인수에 필요한 관례적인 운송서류를 매수인에게 인도해야 한다.

따라서 관세지급 인도조건은 매도인이 직접 · 간접으로 수입허가를 취득하지 못할 경우에는 사용될 수 없다. 만약 매수인이 수입통관을 필하고 관세나 조세 등을 지급하길 원한다면 앞에서 언급된 DAP조건이 사용될 수 있다.

(2) 매도인의 의무

① 위험 이전 및 비용부담: 이 조건에서 당사자간의 위험과 비용부담의 분기점은 수입국 내의 지정된 장소이므로 매도인은 이 지점까지의 모든 비용과 위험을 부담해야 한다. 그러나 매도인은 계약물품을 지정된 목적지에 도착

하는 운송수단으로부터 하역하지 아니한 상태로 매수인에게 인도할 수 있다.

② 매수인에 대한 통지: 매도인은 계약물품의 운송에 관해 매수인에게 충분히 통지를 해야 할 뿐만 아니라 매수인이 물품을 정상적으로 인수하는 데 필요한 조치에 대해서도 통지를 해야 한다.

(3) 매수인의 의무

① 허가, 승인 및 통관절차에 대한 협조: 이 조건에서는 매도인이 수출허가를 비롯한 수입허가 또는 공적인 승인을 취득해야 한다. 따라서 매수인은 매도인이 요청할 경우 매도인의 위험과 비용부담으로 수입허가 또는 수입에 필요한 기타 공적인 승인을 취득하는 데 필요한 협조를 제공해야 한다.

② 비용부담: 매수인은 지정된 목적지에서 계약물품을 운송수단으로부터 하역하는 데 필요한 비용을 부담해야 한다.


## 2. 해상 혹은 내수로 운송에서만 사용가능한 조건

현행 Incoterms의 11가지 조건 중에서 FAS, FOB, CFR 및 CIF 4가지는 해상운송 혹은 내수로 운송에서만 사용가능한 조건(rules for sea and inland waterway transport)이다. 이들 조건은 전통적으로 국제무역에서 많이 사용되어 왔던 조건인데 최근 운송방식이 여러 운송수단을 동시에 활용하는 방식으로 바뀜에 따라 Incoterms 2010에서는 후순위에 규정되어 있다.

### 2-1 선측인도조건〔Free Alongside Ship … (named port of shipment): FAS〕

(1) 개    념

선측인도조건은 매도인이 본선의 선측에 계약물품을 인도함으로써 자신의 인도의무가 완료되는 조건이다. 이 조건에서 매매당사자간의 비용부담과 책임의 분기점은 선적항에서 본선의 선측이 된다.

이 조건에서 의미하는 선측은 단순히 지정된 선박의 옆 장소를 의미하는 것이 아니라 본선에서 통상 사용하고 있는 크레인(crane)이나 그 밖의 선적용구가 도달할 수 있는 지점을 뜻한다. 만약 항구의 여건상 본선이 부두 밖에 정박하게 되면 매도인은 부선(lighter)을 이용하여 본선의 크레인이 도

달할 수 있는 해상지점까지 계약물품을 운송해야 하고 부선 사용료를 부담해야 한다.[4]

FAS 조건에서 물품의 본선 선적은 매수인의 의무에 속하기 때문에 매수인은 선적에 따른 모든 비용과 위험을 부담해야 한다. 이 조건은 주로 본선의 선적에 비용이 많이 들고 부피가 큰 원목, 원면, 양곡 등의 거래에 많이 이용되고 있다.

특히 이 조건에서 계약물품의 수출허가 및 수출통관에 관련된 비용은 매도인이 부담하게 된다. 일반적으로 물품이 선적될 때까지는 내국화물로 취급되기 때문에 매수인이 선측에 적치된 계약물품을 선적하기 위해서는 먼저 수출허가를 취득하고 수출통관절차를 거쳐야 한다. 그러나 수출허가나 수출통관 등의 업무는 매도인인 수출업자가 이행하는 것이 편리하기 때문에 이를 매도인이 이행하도록 의무화하였다.

(2) 매도인의 의무

① 수출허가 및 수출통관: 매도인은 자신의 위험과 비용부담으로 모든 수출허가 또는 기타 공적 승인을 취득해야 하며 또한 물품 수출에 필요한 통관절차를 이행해야 한다. 만약 당사자들간에 매수인이 물품의 수출통관을 이행할 것을 원하는 경우에는 매매계약서상에 이런 취지의 문언을 명시적으로 추가하여 이를 명확히 해야 한다.

② 위험 이전 및 비용부담: 매도인은 계약물품을 본선의 선측에 인도할 때까지의 모든 위험과 비용을 부담해야 한다.

③ 매수인에 대한 통지: 매도인은 계약물품이 지정된 선박의 선측에 인도되었다는 사실을 매수인에게 통지해야 한다.

(3) 매수인의 의무

① 운송계약의 체결: 매수인은 자신의 비용으로 지정된 선적항으로부터 물품의 운송계약을 체결해야 한다.

② 위험 이전 및 비용부담: 선적항의 본선 선측에서 계약물품을 인수한 이후 모든 위험과 비용은 매수인이 부담해야 한다. 만약 매수인이 운송선박을 제때에 지정하지 못하거나, 지정된 선박이 약정 시간에 도착하지 못하거나 또는 계약물품을 인수하지 못하면 매매계약에서 인수하기로 합의된 날

---

4) 이러한 경우를 흔히 'Free on Lighter(FOL)'라고도 한다.

로부터 그 물품에 대한 추가 위험과 비용을 매수인이 부담해야 한다.

③ 매도인에 대한 통지:  매수인은 매도인에게 선박명, 선적장소 및 인도시기 등을 통지해야 한다.

## 2-2 본선인도조건〔Free On Board … (named port of shipment): FOB〕

### (1) 개    념

무역거래에서 많이 이용되고 있는 FOB 조건은 계약물품이 지정된 선적항에서 매수인이 지명·통보한 선박에 적재될(on board) 때 매도인의 인도의무가 완료되는 조건을 말한다. 따라서 매매당사자간의 비용부담 및 책임부담의 분기시점은 계약물품이 본선 상에 적재되는 시점이 된다.

FOB 조건에서 매도인은 합의된 선적기간 내에 매수인이 지정한 운송선박에 계약물품을 선적하게 되면 자신의 책임이 끝나며, 선적 이후의 모든 책임과 비용은 매수인이 부담하게 된다. 이 조건에서 매수인은 계약물품을 수입지까지 운송할 선박과 운송계약을 체결하고 선박명, 정박지, 선적기일 등을 매도인에게 통지해야 한다.

원래 FOB 조건은 영국에서 발생하여 해상매매에 사용되어 왔으나 미국에서는 육상매매의 관습으로 많이 활용되고 있다. 1990년의 개정 미국무역정의에서는 미국의 대륙적인 특수한 사정을 고려하여 FOB 조건을 6가지 조건으로 분류하고 있다. Incoterms의 FOB 조건은 해상운송시에 적용되기 때문에 개정 미국무역정의에 있는 FOB Vessel과 유사하다.

### (2) 매도인의 의무

FOB 조건에서는 매도인이 계약물품을 본선에 인도해야 하므로 FAS 조건에 비해 물품을 본선에 선적해야 하는 의무가 추가된다. 실제 선적은 선박회사가 전문적으로 해야 하므로 두 조건에서 매도인의 의무는 거의 차이가 없다.

① 수출허가 및 수출통관:  매도인은 자신의 위험과 비용으로 수출허가 또는 기타 공적 인증을 취득해야 하고 수출통관절차도 필해야 한다.

② 물품의 인도:  매도인은 지정된 일자 또는 기간 내에 그리고 항구의 관례에 따라 선적항에서 매수인이 지정한 선박의 본선 상에 물품을 선적해야 한다.

③ 위험 이전 및 비용부담: 계약물품이 선적항에서 본선 상에 적재될 때까지의 모든 위험과 비용을 매도인이 부담해야 한다. 이러한 비용에는 수출통관비용, 수출관세, 조세 및 기타 공적 부과금이 포함된다.

(3) 매수인의 의무

① 운송계약체결: 매수인은 자신의 비용으로 지정 선적항으로부터 물품의 운송계약을 체결해야 한다.

② 위험 이전 및 비용부담: 매수인은 계약물품이 지정 선적항에서 본선 상에 적재될 때부터 모든 위험과 비용을 부담해야 한다. 그리고 매수인이 지정 기일 내에 선박을 지정하지 못하거나, 계약물품의 인수일자 또는 선적항의 선택권을 유보하고 있다가 기일 내 충분한 지시를 하지 못하면 이로 인해 야기되는 추가 위험과 비용도 매수인이 부담해야 한다.

③ 매도인에 대한 통지: 매수인은 매도인에게 선박명, 선적지점 및 인도시기에 대해서 충분히 통지해야 한다.

## 2-3 운임포함 인도조건[Cost and Freight ··· (named port of destination): CFR]

(1) 개    념

운임포함 인도조건은 매도인의 책임은 선적항의 본선에서 끝나도록 하고 대신 매도인이 목적지까지 해상운송계약을 체결하고 운임을 지불해야 하는 조건이다. 이 조건에서 매매당사자간의 책임한계점은 FOB 조건과 마찬가지로 선적항의 본선이다. 따라서 계약물품이 선적항의 본선에 적재된 때 물품과 관련된 모든 책임은 매수인에게로 이전된다.

CFR 조건에서 매도인은 지정된 목적항까지 계약물품의 운송에 적합한 선박과 통상적인 해상운송계약을 체결하고 운임을 지불해야 한다. 그리고 계약물품에 대한 수출통관을 필하여 본선에 적재하고 선박회사로부터 운송서류를 교부받아 이를 매수인에게 전달해야 한다.

이 조건은 FOB 조건에서 매수인이 부담했던 해상운송계약의 체결의무와 운임부담이 매도인에게로 이전된 조건이 된다. 따라서 매도인이 수출가격을 CFR 조건으로 제시하려면 먼저 목적지까지의 해상운임을 계산해야만 한다. 만약 계약체결시 해상운임을 확정할 수 없으면 이를 유보하여 선적시의 운임률을 적용한다는 유보조항을 명시하는 것이 일반적이다.

예를 들어 우리나라 수출업자가 똑같은 물품을 홍콩에 있는 수입업자에게 FOB 조건과 CFR 조건으로 가격을 제시하면 FOB Busan 및 CFR Hongkong으로 표시된다. FOB Busan인 경우 부산이 수출업자와 수입업자 간의 책임분기점임을 알리는 것이고, CFR Hongkong인 경우는 수출업자가 홍콩까지의 운임을 부담하는 것을 알려주기 위한 것이다.

(2) 매도인의 의무

FOB 조건에 비해서 매도인에게는 목적지까지 해상운송계약을 체결하고 운임을 지불해야 하는 의무가 추가된다.

① 운송계약의 체결: 매도인은 자신의 비용으로 계약물품을 운송하는 데 적합한 원양선박(seagoing vessel) 또는 내수로 선박을 선정하여 목적항까지의 통상 항로를 따라 항해하는 운송계약을 체결하고 운임을 지불해야 한다. 이는 매도인이 자기에게 유리한 해상운송계약을 체결하지 못하도록 선박 형태, 항로 등에 대해 엄격히 규정한 것이다.

② 운송서류의 제공: 매도인은 별도 합의가 없는 한 자신의 비용으로 계약물품과 관련되는 운송서류를 지체없이 매수인에게 제공해야 한다. 이 운송서류는 계약물품을 목적지까지 운송하는 것을 나타내고, 또한 매수인이 물품을 청구할 수 있는 것이어야 한다. 그리고 별도 합의가 없는 한 매수인은 서류를 양도하거나 운송인에게 지시하여 물품을 제2의 매수인에게 양도할 수 있어야 한다. 만약 운송서류의 원본이 여러 통 발행되면 매도인은 원본 모두를 매수인에게 제시해야 한다.

③ 위험 이전 및 비용부담: 매도인은 계약물품이 선적항에서 본선에 적재될 때까지 모든 위험을 부담해야 한다. 그리고 매도인은 위험이 매수인에게로 이전되는 시점까지 소요되는 모든 비용과 목적항까지의 운임을 부담해야 한다.

(3) 매수인의 의무

① 물품의 인수: 매수인은 지정된 목적항에서 운송인으로부터 계약물품을 인수해야 한다.

② 위험 이전 및 비용부담: 매수인은 물품이 선적항의 본선 상에 적재된 때부터 발생하는 위험과 비용을 부담해야 한다. 따라서 목적항에 도착할

때까지 운송중의 물품과 관련된 위험을 부담하고 만약 매수인이 목적항의 선택권과 선적기일의 지정권을 유보하고 있으면서 기간 내에 적절한 지시를 하지 못하면 이로 인해 야기되는 추후 비용과 위험을 부담해야 한다.

## 2-4 운임 · 보험료포함 인도조건〔Cost, Insurance and Freight … (named port of destination): CIF〕

### (1) 개  념

CIF 조건은 물품의 원가, 목적지까지의 보험료 및 운임의 세 가지 요소가 가격에 통합된 조건이다. 이 조건에서 매도인은 계약물품을 목적지까지 운송하는 해상운송계약과 항해중의 위험에 대비한 해상보험계약을 체결하고 운임 및 보험료를 지급해야 한다. 그리고 매도인은 이러한 계약이 적합하게 체결되었음을 증명하는 운송서류를 매수인에게 제시해야 한다.

이 조건은 CFR 조건에다 매도인이 해상보험계약을 체결해야 하는 의무가 추가된 것으로 볼 수 있다. 그러나 매도인의 책임은 선적항의 본선에서 끝나기 때문에 만약 운송도중 사고가 발생하더라도 이에 대한 책임은 매수인에게 있다.

### (2) 매도인 및 매수인의 의무

매도인이 해상보험계약을 체결하고 보험료를 지불해야 하는 의무가 추가된 점을 제외하면 나머지 매도인의 의무는 CFR 조건과 동일하다.

매도인은 자신의 비용으로 적하보험계약을 체결하고, 매수인에게 보험증권을 제공해야 한다. 보험조건은 다른 명시적 합의가 없는 한 협회적하약관(Institute Cargo Clause)의 최소담보조건으로 한다.

그리고 매수인이 전쟁, 동맹파업, 소요 및 폭동 위험의 담보를 요구하면 매수인의 비용으로 보험계약을 체결할 수 있다. 최소보험금액은 매매계약에서 약정된 금액에 10%를 더한 110% 금액이며 보험계약통화는 매매계약상의 통화로 한다.[5]

CIF 조건에서 매수인의 의무는 CFR 조건과 동일하다. 매수인은 지정된

---

5) 협회적하약관은 현재 해상보험에서 사용하고 있는 약관이며 그리고 전쟁, 동맹파업 등의 위험은 특별 약관에 의해서만 담보된다. 여기에 관한 자세한 것은 제1부 제5장에 설명되어 있다.

목적항에서 운송인으로부터 물품을 인수하고, 계약물품이 선적항에서 본선 적재된 후부터 물품과 관련된 모든 위험과 비용을 부담해야 한다.[6]

> ▶ 매수인을 위한 해상보험계약
>
> CIF조건에서는 매도인이 매수인을 위하여 해상보험계약을 체결하기 때문에 반드시 보험조건과 보험금액(insured amount)에 관한 명시적 규정이 필요하게 된다. 매도인은 보험료를 적게 부담하기 위해서 보험요율이 낮은 보험조건을 선호할 것이고, 반면 매수인은 광범위하게 보상을 받기 위해서 보험요율이 가장 높은 보험조건을 선호하게 된다. 이에 따라 Incoterms 2010에서는 최저의 보험조건으로 계약을 체결하도록 규정하고 있다.
>
> 보험금액은 보험자의 최고보상금액인데, 이 금액을 기준으로 보험료가 산정된다. 양 당사자간의 분쟁을 막기 위하여 CIF금액의 110%로 규정하고 있다. 여기서 10%는 희망이익을 의미한다.

### (3) FOB 조건 · CFR 조건 및 CIF 조건의 비교

CIF 조건은 FOB 조건 및 CFR 조건과 더불어 무역거래에서 가장 많이 이용되고 있는데 이 세 가지 조건을 비교해 보면 다음과 같다.

① 비용과 위험의 분기점

FOB 조건은 당사자간의 비용부담과 위험부담의 분기점이 선적항의 본선으로 동일하다. 그러나 CFR 조건과 CIF 조건에서는 이를 달리하여 매도인의 비용부담은 목적항까지로 하고, 위험부담의 분기점은 FOB 조건과 마찬가지로 선적항의 본선으로 한다.

② 물품인도방식

FOB 소건에서의 물품인도방식이 현물인도방식인 데 비해 두 조건의 물품인도방식은 서류인도방식 또는 상징적 인도(symbolic delivery)방식이다.

FOB 조건에서 매도인은 선적항의 본선에 계약물품을 적재해야만 자신

---

6) 운송인 인도조건(FCA)에서 수입업자가 지명 · 통보한 운송인이 선박이면 본선인도조건(FOB)이 되고, 운송비불인도조건(CPT) 및 운송비 · 보험료지불인도조건(CIP)에서 운송인이 선박일 경우 각각 운임포함인도조건(CFR) 및 운임 · 보험료포함인도조건(CIF)이 된다. 따라서 이론적으로 FOB, CFR 및 CIF 조건은 모든 운송에서 사용가능한 FCA, CPT 및 CIP조건에 포함될 수 있기 때문에 달리 규정할 필요가 없지만 너무 오랫동안 국제무역거래에서 사용되어 왔던 관계로 별도 규정하고 있는 실정이다.

의 인도의무가 완료된다. 이 때 본선은 매수인과 운송계약을 체결하고 매수
인을 대리하여 선적항에서 물품을 인수한다. 즉 FOB 조건에서 매도인은 매
수인을 대리하고 있는 운송인에게 현물을 직접 인도한 방식이 된다.

　　반면 CFR 조건과 CIF 조건에서는 매도인이 해상운송계약을 체결하기
때문에 이 때의 운송인은 매수인을 대리하는 자가 아니다. 그러므로 이 두
조건에서는 운송서류를 매수인에게 인도해야만 매도인의 물품인도의무가
완료된 것으로 본다. 설령 물품이 매수인에게 인도되었다 하더라도 아직 서
류가 제시되지 않으면 매도인의 인도의무는 끝난 것으로 간주되지 않는다.
그리고 매도인이 서류를 인도하게 되면 그 이후에 발생하는 물품과 관련된
위험에 대해서는 책임이 없다. 즉 CFR 조건 및 CIF 조건은 물품이 목적항에
도착할 것을 계약조건으로 하는 것이 아니라 운송서류와 상환하여 대금을
결제하는 서류인도계약조건이다.

　　③ FOB 수출금액 및 CIF 수입금액

　　FOB 가격은 수출금액이 되고 CIF 가격은 수입금액과 유사하다.

　　예를 들어 우리나라의 수출업자가 뉴욕의 수입업자에게 컴퓨터를 세 가
지 조건으로 오퍼할 경우 FOB Busan 조건을 1,000달러로 하면 CFR New
York 조건은 뉴욕까지 운임을 포함시켜야 하므로 대략 1,080달러 그리고 CIF
New York 조건은 보험료까지 포함되므로 1,100달러 정도가 된다고 하자.

　　수출업자의 입장에서 보면 CIF 가격이 가장 높지만 수입업자로부터 받
은 금액 중 100달러 상당액은 운임과 보험료로 선박회사와 보험회사에 각각
지급해야 하므로 실제 수출금액은 FOB 가격과 유사하게 된다.

　　그리고 수입업자의 입장에서 보면 FOB 조건이 가장 낮은 가격이기 때
문에 이 조건으로 수입하고 싶지만 100달러 정도의 비용으로 자신이 운송계약
과 보험계약을 체결해야 하므로 실제 수입가격은 CIF 가격과 유사하게 된다.

　　따라서 어느 조건으로 매매계약이 체결되더라도 수출업자가 갖는 수출
금액이나 수입업자에게 소요되는 수입금액은 동일하게 된다. 이런 연유로
수출통계는 FOB 가격으로 집계하며 만약 그 외의 조건으로 수출되면 특별
한 환산율에 의해서 FOB 가격으로 집계된다. 그리고 수입통계는 CIF 가격
이 기준이 되고 수입관세도 이 가격을 토대로 부과된다.

④ 각 조건의 상점 및 단점

FOB 조건은 매도인의 입장에서 보면 수출통관과 선적항까지의 국내운송이 주된 수출업무이기 때문에 매우 단순한 조건이 된다. 별도의 무역부서를 운영하지 않는 소규모 영세수출업자 또는 개발도상국가와 같이 해운수단을 많이 보유하지 못하고 해상보험이 발달되어 있지 않은 나라의 수출업자들에게는 편리한 조건이 된다.

반면 CFR 조건 및 CIF 조건은 수출업자가 운임과 보험료를 유리하게 적용할 수 있지만 대신 운송계약과 보험계약을 체결해야 하는 업무가 따른다. 따라서 대규모 전문수출업자 또는 선박회사나 보험회사가 많은 선진국 내의 수출업자들이 이 조건으로 수출하는 것이 편리하다. 그리고 CFR 조건이나 CIF 조건으로 수출하면 자국 내의 선박회사나 보험회사를 활용함으로써 해운산업과 보험산업을 육성할 수 있는 계기를 마련할 수 있다.

그리고 FOB 조건으로 수입하게 되면 수입업자는 운송계약과 보험계약을 체결해야 하는 번거로움은 있지만 자국 내의 선박회사나 보험회사를 활용하여 유리한 운임과 보험료를 적용받을 수 있다. 앞의 예에서 수출업자는 운임과 보험료를 100달러로 계산하여 오퍼했지만 수입업자는 자국 내의 선박회사나 보험회사를 활용하든지 또는 이들 회사가 동일한 계열기업이면 수출업자가 계산한 금액보다 운임이나 보험료를 줄일 수 있다.

CFR 조건이나 CIF 조건으로 수입하게 되면 주된 수입업무를 수출업자가 해 주기 때문에 수입업자는 편리하지만 그만큼 수입부대비용이 많이 지불되고 외화가 지출되는 단점이 있다. 그리고 동일물품을 여러 국가로부터 수입하거나 또는 처음 거래할 때 만약 FOB 가격으로 오퍼를 받으면 수입업자가 각각의 수입항으로부터 소요되는 운임과 보험료를 계산해야 된다. 그러나 CFR 가격이나 CIF 기격은 수입항까지의 도착가격이기 때문에 어느 국가로부터의 가격이 유리한지 즉시 알 수 있다.

참고로 세 가지 조건의 기본원칙을 비교·요약해 보면 〈표 3-3〉와 같다.

(4) 변형 CIF 조건

Incoterms에서 규정하고 있지는 않지만 무역거래에서는 CFR 조건 또는 CIF 조건에 수수료, 양륙비, 이자 등을 포함시켜 사용하는 경우가 있다.

① CIF & C (운임, 보험료 및 수수료 포함):  이 조건은 수입업자가 직접

표 3-3 ＼ FOB · CFR · CIF의 비교

| | FOB | CFR | CIF |
|---|---|---|---|
| 책임분기점 | 선적항의 본선 | 선적항의 본선 | 선적항의 본선 |
| 매도인의 비용부담 | 선적항까지의 비용 | FOB비용<br>목적항까지의 운임 | FOB비용<br>목적항까지의 운임 및 보험료 |
| 물품인도방식 | 현물인도방식 | 서류인도방식 | 서류인도방식 |
| 매도인의 주요 의무 | 수출통관필<br>선적완료 | 수출통관필<br>선적완료<br>해상운송계약체결 | 수출통관필<br>선적완료<br>해상운송계약체결<br>해상보험계약체결 |
| 편리한 경우 | 중소 수출업자:<br>수출가격으로 편리<br>대형 수입업자:<br>수입가격으로 편리 | 대형 수출업자:<br>수출가격으로 편리<br>대형 수입업자:<br>수입가격으로 편리 | 대형 수출업자:<br>수출가격으로 편리<br>중소 수입업자:<br>수입가격으로 편리 |
| | 후진국에서 선진국으로의 수출가격<br>선진국이 후진국으로부터 수입가격 | 선진국에서 후진국으로의 수출가격<br>후진국이 선진국으로부터 수입가격 | 선진국에서 후진국으로의 수출가격<br>후진국이 선진국으로부터 수입가격 |
| 용　도 | 수출금액의 기준 | － | 수입금액의 기준<br>과세기준가격 |

수입하는 것이 아니라 중개업자를 통해서 수입할 경우 이런 중개업자에게 줄 수수료를 CIF 가격에 포함시킨 것이다. CIF & C 3%, 또는 CFR & C 5% 등에서 마지막 C는 중개인에게 돌려 줄 반송수수료(return commission)를 의미하고 C 다음 3%, 5% 등의 백분율은 수수료율을 표시한다. 만약 CIF & C 5%로 거래가 성립되면 매도인은 먼저 이 대금 전액을 수입업자로부터 지급받고 그 후에 수수료 5%를 중개인에게 송금해 준다.

　② CIF landed(운임, 보험료 및 양륙비 포함):　선적항에서의 선적비용은 당연히 매도인이 부담하는 것으로 쉽게 생각되지만 목적항에서 소요되는 하역비에 대해서 매도인이 어느 정도 책임이 있는가가 종종 문제가 된다. 특히 매도인이 운송계약을 체결해야 하는 CFR 또는 CIF 조건에서는 이 문제를 명확히 해 두는 것이 분쟁을 방지할 수 있다. 경우에 따라서 CFR 또는 CIF

뒤에 양륙필(landed)을 추가하여 매도인이 목적항에서의 하역비용을 부담하는 것으로 명확하게 한다.

　③ Cost and Insurance(보험료 포함):　매도인이 보험계약을 체결하고 보험료를 부담하는 조건이다. 만약 매도인이 보험회사를 직영하고 매수인이 보다 유리한 조건으로 운송계약을 체결할 수 있다면 매도인이 보험계약을 체결하고 매수인이 운송계약을 체결하는 이 조건이 권장될만 하다. 반대로 매도인이 운송계약을 유리하게 체결할 수 있고 매수인이 보험계약을 유리한 조건으로 활용할 수 있으면 CFR 조건이 적합하다. Cost and Insurance조건 뒤에도 CFR·CIF 조건과 마찬가지로 수입항구명이 기재된다. 보험료도 운송구간에 따라 차이가 나기 때문에 수입항구명을 기재하여 매도인이 부담해야 할 보험료를 표시해 준다.[7]

---

7) CIF & I(운임, 보험료 및 이자포함):　이 조건은 매도인이 수출대금을 받았던 날과 매수인이 실제로 대금을 결제하는 날 동안의 이자(interest)를 CIF 가격에 포함시키는 조건인데 오늘날에는 사용되지 않는다.
　CIF & E(운임, 보험료 및 환비용 포함):　외환거래에 따른 환위험을 매도인이 부담한다는 변형된 조건인데 E 다음에 표시통화를 나타내어 외환비용의 부담을 가격의 일부로 포함시킨다. 무역거래에는 환위험이 발생할 소지가 많이 있지만 오늘날에는 환위험을 커버하는 기법이 발달되어 있어 이런 조건은 거의 사용되지 않고 있다.

제4장

# 국제운송

무역과 해운은 상호 필수불가분의 관계로 무역의 발달 없이 해운도 발달할 수 없고 해운의 발달 없이 무역의 발달을 기대할 수도 없다. 이와 같이 운송은 국제무역의 수행에 절대적으로 필요한 중추 기능이다. 오늘날 국제 물동량의 대부분은 해상운송에 의해 운송되며, 유행성 제품이나 고가의 소량 화물의 경우에는 항공기로 운송되고 있다. 그리고 1970년대부터 컨테이너를 이용한 복합운송이 발전됨에 따라 많은 물동량이 컨테이너에 적재되어 소위 문에서 문까지의 일관운송이 실현되고 있다. 이 장에서는 국제운송을 해상운송, 항공운송 및 복합운송으로 구분하여 살펴보기로 한다.

## 제1절 | 해상운송

## 1. 해상운송의 의의와 형태

### 1-1 해상운송의 의의

일반적으로 해상운송은 선박을 운송수단으로 하여 타인의 화물이나 사람을 운송하고 그 대가로 운임을 받거나 또는 선박회사가 자기의 화물을 직접 운송하여 이익을 얻는 상업활동을 뜻한다. 그러나 무역에서 의미하는 해상운송은 주로 매매당사자간에 약정된 상품을 국가간에 운송하고 운임을 취득하는 전자의 경우를 말한다.

해상운송은 육상운송이나 항공운송에 비해 다음과 같은 몇 가지 특성을 지니고 있다.

첫째, 해상운송은 대량운송이 가능하다. 선박건조기술의 발달로 오늘날의 선박은 다른 운송수단에 비해 일시에 대량의 화물을 운송할 수 있다.

둘째, 해상운송은 경제성이 있다. 해상운송은 대량운송이 가능하기 때문에 단위당 운송비가 육상운송이나 항공운송에 비해 상당히 저렴하다.

셋째, 해상운송은 원거리의 국제운송에 적합하다. 육상운송은 특정 국가에 국한되지만, 해상운송은 공해상에서 국적에 관계없이 상업활동을 할 수 있기 때문에 원거리의 국제운송에 적합하다.

이러한 특성으로 인하여 해상운송은 국제무역의 운송수단으로서 중요한 위치를 차지하고 있다. 특히 우리나라의 경우는 육상운송에 의한 국제교역이 불가능하기 때문에 대부분의 수출입 물동량은 해상운송에 의존하고 있는 실정이다.

이밖에 해상운송은 국민경제에 지대한 영향을 미친다. 운송서비스를 통한 운임획득과 각종 해운종사자들이 벌어들이는 외화수입은 국제수지에 기여하는 바가 매우 크다. 그리고 해운산업은 조선업, 철강업, 해상보험업, 창고업 등 관련산업에 대한 파급효과가 높으며 또한 선박은 전시에 보조군함으로서 병력 및 군사물자를 수송하는 등 국방목적에도 크게 기여한다.

## 1-2  해상운송의 형태

해상운송은 선박의 운항형태에 따라서 부정기선 운송과 정기선 운송으로 구분되며 이들 운송에 이용되는 선박을 각각 부정기선 및 정기선이라 한다.

### (1) 부정기선 운송

부정기선(tramper)은 고정항로, 운항일정 등이 없이 주로 단일제품을 소수의 화주로부터 위탁받아 불규칙적으로 운항하는 형태이다. 부정기선이 취급하는 화물은 양곡, 원면, 원당 등 주로 1차 산품이며 이들이 수확되는 계절에 집중적으로 운항되는 경우가 많다.

부정기선 운임은 당시의 수요와 공급에 따라 선주와 화주간의 협상에 의해 결정되며 계절적인 물동량의 상황, 경기변동, 국제정세 등에 따라서 수시로 변동한다. 부정기선에는 일반 건화물을 취급하는 건화물 부정기선과 화물의 성질에 따라 특수한 시설을 갖춘 냉동선, 유조선, 곡물전용선, 목재 전용선 등과 같은 특수전용선이 있다.

### (2) 정기선 운송

정기선(liner)은 소량의 화물을 다수의 화주로부터 위탁받아 운송하는 형태로 반드시 공시된 항로와 운항일자에 따라 규칙적으로 운항한다. 정기선의 특징을 살펴보면 다음과 같다.

첫째, 정기선은 고정된 항로(정기선 항로)를 따라 선적량에 관계없이 공시된 운항일정표에 의해 규칙적이고 반복적으로 운항한다.

둘째, 정기선에서 취급하는 상품은 일반적인 포장화물이며 주로 완제품 내지 반제품인 2차 상품이다. 그리고 각 화주와 개별적으로 운송계약이 체결된다.

셋째, 정기선 운임은 고시된 운임표에 따라 결정된다.

정기선 항로는 전세계적으로 많이 개설되어 있으며, 대표적인 항로에는 북미와 유럽지역을 연결하는 북대서양 항로, 유럽과 아시아 및 오세아니아를 연결하는 수에즈운하 항로, 북미와 남미를 연결하는 남미 항로 그리고 태평양을 중심으로 하는 환태평양 항로 등이 있다.

우리나라의 정기선이 취항하고 있는 항로는 ① 한일 항로, ② 동남아 항로, ③ 북미주 항로, ④ 중동 항로, ⑤ 유럽 항로, ⑥ 호주 항로, ⑦ 홍해 ·

표 4-1　부정기선 운송과 정기선 운송의 비교

| 구　분 | 부정기선 운송 | 정기선 운송 |
|---|---|---|
| 선　박 | 부정기선 | 정기선 |
| 운항형태 | 지역별, 시기별 불규칙적 운항 | 고정항로, 운항일정에 의한 규칙적 운항 |
| 화　물 | 단일 화주의 원유, 철광석, 석탄, 곡물, 시멘트(벌크화물) | 다수 화주의 컨테이너 화물, 포장화물(2차상품) |
| 운　임 | 수요와 공급에 따른 변동운임 | 공시운임 |
| 운송계약 | 용선계약(용선계약서) | 개품운송계약(선하증권) |

지중해 항로, ⑧ 아프리카 항로, ⑨ 중남미 항로의 9개이다.[1]

　역사적으로 보면 부정기선이 정기선보다 훨씬 오래 전부터 운항되었다. 그러나 오늘날에는 컨테이너정기선이 해운시장의 주종을 이루고 있고, 부정기선도 정기선과 거의 유사한 서비스를 제공하는 준정기선(semi-liner)의 형태를 띠고 있다.

　참고로 부정기선 운송과 정기선 운송을 비교해 보면 〈표 4-1〉과 같다.

---

1) 정기선 항로에는 선박회사간의 경쟁을 배제하고 안정적으로 운임 수입을 확보하기 위해 1875년부터 해운(운임)동맹(shipping conference: freight conference)이 결성되어 주요 선박회사들이 항로를 독점적으로 운영해 왔다. 그러나 해운동맹은 가맹선사간의 공동합의를 전제로 운영되기 때문에 해운시장의 민감한 환경변화에 탄력적으로 대응할 수 없어 대형 선박회사들이 점차 해운동맹을 탈퇴하기 시작하였다. 더구나 미국에서 독점을 강력히 규제하는 신해운법(Shipping Act, 1984) 및 외항해운개혁법(Ocean Shipping Reform Act, 1998)이 연달아 제정됨에 따라 해운동맹의 기능이 매우 약화되었다. 그리고 유럽연합(EU)에서도 2008년 이후부터 유럽지역을 운항하는 선사는 해운동맹, 컨소시엄, 전략적 제휴 등 그 명칭에 관계없이 어떠한 형태로든 운임 또는 할증료에 대한 협의, 가이드라인 설정, 담합, 선복조정, 감축 등 경쟁제한행위를 할 수 없게 되어 해운동맹은 사실상 그 기능을 상실하였다.

## 2. 부정기선 운송

### 2-1  용선계약

부정기선을 이용할 경우에는 용선계약이 체결되는데 용선계약은 화물을 운송하기 위하여 화주가 선박회사로부터 선복(ship's space)의 일부 또는 전부를 빌리는 운송계약을 말한다.[2] 용선계약에 의해서 운송되는 화물은 석탄, 원면, 양곡, 광석 등과 같이 일시에 대량운송이 필요한 화물이며 주로 전용 부정기선이 이용된다. 용선계약이 체결되면 선주와 화주간에 용선계약서(charter party: C/P)가 작성된다.

용선에는 특정 선박의 일부 선복만을 빌리는 일부용선(partial charter)과 한 선박 전체를 빌리는 전부용선(whole charter)으로 구분되는데 일반적으로 용선은 전부용선을 뜻한다. 그리고 전부용선은 용선방법에 따라 기간용선, 항해용선, 나용선 등으로 구분된다.

#### (1) 기간용선

기간용선(time charter) 또는 정기용선은 화주가 일정 기간 선주로부터 선박을 빌리는 경우를 말한다. 기간용선의 경우 선주는 선박의 운항에 필요한 모든 선박용구 및 선원을 갖추어 합의된 항구에서 선박을 용선자에게 인도해야 한다.

자기 화물을 운송하기 위해 선박을 일정 기간 용선하는 경우도 있지만 대개 다른 사람의 화물을 운송하고 운임을 벌기 위해서 전문적인 해운업자들이 정기용선하는 경우가 많다. 전문 해운업자는 화물을 운송하고 받는 운임과 용선비용의 차액을 얻게 된다.

#### (2) 항해용선

항해용선(voyage charter: trip charter)은 화주가 선박을 특정 항구(1개 항 또는 그 이상의 항)에서 특정 항구(1개 항 또는 그 이상의 항)까지만 용선하는 운송계약이다. 무역거래에서 수출업자나 수입업자가 주로 이용하는 것은 항해용선인데, 항해용선의 경우 계약에 포함시킬 구체적 항목이 상당히 많기 때문에 표준계약서식이 사용되고 있다. 현재 널리 사용되고 있는 표준서식은 GENCON(Uniform General Charter)이다. 이 서식은 1922년 발틱백해협의회

---

2) 선복은 화물을 적재할 수 있는 공간을 말한다.

(The Baltic and White Sea Conference)가 만들어 영국의 해운회의소가 채택한 표준계약서인데 1994년에 개정되어 현재까지 일반용의 용선계약서로서 이용되고 있다.

### (3) 나 용 선

나용선(bareboat charter)은 선주가 아무런 장비를 갖추지 않은 선체 (bareboat)만 빌려 주고 선박의 운항에 필요한 선원, 장비, 소모품 등은 용선 자가 갖추는 용선계약을 말한다. 선원, 장비 등을 유리한 조건으로 구비할 수 있으면 나용선으로 하는 경우가 용선료를 절감할 수 있다.

나용선한 선박에 선원, 장비 등을 갖추어 다른 화주에게 다시 용선해 주 는 경우도 있는데 이를 재용선(subcharter)이라 한다. 특히 선박회사가 자기 가 소유하고 있던 선박을 일단 외국에 판매하였다가 그 외국적 선박을 재용 선하는 경우가 있는데 이를 Charter Back이라 한다.

그리고 나용선의 경우에는 용선기간이 끝나는 시점에 선박의 소유권이 선주에게서 용선자로 이전되는 경우가 많은데 이를 Demise Charter라 하기 도 한다. 용선료는 상대적으로 비싸지만, 용선자는 향후 자체 선박을 보유할 수 있는 장점이 있다.

### 2-2  항해용선의 운임

정기용선의 경우 일정 기간 선박을 용선하는 것이기 때문에 화물 적재 시마다 운임을 산정할 필요가 없지만 항해용선의 경우 화물의 양에 따라 운 임을 산정해야 한다. 항해용선 운임에 적용되는 단위는 중량 혹은 용적인데 철강, 시멘트, 철광석, 곡물, 석탄 등의 중량화물은 중량(1톤)을 기준으로 운임이 결정되며 원면, 양모, 목재 등의 용적화물은 용적(1m³)을 기준으로 한다.[3] 그리고 운임 산정에는 주로 다음과 같은 방법을 사용한다.

### (1) 선복운임

선복운임(*lumpsum* freight)은 화물의 양에 상관없이 '일 항해에 얼마'라 고 포괄적으로 운임을 정하는 것을 말하며 총괄운임이라고도 한다.

선복운임은 선박의 적재톤수(중량 또는 용적)에 일정한 운임률을 곱하여

---

3) 중량화물의 운임단위는 1 Kilo(Metric) Ton=2,205lbs=1,000kg이고 용적화물의 운임단위 는 1cubic meter=35,3147ft³이다.

산출된다. 용선자는 폭발물을 제외한 여러 화물을 적재할 수 있고 만약 선박의 실제 적재능력이 계약보다 떨어지면 선주에게 부족분에 대한 운임의 감액을 선주에게 요구할 수 있다.

(2) 장기계약운임

통상적으로 운임은 1항차를 기준으로 결정되는데 장기계약운임은 선주와 용선자가 항차에 상관없이 일정 기간 운송계약을 체결할 경우 적용하는 운임을 말한다. 장기계약운임은 대체로 계약기간 변동하지 않은 것을 원칙으로 하지만 경우에 따라서는 계약기간 시황에 따라 그때그때 결정되기도 한다.

## 2-3 항해용선의 하역비용

하역비용은 운송화물을 본선에 선적하거나 양륙하는 데 소요되는 비용을 말한다. 정기용선의 경우는 이런 하역비용을 포함하여 용선료가 결정되기 때문에 하역비용에 대한 약정이 필요없다. 그러나 항해용선은 주로 항해구간을 기준으로 용선료를 결정하기 때문에 선적비와 양륙비를 누가 부담할 것인가를 약정해야 하는데 여기에는 다음의 조건이 이용된다.

(1) Free In and Out(FIO)

항해용선계약에서는 화주가 선적비와 양륙비를 부담하는 FIO조건이 많이 이용된다. FIO의 의미는 선적항(in) 및 양륙항(out) 모두에서 선주가 책임이 없다는 것이다. 이를 약간 변형한 FIOST(free in and out, stowed, trimmed)는 선적비와 양륙비 외에 본선 내의 적부비용(stowage) 및 선창 내 화물정리비용(trimming charge)까지를 화주가 부담하는 조건을 말한다.

이와 반대로 정기선운송의 경우는 화주가 지급한 운임 속에 하역비용이 모두 포함되어 있기 때문에 실제 선적항과 양륙항에 드는 비용을 선주가 부담한다. 이 조건을 정기선운송에서 사용한다고 하여 liner(berth) term이라 한다.

(2) Free In(FI)

FI는 선주가 선적항에서만 책임이 없다는 표시이다. 따라서 선적항에서 소요되는 선적비와 위험은 화주의 부담이며, 반면 양륙항에서의 하역비용은 선주가 부담한다.

## (3) Free Out(FO)

FI와 반대로 선주는 선적비용을 부담하고 화주는 양륙비용을 부담한다.

### 2-4 항해용선의 정박기간

정박기간(laydays, laytime)은 화주가 운송화물 모두를 선적 또는 양륙하기 위해서 본선을 부두에 정박시킬 수 있는 기간을 말한다. 정기용선의 경우는 일정 기간 용선이 이루어지지만 항해용선은 항해구간을 위주로 하기 때문에 선주와 화주간에 정박기간을 약정하고, 하역작업이 끝나면 실제 사용한 정박일수를 기재한 정박기간 계산서(laydays statement)를 작성하여 선장과 화주가 서명한다.

만약 약정된 기일 내에 하역작업이 끝나지 않으면 화주는 선주에게 체선료(demurrage)를 지불해야 하고 반면 예정된 기일보다 일찍 하역작업이 끝나면 선주가 화주에게 조출료(dispatch money)를 지급하는데 조출료는 보통 체선료의 절반이다.

정박기간은 화물의 종류, 항구의 상황, 상관습 등을 고려하여 약정되는데 대개 다음과 같은 방법이 이용되고 있다.

### (1) 관습적 조속하역(Customary Quick Dispatch: CQD)

이는 일정 기간을 약정하지 않고 본선이 정박중인 항구의 관습적 하역방법이나 하역능력 등에 따라 가능한 한 빨리 하역하도록 약정하는 것이다. 항구의 관습이라는 것은 선주와 화주의 입장에서 보면 달라질 수 있기 때문에 이 방법은 분쟁이 초래될 여지가 있다.

### (2) Running Laydays

이는 하역작업이 시작된 날로부터 끝날 때까지 경과된 일수를 정박기간으로 정하는 방법이다. 우천, 파업, 불가항력 등에 의하여 작업을 하지 못한 날이나 일요일 및 공휴일 모두 정박기간에 계산되며, 정박기간은 총하역량을 1일 하역량으로 나눈 일수로 표시된다.

### (3) 하역가능일수(Weather Working Days: WWD)

이것은 하역이 가능한 기후 하에서의 작업일만을 정박기간으로 계산하는 방법으로 현재 많이 활용되고 있다. 기후가 애매모호한 경우에는 선장과 화주가 합의하여 작업가능일을 결정한다. 그리고 일요일 및 공휴일은 정박기간에서 제외되는데 만약 ‘Sundays and Holidays Excepted’ (even if used)라고 부기되어 있으면 일요일과 공휴일에 작업을 하였어도 정박기간에 계산되지 않는다. 그러나 ‘Sundays and Holidays Excepted Unless Used’ 라고 부기되면 일요일 및 공휴일에 작업을 했을 경우 그 날은 정박기간에 계산된다.

## 3. 정기선 운송

### 3-1  정기선 운송계약

정기선은 재래식 화물을 운송하는 선박과 컨테이너 화물을 운송하는 컨테이너 전용선으로 구분된다. 오늘날 운송화물은 대부분 컨테이너 화물이기 때문에 컨테이너 전용선이 주로 정기선 운송에 사용된다. 정기선을 이용할 경우에는 선주와 화주간에 개품운송계약이 체결되고 선주는 선하증권을 화주에게 발급한다.

개품운송계약에서 화주는 거래조건에 따라서 수출업자 또는 수입업자로 결정된다. 가령 FOB 조건에서는 수입업자가 운송계약을 체결해야 하지만, CFR 조건 및 CIF 조건에서는 수출업자가 운송계약을 체결해야 하고 운임을 지불해야 한다. 대개 화주가 선박회사 또는 그 대리점 등에 운송계약을 신청하고 선주가 이를 승낙하면 운송계약은 법적으로 성립된다.

화주가 운송계약을 신청하려면 각 선박회사가 고시하는 항해일정표에서 항로별 선박명, 입항예정일(expected time of arrival: ETA), 출항예정일(expected time of departure: ETD) 등을 비교해 보고 적합한 선박을 선택한 다음 선박회사에 비치된 선적신청서(shipping request)의 양식에 화물의 명세 등 해당 사항을 기재하여 제출하면 된다.

오늘날에는 물류자동화시스템인 KL-Net가 구축되어 있어 화주와 선주간의 운송계약절차가 간소화되었고, EDI 시스템 등을 이용하여 시간과 비용도 많이 절약할 수 있다. 주요 정기선박회사들은 중·단기 운항계획을 자사의 홈페이지에 고시하거나 화주들에게 정기적으로 제공하기 때문에 화주는 선박의 운항계획을 쉽게 알 수 있고 표준화된 선적신청서를 사용하여 적합한 선박을 인터넷으로 자동 예약할 수 있다.

### 3-2 정기선 운임

정기선박회사는 화물의 운임표를 사전에 작성하여 공시한다. 정기선은 주로 컨테이너 화물을 취급하기 때문에 정기선 운임은 컨테이너 단위를 기준으로 운임을 산정한다.

#### (1) 품목별운임

품목별운임(commodity rate)은 컨테이너 내용물의 가치에 따라 운임을 정하는 방식이다. 고가품일 경우에는 높은 운임을 적용하고, 저가품에 대해서는 상대적으로 낮은 운임을 적용하는 종가운임제이다. 운임표에서 해당 품목의 운임을 찾아 계산해야 하는 번거로움이 있다. 대부분의 정기선은 품목별운임을 적용하고 있다.

#### (2) 무차별운임

무차별운임(freight all kinds rate)은 컨테이너에 적재된 화물의 종류에 관계없이 컨테이너 1단위당 동일한 운임을 적용하는 방식이다. 운임을 계산하는 것이 손쉬운 장점이 있다.

#### (3) 품목별 박스운임

품목별 박스운임(commodity box rate) 방식은 품목별운임과 무차별운임을 절충하여 물품을 몇 가지 등급으로 분류해서 운임을 차등 적용하는 방식이다. 품목별운임방식에 비해 해당 품목의 운임을 찾는 것이 간결하다.

---

▶ KL-Net

KL-Net는 수출입 전반에 걸친 화물유통과 정보흐름의 원활화를 위하여 EDI 시스템을 이용하여 운송, 하역, 보관, 입출항 분야의 물류자동화를 구현하는 종합 물류정보망이다.

### 3-3 정기선 할증운임

정기선 운임은 일정 기간 고정되어 있기 때문에 운임을 긴급히 인상할 필요가 있을 때는 기본운임 외 다음과 같은 할증운임을 적용시킨다.

### (1) 중량, 용적 및 장척할증료

화물 1단위의 무게가 일정 중량을 초과할 때에는 기본운임의 몇 % 또는 금액 얼마로 표시된 중량할증료(heavy lift surcharge)가 부과된다. 그리고 화물 1단위가 일정 용적이나 일정 길이를 초과할 때에는 각각 용적할증료(bulky surcharge) 및 장척할증료(lengthy surcharge)가 부과된다.

### (2) 유류할증료

유류할증료(bunker surcharge)는 선박의 주연료인 벙커류의 가격이 인상되었을 경우 부과되는 할증료이다.

### (3) 통화할증료

통화할증료(currency surcharge)는 해상운임의 지급수단으로 많이 이용되는 미국 달러화의 환차손을 보전하기 위해서 부과되는 할증료이다. 통상 미국 달러화가 강세이면 마이너스(−), 약세이면 플러스(+) 통화할증료가 적용된다.

### (4) 외항할증료

정기선박회사들은 정기선의 기항항구를 'main port'(base port)와 'out port'로 구분하고 'out port'에 대해서는 일정한 할증료를 부과시키는데 이를 외항할증료(out port surcharge)라 한다. 'out port'는 대형선박이 입항할 수 없거나 물동량이 적어 소형선박(feeder)을 이용하여 접속운송을 하게 된다.

### (5) 전쟁위험 할증료

전쟁위험 할증료(war risk surcharge)는 어떤 나라가 전쟁중일 경우에 그 나라의 항구로 운송되는 화물에 대하여 부과되는 할증료이다.

### (6) 체선할증료

항만시설, 하역능력 또는 장비 등의 부족으로 하역작업이나 선박의 입출항에 상당한 지연이 발생할 경우 체선할증료(port congestion surcharge)가 부과된다.

이 밖에 인플레로 운임수입이 격감할 경우 부과되는 인플레 할증료(inflation adjustment surcharge), 중동지역행 화물에 대해 간혹 부과되는 중동비상할증료(middle east emergency surcharge) 등도 있다.

### 3-4  정기선 운송수수료

원래의 운송조건이 변경되거나 화주가 특별한 운송조건을 요구할 경우 운송수수료가 부과된다.

(1) 환적료

환적료(transshipment charge)는 화물이 운송도중 특정 항구에서 다른 선박으로 환적될 경우 부과된다.

(2) 양륙항 선택료

양륙항 선택료(optional charge)는 본선 출항시까지 화물의 양륙항을 지정하지 못하거나 양륙항으로 여러 개의 항구를 선택하였을 경우 그 항구 수의 증가에 비례하여 부과되는 할증료이다.

(3) 양륙항 변경료

양륙항 변경료(diversion charge)는 운송도중 양륙항을 변경할 경우 부과되는 할증료이다. 그러나 양륙항의 변경은 선박에 따라 가능한 경우도 있고 불가능한 경우도 있다.

(4) 최저운임

운임을 산정한 결과 그 운임이 일정 금액에 미달될 경우에는 일괄적으로 최저운임이 적용된다.

(5) 반송운임

양륙항에서 수화인이 화물인수를 거절할 경우 선주는 화물을 원래의 송화인에게 반송할 수 있는데 이 때의 운임을 반송운임(back freight)이라 한다.

이 외에도 해상운송에서는 선내인부임, 컨테이너화물 적재비(container stuffing charge), 부두사용료(wharfage) 등의 부대 수수료가 부과되기도 한다.

**서식 4-1** 선적신청서

## SHIPPING REQUEST

| Shipper/Exporter | | No. & Date of Invoice | |
| --- | --- | --- | --- |
| | | No. & Date of L/C | |
| Consignee | | Overseas Transport | Shipping Co., |
| | | | Latest shipment |
| | | | Freight pay-condition prepaid ☐ collect ☐ |
| | | | Transshipment allowed ☐ not allowed ☐ |
| Notify | | In Land Transport | Shipping method container ☐ bulk ☐ |
| | | | Accountee of charge order ☐ maker ☐ |
| Port of Loading | Final Destination | | Date of ex-factory |
| Carrier | Sailing on or about | | Factory/Tel. |

| Marks and Number | Description of goods | Quantity | Net Weight | Gross Weight | Measurement |
| --- | --- | --- | --- | --- | --- |

King
Power  _____

_____   _____

MODEL NO :
PLT.    NO :

(REMARK)
★ CREDIT NUMBER :
★ _____

## 4. 컨테이너(Container)운송

### 4-1 컨테이너의 개념

최근 수출입화물의 대부분은 컨테이너로 운송되고 있는데 이 컨테이너는 일정 화물을 안전하게 보관하여 운송할 수 있는 규격화된 운송용기를 말한다. 모든 컨테이너는 동일한 규격으로 설계되어 있기 때문에 대량화물을 일시에 적재하거나 양륙할 수 있어 운송기간이 단축될 뿐만 아니라 운송수단간의 접속 및 환적이 매우 용이하다. 이에 따라 컨테이너를 이용하게 되면 최종 목적지까지 운송을 완결시킬 수 있는 소위 '문에서 문까지'(door to door)의 운송을 실현할 수 있다.

컨테이너를 이용한 운송은 컨테이너를 철도 화차에 적재하여 일정 역에서 특정 역까지 운송하고는 역에서 그대로 육상 트레일러를 이용하여 최종 목적지까지 운송하는 방법으로 시작되었다. 그러나 오늘날에는 육상운송에만 국한되지 않고 육상, 해상, 항공 운송을 동시에 이용하여 화물운송에 있어서의 3대 원칙인 경제성, 신속성, 안전성을 최대한으로 충족시키면서 목적지까지 일관수송(through transport)할 수 있는 컨테이너 복합운송으로까지 발전하게 되었다.

### 4-2 컨테이너의 장점 및 단점

(1) 컨테이너의 장점

① 정박기간이 단축된다. 컨테이너는 동일하게 규격화되어 있어 하역작업 시간이 단축되며 또한 컨테이너는 밀폐된 운송용기이기 때문에 악천후에도 작업이 가능하다. 컨테이너를 이용하게 되면 재래식운송에서 소요되는 정박기간을 절반 이상으로 줄일 수 있다.

② 운송수단간의 환적이 용이하다. 컨테이너는 모든 운송수단에 적재될 수 있도록 설계되어 있어 운송수단간의 환적이 쉽다. 따라서 수화인이 지정하는 최종목적지까지 운송을 완결시킬 수 있다.

③ 창고료가 절감된다. 컨테이너는 하나 하나가 별개의 독립된 창고 역할을 하므로 부두의 유료창고에 보관할 필요가 없다.

④ 화물이 안전하다. 모든 화물이 견고하고 밀폐된 기구에 의해 운반되므로 파손이나 도난의 위험이 적다.

⑤ 항해기간이 단축된다. 컨테이너 선박은 대개가 최근에 건조된 것들이고 고속엔진으로 운항하기 때문에 항해기간이 단축된다.

⑥ 운임이 절감된다. 두 가지 이상의 운송수단을 이용할 경우에는 전운송구간에 동일한 통과운임(through rate)이 적용되어 운송수단이 바뀌는 구간마다 각각 개별적인 운임을 지급하는 경우보다 운임률이 낮다.

⑦ 갑판적 화물의 적용을 받지 않는다. 컨테이너 선박에서는 상당 부분이 갑판에 적재된다. 그러나 밀폐된 컨테이너 화물에 대해서는 갑판에 적재되더라도 불리한 보험요율이 적용되지 않는다.

---

▶ 피기 백 · 휘시 백 · 버어디 백

컨테이너를 철도화차에 적재하는 것을 피기 백(piggy back), 선박에 적재하는 것을 휘시 백(fishy back), 항공기에 적재한 것을 버어디 백(birdy back) 수송이라고 한다.

---

(2) 컨테이너의 단점

① 고정자본이 필요하다. 컨테이너 수송에 필요한 항만시설, 컨테이너 전용선, 다량의 컨테이너 등 여러 가지 관계기구를 구비하기 위해서는 막대한 자본이 필요하다.

② 컨테이너에 의해서 운송하지 못하는 화물이 많다.

## 4-3 컨테이너의 종류

(1) 드라이 컨테이너

드라이 컨테이너(dry container)는 온도조절이 필요하지 않는 일반 잡화를 수송하기 위한 표준 컨테이너로서 가장 널리 이용되고 있다.

(2) 냉동 컨테이너

냉동 컨테이너(reefer container)는 육류, 생선, 과일, 채소 등 냉동화물을 수송하기 위한 냉동기가 달린 컨테이너인데 $-28°C$에서 $+26°C$까지 온도를 조절할 수 있다.

### (3) 탱크 컨테이너

탱크 컨테이너(tank container)는 유류, 약품, 식료품 등의 액체화물을 운송하기 위한 컨테이너이다. 원유를 수송하는 유조선이 여기에 해당된다.

### (4) 오픈 톱 컨테이너

오픈 톱 컨테이너(open top container)는 파이프, 철근 등의 장척화물이나 중량품, 기계류 등을 운송하기 위한 지붕이 없는 개방식의 컨테이너이다. 크레인으로 컨테이너의 위쪽을 통하여 화물을 적재한다.

### (5) 플랫 랙 컨테이너

플랫 랙 컨테이너(flat rack container)는 승용차, 기계류, 합판 등의 화물을 운송하기 위한 컨테이너로서 천정과 벽이 없는 대신 밑부분은 견고하고 화물을 고정시키는 장치가 설치되어 있다.

### (6) 펜 컨테이너

펜 컨테이너(pen container, livestock container)는 소, 말 등의 동물을 운송하는 데 이용되는 컨테이너로서 통풍을 위한 환기장치와 동물에게 먹이를 줄 수 있도록 되어 있다.

### (7) 플랫폼 컨테이너

플랫폼 컨테이너(platform container)는 중량 화물이나 부피가 큰 화물을 운송하기 위한 컨테이너인데 길이 6.75m, 넓이 4.50m, 중량 40톤까지의 화물을 적재할 수 있다.

### (8) 의류용 컨테이너

의류용 컨테이너(garment container)는 양복 등의 고급 의복류를 옷걸이에 걸린 상태로 적재하여 운송할 수 있는 컨테이너이다. 다림질하지 않고 사용하거나 판매할 수 있다.

## 4-4 컨테이너 화물의 유통기지

컨테이너 운송을 위해 컨테이너 화물이 집결되거나 컨테이너에 화물을 혼재하는 유통기지는 다음과 같다.

### (1) 컨테이너 터미널

컨테이너 터미널(container terminal: CT)은 컨테이너 전용부두에 설치되어 있는 컨테이너 전용대합실을 말한다. CT에는 컨테이너 선박이 자유로이

입출항할 수 있도록 충분한 수심과 안벽시설이 갖추어져 있고 컨테이너 하역에 관련된 여러 가지 기기 및 시설이 설치되어 있다.

CT는 철도나 도로운송이 쉽게 연결되는 편리한 위치에 있어 모든 컨테이너화물은 내륙지역으로부터 항계 내에 위치한 CT로 집결한 후 컨테이너 전용선의 출항시간에 맞춰 반출되어 선적된다. 목적항에 도착한 컨테이너 화물은 일단 컨테이너 터미널에 장치된 후 다른 운송수단에 의해 최종목적지까지 운송된다.

### (2) 내륙 컨테이너 기지

내륙 컨테이너 기지(inland container depot: ICD)는 컨테이너 화물을 효율적으로 운송하기 위해 내륙지점에 설치된 컨테이너 화물의 집결지를 말한다. 만약 내륙지점에 이 기지가 설치되어 있으면 송화인은 컨테이너 화물을 CT로 직접 반입하지 않고 내륙 컨테이너 기지로 보낸다. 이 기지에 집결된 컨테이너 화물은 선박회사나 운송인이 전세 계약한 컨테이너 전용열차(container unit train)를 이용하여 CT로 반입된다.

### (3) 컨테이너 야드

컨테이너 1개 이상을 완전히 채울 수 있는 화물(FCL cargo)인 경우에는 송화인이 자신의 공장이나 창고 등에서 선박회사가 보내 준 컨테이너에 화물을 직접 적입한 후 이 컨테이너를 CT내에 설치되어 있는 선박회사가 지정한 화물 인수장소로 인도하는데 이러한 컨테이너 야적장을 컨테이너 야드(container yard)라 한다.

### (4) Container Freight Station(CFS)

1개의 컨테이너를 채울 수 없는 소량의 화물(LCL cargo)을 여러 화주로부터 인수하여 목적지별로 선별하여 컨테이너에 적입(vanning)하거나 또는 각 화주에게 인도하기 위해 한 컨테이너로부터 적출(devanning)하는 컨테이너 화물조작장소를 CFS라 한다. CFS는 컨테이너 터미널에 설치되어 있으며, 내륙 컨테이너 기지에도 CFS가 설치된 경우가 있다.

▶ FCL 화물 및 LCL 화물

무역거래에서 운송화물은 그 양에 따라 FCL 화물 혹은 LCL 화물로 구분한다. FCL(full container load) 화물은 20 피트 혹은 40 피트 컨테이너에 가득 차는 화물인 경우를 말한다. 따라서 화물의 양을 '40 피트 컨테이너 5대분'과 같이 표시한다. FCL 화물인 경우 화주가 자기의 공장이나 창고에서 내용물을 컨테이너에 직접 적입·봉인하여 운송인에게 인도한다. 반면 LCL(less than container load) 화물은 한 컨테이너에도 가득 차지 않는 소량의 화물을 말한다. 이런 화물은 운송주선업자들이 동일한 목적지까지 가는 소량 화물을 모아 FCL 화물로 만든 다음 이를 운송인에게 인도한다.

**그림 4-1**  컨테이너 화물의 유통경로

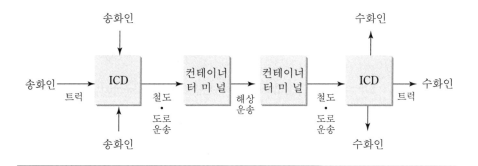

## 4-5  컨테이너 화물의 유통경로

컨테이너 화물의 일반적인 유통경로는 〈그림 4-1〉에 나와 있듯이 송화인이 자신의 공장이나 창고 등에서 물품을 컨테이너에 적입하여 이를 내륙에 설치되어 있는 컨테이너 기지(ICD)로 보낸다. ICD에 집결된 컨테이너 화물은 선박회사나 다른 운송인이 전세 계약한 컨테이너 전용열차에 의해 컨테이너 전용부두에 설치된 컨테이너 터미널의 야적장(CY)으로 운송된다. 만약 내륙지점에 ICD가 없으면 송화인이 직접 컨테이너 터미널로 화물을 운송한다.

CY에 야적된 컨테이너 화물은 컨테이너 전용선에 적재되어 목적항까지 해상운송된다. 만약 대형 컨테이너 선박을 충족시킬 만한 화물이 없거나 이들의 출입이 불가능한 경우는 소형 컨테이너 선박에 의한 지선운송(feeder service)을 이용하여 인접한 대형 컨테이너 터미널까지 운송한다. 목적항에 도착한 컨테이너 화물은 모두 컨테이너 터미널에 하역되었다가 다시 목적지의 ICD로 운송된다. 그 후 트럭에 의해 최종목적지인 수화인의 창고나 공장까지 운송되어 문에서 문까지의 일관운송이 실현된다.

### 4-6  우리나라 수출화물의 선적 운송과정

수출업자가 물품을 선적 의뢰할 경우 직접 선박회사에 의뢰할 수도 있고, 운송주선업자에게 선적 일체를 맡길 수 있다. 비용에서 큰 차이가 없기 때문에 운송주선업자를 이용하는 경우가 많은 편이다. 특히 화물이 1개의 컨테이너도 채울 수 없는 소량 화물인 경우에는 다른 화물과 함께 혼재 운송해야 하므로 반드시 운송주선업자를 이용한다.

선적과정은 화물이 FCL 또는 LCL인 경우 조금 차이가 난다. FCL 화물은 컨테이너 1개 이상을 완전히 채울 수 있는 화물이기 때문에 컨테이너 안에 화물을 적입하는 것은 수출업자가 자신의 창고에서 한다. 반면 LCL 화물은 소량이기 때문에 운송주선업자들이 CFS에서 다른 화물과 혼합하여 컨테이너 안에 적입한다. 우리나라에서 운송주선업자를 이용하여 FCL 화물을 선적할 경우의 과정을 개략적으로 살펴보면 〈그림 4-2〉와 같다.

① 수출업자를 대리한 운송주선업자는 선박회사에 공 컨테이너를 수출업자의 창고에 보내줄 것을 요청한다.

② 선박회사는 트럭회사에 공 컨테이너의 인도를 지시한다. 만약 수출업자의 창고가 대전 이북이면 주로 의왕 ICD의 컨테이너를 인도하고, 대전 이남에 있으면 양산 ICD에서 조달한다.

③ 수출업자는 자신의 창고에서 수출통관을 마치고 컨테이너 안에 물품을 적입한다. 내국화물은 컨테이너에 적입될 수 없기 때문에 적입 전에 수출통관을 반드시 필해야 한다. 만약 FCL 화물인데도 자신의 창고에서 적입하지 않을 때는 양산 ICD에 반입하여 수출통관한다.

④ 컨테이너는 철도, 도로 또는 연안 선박을 이용하여 보세운송으로 양산 ICD 등 부산항계로 반입된다.

⑤ 부산항계 내에 반입된 컨테이너는 셔틀운송으로 CY에 집결한다.

그림 4-2  FCL 화물의 선적 · 운송 과정

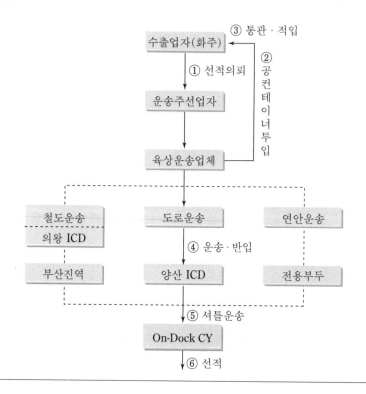

⑥ CY에 집결된 컨테이너는 운송선박의 출항일정에 따라 선적된다.

## 4-7  컨테이너 관련 국제조약

### (1) 컨테이너 통관조약

컨테이너로 화물을 운송하더라도 컨테이너 자체까지 수화인에게 인도되는 것이 아니므로 여기에 수입관세가 부과되면 원활한 컨테이너 운송을 도모할 수 없다. 이에 따라 1956년 유럽 경제위원회는 컨테이너 통관조약(Customs Convention on Container: CCC)을 채택하였다.

이 조약은 일시적으로 수입된 컨테이너에 대해서는 재수출하는 조건으로 면세하고, 그리고 국내보세운송을 할 경우 조약체결국 정부의 세관이 봉한 봉인(seal)을 존중할 것 등을 규정하고 있어 체약 당사국간의 컨테이너 운송이 원활하게 되었다. 이 통관조약은 그 후 개정되어 1975년부터는 신컨테이너 통관조약이 발효되고 있다.

(2) 국제도로운송 통관조약

TIR조약은 특정 국가를 경유하여 최종목적지까지 소위 통과운송할 경우 경유지 국가가 컨테이너 내용물에 대해서 관세법상의 특혜를 제공할 것을 규정하고 있다. 이 조약은 1959년 유럽경제위원회에 의해서 채택되었고 그 후 개정되어 1978년부터는 신TIR조약이 발효되고 있다.

이 조약의 공식명칭은 「국제도로운송수첩의 담보하에 행하는 화물의 국제운송에 관한 통관조약」(Customs Convention on the International Transport of Goods under Cover of TIR Carnets)이며 약칭으로 TIR(Trailer Interchange Receipt)조약으로 부르고 있다. 우리나라는 CCC조약과 함께 1981년 10월 정식으로 가입하였다.

## 제2절  선하증권

## 1. 선하증권의 의의

### 1-1  선하증권의 발달

화주가 화물을 본선에 적재하면 선박회사는 선하증권(bill of lading)을 발급해 주는데 이 선하증권은 선박회사가 화주와 운송계약을 체결하고 화물을 목적지까지 안전하게 운송해 주겠다고 발급하는 증서이다. 선하증권이 언제부터 사용되었는지 확실한 근거는 없는데 대략 15~16세기경부터 해상교역에서 본격적으로 사용되기 시작하였다고 본다.

중세 이전만 하더라도 무역거래의 규모가 크지 않고 교통수단도 발달하지 못해 다수의 상인들이 대상을 만들어 현지를 방문하여 그 곳에서 직접 현금, 금, 은 등과 교환하였다. 그리고 해상교역에서도 상인들이 자신들의 화물을 싣고 목적지까지 직접 가서 처분했기 때문에 선하증권과 같은 운송서류가 필요하지 않았다.

그러다가 한자동맹(Hanseatic League)시대에 와서 해상교역량이 많아짐에 따라 화주들은 자신들의 화물을 운송해 주도록 선장에게 위탁했고, 선장은 화물을 위탁받았다는 일종의 영수증으로서 선하증권을 발급하기 시작하였다. 국제무역에서 선하증권의 형식이 점차 갖추어짐에 따라서 화물은 화물선에 의해 운송되고 선하증권은 신속한 우편선에 의해 목적지의 수화인에게 전달되었다.

항공기의 등장으로 대부분 선하증권이 화물보다 목적지에 먼저 도착함으로써 목적지의 상인들은 화물 대신 선하증권을 사고 팔기 시작하여 선하증권은 화물을 대표하는 권리증권으로서 유통 · 유가 증권의 성질을 가지게 되었다. 이에 발맞추어 1924년 브뤼셀에서 선하증권에 관한 통일조약이 제정됨에 따라 화주와 선주간의 권리와 의무, 그리고 면책사항에 대한 한도가 정해졌고, 그 양식도 국제적으로 통일되어 지금에 이르고 있다. 오늘날의 선하증권은 해상운송계약서, 화물수취증 그리고 화물에 대한 권리증권으로 무역거래에서 없어서는 안될 필수운송서류이다.

## 1-2  선하증권의 기능

선하증권은 무역거래에서 반드시 요구되는 운송서류로서 다음과 같은 기능을 수행한다.

첫째, 선하증권은 선주와 화주간에 운송계약이 체결되었다는 사실을 증명하는 증거서류이다. 해상운송에서 선하증권 그 자체가 운송계약을 뜻하는 것은 아니지만, 일반적으로 운송계약이 체결되었다는 가장 확실한 증거는 선하증권이다. 따라서 선주가 선하증권을 발행하면 선주와 화주간에 운송계약이 존재하는 것으로 간주된다.

둘째, 선하증권은 선적된 화물의 수취증이면서, 선적화물의 수량과 상태에 관한 명세서의 역할을 한다. 선하증권은 선주가 화주로부터 운송을 위탁받은 화물을 수취하거나, 또는 본선상에 선적하게 되면 발급된다. 따라서 선하증권은 선주가 선하증권상에 표기된 화물을 영수하였다고 인정하는 서류의 역할을 수행한다. 또한 선하증권에는 운송화물의 수량, 중량, 상태 등이 기재되기 때문에 선하증권은 곧 화물에 대한 명세서이기도 하다. 선주는 선하증권상에 기재된 명세의 내용 그대로 화물을 선하증권의 소지인에게 인도할 의무가 있다.

셋째, 선하증권은 화물에 대한 권리를 주장할 수 있는 권리증권이다. 선하증권이 국제무역거래에서 필수운송서류로서 사용되는 이유는 선하증권이 바로 운송화물에 대한 권리를 주장할 수 있는 권리증권이기 때문이다. 선하증권의 소지인은 곧 화물을 소유할 수 있는 법적 권리를 갖게 되며, 선주도 반드시 선하증권과 상환하여 화물을 인도하게 된다.

## 1-3  선하증권의 법률적 성질

### (1) 요인증권

선하증권은 해상운송계약에 의해 화물의 선적 또는 수탁을 전제로 하여 발행되는 것이므로 법률상 요인증권이다. 이러한 요인이 없이 선하증권을 발행하는 것은 위법행위가 된다.

### (2) 요식증권

선하증권은 상법에서 규정된 법정기재사항의 기재를 필요로 하는 요식증권이다. 선하증권은 유통을 전제로 발행되므로 적어도 이것을 양도받은 제3자가 운송계약의 주요 내용을 알 수 있을 정도로 일정 사항이 기재되도록 한다.

### (3) 채권 · 처분증권

선하증권의 소지인은 선박회사에 화물의 인도를 청구할 수 있기 때문에 선하증권은 채권효력을 갖는 채권증권이다. 그리고 운송화물을 처분하기 위해서는 반드시 선하증권을 사용해야 하므로 선하증권은 처분증권의 성질도 갖는다.

### (4) 유가 · 유통증권

선하증권은 화물을 대표하는 유가증권으로서 배서 또는 인도에 의해 소유권이 이전되는 유통증권이다.

### (5) 문언증권

해상운송계약에 따른 선주와 화주의 의무는 선하증권상에 기재된 문언에 따라 이행되어야 한다. 운송인은 선하증권의 선의의 소지인에 대하여 증권의 기재 문언에 관하여 책임을 지고 소지인은 기재 문언에 따라 권리를 주장할 수 있다.

### (6) 상환 · 인도증권

선하증권은 소지인이 화물의 인도를 청구할 때 반드시 선하증권을 제시해야 하는 상환증권이다. 운송인도 선하증권의 상환없이는 화물을 인도해서는 안 된다. 그리고 선하증권의 인도는 곧 화물을 인도하는 것과 동일한 효과가 있다. 따라서 화물을 인도하지 않았다 하더라도 선하증권을 인도하면 곧 화물을 인도한 것으로 간주된다.

## 2. 선하증권의 내용

선하증권의 앞면에는 운송계약을 구체적으로 증명할 수 있는 사항들을 기재하도록 되어 있고, 뒷면에는 운송약관이 인쇄되어 있다.

### 2-1 선하증권의 기재사항

선하증권은 법률적으로 요식증권이기 때문에 상법에 규정된 법정기재사항이 반드시 기재되어야 한다. 상법에서 규정하고 있는 선하증권의 필수기재사항은 〈표 4-2〉와 같다. 그러나 선하증권의 요식성은 엄격한 것이 아니므로 법정기재사항의 일부가 기재되지 않거나 반대로 법정기재사항 이외의 다른 사항이 기재되더라도 증권이 무효가 되는 것은 아니다. 선하증권에 기재되는 주요 사항들을 살펴보면 다음과 같다.

(1) 송화인

보통 선하증권의 상단에는 운송물품을 보내는 송화인(shipper), 즉 수출업자의 이름을 기재한다.

(2) 수화인

송화인 다음의 기재 칸에는 화물을 받아 보는 수화인(consignee)의 성명을 기재한다. 수화인은 통상 수입업자이지만 선하증권 그 자체가 권리증권이며 유가증권이기 때문에 수화인을 표시하는 것은 매우 중요하다. 수화인의 표시방법은 다음과 같다.

① 기명식: 수화인 칸에 특정인의 성명을 기입하는 방법이다. 기명된 자가 배서를 해야만 이 선하증권은 유통된다. 만약 수입업자의 성명이 기재되어 있으면 수출업자는 선하증권을 먼저 수입업자에게 제시해야 한다.

② 지시식: 수화인에 대한 표시가 'to order' 또는 'to order of shipper' 등과 같이 표시되어 있는 선하증권을 말하는데 송화인인 수출업자

| 표 4-2 | 선하증권의 법정기재사항 |
|---|---|

| | |
|---|---|
| 선박의 명칭 · 국적 · 톤수 | 운송물의 종류 · 중량/용적, 포장명세 |
| 운송물의 외관상태 | 용선자 또는 송화인의 성명 또는 상호 |
| 수화인 또는 통지선의 성명 또는 상호 | 선적항 |
| 양륙항 | 운임 |
| 발행지 및 발행연월일 | 발행통수 |

가 선하증권의 뒷면에 배서만 하면 이 선하증권은 자유롭게 유통된다. 오늘날의 무역거래에서는 대부분 지시식 선하증권이 사용되고 있다.

(3) 통지선

본선이 수입항에 입항할 때 쯤 선박회사는 수입화물이 도착했다는 통지서를 발송하여 화물을 찾아 갈 준비를 하도록 한다. 이러한 화물도착통지서(arrival notice: A/N)를 받아보는 당사자를 통지선(notify party)이라 한다. 대부분 수입업자가 통지선이기 때문에 'accountee' 또는 'same as consignee'처럼 기재된다. 그러나 수입업자가 내륙지역에 위치할 경우에는 수입항의 통관사를 통지선으로 지정하여 수입통관 준비를 하도록 한다.

(4) 선박명 및 국적

운송선박의 이름이 기재되며, 선박의 소속국적은 선박명으로 판명되기 때문에 기재할 필요는 없다.

(5) 상품 및 포장명세서

상품 및 포장에 관한 명세가 기재되는데 컨테이너 화물은 'shipper's load and count' 또는 'said by shipper to contain'이 기재된다. 이는 송화인이 직접 컨테이너에 화물을 적재했다는 표시이며, 운송인은 컨테이너 내용물에 대해서 책임지지 않는다는 뜻이기도 하다.

그리고 컨테이너 내용물에 대해서도 '380 CTNS(64,300 pcs) of Light Bulbs'처럼 내용물의 수량을 표시해 주어야 한다. 1968년 헤이그-비스비 규칙에 따라 해상사고가 발생할 경우 운송인은 컨테이너 내용물의 단위를 기준으로 배상하기 때문이다. 만약 선하증권상에 '1 CNTR'라는 표기만 있으면, 운송인은 1단위만큼만 배상한다. 그러나 위와 같이 내용물의 단위가 표시되어 있으면 380단위에 해당하는 배상액을 지급한다.

### (6) 운임

선하증권의 하단에는 운임 및 기타 수수료를 기재하고 선불 여부를 표시한다. 운임 선불인 경우에는 'freight paid' 혹은 'freight prepaid'로 표시하고 만약 운임이 도착항에서 지불하는 운임 도착지불인 경우에는 'freight collect'가 표시된다.

### (7) 선하증권의 작성통수

보통 선하증권은 original, duplicate, triplicate 3통을 1세트(set)로 발행되는데 이런 사실은 선하증권의 하단에 인쇄되어 있다. 수출업자는 선하증권 원본 3통을 관련 은행에 모두 제시해야만 수출대금을 찾을 수 있다. 그리고 수화인에게는 통상 original 1통만 인도되는데 그렇게 되면 나머지 2통은 자연히 무효가 된다. 3통의 원본 외에 많은 사본이 실제 사용되는데 이러한 사본에는 '유통불능'(non-negotiable)이라는 문언이 인쇄되어 있어 화물을 찾는 데 사용될 수 없다.

### (8) 작성지 및 작성 연월일

선하증권의 맨 하단에는 선하증권의 작성지역과 발급일자가 기재되고, 관련 당사자가 서명을 하도록 되어 있다.

선하증권의 작성지역이 의미하는 바는 선하증권과 관련된 분쟁이 발생할 경우 어느 나라에서 어느 나라의 법을 적용하여 해결하는가를 나타내는 것이다. 우리나라에서 발행되는 선하증권의 운송약관에는 '… 이 선하증권상에 특별히 명시되지 않는 한 이 선하증권에 의한 계약은 한국법에 의해 해석되고 처리된다. 만일 이 선하증권에 의한 계약에 어떤 분쟁이 발생하면 타국법에 의하지 아니하고 한국법에 의하여 결정된다'라고 되어 있다. 따라서 해상운송계약상의 쟁의가 생기면 반드시 한국에서 한국법에 의하여 판결을 받으며 다른 어떤 국가의 법의 적용도 배제한다.

그리고 선하증권의 발급일자는 대부분 화물이 본선상에 적재·완료된 일자와 동일하다.

## 2-2  운송약관(Transport Clause)

정규 양식의 선하증권은 그 뒷면에 운송약관이 인쇄되어 있다. 운송약관은 주로 준거법에 관한 규정, 운송인의 면책사항, 화주의 의무 등을 약정

**서식 4-2** 선하증권

## ▲HYUNDAI
MERCHANT MARINE CO., LTD.

# BILL OF LADING

| Shipper / Exporter ( complete name and address ) | | Document No. | B / L No. |
|---|---|---|---|
| | | Export References | |
| Consignee ( complete name and address ) | | Forwarding Agent References | |
| | | Point and Country of Origin | |
| Notify Party ( complete name and address ) | | Domestic Routing / Export Instructions | |
| Pre-Carriage by | Place of Receipt* | | |
| Ocean Vessel / Voyage / Flag | Port of Loading | Onward Inland Routing | |
| Port of Discharge | For Transshipment to | Place of Delivery* | Final Destination ( For the Merchants Ref.) |

### PARTICULARS FURNISHED BY SHIPPER

| Container No. / Seal No. Marks and Numbers | No. of Containers or Other Pkgs | Description of Packages and Goods | Gross Weight | Measurement |
|---|---|---|---|---|
| | | | | |
| Total Number of Containers or Packages( in words ) | | | | |

| Freight & Charges | Rate | Unit | Prepaid | Collect |
|---|---|---|---|---|
| | | | | |

COPY

Declared Value : USD
(Optional)

[ PACKAGE LIMITATION CLAUSE ] Section 4 (5) of U. S. Carriage of Goods By Sea Act-1936. Neither the

Total

carrier not the ship shall in any event be or become liable for any loss or damage to or in connection with the transportation of goods in an amount exceeding $ 500 per package lawful money of the United States, or in case of goods not shipped in packages, per customary freight unit or the equivalent of that sum in other currency, unless the nature and value of such goods have been declared by the shipper before shipment and inserted in the Bill of Lading and additional freight has been paid as required. This declaration, if embodied in the Bill of Lading, shall be prima facie evidence, but shall not be conclusive on the carrier. THIS CLAUSE SHALL APPLY ONLY TO GOODS MOVING TO OR FROM PORTS OF UNITED STATES.

IN ACCEPTING THIS BILL OF LADING, the shiper , owner and consignee of the goods, and the holder of the Bill of lading expressly accept and agree to all its stipulations, exceptions and conditions, whether written, stamped or printed as fulle as if signed by such shipper, owner, consignee and/or holder. No agent is authorized to waive any of the provisions of the clauses.

IN WITNESS WHEREOF, the master or agent of the said ship has affirmed to Bill of Lading , all of this honor and date. ONE of which being accomplished, the others to stand void.

• Applicable only when this document is used as an intermodal transport Bill of Lading

Number of Original B (s) / L

On Board Date

Dated at _____

HYUNDAI MERCHANT MARINE CO., LTD. AS CARRIER

By _____

표 4-3  운송약관의 구성항목

| | |
|---|---|
| ① 정의(definition) | ⑫ 위험물(dangerous goods) |
| ② 지상약관(paramount clause) | ⑬ 인도(delivery) |
| ③ 소송과 클레임(litigation and claim) | ⑭ 손해의 통지 및 제소기간 |
| ④ 책임(responsibility) |    (notice of claim and time for suit) |
| ⑤ 표정운임(tariff) | ⑮ 손상(damage) |
| ⑥ 하청계약(sub-contract) | ⑯ 파손의 제한(limitation of damages) |
| ⑦ 자유(liberty) | ⑰ 공동해손 및 특별비용 |
| ⑧ 컨테이너(container) |    (general average and special charges) |
| ⑨ 운임(freight) | ⑱ 이로(deviation), 기타 |
| ⑩ 화주의 책임(merchant's responsibility) | |
| ⑪ 유치권(lien) | |

한 것이다. 운송약관은 법률적으로 보면 부합약관(adhesion clause)의 일종이기 때문에 운송인이 일방으로 약관을 제정하고 화주들은 이 내용을 포괄적으로 승인한다. 그러나 운송약관의 기본정신은 1968년 헤이그-비스비 규칙에 입각해야 한다.

우리나라 선박회사들이 사용하는 영문 선하증권의 운송약관은 그 내용이 거의 비슷한데 운송약관의 구성항목은 〈표 4-3〉과 같다.

〈표 4-3〉의 지상약관(paramount clause)은 선하증권과 관련하여 분쟁이 발생할 경우 적용할 준거법을 명시한 약관이다. 통상적으로 헤이그/비스비 규칙, 선적국 혹은 양륙국의 해상화물운송법 등이 적용된다.

그리고 자유(liberty)약관은 운송인의 재량권을 열거한 약관이다. 이 약관에 의해 운송인은 운송도중 필요에 따라 임의로 컨테이너를 개봉할 수 있고 중간항에서 화물을 처분할 수도 있다. 그리고 운송도중 일방적으로 운송계약을 취소하거나 종료시킬 수도 있다.

## 3. 선하증권에 관한 국제규칙

### 3-1  헤이그 규칙(Hague Rules)

19세기에 접어들면서 증기기관의 등장과 안전하고 신속한 해상운송에 힘입어 해상운송계약에서는 자유계약, 즉 언제 어디서나 어떤 내용으로든지 그들이 원하는 대로 계약할 수 있다는 사상과 관습이 지배적이었다. 이에 따라 선주들은 그들에게 유리한 일방적인 면책조항들을 선하증권에 삽입하여 해상사고에 대해서 책임을 회피하게 되었다.

이들의 횡포는 당시 영국 선박들에 의존했던 미국 화주들의 반발을 사게 되어 1893년 미국 의회에서 하아트 법(Harter Act)이 제정되었다. 이 하아트 법의 제1조와 제2조에서는 선주의 잘못으로 야기되는 손해배상의 범위를 제한하지 못하게 하였고, 제3조에서는 선주들이 법으로 정당히 면책될 수 있는 사항들을 규정하였는데 그것도 정당한 노력을 가해서 모든 면에서 감항성(seaworthiness)을 갖춘 선박의 경우에만 국한시켰다.

따라서 하아트 법에서는 법적으로 면책되는 경우에라도 선주는 감항능력주의 의무를 모든 면에서 충실히 이행해야 한다. 만약 어떤 사고가 발생하고 사후에라도 그 사고가 감항능력의 불충분으로 발생한 것으로 판명되면 무조건 선주가 책임을 지도록 하여 선주측에 아주 불리하게 규정되어 있다.

하아트 법이 제정되면서부터 해상사고의 경우 영국 재판부는 선주측이 주장하는 면책사항들이 정당하다고 인정하고 미국 법정에서는 이들 면책사항들은 공공의 이익에 위배된다는 판결이 나와 선주와 화주들의 이해관계가 정면으로 충돌하게 되었다. 이것을 해결하고 해상운송에 관해 국제적인 통일을 갖기 위해서 국제법협회 등이 주동이 되어 국제통일법의 제정을 촉구할 것을 결의했다.

이러한 가운데 1921년 런던에서 개최된 국제상업회의소 회의에서 영국의 해사법위원회가 독자적인 초안을 제출하여 좋은 호응을 얻게 되었다. 이에 따라 국제상업회의소는 이 초안을 보완하여 1921년 헤이그에서 만장일치로 통과시켜 각국은 자발적으로 이 초안내용을 선하증권에 삽입하도록 권고하게 되었다.

이것이 이번에는 선주측의 심한 공격을 받게 되자 다시 국제해양법협회에 의해서 수정되어 1924년 8월 25일 브뤼셀에서 개최된 제5차 해상법에 관한 국제회의에서 선하증권에 관한 통일조약(International Convention for the Unification of Certain Rules of Law relating to Bill of Lading)이 채택되었다. 그 후 각국들은 이 통일조약의 기본정신을 바탕으로 선하증권에 관한 법을 제정하게 되었다.

통일조약은 선주에게 다소 유리한 해상운송법이다. 하아트 법에서는 선주가 모든 점에서 감항능력을 갖추도록 규정하여 선주에게 엄격한 책임원칙을 규정하고 있는 반면 통일조약은 이를 완화하여 선주가 감항능력을 갖추기 위해 정당한 노력(due diligence)만을 기울이도록 규정하고 있다. 따라서 이러한 사실만 입증하면 설령 해상사고가 감항능력의 결여로 발생했다 하더라도 선주는 면책된다.

### 3-2  헤이그-비스비 규칙(Hague-Visby Rules)

헤이그 규칙이 성립된 후 많은 국가에서 이를 모체로 자국의 해상운송법을 제정함으로써 헤이그 규칙은 해상운송에 관한 기본적인 국제법이 되었다. 그러나 운송여건이 변함에 따라 규칙의 개정이 불가피해져서 1950년대 말부터 국제해사위원회를 중심으로 헤이그 규칙에 대한 수정안이 활발히 논의되었다.

그 후 해상운송인의 책임한도와 규칙의 적용범위에 관한 의견이 통일됨에 따라 1968년 헤이그-비스비 규칙이 정식으로 채택되어 지금에 이르고 있다. 이 규칙의 정식 명칭은 선하증권통일조약개정의정서(Protocol to Amend the International Convention for the Unification of Certain Rules of Law relating to Bills of Lading)이다.

헤이그-비스비 규칙은 적용범위가 확장되어 만약 선하증권상에 이 규칙이 준거법으로 명시되어 있는 경우에는 선박, 운송인, 수화인 등 모든 이해관계인의 국적을 묻지 않고 적용된다. 그리고 해상운송인의 책임한도액을 현실에 맞도록 조정하였으며 컨테이너 약관을 신설하여 컨테이너에 대한 포장단위의 개념을 명확히 하였다. 만약 선하증권상에 컨테이너 단위만 기재되어 있으면 컨테이너가 포장단위가 되고 컨테이너 내용물의 단위가 표시되어 있으면 그것이 포장단위의 기준이 된다.

### 3-3  함부르크 규칙(Hamburg Rules)

헤이그-비스비 규칙이 정식으로 채택되기도 전에 많은 개발도상국가들이 종래의 통일조약은 너무 선주 위주로 되어 있어 화주들의 권익이 제대로 반영되어 있지 않다는 주장을 UNCTAD에서 제기하였다. 이에 따라 1968년에 국제해운입법작업부회가 설치되어 새로운 선하증권조약안을 마련하였고, 이 개정조약안은 1978년 함부르크에서 개최된 개정조약안 채택을 위한 전권회의에서 채택되어 UN해상화물운송조약(UN Convention on the Carriage of Goods by Sea), 즉 함부르크 규칙이 되었다.

함부르크 규칙은 개발도상국가들의 이익보호에 역점을 두었기 때문에 화주 중심으로 법체계가 이루어져 있다. 예를 들어 헤이그 규칙에서는 살아 있는 동물을 화물의 정의에서 제외하여 이를 운송하려면 일반운임보다 높은 특별운임을 화주들이 부담하였다. 왜냐하면 살아 있는 동물을 운송하기 위해서는 통풍장치, 먹이, 배설물 장치 등 특수시설이 필요하기 때문이다. 그러나 함부르크 규칙에서는 살아 있는 동물도 화물의 정의에 포함시켜 일반화물과 똑같이 취급되도록 했는데 이는 살아 있는 동물을 많이 수출하는 개발도상국가들의 이익을 보호한 것으로 풀이된다.

현재 함부르크 규칙은 34여 개국의 개발도상국가들이 비준을 하여 정식으로 발효되고 있다. 그러나 함부르크 규칙은 화주에게 유리하도록 되어 있어 많은 선박을 보유하고 있는 선진국들이 대부분 비준을 하지 않아 그 실효성은 의문시되고 있다.

> ▶ 각 규칙의 비준국 현황

국제해상운송법과 관련하여 헤이그 규칙, 헤이그/비스비 규칙 및 함부르크 규칙의 비준국가들의 현황은 다음과 같다.
① 헤이그 규칙의 비준국가: 주요 선진해운국
② 헤이그/비스비 규칙 비준국가: 영국, 프랑스, 이탈리아, 네덜란드, 벨기에, 노르웨이, 스웨덴, 덴마크, 핀란드, 스위스, 폴란드 등
③ 함부르크 규칙 비준국가: 케냐, 레바논, 모로코, 세네갈, 탄자니아, 튀니지, 우간다, 잠비아, 칠레, 루마니아, 헝가리 등
우리나라의 경우 세 가지 국제규칙 모두 비준하지 않은 상태이다. 현재 헤이그/비스비 규칙을 원용하여 제정된 상법 제5편에 해상운송에 관한 사항이 규정되어 있다.

## 4. 선하증권의 종류

### 4-1 선적선하증권·수취선하증권

선적선하증권(shipped or on board B/L)은 운송물품이 본선에 적재된 후 발급되는 선하증권이다. 따라서 증권상에 선적이 완료되었음을 나타내는 'shipped' 또는 'laden on board' 등과 같은 표현이 있다. 선적선하증권의 발행일자는 곧 화물이 본선에 적재된 일자로 간주된다.

그리고 운송선박이 아직 부두에 정박하지 않았거나 입항조차 하지 않았을 경우 화물은 일단 선박회사의 부두창고에 입고되어 선적순서를 기다리게 되는데 이 때 선박회사는 화물을 수취하였음을 나타내는 수취선하증권(received B/L)을 발급한다. 그리고 수취선하증권이 발행된 후 선적이 실제로 이루어지는 날을 기입하여 선박회사 또는 그의 대리인이 서명하면 선적선하증권과 동일한 효력을 갖는다.[4]

무역거래에서는 대부분 선적선하증권이 사용되고 수취선하증권은 특별히 허용되고 있지 않는 한 거절된다. 왜냐하면 화물을 받아보는 수화인, 즉 수입업자는 자기의 화물을 보다 확실하게 인수하기 위해서 선적완료된 후 발급되는 선적선하증권을 선호하기 때문이다.

### 4-2 무사고 선하증권·사고부 선하증권

화물을 본선상에 선적할 때 화물의 상태가 외관상 양호하고 수량이 정확하여 선하증권의 비고기재 칸에 아무런 표시가 없는 선하증권을 무사고 선하증권(clean B/L)이라 한다. 그런데 포장상태가 불완전하거나 수량이 부

---

4) 미국의 원면거래에 사용되는 Custody B/L과 Port B/L은 대표적인 수취선하증권의 일종이다. Custody B/L은 운송선박이 아직 지정항구에 도착하지 않은 상태에서 화물이 운송인에게 인도될 때 발급되는 수취선하증권이며, Port B/L은 운송선박은 입항했으나 화물이 본선에 적재되지 않은 경우 발행되는 수취선하증권을 말한다. 따라서 시기적으로 보면 먼저 Custody B/L이 발급되고, 운송선박이 입항하면 Port B/L이 되고, 그리고 실제 선적이 이루어지면 선적선하증권이 된다.
원면거래가 일시에 대량으로 거래되기 때문에 하루라도 빨리 자금을 회전시키기 위해 이러한 수취선하증권이 사용된다. 지금 당장 자금은 급한데 운송선박은 아직 입항조차 하지 않았을 경우 선박회사로부터 Custody B/L을 먼저 발급받아 이를 유통시킬 수 있다.

족할 경우에는 그러한 내용이 선하증권상에 기재되는데[5] 이런 선하증권을 사고부 선하증권(dirty B/L, foul B/L)이라 한다.

사고부 선하증권은 유통도 되지 못할뿐더러 은행에서도 별다른 지시사항이 없는 한 수리를 거절한다. 따라서 수출업자는 반드시 무사고 선하증권을 발급 받도록 노력해야 한다. 그러나 항구까지 운송해 오는 과정에서 포장상태가 느슨해 질 수도 있고, 부주의로 인해 수량이 부족할 수도 있다. 물론 재포장을 하거나 부족한 수량을 채우면 아무런 문제가 되지 않지만 운송선박이 곧 출항하여 시간적 여유가 없다든지 또는 그럴 형편이 못되는 경우에는 사고부 선하증권을 감수해야 한다.

이런 경우에 대비해서 수출업자는 파손화물보상장(Letter of Indemnity)을 선박회사에 제시하고 사고부 선하증권 대신 무사고 선하증권을 발급받을 수 있다. 파손화물보상장은 수출업자가 파손된 화물에 대해서 모든 책임을 질 것을 선박회사에 약속하는 일종의 보증장이다. 선박회사가 사고부 선하증권을 발급하는 이유는 사고부 화물에 대해서 자신의 책임을 면하기 위한 것인데 이제 수출업자가 여기에 대해서 모든 책임을 지겠다는 각서를 제출했기 때문에 무사고 선하증권을 발급해 주는 것이다.

그러나 수출업자는 이런 사실을 수입업자에게 사전에 알리고 파손화물에 대한 보상조치를 취해야 한다. 그리고 보험회사도 파손화물에 대하여 보상책임이 없기 때문에 이런 사실을 보험회사에게 고지해야 한다.

## 4-3  기명식 선하증권 · 지시식 선하증권

기명식 선하증권(straight B/L)은 화물을 받아 보는 수화인의 이름이 증권상에 구체적으로 표시된 선하증권을 말하는데 통상 수입업자의 이름이 기재된다. 기명식 선하증권은 기명된 수화인이 배서를 해야만 유통될 수 있다. 기명식 선하증권은 널리 이용되지는 않지만 유럽 국가들간의 무역거래 또는 수입국에 수출업자의 대리인이 있을 경우에 국한하여 사용된다.

유럽 인접국가들간의 거래에서는 수출업자가 굳이 은행을 통하지 않고

---

5) 예를 들어 '5 상자의 포장이 느슨함(5 cases loose strap)', '5 카톤 부족분에 대해 현재 논의 중임(5 cartons short in dispute)' 등과 같은 단서조항이 기재될 수 있다. 그러나 오늘날 벌크 화물을 제외하면 거의 모든 화물이 컨테이너에 적재 운송되기 때문에 이러한 경우를 찾아보기는 힘들다.

**서식 4-3** 파손화물보상장

---

**LETTER OF INDEMNITY**

_____ 20 _____

S.S. M.V. `                    ` Voy. No. _____        Sailed

Dear Sirs,

In consideration of your handing us clean Bill of Lading for our shipment by the above vessel as described below, the mate's receipt at which bears the following clause :


We hereby undertake and agree to pay on demand any claim that may thus arise on the shipment and/or the cost of any consequent reconditioning and generally to indemnify yourselves and/or agents and/or the owners of the said vessel against all consequences that may arise from your action.

Further, should any claim arise in respect of this goods, we hereby authorise you and/or agents and/or owners of the vessel to disclose this Letter of Indemnity to the underwriters concerned.

Yours faithfully,

Bs/L. No. _____

| Marks & Nos. | No. of P'kgs | Description | Destination |
|---|---|---|---|
|  |  |  |  |
|  |  |  |  |
|  |  |  |  |

수입업자에게 직접 기명식 선하증권을 제시하고 수출대금을 받을 수 있다. 또 수입지에 수출업자의 대리인이 있으면 수출업자는 선하증권을 대리인에게 보내어 그로 하여금 수입업자에게 제시하여 배서를 받도록 한다.

지시식 선하증권(order B/L)은 수화인에 대한 표시가 'to order', 또는 'to order of shipper' 등과 같이 표시되어 있는 선하증권을 말하는데 수출업자가 선하증권의 뒷면에 백지배서(blank endorsement)만 하면 이 선하증권은 자유롭게 유통된다. 무역거래에서는 대부분 지시식 선하증권이 사용되고 있다.

### 4-4  해양선하증권 · 내국선하증권

국제해상운송인 경우에는 해양선하증권(ocean B/L)이 발행되고, 부산과 인천 사이의 국내 해상운송인 경우는 내국선하증권(local B/L)이 발행된다. 무역거래에서는 해양선하증권이 이용된다.

### 4-5  약식선하증권

선하증권의 앞면에는 기재사항을 기입할 난이 인쇄되어 있고 뒷면에는 운송약관이 인쇄되어 있다. 선하증권의 법정기재사항은 한정되어 있는 데 반해 뒷면의 약관은 운송환경이 변함에 따라서 계속 제정되어 왔다. 모든 운송약관을 인쇄하려면 선하증권의 양식이 길어지기 때문에 운송약관을 인쇄하지 않고 다음과 같은 문언을 삽입하여 마치 운송약관이 인쇄되어 있는 것과 동일한 효과를 갖도록 한다.

이와 같이 발행수속을 간소화하기 위해 운송약관이 인쇄되어 있지 않은 선하증권을 약식 또는 간이 선하증권(short form B/L)이라 하며 별도의 금지가 없는 한 은행은 이러한 서류를 수리한다.

'All the terms of the carrier's regular long form of Bill of Lading are incorporated herein with like force and effect as if they were written at length herein. A copy of such Bill of Lading may be obtained from the carrier, its agent, or the master.'

## 4-6  환적선하증권

목적항까지 직접 가는 직항선박이 없을 경우에는 중간 항구에서 다른 선박에 화물을 환적하여 운송한다. 이런 경우 구간마다 각각 다른 선하증권이 발급되지 않고 처음 발행된 선하증권을 목적항까지 그대로 사용하는데 이러한 선하증권을 환적선하증권(transshipment B/L)이라 한다.

송화인과 처음 운송계약을 체결한 선박회사는 자기 책임하의 환적을 전제로 하는 환적선하증권을 발행한다. 최초의 선박회사는 환적항 이후의 구간을 운송하는 선박을 선정하고 환적항에서 소요되는 하역비 등 모든 비용을 부담한다.

중간항에서 환적을 하게 되면 화물의 양륙과 재선적에 시간이 많이 소요되고, 화물의 도난이나 파손 등이 빈번히 발생하기 때문에 대부분의 수입업자들은 환적을 꺼려한다. 이런 경우 계약서상에 환적금지라는 표현을 삽입하면 환적선하증권은 사용되지 못한다. 그러나 환적에 대한 별다른 지시사항이 없으면 은행은 이러한 환적선하증권을 수리한다.

## 4-7  통과선하증권

목적지까지 해상운송과 육상운송을 동시에 이용할 경우 발행되는 선하증권을 통과선하증권 또는 통선하증권(through B/L)이라 한다. 해상운송에 이어 계속해서 내륙지점까지 운송하고자 할 경우 선박회사는 자기 책임하에 양륙항에서 내륙지점까지의 육상운송을 선정하고 전 운송구간에 대해서 책임을 지는 통과선하증권을 발급한다. 미국에서는 이러한 선하증권을 Overland B/L 또는 Overland Common Point B/L이라 한다.

▶ Overland Common Point(OCP)

Overland Common Point(OCP)는 북미대륙 내에서 공통운임이 부과되는 록키산맥의 동쪽 지역을 말한다. 태평양연안의 항구에 도착한 화물 중에서 화주가 OCP 목적지까지의 운송을 의뢰하면 OCP 화물은 철도나 트럭에 의해 내륙지역의 목적지까지 일관 운송된다.

## 4-8  Stale B/L

선하증권이 발급되면 수출업자는 관계은행에 가서 운송서류를 제시하고 수출대금을 찾는데 만약 선하증권이 발행되고 21일이 지난 뒤 관계은행에 제시하게 되면 별다른 지시사항이 없는 한 은행은 지체된 운송서류를 수리하지 않는다. 이와 같이 선하증권이 발행된 후 21일이 지난 뒤 은행에 제시되는 선하증권을 Stale B/L이라 하고, 특별히 'Stale B/L acceptable'이라는 조항이 없는 한 은행에서 수리하지 않는다.

## 4-9  제3자 선하증권 · 스위치 선하증권

선하증권상의 송화인은 수출업자의 이름으로 작성되나 중계무역 혹은 중개무역의 경우에는 수출업자 대신 제3자 특히 선박회사의 이름을 기재하는데 이를 제3자 선하증권(third party B/L)이라 한다. 이렇게 수출업자의 이름을 숨기는 것은 만약 수입업자가 선하증권상의 송화인, 즉 수출업자를 알게 되면 향후거래에서는 직접 수출업자와 거래할 수 있기 때문에 중간 무역업자의 이익을 보호해 주기 위해서이다. 은행은 별도의 언급이 없는 한 이러한 선하증권도 수리한다.

스위치 선하증권(switch B/L)은 주로 중계무역에서 사용되는데 실제 수출업자와 실제 수입업자 간의 무역에서 서로가 노출되는 것을 막기 위해 중계무역업자가 실제 수출업자로부터 받은 최초의 선하증권을 회수하고 다시 발행되는 선하증권을 말한다. 그러나 선하증권을 스위치하더라도 송화인, 수화인, 통지선 정도만 스위치할 수 있고 선적에 대한 내용은 스위치할 수 없다.

## 4-10  집단선하증권

화물을 컨테이너로 운송할 경우 한 컨테이너의 분량이 안 되는 소량화물은 운송주선인(freight forwarder)이 목적지별로 혼재하여 컨테이너 단위화물로 만든 다음 선박회사와 해상운송계약을 체결한다.

이 때 선박회사는 한 컨테이너 안에 여러 화주의 화물이 적재되었음을 표시하는 집단선하증권(groupage B/L, master B/L)을 발급한다. 그리고 운송주선인은 개별 화주에 대해서는 운송인의 입장에 있기 때문에 이들에게는 일종의 선적증명서인 House B/L 또는 Forwarder's B/L을 발급해 준다. 이 경우 수출업자는 House B/L을 은행에 제시하고, 수입업자도 이 서류를 인도받아 화물을 인수한다.

### 4-11　부서부 선하증권

선하증권에는 운임, 수수료 등 선박회사에 지불할 채무가 표시되어 있다. 예를 들어 운임은 선적지에서 지불되었다 하더라도 만약 양륙항에서 컨테이너 장비를 사용하는 수수료를 수화인이 부담할 경우 이런 수수료는 도착지불로 기재된다. 따라서 수화인은 반드시 이런 비용을 모두 선박회사에 지급해야만 화물을 찾을 수 있다. 선박회사에 대한 지급이 완료되면, 선박회사는 이를 증명하기 위해 선하증권상에 서명을 하는데, 이런 선하증권을 부서부 선하증권(countersign B/L)이라 한다.

### 4-12　용선계약조건의 선하증권

용선계약조건의 선하증권(charter party B/L)은 선박을 실제 소유하고 있지 않은 자가 선박회사로부터 선박을 빌려 자기 책임 하에 운송을 담당하면서 화물을 운송·위탁한 송화인에게 발급하는 선하증권을 말한다. 그런데 이 선하증권을 발급한 용선계약자가 용선료를 선박회사에 지급하지 못하게 되면 선박회사는 본선에 적재된 화물을 몰수할 수 있기 때문에[6] 송화인의 경우 자기도 모르게 운송물품을 몰수당할 수 있다. 따라서 특별히 허용된 경우가 아니면 용선계약조건의 선하증권은 은행에서 인정하지 않는다.

### 4-13　해상화물운송장

해상화물운송장(sea waybill: SWB)은 선박회사가 화물을 수취했음을 나타내는 화물수취증이며, 수화인의 성명과 주소가 명기되어 있고 유통금지문언이 부기되어 있다. 주로 본지사간의 거래, 이사화물 등에 이용된다.

선하증권은 배서에 의해서 자유롭게 양도가 되는 유통·유가 증권이지

---

6) 용선계약 선하증권상에는 'as per charter party' 또는 'all other conditions and exceptions as per charter party'라는 내용이 기재되어 모든 것이 용선계약 조건에 따르게 된다.

만, 이 운송장은 단지 송화인이 수화인에게 화물을 탁송했다는 비유통증거
서류이다. Incoterms 2010에서는 해상운송을 전제로 한 CFR 및 CIF 조건에
서는 매도인의 화물인도 증거로서 비유통성 해상화물운송장을 제공할 수 있
도록 허용하고 있다.

### 4-14  Surrender B/L

이 선하증권은 우리나라와 중국 간의 거래와 같이 근거리 무역의 경우에
는 선하증권보다는 운송화물이 먼저 목적지에 도착하여 선하증권이 도착할
때까지 화물을 못 찾는 경우가 발생한다. 그래서 송화인이 선하증권 상의 모
든 권리를 선박회사에게 양도한다는 의미로 선하증권 상에 'Surrender'를
표시하면 선박회사가 화물과 함께 'Surrender B/L'을 운송하여 이를 수화
인에게 직접 인도함으로써 수화인은 화물을 빨리 찾을 수 있도록 한 것이다.
'Surrender B/L'은 기명식으로 발행되고 수출업자인 송화인이 수출대금을
사전에 확보한 경우에만 이용될 수 있다.

▸ Red B/L · Green B/L

Red B/L은 선하증권과 보험증권을 겸용해서 쓰는 경우이고 Green B/L은 선
하증권과 창고업자가 발행한 창하증권을 합친 것이다. 이들 선하증권은 오늘날에
는 거의 사용되지 않고 있다.

### 4-15  전자식 선하증권

종이서류 대신 전자 문서로 발행하는 선하증권을 말한다. 다음 두 가지
방식이 거론되고 있지만 거의 사용되고 있지 않다.

(1) CMI 규칙에 의한 전자식 선하증권

이 선하증권은 1990년 국제해사법회(*Comite Maritime International*)에서
채택한 '전자식 선하증권에 관한 CMI 규칙'(CMI Rules for Electronic Bill of
Landing)에 언급된 선하증권이다. 이 규칙은 주로 운송중인 물품에 대한 권
리의 전자적 이전에 관한 내용으로 구성되어 있는데 개인키(private key)[7]를

7) 국제연합 표준메시지에 의해 구성된 선하증권을 전자문서로 전송할 때 함께 송부되는 비
밀코드를 말한다.

이용하여 선하증권상의 권리를 이전한다.

　　전통적인 선하증권을 이용할 경우에는 선하증권의 소지인이 선하증권 자체를 서명하여 양도함으로서 권리가 이전된다. 그러나 전자식 선하증권에서는 선박회사가 양도인, 양수인 등에게 개인키를 부여하고 양도 의사를 전자적 지시를 통해 전달함으로써 선하증권상의 권리가 이전된다. 따라서 그동안 화물에 대한 통제권은 선하증권의 소지인이 갖고 있었지만 전자식 선하증권에서는 전자적 지시를 하는 선박회사가 갖게 된다.

### (2) 볼레로 시스템의 전자식 선하증권

　　볼레로(bill of lading electronic registry organization: Bolero)는 무역거래에서 사용되는 서류 일체를 전자화하여 이를 상업적으로 운영하기 위해 개발한 시스템이다. 볼레로 시스템은 선하증권만 전자식으로 처리하려는 것이 아니고 무역서류 전반을 전자화하여 무역거래의 효율성을 높이고 있다. 중립적인 중앙등록기관을 운영하여 정보의 흐름을 원활히 하고, 정보의 안전성을 보장하기 위해 현재까지 가장 안전한 방법으로 알려져 있는 방식의 디지털 서명을 메시지 전송에 사용하고 있다.

---

## 제3절　항공운송

### 1. 항공운송의 발전

　　항공운송은 육상운송이나 해상운송에 비해 신속하다는 장점을 지니고 있다. 그러나 운임이 상대적으로 비싸고 일시에 대량의 화물을 운송할 수 없으며 또한 국제공항이 있는 지역간의 운송에만 국한되는 이유들 때문에 그동안 무역거래에서는 주로 부피가 작고 신속한 운송을 요하는 고가제품만이 항공운송을 이용해 왔다.

　　그러나 경제발전에 따라 비싼 운임을 지급하여도 충분히 채산이 맞는 부가가치가 높은 반도체, 정밀기기, 통신기기, 광학기기 등의 제품이 많이 개발되어 항공운송에 대한 의존도가 점차 높아지기 시작하였다. 또한 항공운송체제가 확립됨에 따라 세계 주요 도시의 공항이 정비되어 내륙지역까지 항공운송으로 직접 운송할 수 있는 범위가 확대되었다.

이와 때를 같이 해서 1970년대부터 대형 젯트 화물전용기가 국제선에 취항하여 항공운송에서도 어느 정도 대량운송이 가능하게 됨에 따라 무역거래에서 항공운송이 차지하는 비중이 급속히 증가하게 되었다. 특히 컨테이너 운송이 발전됨에 따라 1980년대부터는 단순한 항공운송으로서가 아니라 육상운송 및 해상운송과 연계한 해상/항공/육상 또는 항공/육상 등의 복합운송까지도 가능하게 되었다.

## 2. 항공운송의 장점

항공운송의 최대의 장점은 신속성이다. 이러한 신속성으로 인해 항공운송은 수송기간을 단축시키고 재고비용을 절감하며 또한 양호한 수송조건을 제공할 수 있는데 이를 구체적으로 살펴보면 다음과 같다.

첫째, 항공운송은 신속성으로 인해 수송기간이 상당히 단축된다. 따라서 예기치 못한 수요의 급격한 증가에도 즉각 대처할 수 있으며, 또한 납기가 늦어짐으로써 발생할 수 있는 위약금이나 계약해제에 따른 손해도 막을 수 있다. 그리고 수송기간이 짧게 되면 변질되기 쉬운 상품이나 판매수명이 짧은 상품도 원거리 시장에서까지 경쟁력을 유지할 수 있게 된다.

이러한 효과로 인해 기계설비 및 선박의 부품 등과 같이 긴급히 운반하지 않으면 막대한 손실을 가져오게 되는 품목, 납기가 촉박한 상품, 계절상품, 투기상품 등은 항공운송이 적합하다.

둘째, 신속한 운송은 재고비용을 절감시킨다. 즉 제품이 신속하게 운송되면 각 지역에 다량의 재고품을 묶어 둘 필요가 없기 때문에 재고비용이나 보관비용을 절감할 수 있다. 이에 적합한 상품으로는 생선, 식료품, 생화, 생동물, 방사성 물질과 같이 시간이 지나면 가치가 없어지는 화물, 부패성 화물 등을 들 수 있다.

셋째, 항공운송은 수송조건이 양호하다. 수송기간이 짧기 때문에 위험에 노출되는 시간도 짧아 도난, 분실 등의 위험이 적다. 또한 항공기는 선박과는 달리 요동이 별로 없기 때문에 화물이 파손될 위험도 작다. 이 때문에 부가가치가 높아 중량에 비하여 운임부담력이 있는 상품과 파손 및 도난의 위험이 높은 미술품, 귀금속, 모피, 약품, 전자기기, 통신기기, 광학기기 등의 경우에는 항공운송을 이용하게 된다.

## 3. 항공화물운송업자

해상운송에서는 송화인이 직접 선박회사와 운송계약을 체결하지만 항공운송에는 송화인이 항공사와 거래하지 않고 항공운송총대리점이나 항공운송주선업자와 운송계약을 체결한다.

### 3-1  항공운송총대리점

항공운송총대리점은 항공운송사업을 경영하는 자를 위하여 유상으로 항공기를 이용한 여객 또는 화물의 국제운송계약 체결을 대리하는 사업을 영위하는 자를 말한다(항공법 제2조). 항공운송총대리점은 항공사를 대리하기 때문에 항공사의 운송약관, 규칙, 운임률표 및 운행시간표를 그대로 이용한다. 이에 의해 운송대리점은 화물운송을 유치하고 항공화물운송장을 발행하며 이에 부수되는 모든 업무를 수행한다.

### 3-2  항공운송주선업자

항공운송에서는 소량의 화물은 운임률이 높고 최저운임이 적용될 수 있기 때문에 가능한 한 동일한 목적지별로 화물을 혼재하여 대량화물로 만들어 운송하는 것이 유리하다. 이와 같이 여러 송화인으로부터 소량의 화물을 모아서 대량화물로 만든 다음 이를 자신의 명의로 운송하는 것을 업으로 하는 자를 항공운송주선업자(air freight forwarder) 또는 혼재업자(consolidator)라 한다.

운송주선업자는 송화인과 항공사의 중간에 서서 송화인에게는 운송인의 역할을 하고, 항공사에 대해서는 송화인의 입장이 된다. 따라서 운송주선업자는 자체 운송약관과 운임률표를 가지고 송화인과 운송계약을 체결하고 운송주선업자용 화물운송장(house air waybill: HAWB)을 발행한다. 이 화물운송장은 화물을 인수했다는 수령증 역할을 한다.

그러나 운송주선업자는 현실적으로 항공기를 갖고 있지 않으므로 여러

| 표 4-4 | 항공운송총대리점과 항공운송주선업자의 비교 |

| 구 분 | 운송총대리점 | 운송주선업자 |
|---|---|---|
| 업무영역 | 모든 화물취급(LCL 화물은 운송주선업자에게 혼재의뢰) | 국내외 LCL 화물취급 |
| 운 임 률 | 항공사의 운임률표 사용 | 자체의 운임률표 사용 |
| 화주에 대한 책임 | 항공사 책임 | 운송주선업자 책임 |
| 운송약관 | 항공사의 약관 사용 | 자체의 약관 사용 |
| 항공화물운송장 | 항공사의 Master Air Waybill 발행 | 자체의 House Air Waybill 발행 |
| 수 수 료 | IATA의 5% 수수료 및 취급 수수료 받음 | 수취운임과 지급운임과의 차액 또는 IATA의 5% 수수료를 받음 |

송화인으로부터 모은 화물을 혼재 · 운송하기 위해서는 다시 송화인의 입장이 되어 항공사와 새로운 운송계약을 체결하고 항공화물운송장(master air waybill: MAWB)을 발급받는다. 항공화물운송장은 운송주선업자와 항공사간의 운송계약에 따른 화물인수 증거서류이므로, 항공화물을 수화인별로 분류하여 인도할 때는 운송주선업자가 발행한 화물운송장(HAWB)과 연결시켜 업무를 수행하게 된다.

지금까지 설명된 항공운송총대리점과 항공주선업자의 내용을 요약하면 〈표 4-4〉와 같다.

## 4. 항공운임요율 및 항공운송절차

### 4-1 항공운임요율

항공운송에서는 IATA가 제정한 운임요율을 전세계적으로 사용하고 있으며, 우리나라도 이 요율을 정부의 승인을 받아 사용하고 있다. 주요한 요율 구분은 다음과 같다.

> ▶ IATA

IATA는 국제항공사협회(International Air Transport Association)로 1945년 4월 설립된 순수민간단체로 본부는 몬트리올에 있다. IATA는 항공권의 약관, 운임협상, 서비스 내용, 기술분야의 협력, 통신약호의 통일, 출입국절차의 간소화 등을 위해 협력하고 있다.

### (1) 일반화물요율

일반화물요율(general cargo rate)은 특정 품목할인요율 또는 품목분류요율이 적용되지 않는 모든 화물에 적용되는 기본적인 요율을 말한다. 일반화물요율에는 최저운임, 45kg 미만요율, 45kg 이상요율, 100kg 이상요율, 300kg 이상요율 등이 있는데 대체로 중량이 많으면 많을수록 kg당 더 싼 요율이 적용된다.

### (2) 특정 품목할인요율

특정 품목할인요율(specific commodity rate)은 항공운송의 이용을 촉진하기 위해 적용하는 할인요율이다. 특정 구간에서 계속적으로 반복 운송되는 품목에 대해서 일반화물요율보다 낮은 요율을 설정하고, 선박으로 운송되는 품목 중에서도 항공운송이 가능한 특정 품목에 대해서는 이 할인요율을 적용하고 있다. 그리고 이 요율은 해당 요율마다 설정된 최저중량의 제한을 받도록 되어 있어 가능한 한 대량운송을 하도록 유도하고 있다.

### (3) 품목분류요율

품목분류요율(commodity classification rate)은 몇 가지 특정 품목이나 지역간에만 적용되는데, 이 요율이 적용되는 특정 품목은 신문, 잡지, 정기간행물, 비동반 수화물, 귀중화물, 생동물 등이다. 그리고 품목분류요율은 별도로 설정된 것이 아니고 기존 운임률표에 품목 및 구간에 따라 할인 또는 할증하여 적용된다. 예를 들어 신문, 잡지, 정기간행물 등의 특정 품목은 할인하고 나머지 특정 품목은 할증료를 기본료에 부과시킨다.

### (4) 종가운임

귀금속, 미술품 등 고가품에는 할증된 종가운임(valuation charge)이 적용되는데 신고가격이 화물 1kg 당 U$20를 초과하면 종가운임이 부가된다.

(5) 팔렛 · 컨테이너 운임

화물이 팔렛, 컨테이너 등에 적입된 상태로 수화인에게 인도되는 화물에 적용되는 운임(bulk unitization charge)을 말한다. 화물의 종류에 관계없이 일정 구간에 한해 팔렛 또는 컨테이너의 크기와 개수에 의해 운임이 부과된다.

팔렛(pallet)은 목판을 알루미늄으로 덮어씌운 운반용구로서 이 팔렛위에 화물을 올려놓고 그물로 고정시킨 뒤 항공기에 탑재할 때는 항공기 화물실의 바닥면에 장치되어 있는 굴림대(roller bed)위를 굴려 이동시켜 기내의 정위치에 고정시킨다.

## 4-2 항공운송절차

운송대리점이나 운송주선업자를 통한 항공화물의 운송절차는 대략 다음과 같이 이루어진다.

(1) 운송예약

먼저 송화인은 지정된 양식에 출발지, 도착지, 전체 포장개수, 중량, 각 포장상자의 부피, 상품명 등을 기재하여 직송화물(straight cargo)의 경우는 운송대리점에, 또는 혼재화물을 운송할 경우는 운송주선업자에게 제출하고 항공편을 예약한다.

(2) 화물인수

운송대리점 또는 운송주선업자는 해당 화물을 송화인으로부터 인수하여 화물항공 터미널(cargo air terminal)로 수송한 후 장치장에 반입한다.

(3) 수출신고수리

송화인인 수출업자는 수출신고를 하고 해당 세관은 수출신고서를 접수하여 세관검사대상물품은 세관에서 현물을 검사하고, 검사생략물품은 서류만 심사해서 수출신고를 수리한다. 수출통관절차를 필한 화물은 항공기에 탑재될 때까지 장치장에 보관된다.

(4) 항공화물운송장 발급

항공화물운송대리점은 화물을 인수한 후 송화인에게 항공화물운송장을 발행한다. 운임선불 조건인 경우에는 운송장이 발급되기 전 송화인이 운임 및 수수료를 지급해야 하며, 운임후불인 경우에는 목적지에서 수화인이 화물을 인수하기 전에 지급한다.

### (5) 항공기 탑재

항공사는 운송화물을 인수·완료후 적하목록을 작성하고 세관에 반출 허가를 신청한다. 세관으로부터 반출탑재허가가 나오면 화물은 항공기에 탑재된다.

### (6) 화물 및 항공화물운송장 도착

화물과 수화인용 항공화물운송장(원본 2)은 동시에 수송되어 목적지에 있는 대리점에서 인수하고 수화인에게 화물도착통지서를 송부한다. 수화인은 도착된 운송서류로서 수입통관절차를 밟는다.

### (7) 하역 및 수입신고

항공사는 입항예정지 세관장에게 적하목록을 제출하고 하역장소를 정하여 물품을 하역한다. 세관은 수입신고서를 접수한 후 통관시스템에 조회하여 즉시수리, 심사대상 및 물품검사 중 한 가지를 선택하여 수입신고를 수리

---

**그림 4-3**  항공운송절차의 개요

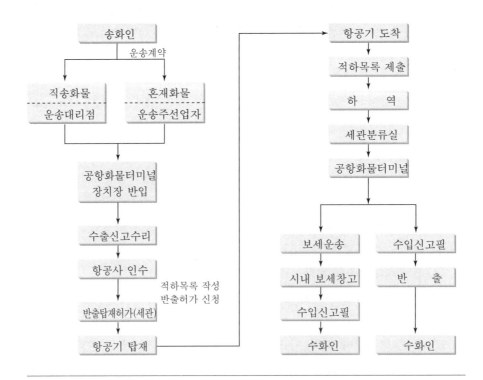

한다. 인천공항 외 다른 장치장에서 통관할 경우에는 보세운송하여 시내 보세창고에서 수입통관을 마칠 수 있다.

### (8) 반　출

수입신고가 수리되면 수화인은 화물을 공항터미널에서 반출할 수 있다. 지금까지 설명된 항공운송의 절차를 개략적으로 나타내면 〈그림 4-3〉과 같다.

## 5. 항공화물운송장

### 5-1 항공화물운송장의 기능

송화인과 운송인간에 항공운송계약이 체결되면 항공화물운송장(air waybill)이 발급되는데 이 운송장은 항공운송에서 화물의 유통을 보장하는 유일한 운송서류로서 해상운송에 있어서 선하증권과 비교될 수 있다. 항공화물운송장이 갖는 기능을 살펴보면 다음과 같다.

첫째, 항공화물운송장은 송화인과 운송인간에 운송계약이 체결되었다는 사실을 나타내는 증거서류이다. 항공화물운송장에는 당사자간에 체결된 운송계약의 내용이 기재되어 있으며 또한 운송약관이 인쇄되어 있어, 운송계약서의 기능을 수행한다.

둘째, 항공화물운송장은 운송인이 화물을 운송하기 위해 이를 수령했다는 증거서류이다. 송화인이 화물을 항공사에 인도하면 항공기에 적재하기 전에 운송장을 발급하여 화물을 인수했음을 나타낸다.

셋째, 항공화물운송장은 운임청구서의 기능을 수행한다. 항공사가 운송장을 발급하면 송화인은 운송장에 기재된 운임 및 기타 수수료를 지불해야 하기 때문에 운송장은 항공사가 송화인에게 운임을 청구하는 운임청구서(freight bill)이기도 하다.

마지막으로 항공화물운송장은 보험증명서가 되기도 한다. 항공보험은 보험기간이 3~4일 정도에 불과하기 때문에 화물은 항공사에서 제공하는 화주보험에 가입되는 경우가 많다. 만약 이런 사실이 운송장에 기재되면 운송장은 화물이 보험에 가입하였다는 것을 증명하는 보험증명서가 될 수 있다.

## 서식 4-4  항공화물운송장

IATA

| Shipper's Name and Address | Shipper's Account Number | Not Negotiable **Air Waybill** Issued by |
|---|---|---|

Copies 1,2 and 3 of this Air Waybill are originals and have the same validity.

| Consignee's Name and Address | Consignee's Account Number | It is agreed that the goods described herein are accepted in apparent good order and condition (except as noted)for carriage SUBJECT TO THE CONDITIONS OF CONTRACT ON THE REVERSE HEREOF. ALL GOODS MAY BE CARRIED BY ANY OTHER MEANS INCLUDING ROAD OR ANY OTHER CARRIER UNLESS SPECIFIC CONTRARY INSTRUCTIONS ARE GIVEN HEREON BY THE SHIPPER, AND SHIPPER AGREES THAT THE SHIPMENT MAY BE CARRIED VIA INTERMEDIATE STOPPING PLACES WHICH THE CARRIER DEEMS APPROPRIATE. THE SHIPPER'S ATTENTION IS DRAWN TO THE NOTICE CONCERNING CARRIERS' LIMITATION OF LIABILITY. Shipper may increase such limitation of liability by declaring a higher value for carriage and paying a supplemental charge if required. |
|---|---|---|

Issuing Carrier's Agent Name and City | Accounting Information

Agent's IATA Code | Account No.

Airport of Departure(Addr. of First Carrier)and Requested Routing | Reference Number | Optional Shipping Information

| to | By First Carrier | Routing and Destination | to | by | to | by | Currency | CHGS Code | WT/VAL PPD COLL | Other PPD COLL | Declared Value for Carriage | Declared Value for Customs |

| Airport of Destination | Requested Flight/Date | Amount of Insurance | INSURANCE-If Carrier offers insurance, and such insurance is requested in accordance with the conditions thereof indicate amount to be insured in figures in box marked "Amount of Insurance". |

Handling Information

SCI

| No.of Pieces RCP | Gross Weight | kg lb | Rate Class / Commodity Item No. | Chargeable Weight | Rate / Charge | Total | Nature and Quantity of Goods (incl. Dimensions or Volume) |
|---|---|---|---|---|---|---|---|

| Prepaid | Weight Charge | Collect | Other Charges |

Valuation Charge

Tax

Total Other Charges Due Agent

Total Other Charges Due Carrier

Shipper certifies that the particulars on the face hereof are correct and that **insofar as any part of the consignment contains dangerous goods, such part is properly described by name and is in proper condition for carriage by air according to the applicable Dangerous Goods Regulations.**

| Total Prepaid | Total Collect |

Signature of Shipper or his Agent

| Currency Conversion Rates | CC Charges in Dest. Currency |

| For Carrier's Use only at Destination | Charges at Destination | Total Collect Charges |

Executed on(Date)          at (Place)          Signature of Issuing Carrier or its Agent

ORIGINAL 3 (FOR SHIPPER)

PRINTED BY PNP ☎ 02-2163-0266 www.pnp114.co.kr

CASS-Korea

IATA

## 5-2 항공화물운송장의 발행방식

항공화물운송장은 IATA에서 그 양식과 발행방식을 세부적으로 통일하고 표준화하여 전세계 항공사가 동일한 양식의 운송장을 사용하도록 의무화하고 있다. 항공운송에서는 승계운송이 불가피한 여건이므로 양식을 표준화하지 않으면 많은 문제점이 야기될 수 있기 때문이다. 또한 항공사간의 운임정산, 운송조건, 취급방식, 사고처리에 대한 표준화와 통일을 기하기 위하여 1통의 운송장으로 출발지에서 도착지까지의 원활한 운송을 보장하고 있다.

항공화물운송장은 원본 3장과 부본(dummy air waybill) 6장으로 구성되는 것을 원칙으로 하고 항공사에 따라 부본을 5장까지 추가할 수 있다. 대한항공이 발행하는 항공화물운송장은 원본 3장과 부본 9장 합계 12장으로 구성되어 있다.

원본 1은 항공사용으로 운임정산용, 운송계약의 증거서류로 사용된다. 원본 2는 수화인용으로 화물과 함께 목적지로 보내져 수화인에게 전달되고 원본 3은 송화인용으로 화물수령증 및 운송계약의 증거서류로 출발지에서 송화인에게 교부된다.

항공화물운송장은 선하증권과 달리 송화인이 작성하는 것을 원칙으로 한다. 따라서 송화인은 운송장에 명기된 화물의 명세, 수량 등에 대해서 책임을 져야 한다. 설령 항공사가 운송장에 기재사항을 명기했다 하더라도 이에 관련된 책임은 송화인에게 있다.

항공화물운송장에 반드시 기재되어야 할 필수사항은 출발지 및 도착지, 예정기항지 그리고 적용조약 및 항공사의 책임제한에 관한 고지이다. 특히 항공사가 자신의 책임제한에 관한 사항을 고지하지 않으면 운송인은 국제항공운송조약을 수용할 수 없게 된다.

그리고 항공화물운송장 원본의 뒷면에는 국제화물운송약관의 주요 내용인 계약조항이 기재되어 있다. 이 계약조항은 일부 화주보험을 제외하고는 IATA 항공사에서 공통으로 사용된다.

운송장 발행에 근거가 되는 운송서류는 신용장, 상업송장, 포장명세서 등이며 작성된 운송장의 내용이 근거서류와 일치해야 한다. 그리고 운송장에 기재되는 내용은 출발지, 목적지, 운송항공사, 송화인, 수화인, 통화, 운송신고가격, 보험, 운임, 상품명, 운임지불방법, 중량, 취급상의 주의사항 등이다.

### 5-3 항공화물운송장과 선하증권의 비교

항공화물운송장과 선하증권은 다음과 같은 몇 가지 중요한 차이가 있다.

첫째, 선하증권은 유통·유가 증권이지만 항공화물운송장은 양도성이 없는 비유가증권이다. 항공화물운송장의 수화인용원본은 목적지에서 화물과 함께 수화인에게 교부되는 것으로서 유통을 목적으로 하는 것이 아니며 또한 운송계약상의 권리행사에 필요한 것이 아니기 때문에 항공화물운송장은 유가증권으로 발행되지 않는다.

만약 항공화물운송장에도 선하증권과 마찬가지로 유통·유가 증권의 성질을 띠도록 한다면 화물은 이미 목적지에 도착했는데 운송장이 아직 도착하지 않아서 화물을 찾지 못하는 경우가 항상 발생한다. 왜냐하면 화물은 항공기로 직송되지만 운송장은 수출지의 관계은행을 거쳐 수입지의 관계은행을 통해서 수화인에게 전달되므로 화물보다 늦게 도착한다. 이렇게 되면 신속하게 운송하기 위해서 항공운송을 이용한 것이 아무런 의미가 없게 된다.

둘째, 선하증권은 대부분 선적식으로 발행되지만 항공화물운송장은 모두 수취식으로 발행된다. 선하증권은 선적을 증명하는 증권이므로 선적이 완료된 후에 발행되는 것이 일반적이다. 그러나 항공운송의 경우는 발착편이 많고 화물을 운송·위탁해서 항공기에 탑재할 때까지 많은 시일을 요하지 않으므로 항공사 창고에 화물이 도착하면 바로 운송장을 발행해 주고 있다.

셋째, 선하증권은 대부분 지시식으로 발행되고 항공화물운송장은 기명식으로 발행된다. 선하증권은 수화인 난이 지시식으로 표시되어 있어 정당한 배서에 의해 누구에게나 양도될 수 있다. 반면 항공화물운송장은 권리증권이 아니기 때문에 기명식으로 발행되고, 운송장에 기재된 수화인만이 해당 화물을 찾을 수 있다.

넷째, 법률적으로 항공운송장은 송화인이 작성하지만, 선하증권은 선박회사가 작성해서 송화인에게 교부한다.

지금까지 설명된 내용을 요약해 보면 〈표 4-5〉와 같다.

| 표 4-5 | 항공화물운송장과 선하증권의 비교 |
|---|---|

| 항공화물운송장 | 선하증권 |
|---|---|
| 양도성이 없는 비유가증권(non-negotiable) | 양도성이 있는 유가증권(negotiable) |
| 창고 반입후 발행(수취식) | 선적 후 발행(선적식) |
| 수화인: 기명식 | 수화인: 지시식, 무기명식 |
| 송화인이 작성함이 원칙 | 선박회사가 작성 |

## 6. 항공운송에 관한 국제조약

### 6-1 바르샤바 조약(Warsaw Convention)

항공운송에 관한 국제조약으로서는 바르샤바 조약이 1929년 10월 처음 제정되었다. 이 조약의 정식 명칭은 「국제항공운송에 관한 규칙의 통일을 위한 조약」(Convention for the Unification of Certain Rules relating to International Carriage by Air)이다. 이 조약은 항공사고에 대한 항공운송인의 손해배상책임한도를 설정하는 등 주로 항공운송인의 책임을 규정하고 있다.

### 6-2 헤이그 의정서(Hague Protocol)

항공기술의 발달로 바르샤바 조약을 개정한 헤이그 의정서가 1963년 8월부터 발효되고 있다. 이 의정서는 바르샤바 조약에서 설정한 항공운송인의 책임한도를 현실에 맞게 개정한 것으로 특히 여객에 대한 책임한도액을 인상하였다. 우리나라의 경우 1967년 10월부터 효력이 발생하고 있다.

## 제4절 복합운송

## 1. 복합운송의 의의

컨테이너에 의해 화물을 운송하게 되면 대량 화물을 하역하는 데 많은 시간이 소요되지 않는다. 또한 컨테이너 자체가 모든 운송수단에 적재가 가능하도록 규격화되어 있어 여러 운송수단이 동시에 이용될 수 있다. 모든 운송에서 컨테이너화가 진전됨에 따라 여러 운송수단을 유기적으로 결합한 운송시스템이 급속히 발전했는데 이를 복합운송(combined transport)이라 한다.

이 복합운송은 출발지에서 최종목적지까지 복합운송인이 전체 운송구간에 대해서 책임을 지고 육상, 해상, 항공 중 적어도 두 가지 이상의 운송형태를 결합하여 운송하는 방식을 말한다.

> ▶ **복합운송에 관한 용어**
>
> 복합운송을 미국지역에서는 'intermodal transport', 유럽지역에서는 'multimodal transport'라고 표기하기도 한다. 복합운송이라는 용어는 1929년 항공운송에 관한 바르샤바조약 제4장 「복합운송에 관한 규정」에서 처음 사용되었다.
> 복합운송에서는 여러 운송수단을 협동하여 이용하기 때문에 협동일관수송이라 하기도 한다. 그리고 컨테이너가 반드시 사용되기 때문에 컨테이너 운송도 복합운송을 의미할 수 있으며 또한 컨테이너 복합운송이라는 표현을 쓰기도 한다.

이러한 복합운송은 오늘날 해상과 육상을 연결하는 형태와 해상과 항공을 연결하는 형태로 이용되고 있다. 해륙복합운송은 대륙을 횡단하는 육상운송을 통해 해상과 육상을 연결하는 운송형태인데 대륙을 교량으로 이용한다고 하여 이를 랜드 브리지 서비스(land bridge service)라고 한다. 그리고 해공복합운송은 해상운송이 가지는 저운임과 항공운송이 갖는 신속성을 효과적으로 결합하기 위해서 해상과 대륙을 선박과 항공기로 연결하는 형태이다.

## 2. 복합운송인(운송주선업자)

복합운송에서는 주로 운송주선업자(freight forwarder)들이 전 운송구간에 걸쳐 효율적인 운송수단을 선정하고 운송책임을 부담하고 있다. 운송주선업자는 일반적으로 운송수단을 소유하지 않은 채 화주들을 위하여 운송을 주선하는 계약운송인(contract carrier)을 말하는데 이에는 해상운송주선업자, 항공운송주선업자, 통관업자 등이 있다.

운송주선업자의 주요 기능은 화주의 대리인으로서 적절한 운송수단을 선택하여 이들을 유기적으로 결합해 주는 것이다. 이 외에도 운송주선업자들은 운송관련 서류의 작성, 통관대행, 포장, 창고, 혼재업무 등 운송에 관한 총괄적인 업무를 수행하고 있다. 특히 2개 국 이상의 국제복합운송에 있어서 상대방 국가의 주선업자와 제휴하여 전 운송구간에 걸쳐 일괄적으로 책임지는 운송주체자로서의 기능을 수행하고 있다.

## 3. 복합운송의 경로와 국제조약

### 3-1  복합운송의 주요 경로

현재 복합운송이 진행되고 있는 경로는 다음과 같다.

(1) 시베리아 랜드 브리지

SLB(Siberia Land Bridge)는 시베리아대륙을 교량으로 이용하여 극동과 유럽이나 중동지역을 연결하는 경로이다. 극동지역으로부터 대륙운송의 접점인 러시아의 나호트카(Nakhodka)나 보스토치니(Vostochny)까지 컨테이너선으로 해상운송하고 그 곳에서 시베리아횡단철도에 의해 육상운송한 후 유럽 또는 중동의 운송기관과 연결하여 목적지까지 운송한다.

(2) 차이나 랜드 브리지

CLB(China Land Bridge)는 중국대륙철도와 실크로드(Silk Road)를 이용하여 극동지역과 유럽지역을 연결하는 경로이다. 최근에 개발되어 SLB보다 이용빈도가 적지만 중국 경제의 발전과 기후, 운송거리 등이 SLB보다 유리하여 앞으로 많이 활용될 수 있는 경로이다.

(3) 미니 랜드 브리지

MLB(Mini Land Bridge)는 미국대륙을 이용하여 극동지역과 미대서양 연안 또는 걸프만을 연결하는 경로와 유럽과 미태평양 연안을 미국대륙횡단철도로 연결하는 경로를 말한다.

(4) 해공복합운송의 경로

일본에서부터 북미서해연안을 연결하는 태평양항로에서는 해상운송을 이용하고 미국 내륙지역 및 대서양상에서는 항공운송을 이용하여 〈그림 4-4〉와 같이 극동지역, 미국 중동부 및 유럽권을 연결하는 경로다. 이 운송구간은 미국 내륙지방과 대서양횡단운송에는 항공기를 이용하여 수송기간을 단

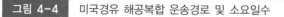

그림 4-4 | 미국경유 해공복합 운송경로 및 소요일수

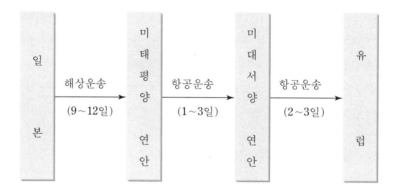

축시킨다.

일반적으로 해공복합운송을 하게 되면 항공기가 이용되므로 운송거리가 길수록 운송기간이 훨씬 단축된다. 만약 〈그림 4-4〉의 경로를 선박만을 이용하여 운송하면 비용 및 기간이 약 두배 이상 소요된다. 해공복합운송은 해상운송과 항공운송의 장점을 최대한 활용한 것이지만 해상운송은 주로 대량운송을 하고 항공운송은 비교적 소량운송 위주이기 때문에 두 운송에 적합한 화물인 경우만 이용될 수 있다.

### 3-2 복합운송에 관한 국제조약

복합운송에 관한 국제조약으로서는 1971년 TCM 조약안이라고 하는 국제물품복합운송조약안이 유럽경제위원회와 정부간 해사자문기구의 합동위원회에 의해서 제정되었다. 그러나 TCM조약안은 화주의 이익이 충분히 보장되어 있지 않았다는 이유로 개발도상국 그룹이 반대하여 폐기되었다.

그 후 1973년 UNCTAD 내에 국제복합운송조약 초안작성을 위한 정부간 준비위원회가 설치되어 화주의 이익보호에 중점을 둔 국제복합운송조약(United Nations Convention on International Multimodal Transport of Goods, 1980)이 제정되어 1980년 전체 대표회의에서 채택되었다. 그러나 이 조약안은 화주 중심의 국제조약이라 선진국의 반발로 아직까지 발효되지 못하고 있다.

한편 국제상업회의소에서는 1973년 「복합운송증권을 위한 통일규칙」

(Uniform Rules for a Combined Transport Document)을 제정했는데 이 규칙은 1991년 말까지 적용되어 오다가 UNCTAD/ICC 규칙으로 대체되었다. UNCTAD/ICC 규칙은 1988년 두 기구의 합동작업반에서 헤이그 규칙, 헤이그-비스비 규칙, 복합운송증권을 위한 통일규칙 등을 기초로 제정한 복합운송증권에 관한 국제규칙(UNCTAD/ICC Rules for Multimodal Transport Documents, 1992)을 말하는데 지금까지 시행되고 있다.

## 4. 복합운송증권

### 4-1  복합운송증권의 개념

복합운송증권(multimodal transport document: MTD)은 육상, 해상, 항공 중 두 가지 이상의 운송수단을 이용한 컨테이너 복합운송에서 운송계약을 증명하기 위해 복합운송인이 발행하는 증권을 말한다.

복합운송증권은 선하증권과 유사한 기능을 가지고 있는데 먼저 복합운송증권은 복합운송인이 화물을 수탁지점에서 목적지까지 운송하기 위해 이를 자기의 지배하에 수령하였음을 증명하는 공식적인 수취증이다.

또한 복합운송증권이 발행되기 전에 이미 체결한 운송계약의 내용과 조건을 구체적으로 입증하는 운송계약서이다. 만약 유통성 복합운송증권이면 수취인의 배서 또는 인도에 의하여 화물에 대한 처분권이 주어지는 권리증권으로서 유가증권의 성질을 띠게 된다.

현재 사용되고 있는 복합운송증권의 형태는 선하증권을 복합운송에 알맞도록 변경한 것으로 선하증권에 복합운송을 의미하는 명칭을 붙여서 사용한다. 예를 들어 `Multimodal Transport B/L`, `Combined Transport B/L`, `Through B/L` 등이 복합운송증권으로 사용되고 있다.

통과선하증권(Through B/L)은 복합운송과 마찬가지로 해상운송 및 육상운송을 교대로 이용할 경우 발급되는 증권이기 때문에 일찍부터 복합운송증권의 일종으로 사용되어 왔다. 그러나 통과선하증권은 어디까지나 선하증권으로서 반드시 선박회사나 그 대리인에 의해 발급되어야 한다. 따라서 최초의 운송구간이 해상운송일 경우에만 이를 사용할 수 있어 모든 복합운송을 수용할 수 없는 한계점이 있다.

## 4-2 복합운송증권과 선하증권의 비교

복합운송증권과 선하증권을 비교해 보면 다음과 같은 차이점이 있다.

첫째, 선하증권은 해상구간에 국한되지만 복합운송증권은 운송구간을 상관하지 않는다. 즉 복합운송이 도로, 철도, 내수로, 해상 또는 항공운송이 결합되어 서로 다른 운송인에 의하여 이루어지더라도 복합운송증권은 처음부터 끝까지 복합운송 모든 구간에 적용된다.

둘째, 해상운송에서는 반드시 운송물품의 외관상태가 양호하다는 사실을 나타내는 무사고선하증권이 사용된다. 그러나 복합운송에서는 송화인이 화물을 컨테이너에 직접 적재하기 때문에 운송인은 컨테이너 내용물의 상태를 확인할 수 없는 'shipper's load and count' 또는 'said by shipper to contain'와 같은 조항이 첨부된 증권이 발급된다. 운송서류에 이와 같은 조건부 문언이 기재되면 그 서류는 사고부서류로 간주되지만 현행 신용장통일규칙에서는 복합운송의 특수한 사정을 감안하여 별다른 지시사항이 없는 한 그러한 조항이 삽입된 운송서류도 수리하고 있다.

셋째, 대부분의 선하증권은 화물이 본선에 선적된 후 발급되는 선적선하증권이지만 복합운송에서는 운송인이 화물을 수취한 상태에서 증권을 발행하기 때문에 복합운송증권은 수취식에 해당된다.

넷째, 복합운송증권은 선하증권과는 달리 운송인뿐만 아니라 운송주선인에 의해서도 발행된다. 복합운송에서는 운송수단을 보유하지 않은 운송주선인과 같은 계약운송인도 운송인의 범위에 포함하고 있다.

# 제5장

# 해상보험

해운과 더불어 발전해 온 해상보험은 운송과정에서 발생하는 여러 가지 위험을 제거해 줌으로써 원활한 무역거래를 도와 주고 있다. 오늘날과 같이 수많은 국제 물동량이 선박, 항공기, 트럭 등에 의해 운송될 수 있는 것도 해상보험이 이를 뒷받침해 주기 때문이다. 해상보험은 해상에서 발생하는 손해를 보상해 주는 손해보상계약의 일종이다. 그러나 해상보험은 비단 해상구간뿐만 아니라 육상운송 심지어 항공운송에서 발생하는 손해까지도 보상하고 있어 무역거래에서 이용되고 있는 보험은 해상보험이라 할 수 있다. 이 장에서는 해상보험의 개요와 협회적하약관의 주요 내용을 살펴보기로 한다.

제1절 **해상보험의 개요**

## 1. 해상보험의 정의와 범위

### 1-1 해상보험의 정의

해상보험(marine insurance)은 해상사업과 관련하여 발생하는 손해를 보상하는 경제적 제도이다. 그리고 해상보험은 보험자와 피보험자간에 체결되는 해상보험계약(contract of marine insurance)에 의해서 구체적으로 시행된다.

〈그림 5-1〉은 해상보험의 내용을 간결하게 설명하고 있는데, 이 그림에서처럼 보험자는 피보험자에게 장차 손해가 발생할 경우 이를 보상해 줄 것을 약속한다. 그리고 피보험자는 이러한 손해보상의 약속을 받는 대가로 보험료를 지불하게 된다. 이와 같이 두 당사자간에 체결되는 일종의 손해보상계약(contract of indemnity)이 해상보험이다.

영국의 해상보험법에서는 해상보험의 정의를 '해상보험계약은 보험자가 피보험자에게 합의된 방법과 범위 내에서 해상손해, 다시 말해서 해상사업에 수반하여 발생하는 손해를 보상해 줄 것을 약속하는 계약이다'라고 규정하고 있다.

### 1-2 해상보험의 범위

해상보험은 해상에서 우연히 발생하는 사고(perils)로 인하여 손해가 야기될 경우 이를 보상하는 제도이다. 그러나 영국의 해상보험법 제2조에서

그림 5-1 | 해상보험의 개요

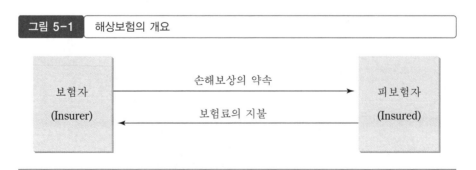

는 해상보험계약은 그 명시된 특약 또는 상관습에 의해 담보의 범위를 확장해서 해상항해에 수반되는 내수로(inland waters) 또는 육상위험으로 인한 손해에 대해서도 보상할 것을 규정하고 있어, 사고가 발생하는 지점이 반드시 해상이 아니라도 됨을 시사하고 있다.

따라서 해상운송과 연계하여 육상운송을 하더라도 별도로 육상운송 보험계약을 체결할 필요 없이 해상보험계약만으로도 전 운송구간에 대한 보험계약의 체결이 가능하다. 해상보험에 의해 담보구간을 내륙지점까지 확장할 수 있는 부대조건으로는 내륙운송연장담보조건(Inland Transit Extension: ITE)이 있다. ITE조건을 활용하게 되면 육상운송도중 발생할 수 있는 위험까지도 해상보험으로 담보된다.

이와 같이 오늘날의 해상보험은 육상운송위험까지도 연장담보하도록 되어 있어, 해상 및 육상의 혼합보험 성격을 띠고 있다. 그러나 해상보험이 혼합보험이라 하더라도, 항공운송에 따른 위험을 연장하는 경우는 드물다. 그 이유는 항공운송이 주로 소량화물을 운송하기 때문에 해상운송과 항공운송이 연계되어 운송하는 경우가 드물기 때문이다.

항공화물과 우편물에 대해서는 별도의 항공보험이 있다. 그러나 항공화물에 대한 보험도 해상보험계약으로 체결되는 것이 관례이고 해상보험의 법률과 원칙이 적용된다. 항공화물에 적용되는 약관은 협회항공적하약관(Institute Cargo Clauses: Air)이다.

> ▶ 영국해상보험법(Marine Insurance Acts ; 1906, MIA)

해상보험은 영국을 중심으로 발전되어 왔기 때문에 전통적으로 해상보험에 관해서는 영국의 법률과 관습이 적용되고 있다. 해상보험에 관한 대표적인 영국법은 영국해상보험법이며 이 법은 1906년까지 사용해 오던 해상보험에 관한 관습이나 보편적인 원리를 거의 수용하고 있어 아직까지도 영국해상보험의 체계를 이루고 있다. 그리고 대부분의 국가들도 이 법을 원용하여 자국 해상보험법률의 모체로 삼고 있다.

## 2. 해상보험계약의 당사자

### 2-1 보 험 자

보험자(insurer, assurer: underwriter)는 보험계약을 인수하고 이에 따라 보험계약자에게 손실보상을 약속하는 당사자이다. 'Insurer' 또는 'Assurer'는 불확실한 미래의 상황을 확실하게 보장해 주는 사람이라는 의미에서 보험자를 지칭한다. 보험자는 보험계약자에게 발생할지도 모르는 미래의 손실을 금전적으로 보상할 것을 약속하기 때문에 불확실한 상황을 확실하게 보장해 준다는 뜻이다.

한편 'Underwriter'는 원래 상업협정서의 하단에 기명·날인하고 그 내용에 따를 것을 약정하는 사람을 의미했었다. 해상보험에서는 17세기 경부터 보험증권을 발행하는 보험자가 보험증권의 내용에 대하여 책임을 진다는 의미에서 보험증권의 하단에 직접 서명을 했는데, 그 후 'Underwriter'는 보험계약을 인수하는 개인보험업자를 뜻하게 되었다.

보험자는 일반적으로 회사형태를 갖추지만 영국의 로이즈(Lloyd's)와 같이 개인인 경우도 있다. 우리나라를 비롯한 대부분의 국가에서는 보험자가 주식회사의 형태를 띠고 있는데, 보험사업은 공공의 이익과 아주 밀접한 관계에 있기 때문에 보험자의 자격에 대해서는 일정한 제한을 두고 있다.

---

▶ 로이즈

영국은 개인보험업자들에 의해 해상보험이 발전되어 왔기 때문에 전통적으로 개인보험업자를 허용하고 있다. 따라서 영국에서는 보험계약을 체결할 수 있는 재력만 있으면 누구든지 보험자가 될 수 있는데, 이 개인보험자들의 집합체를 통칭하여 'Lloyd's'라고 표현하고 있다. 따라서 로이즈는 보험회사가 아니라 개인보험자들의 모임단체이다. 로이즈는 1871년 로이즈 법에 의해 외견상으로 법인격을 가지는 로이즈 조합(Corporation of Lloyd's)이 되었다.

---

### 2-2 보험계약자 · 피보험자

보험계약자(policy holder)는 자기 명의로 보험계약을 체결하고 보험료를 지불할 의무가 있는 당사자를 말한다. 보험계약자는 보험계약의 체결에 직접적으로 관여하는 당사자이기 때문에 계약상의 모든 의무를 부담해야 한다.

피보험자(insured, assured)는 손실이 발생할 경우 보험계약에 의해 보상을 받을 수 있는 당사자이다. 법적으로 보면 피보험자는 보험계약의 직접 당사자가 아니고 관련 당사자에 불과하다. 그러나 피보험자는 손해보상을 받을 수 있는 중요한 당사자이기 때문에 특정한 경우에는 보험료의 지불과 같은 보험계약자의 의무를 부담할 수도 있다.

보험계약자와 피보험자는 동일인이 될 수도 있고 서로 다른 사람이 될 수도 있다. 자신을 위하여 보험계약을 체결하게 되면 보험계약자와 피보험자는 동일인이 되지만 타인을 위하여 보험계약을 체결하게 되면 보험계약자와 피보험자는 다른 사람이 된다.

CIF계약에서는 수출업자가 수입업자를 위하여 적하보험을 체결해야 한다. 수출업자는 보험계약을 체결하고 보험료를 지불하는 보험계약자가 되고, 사고가 발생할 경우 이에 대한 보상청구는 수입업자가 하기 때문에 피보험자는 수입업자가 된다. 그러나 대부분 수출업자가 자기를 피보험자로 하여 보험계약을 체결한 후 보험증권을 배서하여 수입업자에게 양도하는 형식을 취한다. 보험사고가 발생할 경우 수입업자는 보험증권의 소지인으로서 손해보상을 보험자에게 요구한다.

## 2-3 보험중개사

보험중개사(insurance broker)는 독립적으로 보험계약의 체결을 중개하는 것을 영업으로 하는 자이다. 보험중개사는 보험가입을 원하는 사람을 위해 보험자와 접촉해서 자신의 고객인 보험가입 희망자에게 필요한 보험을 알선한다. 보험중개사는 법적으로 피보험자를 대리하고 대표하기 때문에 보험자를 구속할 만한 대행권한이 없으며 오로지 피보험자로부터 위촉받은 권한을 대행할 수 있을 뿐이다. 이에 비해 보험대리점(insurance agent)은 법적으로 보험자의 대리인으로서 보험계약을 체결하고 보험료를 수령한다.

우리나라는 보험시장이 협소하여 최근에 와서야 보험중개사가 공식적으로 인정되고 있다. 그러나 영국, 네덜란드, 독일 등 보험이 발달한 국가에서는 보험중개사에 의해 보험계약이 많이 체결된다. 특히 로이즈에서는 반드시 등록된 보험중개사(Lloyd's broker)를 통해서만 계약이 체결된다.

## 3. 피보험이익

### 3-1  피보험이익의 개념

해상보험은 선박이나 화물 등과 같은 보험목적물을 보호하는 것이 아니라 이러한 보험목적물과 이해관계가 있는 특정의 경제주체를 보호하기 위한 것이다. 선박과 화물은 보험계약의 대상물에 불과하고, 보험계약이 존재하는 목적은 이러한 보험목적물에 대하여 특정인이 갖고 있는 이해관계를 보호하는 것이다.

보험목적물과 이해관계가 있는 자는 보험목적물이 위험에 노출될 경우 손해를 입을 수 있기 때문에 이에 대비하여 보험계약을 체결한다. 보험목적물과 이해관계가 있으므로 보험계약을 체결할 수 있고, 이 계약에 의해서 불확실한 미래의 사고로부터 재산상의 손해를 보상받을 수 있는 이익을 피보험이익(insurable interest)이라 한다. 여기서 언급되는 이해관계는 반드시 재산상의 이해관계를 의미하며 결코 정신적인 이해관계를 의미하는 것은 아니다.

선주는 자신이 소유하고 있는 선박에 대하여 피보험이익을 가진다. 그리고 화주는 자신의 화물이 안전하게 도착하면 이익을 얻고, 만약 지연되거나 손상을 입으면 손해를 보기 때문에 화주는 자신의 화물을 소유하고 있는 한 화물에 대한 피보험이익을 가진다.

보험의 목적은 특정의 경제주체가 보험목적물에 대하여 갖고 있는 경제적 이해관계, 즉 피보험이익을 보호하는 것이다. 피보험이익의 존재를 부정하는 것은 곧 보험의 목적을 부정하는 것이므로 보험계약이 체결되기 위해서는 피보험자는 반드시 피보험이익을 가져야 한다. 만약 피보험자가 피보험이익을 갖고 있지 않거나 또는 이를 취득할 전망이 없는 데도 불구하고 보험계약을 체결한다면 그러한 계약은 무효로 간주된다.

### 3-2  소급보상의 원칙

무역거래에서는 보험사고가 발생한 사실을 모르고 수입업자가 적하보험계약을 체결하는 경우가 있을 수 있다. 가령 FOB, CFR 등과 같은 거래조건에서는 보험목적물인 화물은 수출항의 창고나 본선상에 있지만 이에 대한 적하보험계약은 수입업자가 수입지의 보험자와 체결한다. 따라서 수입업자는 보험목적물을 직접 확인하지 않고 보험계약을 체결하기 때문에 계약을 체결하기 전에 이미 보험사고가 발생했는데도 이를 모를 수 있다.

오늘날에는 실감나지 않는 이야기일지도 모르지만 과거 통신시설이나 교통시설이 발달하지 못했던 시대에는 이런 일이 자주 일어났다. 만약 보험계약을 체결하기 전에 보험사고가 발생했다면 이 때는 보험목적물이 소멸되어 수입업자에게 피보험이익이 없기 때문에 피보험자는 이에 대한 보상을 받을 수 없게 된다.

이러한 선의의 피보험자를 보호하기 위하여 적하보험에 한하여 소위 소급보상의 원칙이 적용되고 있다. 소급보상은 글자의미 그대로 보험계약이 체결되기 전에 발생한 손해까지도 소급하여 보험자가 보상한다는 원칙이다. 즉 보험계약을 체결할 때 보험목적물에 대한 확인 여부가 어려울 경우에는 '보험목적물의 멸실 여부는 불문한다'(lost or not lost)는 조건으로 보험계약을 체결하면, 보험계약이 체결되기 전 이미 발생한 손해에 대해서도 보험자가 보상한다는 것이다.

영국해상보험법도 소급보상의 원칙을 인정하여 피보험자는 손해가 발생할 때까지 피보험이익을 취득하지 않아도 그 손해를 보험자로부터 보상받을 수 있는 것으로 규정하고 있다. 그러나 소급보상의 원칙은 피보험자에 의해서 악용될 여지가 있기 때문에 보험계약 당사자 모두가 보험사고의 발생 사실을 모르고 있는 경우에만 이 원칙이 적용된다(영국해상보험법 제6조 1항).

### 3-3  피보험이익의 평가

#### (1) 보험가액

보험가액(insurable value)은 보험계약이 체결될 수 있는 금액을 말하는데 이는 선박이나 화물 등 보험목적물의 실제 가치를 뜻한다고 볼 수 있다. 따라서 이 금액은 피보험자가 보험에 가입할 수 있는 최고의 한도액을 뜻한다. 보험가액을 정확하게 평가하는 것은 기술적으로 어렵기 때문에 보험계약을 체결할 때 보험자와 보험계약자간에 보험가액을 협정하기도 한다.

이 가액을 협정보험가액(agreed value)이라 하며 보험목적물의 협정보험가액이 기재된 보험증권을 기평가보험증권(valued policy)이라 한다(영국해상보험법 제27조 2항). 당사자간에 합의된 협정보험가액은 보험가액불변의 원칙에 따라 보험기간 동안 일정액으로 고정되며 실제 보험목적물의 시가가 급등하더라도 협정보험가액에는 영향을 미치지 않는다.

### (2) 보험금액

보험금액(insured amount)은 피보험자가 실제로 보험에 가입한 금액을 뜻하는데, 이것은 보험자가 보상해 주는 최고의 보상액이 된다. 보험금액은 보험자가 보상해 주기로 약속한 최고의 금액이기 때문에 보험사고가 발생할 경우 보험자는 보험금액의 범위 내에서 보상한다. 이와 같이 보험금액은 보험자의 보상액과 직결되기 때문에 보험료 산정의 기준이 된다. 따라서 보험가액이 높게 평가되더라도 보험료의 부담을 피하기 위하여 보험금액을 낮게 산정하면 그만큼 보상액도 낮아진다.

### (3) 보험가액과 보험금액의 관계

① 전부보험(full insurance)：  전부보험은 보험가액과 보험금액이 일치하는 경우를 말한다. 보험목적물의 실제 가치 모두를 보험에 붙인 경우인데, 당사자간에 보험가액이 협정되고 협정보험가액을 보험금액으로 하여 보험계약을 체결하면 전부보험이 된다. 전부보험에서는 보험자가 발생한 손해액을 보험가액의 범위 내에서 전액 보상하기 때문에 이상적인 보험의 형태이다. 해상적하보험은 대부분 전부보험에 해당된다.

② 일부보험(under insurance)：  일부보험은 보험목적물의 가액 일부만을 보험에 붙인 경우이다. 따라서 보험가액이 보험금액보다 크게 된다. 일부보험을 이용하는 이유는 보험료를 절감하여 비용지출을 줄이기 위해서지만 완전한 보상이 안 되기 때문에 미보상부분에 대해서는 피보험자가 책임을 져야 한다.

③ 초과보험(over insurance)：  초과보험은 보험금액이 보험가액을 초과하는 경우이므로 보험목적물의 실제 가치 이상으로 보험계약을 체결하는 것이다. 초과보험은 선의의 경우를 제외하고 모두 무효가 된다.

## 4. 고지의무와 담보

### 4-1  피보험자의 고지의무

국제무역에서는 수많은 상품이 교역될 뿐 아니라, 거래조건에 따라서 보험자와 보험목적물이 동일한 국가에 있지 않을 수도 있다. 가령 FOB계약에서는 보험목적물인 화물은 수출항의 본선에 적재되어 있지만 이에 대한 적하보험은 수입업자가 통상적으로 수입지에 위치한 보험자와 체결해야 한다. 수입지의 보험자는 수입업자가 알려 주지 않으면 보험목적물의 위험 정도와 속성을 파악할 수 없게 된다.

따라서 보험자가 보험계약의 체결 여부를 결정하고 합리적인 보험료를 선정하기 위해서는 피보험자가 보험목적물에 대한 구체적 사항을 보험자에게 알려 주어야 하는데 이를 피보험자의 고지의무라 한다. 영국의 해상보험법(제18조 1항)에서도 피보험자는 보험계약이 체결되기 전 자기가 알고 있는 모든 중요한 사항(material circumstances)을 보험자에게 고지할 것을 피보험자의 의무로서 규정하고 있다.

중요한 사항은 보험자가 보험계약을 체결할 당시에 보험료를 확정하거나 보험계약의 인수 여부를 결정하는 데 영향을 미칠 수 있는 사항을 의미한다. 적하보험에서는 운송선박명, 화물의 종류, 포장상태, 적재방법, 항로, 환적 여부 등이 중요한 사항에 속한다. 그리고 고지는 최대선의의 원칙에 따라 진실되게 표시되어야 한다. 만약 중요한 사항을 고지하지 않거나 허위로 표시하게 되면, 불고지(non-disclosure) 또는 부실고지(misrepresentation)로서 피보험자는 고지의무를 위반한 결과가 되어 보험자는 보험계약을 취소할 수 있다. 우리나라의 상법(제651조)에 의하면 고지의무 위반에 대하여 보험자는 보험사고의 발생 전후를 불문하고 보험계약을 해지할 수 있다.

## 4-2 담  보

피보험자는 보험계약을 체결할 때 '선적 전 검사를 조건으로 함'(warranted surveyed before shipment) '전문적으로 포장되는 것을 조건으로 함'(warranted professionally packed) 등과 같이 보험계약과 관련되는 조건을 약속하는데 이를 담보(warranty)라 한다.

담보는 그 내용이 중요하든 그렇지 않든간에 엄격하게 충족되어야 한다. 담보는 피보험자가 보험자에게 행하는 약속이다. 약속은 그 내용의 중요성을 떠나서 먼저 충족되어야 하므로 해상보험에서는 담보충족의 엄격성이 강조되고 있다.

만약 피보험자가 담보를 위반하게 되면 그 시점부터 보험계약은 무효가 되기 때문에 그 이후에 발생하는 손해에 대해서 보험자는 아무런 책임이 없다(영국해상보험법 제33조 3항). 설령 담보를 위반한 사실과 손해와의 사이에 전혀 인과관계가 없다 하더라도 담보위반 이후에 발생하는 손해에 대해서 보험자는 면책이 된다.

보험증권에 기재되는 담보를 명시담보(express warranty)라 하고, 담보의 내용이 보험증권상에 명시되어 있지는 않으나 피보험자라면 당연히 지켜야 할 약속을 묵시담보(implied warranty)라 한다. 묵시담보에는 대표적으로 내항성담보와 적법담보가 있다. 내항성담보는 선박이라고 하면 반드시 항해를 감당할 수 있는 능력을 갖추고 있어야 한다는 것이며 적법담보는 해상보험은 합법적이어야 한다는 것이다.

## 5. 해상위험과 근인주의

### 5-1 해상위험

해상위험(maritime perils)은 침몰, 좌초, 충돌 등과 같이 해상에서 우연히 발생하는 사고나 재해를 말한다. 해상위험은 보험자의 담보 여하에 따라서 담보위험과 면책위험으로 구분된다.

담보위험(perils insured)은 보험자가 보상해 주는 위험을 말한다. 따라서 해상보험계약은 구체적으로 담보위험을 대상으로 하며 그로 인하여 발생하는 손실만을 보상해 주는 계약이라 할 수 있다. 담보위험의 범위는 보험조건에 따라서 달라지며 그 범위가 넓을수록 보험자의 책임이 많아지기 때문에 보험요율은 증가하게 된다.

면책위험(excepted perils)은 손해가 발생하더라도 보험자가 책임지지 않는 위험을 말한다. 담보위험이 아닌 위험은 자동적으로 면책위험이 된다. 면책위험은 법에 의해서 규정될 경우도 있고 보험약관에 의해서 정해질 경우도 있는데 법정면책위험은 대부분 보험약관에 수용된다. 면책위험의 범위가 넓을수록 담보위험이 줄어들기 때문에 보험요율은 낮아진다.

▶ SSBC 사고

침몰(sinking), 좌초(stranding), 화재(burning) 및 충돌(collision)은 해상에서 빈번하게 발생하는 사고라 하여 이로 인한 사고를 'SSBC' 사고라 한다.

## 5-2   근인주의

보험자는 담보위험에 근인하여(proximately) 발생하는 손해만 보상한다. 따라서 보험사고가 발생하면 먼저 사고를 야기시킨 근인을 찾아 이 근인이 담보위험에 속하는지 또는 면책위험에 속하는지를 조사해야 한다. 근인이 담보위험에 속하면 보험자는 보상을 하고 만약 근인이 면책위험에 속하게 되면 보상하지 않는다. 이러한 보상원칙을 근인주의라 하며 근인주의 하에서는 일단 근인이 규명되면 나머지의 모든 원인(遠因: remote cause)은 고려하지 않게 된다.

여기서 말하는 근인(proximate cause)은 손실을 야기시킨 가장 지배적이고 효과적인 원인을 말한다. 근인은 사건발생과 시간적으로 가까운 원인이 아니며 지배력과 효과면에서 비중이 가장 큰 원인을 뜻한다. 예를 들어 선원들이 고의로 선박을 침몰시키기 위하여 선박의 밑바닥에 구멍을 뚫고 그 구멍으로 들어온 해수에 의해 선박이 침몰되었다고 하자. 이 예에서 선박의 침몰을 야기시킨 가장 가까운 원인은 시간적으로는 해수의 침입이지만 실질적인 사고의 원인은 선원의 악행이라 할 수 있다. 해수의 침입은 먼 원인이 되고 선원의 악행이 근인이 된다. 선원의 악행이 보험조건상 담보위험에 속하면 보험자가 보상을 하지만, 만약 면책위험에 속하게 되면 이러한 손해는 보상되지 않는다.

## 6. 해상보험증권

### 6-1   해상보험증권의 양식

해상보험계약이 체결되면 보험자는 보험증권(policy)을 보험계약자(피보험자)에게 발급한다. 보험증권은 일반적으로 보험계약의 성립과 그 내용을

증명하기 위하여 계약의 내용을 기재하고 보험자가 기명·날인하여 보험계
약자에게 교부하는 증권을 말한다.

해상보험증권으로는 Lloyd's SG 보험증권과 ILU의 회사용보험증권이
200년 이상 사용되어 오다가 1982년부터는 새로운 양식의 보험증권이 사용
되고 있다. Lloyd's SG 보험증권은 로이즈의 표준양식보험증권[Standard SG
Policy Form - Hull(or Freight) and Cargo]을 말한다. 그리고 ILU의 회사용 보험
증권은 런던보험자협회(Institute of London Underwriters: ILU)에서 제정한 회
사용 합동보험증권(Companies' Combined Policy, Hull and Cargo)을 말하는데
그 내용은 로이즈 보험증권과 동일하다.

Lloyd's SG 보험증권은 문장이나 단어가 고어체로 된 부분이 많았고 특
히 약관은 당시의 시대적 배경에 따라 성경식으로 서술되어 있어 그 내용이
매우 어려웠다. 그리고 보험증권상의 단어가 수많은 판례에 얽매임으로써
새로운 내용의 약관을 제정하여도 기존의 약관을 삭제하지 못하고 함께 사
용해 왔다. 이런 연유로 세월이 지나감에 따라 Lloyd's SG 보험증권에는 많
은 약관이 첨부되었고 그 내용이 서로 상충되기도 하였다.

이에 따라 여러 차례 보험증권의 개정작업이 이루어지다가 1981년 7월
에 로이즈 및 런던 보험자협회의 합동적하위원회(Joint Cargo Committee)에서
새로운 해상보험증권을 제정하였고 아울러 신양식의 보험증권에 맞도록 협
회약관들을 재정비하였다. 1982년 1월부터 로이즈 보험시장에서는 'New
Lloyd's Marine Policy Form'을 사용하고 회사형태의 보험시장에서는 'New
ILU Marine Policy Form'을 사용하기 시작했는데 두 가지 양식은 계약실무
면에서 약간 차이가 있을 뿐 본질적으로 동일하다.

▶ **구약관의 구분**

로이즈 보험증권의 약관을 서로 구분하기 위해 보험증권이 제정될 당시부터
있었던 약관을 본문약관(body clause)이라 하고, 그 후에 제정된 약관 중 본문약관
과 구분하기 위하여 이탤릭서체로 인쇄된 약관을 이탤릭서체약관이라 하였다. 또
한 본문약관이 인쇄되고 남은 여백에도 새로운 약관을 표시했는데 이를 여백약관
또는 난외약관(marginal clause)이라 하였다.

### 6-2  적하보험증권의 기재사항

#### (1) 피보험자의 성명

보험증권의 제일 첫 칸에는 피보험자 또는 피보험자의 대리인 성명을 기재한다. 영국해상보험법(제23조)에서도 피보험자 또는 피보험자를 대신해서 보험계약을 체결하는 자의 성명은 반드시 기재하도록 규정하고 있다.

피보험자는 거래조건에 따라서 수출업자와 수입업자로 구분된다. 적출지 인도조건(FOB · CFR 등)에서는 수출업자의 책임이 수출항의 본선에서 끝나기 때문에 운송화물에 대하여 수입업자가 적하보험계약을 체결하고 자신의 성명을 기재한다.

특히 CIF가격조건에서는 수출업자가 수입업자를 위하여 의무적으로 적하보험계약을 체결해야 하므로, 이 때는 수출업자가 보험계약자이고 수입업자는 피보험자가 된다. 그러나 수출업자가 자신을 피보험자로 하여 보험계약을 체결하고 적하보험증권을 수입업자에게 양도하는 형식을 취한다.

#### (2) 선적항과 도착항

보험증권상에는 'at and from'으로 되어 있어 이 칸에 출발항(선적항)을 기재하고 그 밑의 'arrived at' 칸에 도착항을 기재하면 두 항구간의 운송에 대해서 보험계약을 체결한다는 뜻이 된다. 적하보험은 대부분 항해보험(voyage insurance)으로 가입되기 때문에 보험자의 책임이 출발항에서 시작하여 도착항까지 계속된다는 의미로 출발항과 도착항이 기재된다.

---

▶ 보험기간

보험기간은 보험자의 책임이 존속되는 기간을 말하며 보험기간을 정하는 방법에 따라서 해상보험은 기간보험, 항해보험 및 혼합보험으로 구분된다(영국해상보험법 제25조 1항). 기간보험은 일정한 기간을 표준으로 하는 보험이며 항해보험은 부산항에서 뉴욕항까지처럼 어느 지점에서 다른 지점까지 보험에 가입하는 경우이다. 선박보험은 통상 1년을 보험기간으로 하는 기간보험이고, 적하보험은 항해보험이다. 그리고 혼합보험은 일정 항해 및 일정 기간을 동시에 보험기간으로 정하는 보험이다.

### (3) 선 박 명

보험증권상의 'ship or vessel' 이라고 표시된 칸에는 화물을 운송해 나갈 선박명을 기재한다.[1] 그리고 해상운송화물이 도중에 환적되는 경우에는 제1선과 제2선을 병기해야 한다.

### (4) 출항예정일

'sailing on or about' 칸에 운송선박의 출항예정일을 기재한다. 화물을 정기선(liner)으로 운송할 경우에는 선박의 출항일자와 도착일자가 사전에 고시되기 때문에 이 날짜를 기재하면 된다. 그러나 부정기선(tramper)을 이용할 경우에는 선주와 화주간에 출항일자를 조정하여 날짜를 기재한다.

### (5) 보험금액

보험증권의 'amount insured hereunder' 의 칸에는 보험금액을 기재한다. Incoterms 상의 규정에 의하면 보험금액의 최저액은 해당 물품의 CIF 또는 CIP 가격에 10%를 가산한 가격이다. 그러나 서류상으로 이러한 가격을 판단하지 못할 경우에는 상업송장 금액이나 신용장에 의하여 발행되는 환어음금액 중 큰 금액을 최저 금액으로 인정한다.

### (6) 보험목적물

'subject-matter insured' 의 칸에 화물의 명세를 기재하고 해당 운송서류의 일련번호를 기재한다. 화물의 명세를 기재할 때에는 운송서류에 명시된 화인(mark)과 화번(number)을 표시해야 한다.

## 6-3  적하보험증권의 본문약관

신해상보험증권의 본문에는 준거법약관, 타보험약관, 약인약관 및 선서약관이 있으며 그 외에 적색으로 인쇄된 중요약관이 있다.

### (1) 준거법약관

준거법약관은 모든 해상보험의 클레임에 대한 보험자의 책임 유무와 클레임의 정산에 관한 사항은 영국의 법률과 관습에 따르도록 규정한 것이다. 실제로는 클레임 이외의 사항, 예를 들어 보험계약의 유효성 또는 적법성 등 해

---

1) 보험증권에는 서로 비슷한 뜻을 지닌 단어들이 나열되는 경우가 많은데 이들 단어들은 다른 뜻을 지니고 있는 것이 아니라 앞의 단어와 유사한 뜻을 지니고 있는 동일한 종류로서 해석하는 것을 동종제한의 원칙(principle of *ejusdem generis*)이라 한다. 관습적으로 선박을 표시할 때 'good ship or vessel' 이라 표현하는데, 이 경우 'ship' 과 'vessel' 은 전혀 다른 뜻의 단어가 아니며 'vessel' 은 앞의 'ship' 과 같거나 유사한 것으로 해석한다.

상보험에 관계되는 모든 사실은 영국의 법률과 관습에 따르도록 되어 있다.

### (2) 타보험약관

타보험약관(other insurance clause)은 본 해상보험증권하의 보험계약이 다른 해상보험이나 화재보험과 중복관계에 있을 경우 본 보험증권에서는 그 손해를 전액 보상하지 않고 다만 다른 보험증권에 의하여 보상될 금액을 공제한 나머지 손해부분에 대해서만 보상한다는 내용이다. 따라서 피보험자가 내륙의 창고에 보관 중인 동일한 보험목적물에 대해서 해상보험계약과 동시에 화재보험계약을 체결하게 되면 우선 화재보험계약을 통하여 손해를 보상받게 된다.

### (3) 약인약관

약인(consideration)은 약속자의 약속의 대가로 상대방이 지불하는 일체의 금전적 서비스를 말하며, 정당한 상거래에서 주고 받는 금전은 모두 약인에 해당된다. 보험료도 피보험자가 무상으로 증여하는 것이 아니라 약속의 대가로 지불되는 것을 뜻하고 있다.

또한 보험자는 어디까지나 보험료를 받아야만 자신의 책임이 시작됨을 이 약관을 통해서 밝히고 있다. 계약이 성립된 후 보험료 지급이 이루어지지 않으면 보험사고가 발생하더라도 보험자는 보상책임이 없다.

### (4) 선서약관

보험증권의 본문 마지막에는 선서약관(attestation clause)이 있는데, 이 약관은 보험계약을 체결한 증거로서 보험회사의 책임자가 보험증권에 서명하였음을 나타내는 것이다. 해상보험증권은 보험자 또는 보험자의 대리인에 의해서 서명되어야 하며 법인의 경우에는 법인의 인장으로도 충분하다 (영국해상보험법 제24소 1항). 우리나라에서는 보험회사의 해상보험부분의 책임자가 서명하는 것이 보통이다.

### (5) 중요약관

해상보험증권의 본문약관 옆에는 클레임 발생시에 피보험자가 취해야 할 각종 조치 및 절차 등을 일괄규정하고 있는 중요약관(important clause)이 있다. 이 약관은 다른 약관과 구분하기 위하여 적색으로 인쇄되어 있는데, 영국에서는 이를 'Red Line Clause' 라고 한다. 보험사고가 발생할 경우 피보험자는 제 3 자에 대한 손해배상청구권을 확보할 의무가 있다.

**서식 5-1** 해상보험증권

---

### Hyundai Marine & Fire Insurance

Hyundai Marine Bldg. 163, Sejong-daero, Jongno-gu,
Seoul, Korea 110-731
Tel : 82 - 2 - 732 - 1212, Fax : 82 - 2 - 732 - 5266

대한민국정부
인지세
100 원
종로세무서장
후납승인 2008 년

7호 (Stamp Duty
Paid)

# MARINE CARGO INSURANCE POLICY

Assured(s),et

Policy No.

Claim, if any, payable at.
HYUNDAI MARINE & FIRE INSURANCE
178 SEJONG-RO, JONGNO-GU, SEOUL, KOREA
TEL)82 2 3701 8324   FAX)82 2 732 5266
KOREA

Claims are payable in          WON
Survey should be approved by:
HYUNDAI MARINE & FIRE INSURANCE
178 SEJONG-RO, JONGNO-GU, SEOUL, KOREA
TEL)82 02 3701 8325   FAX)82 02 732 5266
KOREA

Ref.No.

Amount of insured

Conditions

| Local Vessel or Conveyance | From(interior port or place of loading) |
| Ship or Vessel called the | Sailing on or about |
| at and from | transhipped at |
| arrived at | thence to |

ORIGINAL
SPECIMEN

Subject to the following Clauses as per back hereof

O   Institute Cargo Clauses Specified Above
O   Institute Extended Radioactive Contamination Exclusion Clause
O   Institute War Clause(Cargo/Air Cargo)
     Institute Strikes Riots & Civil Commotions Clauses
O   On-deck Clause
     Special Replacement Clause
     Special Replacement Clause(for Secondhand Machinery)
O   Institute Classification Clause
O   Computer Millennium Clause(Cargo) with named peril extension
     Institute Chemical, Biological, Bio-Chemical, Electromagnetic
     Weapons And Cyber Attack Exclusion Clause
O   Label Clause

Marks and Numbers as per Invoice No. specified above

O   Termination of Transit Clause(Terrorism)
O   Transit Termination Clause(30 days) [(A)/(B)]

Place and Date signed in.
HEAD OFFICE SEOUL, KOREA

No.of Policies issued.

IN ORIGINAL

O   Sanction Limitation and Exclusion Clause

For use with the Old Marine Policy Form

1. *Warranted free of capture, seizure, arrest restraint or detainment, and the consequences thereof or of any attempt thereat; also from the consequences of hostilities or warlike operations, whether there be a declaration of war or not, but this warranty shall not exclude collision, contact with any fixed or floating object(other than a mine or torpedo), stranding, heavy weather or fire unless caused directly (and independently of the nature of the voyage or service which the vessel concerned or, in the case of a collision, and other vessel involved therein, is performing) by a hostile act by or against a belligerent power; and for the purpose of this warranty "power" includes any authority maintaining naval, military or forces in association with a power.*
*Further warranted free from the consequences of civil war, revolution, rebellion, insurrection, or civil strife arising therefrom, or piracy.*

2. *Warranted free of loss or damage*
*(a) Caused by strikers, locked-out workman, or persons taking part in labour disturbances, riots or civil commotions;*
*(b) resulting from strikes, lock-outs, labour disturbances, riots or civil commotions.*

3. *(a) Should the risks excluded by Clauses 1(F.C.&S.Clause)be reinstated in this Policy by deletion of the said Clause, or should the risks or any of the mentioned in that clause or the risks of mines,torpedoes,bombs or other engines of war be insured under this Policy, Clause(b) below shall become operative and anything contained in this contract which is inconsistent with Clause(b) or which affords more extensive protection against the aforesaid risks than that afforded by the institute W ar Clause relevant to the particular form of insist covered by this insurance is null and void.*
*(b) This policy is warranted free of any claim based upon loss of, or frustration of, the insured voyage or adventure caused by arrests restraints or detainment power.*

4. *This insurance does not cover any loss or damage to the property which at the time of the commencement of such loss or damage is insured by or would but for the existence of this Policy be insured by any fire or other insurance policy or policies except in respect of any excess beyond the amount which would have been payable under the fire or other insurance policy or policies had this insurance not been effected.*

In the event of loss of damage arising under this Policy, no claims will be admitted unless a survey has been held with the approval of this Company's Office or Agents specified in this Policy.

In case of loss or damage, please follow the "IMPORTANT" clause printed on the back hereof.

▣▣  Deposit Protection Guide

This financial product is not protected under the Depositor Protection Act.

301 - B - 002(94.1.1) 승인

*The descriptions to be inserted in the following clauses are shown as above.* Be it known that
*as well in his or their own Name, as for and in the Name and Names of all and every other Person or persons to whom the same doth, may, or shall appertain, in part or in all, doth make insurance, and cause himself or themselves and them and every of* upon any kind of Goods and
*them, to be Assured, lost or not lost, at and From* whereof is Master, for this present Voyage.
Merchandises, in the good Ship or Vessel called the
                                           or whosoever else shall go for Master in the said Ship, or by whatsoever other Name
or Names the said ship, or the Master thereof, is or shall be named or called, beginning the Adventure upon the said
Goods & Merchandises from the loading thereof aboard the said Ship as above, and shall so continue and endure
during her abode there, upon the said Ship, & C, and further, until the said ship, with all her goods and Merchandises
whatsoever, shall be arrived at and upon the Goods and merchandises until the same be there discharged and safely
landed; and it shall be lawful for the said Ship, & C., in this Voyage to proceed and sail to and touch and stay at any
Ports or Places whatsoever without Prejudice to this Assurance. The said Goods and Merchandises, & C., for so much
as concerns the Assured by Agreement between the Assured and Assurers in this Policy are and shall be valued at
TOUCHING the Adventures and Perils which the said Company are contented to bear and do take upon themselves in this
voyage, they are, of the Seas, Men-of War, Fire, Enemies, Pirates, Rovers, Thieves, Jettisons, Letters of Mart and Counter-
mart, Surprisals, Takings at Sea, Arrests, Restrains and Detainments of all Kings, Princes and People, of what Nation, Con-
dition, or Quality soever, Barratry of the Master and Mariners, and of all other Perils, Losses and Misfortunes that have or
shall come to the Hurt, Detriment or Damage of the said Goods and Merchandises, or any Part thereof, and in case of any Loss
or Misfortune, it shall be lawful to the Assured, his or their Factors, Servants and Assigns, to sue, labour and travel for, in and
about the Defence, Safeguard and Recovery of the said Goods merchandises, or any part thereof, without Prejudice to this
Assurance, to the Charges whereof the said Company will contribute. And it is especially declared and agreed that no acts
of the Assurer or Assured in recovering, saving, or preserving the property assured, shall be considered as a waiver or accept-
ance of abandonment. And it is agreed that this terim of Policy of Assurance shall be of as much force and Effect as the surest
Writing or Policy of Assurance made in London. And so the said Company are contented, and do hereby promise and bind
themselves to the Assured, his or their Executors, or Assigns, for the true Performance of the Premises ; con-
fessing themselves paid the Consideration due unto them for this Assurance, at and after the rate of               as ar-
ranged        Per Cent.

N.B.-Corn, Fish, Salt, Fruit, Flour and Seed are warranted free from Average, unless general, or the Ship be stranded; Sugar,
Tobacco, Hemp, Flax, Hides and Skins are warranted free from Average, under Five Pounds per cent., and all other goods,
also the Ship and Freight, are warranted free from Average, under Three Pounds per cent, unless general, or the Ship be strand-
ed, sunk or burnt.
All questions of liability arising under this policy are to be governed by the laws and customs of England.
IN WITNESS whereof, I the Undersigned of Hyundai Marine & Fire Insurance Co., Ltd.  on behalf of the said Company
have subscribed my name in        to           Policies of the same tenor and date, one of which
being accomplished, the others to be void, as of the date specified as above.

For **Hyundai Marine & Fire Insurance**

For use only with the New Marine Policy

Not withstanding anything contained here-in of attached hereto to the contrary, this insurance is understood and agreed to be subject to English law and practice only as to liability for settlement of any and all claims.

This insurance does not cover any loss or damage to the property which at the time of the happening of such loss or damage is insured by or would but for the existence of this Policy be insured by any fire or other insurance policy or policies except in respect of any excess beyond the amount which would have been payable under the fire or other insurance policy, or policies had this insurance not been effected.

We, HYUNDAI MARINE & FIRE INSURANCE CO., LTD, hereby agree, in consideration of the payment to us by or on behalf of the assured of the premium as arranged, to insure against loss damage liability or expense to the extent and in the manner herein provided.

IN witness whereof, I, the Undersigned of HYUNDAI MARINE & FIRE IN-SURANCE CO., LTD, on behalf of the said company have subscribed my Name in the place specified as above to the policies the issued numbers thereof being specified above, of which same tenor and date, one of which being accomplished, the other to be void, as of the date specified as above.

*Young Lee  Chan J. Park*

Authorized Signatory

## 제 2 절  해상손해

### 1. 해상손해의 구분

해상위험으로 인하여 발생하는 해상손해(maritime loss)는 〈그림 5-2〉처럼 물적손해, 비용손해 및 배상책임손해 등으로 크게 구분된다.

물적손해(physical loss)는 보험목적물 자체의 손해를 말하며 손해의 정도에 따라 전손과 분손으로 구분된다. 전손은 보험목적물 전부의 손실을 의미하고 분손은 보험목적물의 일부가 손상되거나 소멸되는 상태를 의미하는데 전손이 아닌 손해는 모두 분손에 해당된다.

비용손해(expense loss)는 보험목적물에 손해가 발생하는 것을 방지하기 위하여 또는 이를 구조하기 위하여 지출되는 새로운 비용을 말한다.

그림 5-2  해상손해의 관계

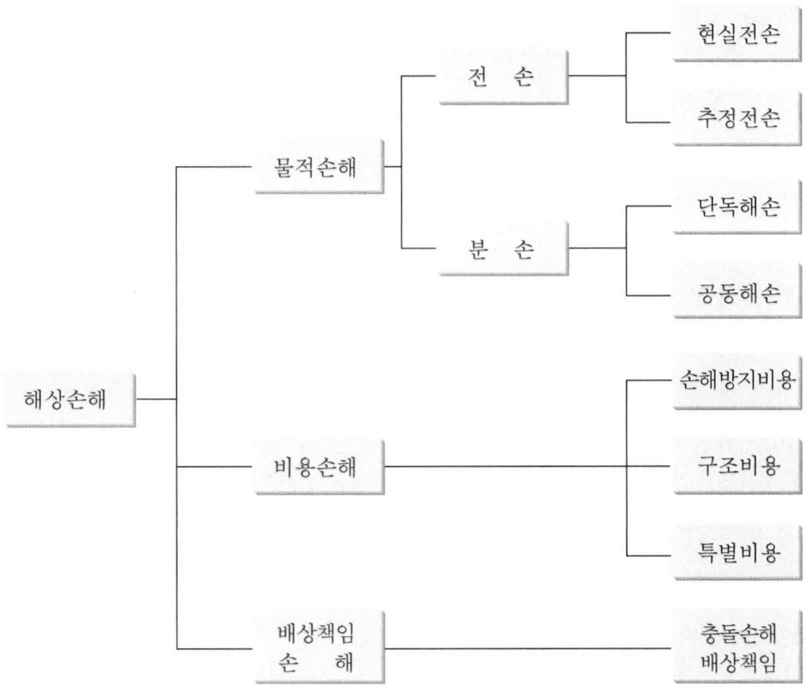

배상책임손해(liability loss)는 피보험자가 제3자에 대해서 법적으로 배상책임을 부담하게 될 경우를 말하는데 대표적으로 충돌로 인한 충돌손해배상책임이 있다.

## 2. 전손과 분손

### 2-1 전 손

전손은 담보위험으로 인하여 보험목적물이 전부 소멸되는 경우를 의미한다. 그러나 전손이라고 하여 반드시 보험목적물이 완전하게 소멸되는 것만을 뜻하지 않고 전멸에 가까운 경우라도 전손으로 인정된다. 즉 다소의 잔존물이나 잔존이익이 있더라도 그 손해의 정도를 보아 사실상 전멸에 가깝다고 판단되면 전손으로 간주한다.

그리고 전손은 보험목적물의 물리적 손상만을 의미하지 않는다. 보험목적물이 아무런 손상을 입지 않고 현존하더라도 피보험자가 더 이상 점유할 수 없으면 전손이 성립된다.

해상보험에서는 전손을 현실전손(actual total loss)과 추정전손(constructive total loss)으로 구분하고 있는데, 추정전손은 해상보험에서만 유일하게 인정되고 있는 전손이다(영국해상보험법 제56조 2항).

#### (1) 현실전손

해상보험에서 현실전손은 보험목적물이 완전히 파손되거나 원래의 성질을 갖지 못할 정도로 심하게 손상되거나, 또는 박탈당하여 피보험자가 다시 회복할 가능성이 없을 경우에 성립된다. 현실전손은 보험목적물이나 피보험이익에 실질적으로 전손이 발생하여 원래의 상태로 복구할 가능성이 전혀 없기 때문에 절대전손(absolute total loss)이라고도 한다.

보통 화물의 현실전손은 선박의 현실전손이 발생할 때 일어나지만 경우에 따라서는 선박은 그대로 있고 화물만 전손되는 경우도 있다. 구체적으로 다음과 같은 경우는 화물의 현실전손으로 인정될 수 있다.

① 선박의 현실전손으로 인한 화물의 전손: 침몰, 좌초, 화재, 행방불명 등으로 선박의 현실전손이 발생하면 그 선박에 적재되어 있는 화물도 현실전손이 성립되는 경우가 많다. 선박이 침몰하거나 좌초될 경우 적재화물

을 인양할 수 없게 되면 화물의 현실전손이 성립된다. 그러나 선박의 구조는 불가능하더라도 화물을 인양할 수 있으면 화물의 전손은 성립되지 않는다.

그리고 화재로 인하여 선박이 전소될 정도라면 적재화물도 대부분 전소되기 때문에 이 경우도 화물의 현실전손이 성립된다. 선박이 행방불명되어 회복의 가능성이 없는 경우에도 적재된 화물만을 다시 찾는다는 것은 불가능하므로 화물의 현실전손이 발생할 수 있다.

② 화물의 투하:  침몰되고 있는 선박을 가볍게 하기 위하여 적재된 화물을 바다에 버리거나, 담보위험의 발생으로 화물을 투하하는 경우가 있다. 화물이 투하되어 구조될 가능성이 없을 경우에는 현실전손으로 처리된다. 이 경우는 선박은 그대로 있고 화물만 현실전손으로 성립한 것이다.

③ 화물의 매각:  화물이 제3자에게 매각될 때에도 전손이 성립된다. 항해 도중 담보위험으로 인하여 화물이 손상을 입었을 경우 목적지까지 운송하는 것보다 중간항에서 매각처분하는 것이 오히려 합리적일 수도 있다. 이런 경우 화물은 현실전손이 성립되고, 보험자는 전손보험금을 피보험자에게 지급한다.

④ 화물인도의 과실:  화물이 원래의 수하인에게 인도되지 않고 제3자에게 인도되어 다시 찾을 가능성이 없을 때에도 화물의 현실전손이 성립된다. 화물이 목적항에 도착하면 선장 또는 선원은 선하증권을 소지한 자에게 화물을 인도한다. 그러나 선장 또는 선원이 의도적으로 화물을 제3자에게 인도하거나 과실로 잘못 인도하여 분실되면 화물의 현실전손이 인정된다.

(2) 추정전손

추정전손은 현실전손을 피할 수 없거나 보험목적물의 복구비용이 오히려 그 가액을 초과하여 그대로 현실전손을 처리하는 것이 경제적인 경우 피보험자가 적절한 위부를 통지하고 보험금 전액을 청구하는 손해이다. 따라서 추정전손은 위부를 수반하는 전손이다.

해상보험에서 추정전손을 인정하는 이유는 해상에서 발생하는 사고는 그 사실을 증명하고 손해의 정도를 파악하는 것이 불가능하거나 어려운 경우가 종종 있기 때문이다. 화재보험, 육상보험 등에서는 보험사고가 발생하면 그러한 사실과 전손여부가 분명하게 확인된다. 그러나 해상사고는 그 발생 구간이 대부분 광범위한 해상이고 천재지변에 기인하는 경우가 많다.

전손인지 분손인지를 떠나서 그러한 사실이 발생한 것조차도 파악되지 않는 경우가 있다. 그리고 보험사고가 발생한 사실이 확인되더라도 사고현장에 접근하는 것이 어려워 손해의 정도를 확인할 수 없는 경우도 있으며, 또한 사고의 결과를 오랫동안 확정지을 수 없는 경우도 있다.

이와 같은 특성을 고려하여 해상보험에서는 추정전손을 인정하여 보험사고에 의한 전손이 현실적으로 입증되기 어렵더라도 보험목적물이 전손을 입었을 것이라고 추측이 되면 전손으로 인정하는 것이다. 즉 심증은 가지만 물증이 없는 경우라도 해상보험의 특유한 점을 인정하여 전손으로 처리하는 것이다.

추정전손이 성립되기 위해서는 보험자와 피보험자간의 추정에 의사합치가 있어야 한다. 즉 추정전손은 피보험자가 전손으로 추정한다는 사실을 보험자에게 통지하고, 다시 보험자가 이를 동의해야만 성립된다. 피보험자가 손해를 전손으로 추정하겠다는 의사표시를 해상보험에서는 위부라고 한다.

### (3) 위 부

위부(abandonment)는 추정전손의 사유가 발생하여 피보험자가 보험목적물에 대한 일체의 권리를 보험자에게 이전하고 전손에 해당하는 보험금을 청구하는 행위를 말한다. 피보험자의 이와 같은 의사표시를 보험자가 승낙하게 되면 추정전손이 성립되고 만약 이를 거절하게 되면 분손으로 처리된다.

위부가 성립되려면 피보험자가 먼저 위부를 하겠다는 의사표시를 하고 보험자가 이를 수락해야 한다. 만약 보험자가 위부통지를 수락하면 보험자는 손해배상책임을 결정적으로 인정한 결과가 된다. 그리고 일단 위부의 통지가 수락되면 위부는 철회될 수 없다(영국해상보험법 제62조 6항).

위부는 추정전손이 성립되기 위한 형식적인 절차이지만 피보험자의 절대적인 권리는 아니다. 보험사고가 발생하여 전손이 예상된다고 하여 무조건 위부를 하고 전손보험금을 청구할 수는 없다. 피보험자가 위부권리를 행사하기 위해서는 추정전손의 사유가 발생해야 한다.

즉 보험사고로 인하여 보험목적물에 대한 소유권이 박탈당하고 이를 회복할 가능성이 없거나 회복하는 데 소요되는 비용이 보험가액을 초과할 때, 또는 보험목적물이 심하게 손상되어 수리비용이 수리완료 후의 가액을 초과할 때 피보험자는 위부행위를 할 수 있다.

우리나라의 상법(제710조)에 의하면 다음과 같은 경우 피보험자는 보험목적물을 보험자에게 위부하고 보험금액의 전부를 청구할 수 있다.

① 선박 또는 적하의 점유를 상실하여 회복가능성이 없거나 회복비용이 회복하였을 때의 가액을 초과할 것으로 예상되는 경우

② 선박 수선비용이 선박가액을 초과할 것으로 예상되는 경우

③ 적하 수선비용과 목적지까지의 운송비용이 적하의 가액을 초과할 것으로 예상되는 경우

## 2-2 분  손

담보위험으로 인하여 선박이나 화물 등이 완전히 멸실하거나 또는 그 일부분만이 손해를 입기도 하는데, 후자의 경우를 분손(partial loss: average)이라고 한다. 분손은 전손의 상대적인 개념으로서 전손에 속하지 않는 모든 손해는 분손으로 취급된다.

분손은 단독해손(particular average)과 공동해손(general average)으로 구분되는데 단독해손은 담보위험으로 인하여 발생한 보험목적물 일부분의 손해를 피보험자가 단독으로 책임지는 손해이다(영국해상보험법 제64조 1항). 공동해손은 공동의 안전을 위하여 희생된 손실이나 비용을 해상사업에 관련되는 이해관계자들이 공동으로 비례하여 분담하는 손해이다. 이러한 공동해손이 아닌 분손은 모두 단독해손에 해당된다.

해상보험에서 분손의 형태는 주로 선박의 파손, 화물의 일부 손실, 운임의 미취득부분 등으로 나타난다. 분손에 대한 사정은 고도의 지식을 요하기 때문에 주로 해손정산인들이 영국의 해손정산인협회에서 규정한 별도의 실무규칙에 따라서 손해를 사정하게 된다.

### (1) 일부멸실

화물의 일부가 멸실된 것은 화물의 일부가 전손을 입은 경우와 마찬가지이다. 이 경우 손해보상의 한도액은 멸실된 부분과 전체 수량과의 비율을 보험금액에 곱한 금액이다.

적하보험에서 과거에 사용해 왔던 FPA(Free from Particular Average) 조건은 보험자가 분손을 담보하지 않겠다는 분손부담보조건이다. 그러나 오늘날의 적하보험에서는 보험조건에 상관없이 모든 분손을 보상하고 있다.

$$\text{분손보상액} = \text{보험금액} \times \frac{\text{멸실된 수량}}{\text{전체의 수량}}$$

예를 들어 한 상자 60캔들이의 캔 통조림 100상자 중 두 상자가 불착 (non-delivery)이 되고 거기다가 30캔이 좀도둑(pilferage)을 맞았을 경우 총 손해는 150캔이다.

$$\text{분손보상액} = \text{보험금액} \times \frac{150(\text{멸실된 수량})}{60 \times 100(\text{전체의 수량})}$$

### (2) 일부손상

화물의 일부가 손상된 상태로 도착할 경우에는 감가율(depreciation)을 정하여 이 감가율을 보험금액에 곱하여 분손보상액을 결정한다. 감가율은 손상 화물을 매각처분할 경우 얻을 수 있는 매득금(damaged market value: 손상품의 시가)과 화물이 안전하게 도착했을 경우 당연히 얻을 수 있는 시장가격(sound market value: 정상품 시가)과의 차액인 손해액의 정상품 시가에 대한 비율을 말한다.

$$\text{감가율} = \frac{\text{손해액(정상품 시가} - \text{손상품 시가)}}{\text{정상품 시가}}$$

예를 들어 냉장고 1,000대를 U$ 300,000로 보험계약을 체결했는데 운송 중 400대가 해수침손을 입고 상품가치가 떨어졌다. 이를 목적지까지 운송하는 것이 불가능하여 중간항구에서 손상입은 냉장고를 공개 매각 처분하였는데 총매득금(해수침손을 입은 400대의 손품시가)이 U$ 80,000이었다. 만약 해수침손을 입은 400대 냉장고의 정품시가가 U$ 160,000이라고 하면 손해율은 $\frac{1}{2}$이 된다.

$$\frac{160,000-80,000}{160,000} = \frac{1}{2} \text{ (감가율 : 손해율)}$$

따라서 손해보상액은 400대에 대한 보험금액(U\$ 120,000)에 손해율(1/2) 을 곱한 U\$ 60,000가 된다.

## 3. 비용손해

### 3-1 손해방지비용

(1) 손해방지비용의 개념

피보험자나 그의 대리인이 손해방지 및 경감의무를 수행하기 위해서 지출한 비용을 손해방지비용(sue and labour charge: S/L Charge)이라 하며 이러한 비용은 보험자가 별도로 보상한다. 왜냐하면 피보험자의 손해방지의무는 자신을 위한 것이 아니라 궁극적으로 보험자를 위한 의무이기 때문에 피보험자가 의무를 수행하는 과정에서 발생하는 비용은 당연히 보험자가 보상해야 한다. 또한 손해방지비용을 보상해 줌으로써 피보험자들로 하여금 스스로 손해방지를 위해 노력하도록 유도할 수 있다.

손해방지비용은 보험목적물의 손해 이외에 추가로 보상된다. 따라서 정당한 손해방지행위가 시도되었는 데도 불구하고 전손이 발생하게 되면 보험자는 보험목적물 자체의 손해액과 함께 피보험자나 그의 대리인이 지출한 손해방지비용까지 모두를 지급해야 한다.

손해방지행위를 시도하다 실패한 경우에도 이 비용을 보상하는 이유는 피보험자로 하여금 적극적으로 손해방지행위를 하도록 유도하기 위해서이다. 만약 손해방지행위가 실패할 경우 이를 보상하지 않는다면 피보험자나 그의 대리인은 손해방지행위를 하지 않을 것이다. 왜냐하면 손해가 발생하더라도 궁극적으로 보험자가 보상을 해 주기 때문에 자신들의 행위가 성공할 것인가 또는 실패할 것인가의 위험부담을 느끼면서까지 손해방지행위를 하려고 하지 않기 때문이다. 이렇게 되면 피보험자에게 손해방지 및 경감의무를 부과한 효과가 없게 된다.

### (2) 손해방지비용의 성립요건

피보험자가 지출한 비용이 손해방지비용으로 성립되기 위해서는 다음과 같은 요건을 갖추어야 한다.

① 피보험자의 손해방지행위 : 손해방지행위의 주체자는 반드시 피보험자 자신이나 그의 대리인이어야 한다. 만약 제3자나 보험자가 손해방지행위를 했다면 그 비용은 손해방지비용으로 보상될 수 없다.

② 합리적인 비용 : 적절하고 합리적으로 발생된 손해방지비용은 그 한도액에 상관없이 보상된다. 적절하고 합리적인 손해방지비용은 사실문제로서 사건에 따라서 적절성과 합리성의 기준이 달라질 수 있다.

③ 위험의 실제 : 보험목적물이 실질적으로 위험에 처해 있을 때 임박한 손실을 방지하기 위하여 피보험자가 지출한 비용은 손해방지비용으로 보상된다.

④ 담보위험의 발생 : 담보위험으로 인하여 발생하는 손해를 방지하기 위하여 지출된 비용만 손해방지비용으로 인정된다.

### 3-2 구 조 비

구조는 위험에 직면한 선박이나 화물 등을 구출하는 행위를 말하는데 그 성격에 따라서 순수구조(pure salvage: true salvage)와 계약구조(contract salvage)로 구분된다. 순수구조는 구조계약을 체결하지 않은 상태에서 구조자가 자발적으로 위험에 직면한 재산을 구조하는 행위이다. 반면 계약구조는 구조계약을 체결한 상태에서 행하는 구조활동이다.

해상보험에서 구조비(salvage charge)가 성립되기 위한 구조행위는 순수구조이다. 구조자는 아무런 구조계약 없이 구조활동을 벌인 결과 구조물의 일부 또는 전부를 취득하게 되면 해상법에서 정한 구조비를 구조물의 소유자에게 청구할 수 있다. 이와 같이 순수구조에 따른 구조비는 원래 구조된 재산의 소유자가 부담해야 하나 그 재산이 해상보험에 가입되어 있으면 보험자가 담보위험으로 인한 손해로 간주하고 대신 구조비를 구조자에게 지급한다.

구조비가 청구될 수 있는 조건은 보험목적물이 위험한 상태에 있어야 하고, 구조자는 제3자로서 임의적으로 구조행위에 임해야 하며 그리고 구조물의 전부 또는 일부를 취득해야 한다. 구조물이 전혀 없는 전손이 발생한 경우에는 구조비가 성립되지 않는다.

### 3-3 특별비용

선박이나 화물 등 보험목적물의 안전과 보존을 위하여 발생한 비용 중에서 공동해손과 구조비 이외의 모든 비용을 특별비용(particular charge)이라 한다. 따라서 특별비용은 손해방지비용과 기타의 비용으로 구분되는데 후자를 순수특별비용이라 한다.

특별비용 = 손해방지비용 + 순수특별비용

손해방지비용은 피보험자나 그의 대리인이 보험목적물의 손해를 방지하거나 경감시키기 위해 지출된 비용을 말하는데, 주로 목적지에 도착하기 전에 발생하는 비용이다. 반면 순수특별비용은 손해의 평가와 관련하여 목적지에서 지출되는 비용을 말한다.

적하보험에서는 손해방지비용을 제외한 특별비용을 부대비용(extra charge)이라 한다. 부대비용에는 손해조사비용(survey fee), 판매비용(sales charge), 재포장비용(repacking charge), 재조정비용(reconditioning charge) 등이 있는데 대부분 화물에 일부 손상이 발생한 경우 생기는 비용들이다.

손해조사비용은 손해의 원인과 범위를 사정하는 데 소요되는 비용을 말한다. 판매비용은 화물의 일부가 손상되어 중간에서 이를 매각 처분할 경우 발생하는 비용을 말하고, 재포장 및 재조정비용은 손상품을 재정비하는 데 소요되는 비용을 말한다.

## 4. 공동해손(General Average)

### 4-1 공동해손의 개념

오늘날의 해상보험에서 시행되고 있는 공동해손제도는 공동의 안정(common safety)을 위하여 희생된 손해를 해상사업과 관련되는 모든 당사자들이 합리적인 비율에 따라서 상호분담하는 제도를 말한다.

만약 선박이 화물을 적재하고 항해하던중 태풍으로 서서히 가라앉고 있다면, 선장이 할 수 있는 일은 선박을 가볍게 하기 위하여 적재화물을 바다에 버리는 것이다. 이 때 바다에 버려진 화물 손해는 그 화물의 주인 혼자서 부담하는 것이 아니라 선주와 화주가 공동으로 부담해야 할 성질이다. 선주의 경우는 자신의 선박에 전혀 손해가 발생하지 않았다 하더라도 화물의 희생으로 무사히 항해를 마쳤기 때문에 선박가액에 비례하여 정산된 분담금을 부담해야 한다. 이와 같이 공동의 안전을 위하여 희생된 손해를 이해 관계자가 모두 분담하는 것을 공동해손제도라고 한다.

공동해손에 관한 요크-앤트워프 규칙(York-Antwerp Rules for General Average: YAR, 2004) 제 A조에서는 공동해손행위에 대해서 다음과 같이 규정하고 있다.

> '공동의 해상사업에 속하는 재산을 위험으로부터 구제하려는 목적으로 공동의 안전을 위하여 이례적인 희생이나 비용이 임의적으로 그리고 합리적으로 발생하는 경우에 한해서만 공동해손행위가 존재한다.'

이 규정에 의하면 공동해손이 성립되기 위해서는 ① 공동의 희생손해나 비용손해는 이례적이어야 하며, ② 공동해손행위는 임의적이어야 하고, ③ 공동해손행위와 공동해손은 합리적이어야 하며, ④ 위험은 현실적이어야 하며, ⑤ 위험은 항해단체 모두를 위협하는 것이어야 한다.

### 4-2  공동해손의 인정범위

#### (1) 공동해손희생손해

공동해손희생손해(general average sacrifice)는 선체, 장비, 화물 등의 전부 또는 일부를 희생시킴으로써 발생하는 손실을 뜻한다. 즉 공동의 안전을 위하여 희생된 보험목적물 자체의 손실을 공동해손희생손해라 한다. 공동해손희생손해는 요크-앤트워프 규칙의 숫자규정에 자세하게 열거되어 있는데 여기서는 대표적인 몇 가지만 설명하기로 한다.

① 적하의 투하:  투하(jettison)는 선박을 가볍게 하기 위하여 선박의 부속물, 화물 등을 바다에 버리는 것으로 대표적인 공동해손행위에 속한다. 그러나 공동해손으로 인정되기 위해서는 투하된 화물은 반드시 상관습에 따라서 운송중이어야 한다(YAR. 제Ⅰ조). 예를 들어 갑판에 적재된 화물을 투

하했을 경우에는 상관습상 갑판적재가 인정될 때에 한하여 공농해손으로 인정된다. 상관습상 갑판에 적재될 화물이 아닌데도 갑판에 적재하고 운송하던중 투하되었다면 이런 손해는 공동해손으로 인정되지 않는다.

② 투하로 인한 손상: 공동의 안전을 위해 희생된 선박, 화물 등의 손상과 투하하기 위해서 잠시 열었던 문으로 들어 온 바닷물에 의해 선박, 화물 등이 입는 손해도 공동해손으로 인정된다(YAR. 제Ⅱ조).

③ 선박의 소화작업: 선박의 화재를 진압하기 위해서 사용한 물 등으로 선박 또는 화물이 입은 손해, 불타는 선박을 해안에 끌어올리거나 이에 구멍을 뚫음으로써 생기는 손해 등은 공동해손으로 보상된다(YAR. 제Ⅲ조).

④ 기계 및 기관손해: 공동의 안전을 위하여 억지로 선박을 더 높이 끌어올리다가 돛에 입히는 손해와 해안에 얹혀 위험한 상태에 있는 선박을 다시 뜨게 하려는 과정에서 선박의 기계 및 기관에 입히는 손해는 공동해손으로 인정된다(YAR. 제Ⅳ조).

⑤ 임의좌초: 선박의 화재를 진압하기 위해서 선박이 고의로 얕은 해안에 올라앉게 된 경우 또는 선박이 그 당시 사정으로 불가피하게 해안이나 암초에 얹히게 된 경우처럼 고의적인 좌초에 의해서 선박, 화물, 운임 등이 입은 손해는 공동해손으로 인정된다(YAR. 제Ⅴ조).

⑥ 하역작업중 발생하는 손해: 피난항에서 화물, 연료 등을 하역 또는 재선적하는 과정에서 생기는 손해는 이들 행위에 대한 비용이 공동해손비용손해로 인정되는 경우에 한하여 공동해손으로 인정된다(YAR. 제Ⅶ조).

(2) 공동해손비용손해

공동해손행위로 인하여 생기는 비용의 지출을 공동해손비용손해(general average expenditure)라고 한다. 공동해손비용손해는 구조비, 피난항비용, 임시수리비, 자금조달비용 등이 있다.

① 구조비: 선박, 화물 등에 대한 공동의 위험으로부터 이들을 구조하기 위해 지출한 비용은 공동해손으로 인정된다. 임의적으로 구조작업을 실시하거나 혹은 특정인과의 구조계약에 의하여 작업을 실시해도 공동해손의 취지에 맞는 구조비는 모두 보상된다(YAR. 제Ⅵ조). 해상보험에서는 주로 좌초, 화재, 침몰, 표류, 선체경사 등이 발생할 때 구조작업이 이루어진다.

② 피난항 비용: 공동의 안전을 위하여 불가피하게 피난항에 입항하거

나 또는 피난항에서 수리할 수 없어 다른 장소로 이동하는 데에 따른 비용도 공동해손으로 인정된다.

③ 임시 수리비 : 공동의 안전을 위하여 희생된 선박의 손상부분을 선적항, 기항지 또는 피난항 등에서 수리할 경우 소요되는 임시 수리비도 공동해손으로 인정된다(YAR. 제XIV조).

### 4-3 공동해손의 정산

공동해손이 발생하게 되면 손해를 입은 당사자를 포함한 모든 당사자들이 공동해손을 균등하게 분담하게 되는데, 이러한 절차를 공동해손의 정산 (adjustment)이라 한다. 요크-앤트워프 규칙(제G조)에서는 '공동해손이 되는 희생 및 비용은 각종 분담이익에 의해 분담되며 공동해손은 손실 및 분담액에 관하여 항해가 끝나는 때와 장소에 있어서의 가격에 따라 정산된다'라고 규정하고 있다.

#### (1) 공동해손배상액

공동해손배상액은 공동의 위험으로부터 벗어나기 위하여 희생된 손해나 지출된 경비로서 실제로 발생한 공동해손의 총액을 말한다.

#### (2) 공동해손분담가액

공동해손배상액이 결정되면 항해에 관련되는 모든 당사자들이 이 손해액을 균등하게 분담해야 하는데, 이 때 적용되는 분담기준을 공동해손분담가액이라 한다. 공동해손분담가액은 항해가 종료되는 시점에서의 실제 순가액(actual net value)에 따라 결정된다.

#### (3) 공동해손분담금

각 당사자들이 자신의 공동해손분담가액에 따라서 실제 부담하는 금액을 공동해손분담금(general average contribution)이라 한다. 공동해손분담금을 결정하기 위해서는 먼저 공동해손분담률을 구하여야 하는데, 이는 공동해손배상액의 총액을 공동해손분담가액의 총액으로 나눈 것이다.

$$공동해손분담률(\%) = \frac{공동해손배상액의\ 총액}{공동해손분담가액의\ 총액} \times 100$$

공동해손분담률이 산정되면 그 분담률을 각각의 공동해손분담가액에 곱하면 각 당사자들이 분담할 공동해손분담금이 산출된다.

$$각\ 공동해손분담금 = 각\ 공동해손분담가액 \times 분담률$$

## 제3절 협회적하약관

## 1. 협회적하약관의 의의와 구성

### 1-1 협회적하약관의 의의

#### (1) 협회적하약관: 구약관

해상보험거래에서 사용되는 약관은 대부분 협회약관(Institute Clause)이다. 협회약관은 런던보험자협회와 로이즈보험자협회의 기술 및 약관 위원회(Technical and Clauses Committee)가 합동으로 만든 약관이며 이 중 적하보험에 적용되는 약관을 협회적하약관(Institute Cargo Clauses)이라 한다.

협회적하약관으로서 처음 제정된 것은 1912년 런던보험자협회가 채택한 협회적하약관 분손부담보약관(Free from Particular Average Clauses)이며 이 약관의 주요 내용은 보험자가 분손, 소손해 등을 부담하지 않는 것이다. 1921년에는 분손을 담보하는 협회적하약관 분손담보약관(With Average Clauses)이 제정되었으며 그 후 보험자들이 담보범위를 확장하는 추세에 발맞추어 1951년에 협회적하약관 전위험담보약관(All Risks Clauses)이 제정되어 이 세 가지가 협회적하약관의 기본약관으로 사용되기 시작하였다. 협회적하약관의 분손부담보약관, 분손담보약관 및 전위험담보약관은 해상적하보험의 기

**표 5-1**  협회적하약관의 성질별 분류

| 구 분 | 약관명 (2009년) |
|---|---|
| 담보위험<br>(Risks Covered) | 1. 위험 (Risks)<br>2. 공동해손 (General Average)<br>3. 쌍방과실충돌약관 (Both to Blame Collision Clause) |
| 면책조항<br>(Exclusions) | 4.<br>5.<br>6.<br>7. |
| 보험기간<br>(Duration) | 8. 운송약관 (Transit Clause)<br>9. 운송계약종료 (Termination of Contract of Carriage)<br>10. 항해변경 (Change of Voyage) |
| 보험금청구<br>(Claims) | 11. 피보험이익 (Insurable Interest)<br>12. 계반비용 (Forwarding Charges)<br>13. 추정전손 (Constructive Total Loss)<br>14. 증액 (Increased Value) |
| 보험이익<br>(Benefit of Insurance) | 15. |
| 손해경감 (Minimizing Losses) | 16. 피보험자의무 (Duty of Assured)<br>17. 포기 (Waiver) |
| 지연의 방지<br>(Avoidance of Delay) | 18. |
| 법률 및 판례<br>(Law and Practice) | 19. |

\* 1982년 약관에는 각 조별로 약관 이름이 있었지만 2009년 약관에서는 약관 명칭이 혼란을 초래할 수 있다는 이유로 그 이름을 삭제한 조문이 많고, 특히 면책조항과 관련된 약관에서는 모두 이름을 삭제하였다.

본조건으로 사용되면서 1958년과 1963년 대폭 개정되었다.

(2) 협회적하약관: 2009년 신약관

협회적하약관 구약관은 분손부담보약관과 그 후에 제정된 분손담보약관이 손해의 형태에 따라 구분된 것이어서 그 내용이 애매모호한 점이 많았고, 전위험담보약관은 약관의 명칭과 실제 내용이 일치하지 않는 부분도 있었다. 이에 따라서 1982년 신양식의 해상보험증권이 제정될 때 약관의 명칭과 내용이 알기 쉽게 대폭 정비된 협회적하약관 A약관, 협회적하약관 B약관 및 협회적하약관 C약관을 기본약관으로 하는 신약관이 제정되었다.

협회적하약관 신약관이 사용된 지 20여 년이 지나는 동안 테러리즘, 해상사기 등 새로운 위험이 등장함에 따라 협회적하약관의 개정이 불가피하게 되어 2009년 1월 1일부터 개정된 신약관이 사용되고 있다. 2009년 신약관은 A약관, B약관 및 C약관을 기본으로 하는 체제는 1982년 신약관과 동일하지만 테러리즘에 대해 새로운 정의를 포함하고 그 동안 애매모호했던 표현을 확실하게 하였다.

### 1-2  협회적하약관의 구성

2009년도부터 사용되고 있는 협회적하약관의 기본약관은 A약관, B약관 및 C약관으로 구성되어 있고 각 약관은 〈표 5-1〉에서처럼 8개의 그룹약관으로 구성되어 있다. A약관, B약관 및 C약관은 각각 19개의 개별약관으로 구성되어 있지만 제1조의 위험, 제4조 및 제6조만 서로 다르고 나머지 항목은 모두 동일하다.

## 2. 협회적하약관 A(Institute Cargo Clauses A)

### 2-1  담보위험

(1) 위험

제1조는 보험자의 담보범위를 규정하고 있는 약관이다. 협회적하약관의 A약관은 포괄책임주의의 원칙이기 때문에 위험약관에는 보험자의 면책위험(excepted peril)이 열거되어 있다. 즉 보험자는 제4조 일반면책위험, 제5조 선박의 불내항 및 부적합위험, 제6조 전쟁위험 및 제7조 동맹파업위험을 제외한 모든 위험에 근인하여 발생한 손해를 보상한다.

만약 사고의 원인이 네 가지 면책위험에 속하면 보험자는 보상하지 않지만 그러한 사실을 입증할 책임은 보험자에게 있다. 이와 같은 원칙을 포괄책임주의라 한다.

과거에는 이 약관을 전위험담보약관이라고 했는데, 실제로는 모든 위험을 담보하는 조건이면서도 전쟁위험(war risk)과 동맹파업, 폭동 및 소요위험(strikes, riots and civil commotions risk)은 담보하지 않았기 때문에 전위험 담보조건이라는 명칭은 보험조건으로서 걸맞지 않았다. 따라서 단순히 명칭만 보고 담보위험을 오해하는 경우도 생기고 보험자의 담보범위도 분명하지 않아 1982년 신약관을 제정하면서 불합리한 명칭을 피하고 보험자가 보상해 주는 범위를 명확하게 명시하였다.

### (2) 공동해손

제2조는 공동해손 및 구조비를 보험자가 보상한다는 내용이다. 즉 공동해손으로 피보험자가 분담해야 할 공동해손분담금이 있으면 보험자가 이를 부담한다. 만약 보험목적물이 희생되었거나 비용이 지출되었으면 피보험자는 보험자로부터 손해액의 전액을 먼저 회수할 수 있고 나머지 당사자들이 분담해야 할 분담금에 대해서는 보험자가 정산이 완료된 후 청구한다.

그리고 제3자의 구조활동에 따라 피보험자가 스스로 부담해야 할 구조비용도 보험자가 보상한다. 그러나 공동해손과 구조비는 반드시 보험자의 담보위험에 근인하여 발생해야 한다. 예를 들어 불내항성과 같이 보험자의 면책위험으로 침몰하는 선박을 구조했을 경우, 이 때의 구조비는 보험자가 보상하지 않는다.

### (3) 쌍방과실충돌약관

이 약관은 보험자의 손해보상범위를 확장하여 선하증권의 쌍방과실충돌약관에 의하여 피보험자가 부담해야 할 금액 중 보험증권에서 보상받을 수 있는 손해에 관한 부분을 보험자가 지급해 줄 것을 규정한 것이다.

원래 선박의 충돌로 인한 화물의 손해에 대해서 화주는 자선의 선주에게 손해배상청구를 할 수 없다. 왜냐하면 충돌은 항해상의 과실(error in the navigation)에 속하여 선주는 운송물의 손해에 대해서 배상할 책임이 없기 때문이다. 그런데 충돌 클레임을 정산하는 과정에서 선주는 자선의 화물 손해를 간접적으로 보상하는 결과를 가져온다.

선하증권의 쌍방과실충돌약관은 이와 같이 선주가 자선의 화물 손해에 대해서 간접적으로 보상한 금액을 다시 회수할 수 있도록 규정한 것이다. 만약 피보험자가 선주로부터 이러한 금액을 청구받았을 경우에는 피보험자는 그 취지를 보험자에게 통지하고 보험자로부터 보상받을 수 있다.

## 2-2 면  책

### (1) 일반 면책

제 4 조는 보험자의 면책사항을 일곱 가지로 구분하여 구체적으로 명시한 약관이다. 이 약관에 명시된 면책사항은 어떠한 특약에 의해서도 담보되지 않으며 그 내용은 〈표 5-2〉와 같다.

### (2) 불내항 및 부적합 면책

제 5 조는 선박의 불내항성 및 부적합성으로 인한 보험사고에 대해서 보험자가 책임을 지지 않는다는 약관이다. 그런데 선박, 운송용구 등의 불내항성 및 부적합성은 화주(피보험자)가 통제할 수 없는 요인이기 때문에 화주가 화물을 적재할 때 불내항성 및 부적합성을 모르고 있을 경우에는 보험자가 보상한다. 불내항 및 부적합면책위험은 어떠한 특약에 의해서도 담보되지 않는다.

### (3) 전쟁면책

제 6 조는 전쟁위험에 근인한 손해에 대해서 보험자의 면책을 규정한 것이다. 그런데 이 약관에서 해적행위 제외(piracy excepted)라는 단서조건이 삽입되어 있는데, B약관 및 C약관에는 이러한 조건이 없다. 해적행위는 해적의 강탈, 파괴, 방화 등의 행위를 뜻하는데, 과거에는 전쟁위험으로 취급되었다. 그러나 여기서는 해적행위를 전쟁위험에서 제외했기 때문에 A약관에서는 보험자가 해적행위도 담보한다. 전쟁위험은 협회전쟁약관(Institute War Clauses)을 이용할 경우 담보된다.

### (4) 동맹파업면책

제 7 조는 동맹파업, 폭동, 소요, 테러리스트 등으로 인한 손해에 대해서

**표 5-2**　협회적하약관의 일반 면책위험

- 피보험자의 고의적 불법행위
- 통상의 누손 · 중량 또는 용적의 통상적인 손해 · 자연소모
- 포장 또는 준비의 불완전 혹은 부적합
- 보험목적물 고유의 하자 또는 성질
- 항해의 지연으로 인한 손해
- 선주, 관리자, 용선자, 운항자의 파산 혹은 재정상의 채무불이행
- 원자력, 핵분열, 핵융합 또는 이와 비슷한 전쟁무기의 사용

보험자가 면책됨을 규정한 것이다. 과거에는 이 약관을 동맹파업, 폭동 및 소요부담보약관(Free from Strikes, Riots and Civil Commotions Clause: SRCC)으로 표현하였다. 현재 동맹파업위험은 특약에 의해서 담보 가능하다.

### 2-3  운송기간

#### (1) 운송약관

운송약관은 보험자가 손해보상의 책임을 져야 하는 보험기간에 관한 약관인데, 과거 Lloyd's SG 보험증권에서는 보험기간을 화물이 본선에 적재될 때부터 도착항에 양륙될 때까지 소위 항해구간(port to port)으로 규정하였다. 이러한 보험기간은 현실적으로 불편한 점이 많아서 19세기 말부터는 보험자의 책임을 선적항의 창고에서 목적항의 창고까지 연장하는 창고간약관(Warehouse to Warehouse Clause)이 사용되기 시작하여 지금에 이르고 있다.

#### (2) 운송계약종료

제 9 조는 피보험자의 영향력이 미치지 못하는 사정에 의하여 목적지에 도착하기 전에 항해가 종료되는 경우 계속 담보하기 위한 약관이다. 불가항력으로 항해가 중단되는 경우에는 피보험자는 그러한 사태에 관한 정보를 입수한 즉시 보험자에게 통지하고 추가보험료(additional premium)를 납부하는 것을 조건부로 계속 담보가 가능하다.

#### (3) 항해변경

제10조는 보험증권상에 명시된 목적항이 변경될 경우 보험자의 책임이 중단됨을 규정한 것이다. 그러나 목적항 변경을 즉시 보험자에게 통지할 것을 조건으로 추가보험료와 보험조건에 의해 담보가 계속될 수 있다.

### 2-4  보험금 청구

#### (1) 피보험이익

보험을 도박이나 사행과 구별하기 위해 피보험자는 손해발생시에 피보험이익을 갖고 있어야 함을 규정한 약관이다. 그러나 적하보험에서는 소급보상의 원칙이 적용되기 때문에 보험계약을 체결하기 전에 발생한 보험사고에 대해서도 피보험자가 그러한 사실을 몰랐을 경우에는 보상받을 수 있다.

### (2) 계반비용

제12조는 담보위험으로 중간항에서 화물을 양륙할 경우 이에 따른 하역비용, 창고보관료, 재포장비, 재선적비 및 처음 약정된 목적지까지의 운반비용 등을 보험자가 보상한다는 내용이다. 그 동안 이러한 비용도 손해방지비용에 포함되느냐의 논란이 있었는데, 이를 명문화하여 계반비용도 보험자의 보상범위에 포함시켰다.

### (3) 추정전손

현실전손은 아니지만 현실전손을 피할 수 없거나 보험목적물의 복구비용이 오히려 그 가액을 초과하여 그대로 현실전손으로 처리하는 것이 유리할 경우 피보험자는 위부를 적절히 통지하고 추정전손으로 처리할 수 있음을 규정한 약관이다.

### (4) 증액

보험계약을 체결한 후 피보험자가 다시 동일한 보험목적물에 대하여 증액보험을 체결하는 경우가 있다. 예를 들어 CIF계약에서는 수출업자가 수입업자를 위해 CIF금액의 110%를 부보하는데, 다시 수입업자가 수입물품의 가격이 앙등한다든지 또는 10% 이상의 판매이윤이 생길 것으로 판단하여 별도로 증액보험을 체결하기도 한다.

원보험과 별도로 증액보험을 또 다시 체결하면 동일한 보험목적물에 대해서 두 가지 이상의 보험계약이 존재하기 때문에 중복보험에 의한 초과보험(over insurance by double insurance)이 될 수 있다. 이런 점을 고려하여 증액약관에서는 증액보험이 체결된 경우 보험목적물의 평가액은 증액된 보험금액만큼 증가하는 것으로 간주하며 손해보상도 원보험자와 증액보험자가 각각의 보험금액만큼 비례하여 보상해 줄 것을 규정하고 있다.

## 2-5  보험이익

운송인이나 기타 해상사업에 관련 있는 수탁자에게 보험계약이 체결되어 있다는 이유로 어떤 이익이나 혜택을 주어서는 안 된다는 사실을 주지시킨 약관이다.

## 2-6 손해경감

### (1) 피보험자 의무

피보험자의 손해방지활동과 운송인, 수탁자 또는 기타 제3자에 대한 손해배상청구권을 확보할 것을 피보험자의 의무로서 규정한 약관이다.

운송인의 잘못으로 손해가 발생할 경우 화주는 운송인에게 손해배상을 청구함이 당연하다. 그러나 손실 화물이 보험계약이 체결되어 있을 경우 화주는 보험자로부터 보상금을 받고 운송인이 입힌 손실에 대한 배상청구권을 보험자에게 양도한다.

그러면 보험자는 피보험자에게 먼저 손해액을 배상해 주고 양도받은 대위권을 행사하여 손해배상을 운송인에게 청구하게 된다. 이런 경우에 피보험자는 운송인에 대한 청구권을 보전해 두어야 후일 보험자가 손해배상을 청구할 수 있기 때문에 이러한 피보험자의 의무를 이 약관에서 규정한 것이다.

### (2) 포기

보험목적물을 구조하기 위한 피보험자 또는 보험자의 손해방지행위는 위부의 포기 또는 승낙으로 간주되지 아니하며, 또한 각 당사자의 권리를 침해하지 아니함을 규정한 약관이다.

추정전손이 발생하여 피보험자가 위부통지를 하면 대개의 경우 피보험자는 보험자가 위부를 수락해 주길 기대한다. 그런데 보험자가 위부를 수락하려면 손해가 확대되어 현실전손에 가까워야 하기 때문에 피보험자는 위부통지를 하면서 손해방지활동을 하지 않으려는 심리가 작용한다. 또한 피보험자가 위부통지를 하고 동시에 손해방지활동을 할 경우 보험자는 이를 피보험자의 위부포기로 착각할 수 있기 때문에 피보험자는 위부통지를 할 때 손해방지활동을 하지 않으려는 경향이 있다.

한편 보험자가 위부의 통지를 받고서 손해방지활동을 하면 피보험자는 이러한 보험자의 행동을 보고 위부의 승낙으로 간주하여 자칫하면 피보험자나 보험자는 손해방지행위를 서로 미룰 수 있다. 포기약관은 이를 방지하기 위해 쌍방이 서로 미루지 말고 손해방지행위를 성실히 수행할 것을 규정한 것이다.

## 2-7  지연의 방지

제18조는 지연으로 보험자가 피해보는 것을 방지하기 위하여 피보험자로 하여금 신속하게 행동하여 조치할 것을 보험의 조건으로 한 것이다.

## 2-8  법률 및 관례

제19조는 이 보험과 관련하여 문제가 발생하면 영국의 법률과 관례에 따라 해결할 것을 규정한 것이다.

우리나라에서 발행되는 영문해상보험증권도 영국의 법률 및 관례에 따른다. 그리고 이러한 준거법 약관은 당사자 사이에 법적으로 유효하다는 우리나라 대법원 판결이 있다(대법원 1977. 1. 11. 판결, 71다2116 보험금-파기환송).

> ▶ 주의사항(Note)
>
> 피보험자가 이 보험에 의해 '계속 담보를 받는'(held covered) 사유가 발생하면 지체 없이 그 취지를 보험자에게 통지해야 하며, 계속 담보받을 수 있는 권리는 이 의무를 이행했을 경우에 한한다.

## 3. 협회적하약관 B(Institute Cargo Clauses B)

협회적하약관 B약관은 A약관과는 제1조, 제4조 및 제6조만 다르고 나머지는 동일하다.

(1) 위험

제1조에는 B약관에서 보험자가 담보하는 위험이 열거되어 있다. A약관은 포괄책임주의이기 때문에 면책위험을 명시하고 있지만 B약관 및 C약관은 열거책임주의이므로 담보위험을 명시하고 있다. B약관은 과거의 분손담보(WA)약관을 정비한 것이다.

협회적하약관 B약관에서 보험자가 담보하는 위험은 구체적으로 다음과 같다.

① 화재 또는 폭발
② 선박 또는 부선의 좌초, 교사, 침몰 또는 전복
③ 육상운송용구의 전복 또는 탈선
④ 선박·부선 또는 운송용구와 물 이외 타물체와의 충돌 또는 접촉
⑤ 조난항에서 적하의 양하
⑥ 지진, 분화 또는 낙뢰
⑦ 공동해손희생
⑧ 투하 또는 파도에 의한 갑판상의 유실
⑨ 선박, 부선, 선창, 운송용구, 컨테이너, 리프트밴 또는 보관소에 해수, 호수 또는 하천수의 유입
⑩ 선박 또는 부선에 선적 또는 양하작업중 해수면으로 낙하하여 멸실되거나 추락하여 발생된 포장단위당 전손

### (2) 일반면책

A약관의 제4조에서는 보험자가 면책되는 위험이 일곱 가지 열거되어 있지만 B약관 및 C약관에서는 여기에 제3자의 불법행위 면책사항이 추가되어 여덟 가지가 열거되어 있다.

### (3) 전쟁면책

A약관의 제6조에는 해적행위가 전쟁위험에서 제외되어 있지만 B약관 및 C약관에서는 해적행위가 전쟁위험에 포함되어 있다. 이 점만 제외하고 나머지 사항은 A약관, B약관 및 C약관의 제6조의 내용은 모두 동일하다.

## 4. 협회적하약관 C(Institute Cargo Clauses C)

협회적하약관 C약관도 19개의 개별약관으로 구성되어 있지만 B약관과는 제1조만 다르고 나머지는 동일하다.

### (1) 위험

협회적하약관 C약관은 B약관과 마찬가지로 열거책임주의 원칙이기 때문에 보험자의 담보위험이 열거되어 있는데, 그 수가 B약관보다 적다. 따라서 이 약관은 A약관, B약관 및 C약관의 기본약관 중에서 보험자의 담보범위가 가장 좁다.

협회적하약관 C약관의 담보위험은 다음과 같다.

① 화재 또는 폭발
② 선박 또는 부선의 좌초, 교사, 침몰 또는 전복
③ 육상운송용구의 전복 또는 탈선
④ 선박·부선 또는 운송용구와 물 이외 타물체와의 충돌 또는 접촉
⑤ 조난항에서 적하의 양하
⑥ 공동해손희생
⑦ 투하

　　지금까지 설명된 협회적하약관 A약관, B약관 및 C약관의 담보위험을 비교해 보면 〈표 5-3〉과 같다.

**그림 5-3** 담보위험의 비교

| 담 보 위 험 (1조) | 각 약관에서의 담보 여부 | | |
|---|---|---|---|
| | (A) | (B) | (C) |
| 화재, 폭발 | ○ | ○ | ○ |
| 본선·부선의 좌초, 교사, 침몰, 전복 | ○ | ○ | ○ |
| 육상운송용구의 전복, 탈선 | ○ | ○ | ○ |
| 본선·부선·그 밖의 운송용구의 물 이외 타물체와의 충돌, 접촉 | ○ | ○ | ○ |
| 피난항에서의 화물의 하역 | ○ | ○ | ○ |
| 지진, 화산의 분화, 낙뢰 | ○ | ○ | × |
| 공동해손희생손해 | ○ | ○ | ○ |
| 투 하 | ○ | ○ | ○ |
| 갑판유실 | ○ | ○ | × |
| 본선·부선·선창·운송용구·컨테이너·리프트밴·보관장소에의 해수, 호수, 하천수의 침입 | ○ | ○ | × |
| 본선·부선에서 선적·하역 작업 중 바다에 떨어지거나 갑판에 추락한 매포장 단위당 전손 | ○ | ○ | × |
| 그 밖의 모든 위험에 의한 멸실, 손상 | ○ | × | × |

## 5. 협회전쟁 · 동맹파업약관

### 5-1  협회전쟁약관

전쟁위험은 협회적하약관 제6조 전쟁면책에 따라서 보험자의 면책위험에 속하므로 특약에 의해서만 담보 가능하다. 적하보험에서 전쟁위험을 담보하는 약관은 협회전쟁약관(Institute War Clauses)이며 여기에는 해상운송화물, 항공운송화물 및 우송물에 각각 적용되는 세 가지 종류가 있다. 해상운송화물에 적용되는 전쟁담보약관은 협회전쟁약관(적하)(Institute War Clauses, Cargo)이다.

협회전쟁약관에서 담보하는 위험은 다음과 같다.

① 전쟁, 내란, 혁명, 모반, 반란 또는 이로 인하여 발생한 국내투쟁 혹은 교전국에 의하여 또는 교전국에 대하여 행해진 적대행위
② 상기 ①에서 담보되는 위험으로 인한 포획 · 나포 · 강류 · 억지 또는 억류 및 그러한 행위의 결과 또는 그러한 행위의 기도
③ 유기된 기뢰 · 어뢰 · 폭탄 또는 기타 유기된 전쟁무기

### 5-2  협회동맹파업약관

협회적하약관의 제7조에 따라서 동맹파업, 폭동, 소요 등의 위험은 보험자의 면책위험이므로 협회동맹파업약관(적하)(Institute Strikes Clauses, Cargo)으로 특약을 체결해야 담보된다. 보험자가 담보하는 동맹파업과 관련되는 위험은 협회적하약관의 제7조에서 보험자의 면책으로 열거되어 있는 위험이다. 협회적하약관에서와 마찬가지로 보험자는 보험목적물의 멸실 또는 손상만을 담보한다.

협회동맹파업약관에서 담보하는 위험은 다음과 같다.

① 동맹파업자 · 직장폐쇄를 당한 노동자 또는 노동분쟁 · 폭동 또는 소요에 가담한 자
② 테러리스트 또는 정치적 동기에 의하여 행동한 자

## 제4절 해상보험계약의 체결과 보험금의 청구

### 1. 적하보험계약의 체결

#### 1-1 적하보험청약서

해상보험계약은 낙성계약이기 때문에 보험계약자가 청약을 하고 보험자가 이를 승낙했을 때 성립한다. 보험청약은 긴급한 경우에는 구두나 전화로 청약하기도 하지만 원칙적으로 소정의 청약서에 필요한 사항을 기입한 후 서명·날인하여 보험중개사 또는 보험자에게 제출해야 한다. 우리나라에서 적하보험계약이 체결될 경우 청약서에 기재해야 할 사항은 다음과 같다.

(1) 청약자 사항

보험계약자, 피보험자, 보험기간, 보험증권 번호, 보험료 납부 사항 등에 관한 내용을 기재한다. 보험계약자는 거래조건에 따라서 수출업자 혹은 수입업자가 된다. 예를 들어 FOB 거래조건인 경우 수입업자가 적하보험을 체결해야 하므로 수업업자가 보험계약자이며 피보험자가 된다. 하지만 CIF 조건일 경우에는 보험계약자는 수출업자이고 피보험자는 수입업자이지만 보통 수출업자가 자기를 피보험자로 하여 보험증권을 수입업자에게 양도하는 형식을 취한다.

(2) 주요 기재사항

항해구간, 운송선박, 보험목적물, 보험조건, 공제액(deductible) 등을 기재한다. 운송선박 등은 적하보험에서 중요한 사항에 속하므로 화물을 적재한 선명 혹은 항공기편을 기입한다. 수입의 경우 대개 선명, 항공기편 등을 알 수 없으므로 'TBD'(to be declared) 혹은 'TBN'(to be noticed)으로 기입하고 나중에 선명 혹은 항공기편을 고지한다. 그리고 공제액은 보험계약을 체결할 때, 증권 상에 명시된 금액을 보상금에 차감할 것을 보험자와 합의한 금액이다. 이 금액이 클수록 보험료는 줄어든다.

(3) 기타 사항

보험금 지급지 등 특별한 지시사항을 기재한다. 보험금 지불을 희망하는 장소를 기입하는데, CIF 조건일 경우 수출업자가 적하보험을 체결하고

## 서식 5-2 보험청약서

# APPLICATION

Hicar HiLife

Stock Throughput Insurance

### ∎ APPLICANT INFORMATION

| POLICY NO. | | | DATE | | EXP.POLICY | |
|---|---|---|---|---|---|---|
| PERIOD | | | | | | |
| APPLICANT | NAME | | CODE | | | |
| | ADDRESS | | | | | |
| | TELEPHONE | | E-mail | | | |
| ASSUED | NAME1 | | CODE | | | |
| | NAME2 | | CODE | | | |
| HANDLER | NAME | | CODE | | CONTACT | ( ) - |
| PREMIUM | (CURRENCY) | | INSTALLEMENT | □ FULL PAYMENT<br>□ MONTHLY ADJUSTMENT | RATE | |

※ 환율적용일에 따라 납입하실 보험료가 변동될 수 있습니다.

### ∎ SCHEDULE

| MAIN VOYAGE | |
|---|---|
| CONVEYANCE | |
| INSURED ITEM | |
| CONDITIONS | |
| AMOUNT INSURED | LIMIT OF LIABILITY |
| DEDUCTIBLE | |
| REMARKS | |

SPECIMEN

### ∎ CLAUSES TO BE APPLIED

☑ AS PER INSURER'S QUOTATION
- REFERENCE NO :
- DATED :

### ∎ WORDING / REMARKS

Authorized Representative

H 현대해상화재보험

만약 해난사고로 인해 보상을 해야 할  경우는 수입업자가 보험금을 영수하므로 보험금 지급지를 명시한다. 그리고 수출의 경우 무역계약서에서 요구하는 보험조건을 특별히 기재할 때가 많다.[2]

## 1-2  보험증명서와 보험승낙서

### (1) 보험증명서

장기간에 걸쳐 수출 또는 수입하는 무역회사는 매건마다 개별적으로 보험계약을 체결하지 않고 미리 이들 모두를 포함하는 포괄보험계약(open cover)을 체결할 수 있다. 이 때 발행되는 보험증권을 포괄보험증권(open policy)이라 하며 이 포괄보험증권의 원본에 의해서 개개의 화물이 보험계약이 체결되었음을 증명하는 약식 보험서류를 보험증명서(insurance certificate)라 한다. 보험증명서도 보험증권과 마찬가지로 보험서류로 인정되며 은행에서 수리된다.

### (2) 보험승낙서

최근 들어 피보험자가 보험자와 직접 보험계약을 체결하지 않고 보험중개사를 통하는 경우가 많은데 특히 영국의 로이즈 보험시장에서는 반드시 보험중개사를 통해서만 해상보험계약이 체결된다. 이 때 보험중개사는 피보험자로부터 보험료를 징수할 경우 보험료를 받았다는 영수증으로서 그리고 반드시 보험자와 보험계약을 체결하겠다는 일종의 부보각서로서 보험승낙서(cover note)를 발행한다.

그러나 보험중개사가 발행하는 보험승낙서는 보험서류로서 일반적으로 인정되지 않는다. 이 보험승낙서는 피보험자와 보험중개사간에는 보험증권의 대용으로 사용될 수 있지만, 그 밖의 용도로서는 사용될 수 없는 성질이다. 따라서 일반적인 무역거래에서는 별도의 언급이 없는 한 보험승낙서는 보험서류로서 인정되지 않고 있다.

---

2) 보험계약의 청약은 위험이 개시되기 전에 행하는 것이 원칙이다. 그러나 위험이 개시되기 전 보험계약을 청약하려고 해도 화물의 수량, 보험가입금액, 운송선박 등 보험계약의 내용이 확정되지 않는 경우가 많으므로 나중에 확정되는 대로 지체 없이 보험자에게 고지할 것을 조건으로 보험계약이 체결되는데 이를 예정보험이라 한다. 특히 FOB 조건에서와 같이 수입업자가 보험계약을 체결할 경우 수출업자로부터 선적완료통지를 받은 후에야 모든 사항이 확정되므로 이런 경우 수량, 금액 등에 대해서는 계약서 금액으로 하고 선명은 미상인 채로 선명미상보험증권(floating policy)을 사용한다.

### 1-3 적하보험조건의 종류와 선정

#### (1) 적하보험 기본조건

적하보험의 기본조건은 보험자의 담보범위에 따라 협회적하약관(ICC) A약관(A/R), B약관(W/A) 및 C약관(FPA) 세 가지가 있다. 담보범위는 A약관이 가장 넓고 그 다음 B약관, C약관의 순이며 이에 따라 A약관에 적용되는 보험요율이 제일 높다. 보험계약자는 화물의 종류, 운송구간, 운송시기 등을 고려하여 세 가지 조건 중 하나를 반드시 선택해야 한다.

#### (2) 적하보험 부가조건

기본조건만으로 모든 손해를 보상받을 수 없기 때문에 여러 가지 부가조건이 활용되고 있다. 예를 들어 기본조건 중 담보범위가 가장 넓은 A약관에서도 전쟁위험 및 동맹파업위험은 면책위험이기 때문에 이러한 위험으로 인한 손해를 보상받으려면 전쟁위험과 동맹파업위험을 담보하는 부가조건을 별도로 이용해야 한다. 적하보험에서 많이 이용되는 부가조건은 다음과 같다.

① 협회전쟁약관(Institute War Clauses): 전쟁위험을 담보하는 약관이다.

② 협회동맹파업약관(Institute Strikes Clauses): 동맹파업, 폭동, 소요 등의 위험을 담보하는 약관이다.

③ 도난, 발하 및 불착 담보약관(Theft, Pilferage and Non-Delivery: TPND Clause): 도난, 좀도둑 및 포장단위의 불착위험을 담보한다.

④ 투하·갑판유실 담보약관(Jettison, Washing Over Board: JWOB Clause): 화물을 바다에 버리거나 갑판에 적재된 화물이 파도에 씻겨 내려가는 위험을 담보하는 약관이다.

⑤ 빗물 및 담수위험 담보약관(Rain and/or Fresh Water Damage: RFWD Clause): 바닷물 이외의 물에 젖는 위험을 말하며 대개 비오는 날에 하역을 함으로써 발생하는 위험이다.

⑥ 기름위험담보약관(Contact with Oil and/or Other Cargo: COOC Clause): 연료 기름이나 기계의 기름이 다른 화물에 묻게 되면 그 화물은 상품으로서의 가치를 상실할 수 있으므로 이러한 위험을 담보하는 약관이다.

⑦ 땀 및 열위험 담보약관(Sweat & Heating Clause): 선창 내의 열이 너무 올라가서 생기는 위험과 급격한 온도변화 때문에 생기는 수증기로 야기

되는 위험을 담보하는 약관이다. 특히 피혁제품과 어분 같은 화물이 땀 및 열의 위험에 약하며, 또한 동서로 항해하는 선박보다 남북, 즉 온대지방과 열대지방을 항해하는 선박에서 많이 일어나는 위험이다.

⑧ 원산지손해약관(Country Damage Clause): 원면이 경작지에서 포장된 후 선적되기까지의 사이에 비바람에 노출되거나 지면의 습기가 스며들어 발생하는 손해 등 수입면화의 원산지 손해를 담보하는 약관이다. 그러나 외항선에 적재되기 전에 발생하는 홍수, 해일, 호우 등에 의한 손해와 외항선에 적재될 때 명백하게 밝혀진 손해는 보상하지 않는다.

⑨ 냉동기관약관(Refrigerating Machinery Clause): 주로 육류 및 생선에 첨부하는 약관으로 선박의 냉동실에 보관되어 있는 동안 냉동기의 고장 및 파열에 연유해서 생긴 모든 멸실이나 손상을 담보한다.

⑩ 내륙운송연장담보약관(Inland Transit Extension: ITE Clause): 해상운송과 연계하여 육상운송을 할 경우 해상보험에 의한 담보구간을 내륙지점까지 확장하는 약관이다.

⑪ 내륙장치기간연장담보약관(Inland Storage Extension: ISE Clause): 세관통관이 지연됨으로써 화물을 보세창고 등에 장기간 보관할 경우 해상보험의 담보기간을 연장하는 약관이다.

### (3) 적하보험조건의 선정

적하보험계약을 체결하려면 피보험자는 기본조건 A약관, B약관 및 C약관 중 하나를 먼저 선정해야 한다. 기본조건만으로 예상되는 위험을 충분히 담보할 수 없다고 판단되면 부가조건을 별도로 이용할 수 있다. 일반적으로 보험조건을 선정할 때는 거래조건, 보험료, 화물의 성질, 포장상태 등 화물과 관련되는 여러 가시 상황을 고려해야 한다.[3]

---

3) 대전에 위치한 수입업자가 FOB 조건으로 일본 고베에서 신문용지를 수입하는데 7월 선적조건이었다. FOB 조건이기 때문에 수입업자가 적하보험계약을 체결해야 하므로 수입업자는 먼저 기본조건의 C조건을 정하였다. 왜냐하면 고베항에서 부산항까지 운송구간이 매우 짧아서 A조건이 필요하지 않고 B조건도 고려해 볼만 하지만, B조건에서 담보하고 C조건에서는 담보하지 않는 위험이 이런 운송에는 일어날 확률이 드물기 때문이었다. 그런데 운송 시기가 7월 장마철이고, 수입 화물이 신문용지인 점을 고려해서 빗물에 의한 위험이 우려되어 이를 담보하는 RFWD 약관으로 특약을 체결하였다. 부산항에서 하역되어 대전으로 운송되는 구간까지 이미 체결한 해상보험으로 담보받기 위해서 ITE 조건을 활용하여 'ICC C Clause including RFWD and ITE(대전)' 적하보험계약이 체결되었다.

### 1-4  적하보험요율의 체계

현재 우리나라에서 사용하고 있는 적하보험요율은 대한손해보험협회에서 산정한 협정요율이다. 대한손해보험협회는 적하보험요율을 수록한 해상보험요율서를 작성하고 모든 보험회사는 이 요율서에 정해진 바에 따라 보험료를 징수하도록 하고 있다. 그러나 악의손해위험 등 몇 가지 특수한 위험에 대해서는 재보험자와 협의한 요율을 적용할 수 있도록 허용함으로써 부분적으로 자유경쟁요율을 채택하고 있다.

적하보험요율은 화물의 종류에 따른 기본적인 보험요율 외에 보다 합리적인 보험요율의 산정이 가능하도록 지역구분, 공통적용사항 및 요율, 부가조건 및 부가위험요율 등으로 구분되어 있다.

#### (1) 지역구분

항해구간에 따라 지역을 구분하여 보험요율을 달리 적용하고 있다.

#### (2) 복합요율의 적용

A조건을 제외한 기본조건에 하나 이상의 부가조건이 결합된 복합조건에 대한 적용요율은 당해 화물의 A조건에 대한 기본요율을 초과할 수 없다. 예를 들어 ICC A에 적용되는 요율은 'ICC B including TPND'에 적용되는 요율보다 높아야 한다. 'ICC B including TPND'의 요율이 더 높으면 차라리 ICC A로 보험계약을 체결하는 것이 유리하다. 왜냐하면 ICC A는 포괄책임 원칙이기 때문에 아무리 부가조건을 많이 열거하더라도 ICC A의 담보범위가 넓기 때문이다. 다만 부가위험(ITE, ISE, T/S 등)을 추가로 담보할 경우에는 당해 추가보험료를 별도로 적용한다.

#### (3) 운송선박 및 방법

① 부선화물: 부선으로 운송하는 화물은 'Total Loss Only'(TLO)조건으로 인수(유류 제외)함을 원칙으로 하고 이 부선이 예인될 경우에는 공인된 검정인의 예인계획서에 대한 사전 승인을 받아야 한다. 유류부선이 예인될 경우에는 동일항구 내인 경우에 한하여 공인검정인의 예인계획서에 대한 사전 승인을 면제한다. 그러나 보세지역에서 외항본선인도 또는 외항본선에서 보세지역까지의 운송화물에 대해서는 보험조건을 제한하지 않는다. 부선화물(보세·외항 제외)을 'TLO' 이외의 조건으로 인수할 경우에는 보험조건과

운송방법에 따라 재보험자가 제시한 요율을 적용한다.

② 갑판상 적재화물: 보험계약체결 당시 갑판적재화물 여부를 알지 못할 경우 해당 화물은 C조건 또는 C조건에 WOB를 추가하여 인수함을 원칙으로 한다. 그러나 C조건에 WOB를 추가한 조건보다 높은 요율로 인수한 계약이 갑판적으로 판명되었을 경우에는 갑판적약관을 적용한다. 그리고 보험계약체결 당시 갑판적화물인 것을 알 경우 갑판적화물에 대하여 C조건보다 넓은 조건으로 인수하고자 할 경우에는 선창내적재 화물요율의 50%를 가산 적용한다. 그러나 컨테이너 화물은 갑판적약관을 적용하지 않는다.

③ 목조선 화물: 목조선으로 운송하는 화물은 C조건 WOB 이하 조건으로 한다.

④ 복합운송화물: 해상 및 항공으로 복합운송하는 경우에는 해당 지역의 A조건 요율을 적용하며 추가위험은 별도로 부과한다.

(4) 할증요율

선박, 보험금액, 지역 등에 따라 다음과 같은 할증요율이 적용된다.

① 선박할증: 협회선급약관(Institute Classification Clause)에서 인정하고 있는 적격선박(approved vessel)이 아닌 경우 할증요율이 적용된다.

② 보험금액할증: 보험금액이 보험가액(CIF 송장가액)의 130%에서 150%까지 이르는 계약에는 할증요율이 적용된다.

③ 지역할증: 네팔, 몬로비아, 칠레, 인디아, 베트남, 미얀마, 아프리카 전지역을 도착항 또는 목적지로 운송하는 화물에 대하여 A조건 또는 부가위험(TPND, Leakage/Shortage에 한함)을 첨부하여 인수하는 계약에는 지역할증이 적용된다.

▶ 적격선박

협회선급약관에 규정된 적격선박이라는 것은 다음의 요건을 충족시키는 선박을 말한다.
① 기계력에 의한 자항능력을 지니는 철선일 것.
② 10대 선급 가운데 하나를 취득할 것.
③ 선령이 15년 이하일 것.
④ 정기선(liner)의 경우는 선령이 15년을 넘어도 좋지만 25년 이하일 것. 다만 용선된 선박(chartered vessel)과 총톤수 1,000톤 미만의 선박에 대해서는 정기선이라도 선령 15년 이하가 아니면 적격선박으로 인정되지 않는다.

## (5) 최저보험료

보험계약건당 최저보험료는 US $7.00로 한다. 다만 원화로는 계약당일 한국외환은행의 대고객 전신환매도율에 의한 해당 원화로 한다.

## (6) 부가조건의 요율

적하보험의 부가조건에 적용하는 요율은 〈표 5-3〉과 같다.

**표 5-3** 부가조건의 요율

| 부가조건 | 요 율 | 부가조건 | 요 율 |
|---|---|---|---|
| Theft, Pilferage & Non-Delivery(TPND) | 0.16% | Contamination(Excl. Contamination Caused by Improper Tank Cleaning) | 0.8% |
| Rain and/or Fresh Water Damage(RFWD) | 0.034%(Case) 0.08%(Bag) 0.1%(Bulk) | Hook & Hole | 0.34% |
| Breakage | 0.19% | Sweat & Heating(S&H) | 0.8% |
| Leakage/Shortage | 0.19% | Denting & Bending | 0.1% |
| Washing Overboard (WOB) | ICC(C) rate | Contact with Oil and/or Other Cargo(COOC) | 0.34% |

**표 5-4** 부가위험의 요율

| 부가위험 | 요 건 | 요 율 |
|---|---|---|
| Transshipment (T/S) | ICC(B), ICC(C), ICC(Air) With Additional Conditions, ICC(A) Container Feeder(조건불구) | 매 회마다 0.04% 매 회마다 0.06% |
| Inland Transit Extension (ITE) | TLO ICC(B), ICC(C), W.O.B. With Additional Conditions, ICC(A), ICC(Air) 단, '보세-외항' 구간과 관련한 ITE담보위험의 경우 선적항 부두 내의 보세구역 이외의 창고(보험증권에 기재된 선적항 동일 행정구역에 소재)로부터 담보시는 상기 해당요율의 50%를 적용한다. | 0.053% 0.08% 0.15% |
| Inland Storage Extension(ISE) | 기간 30일 · 60일 · 90일 초과 요율 0.08, 0.15, 0.23 1일에 0.0025씩 가산 적용함 | |

(7) 부가위험의 요율

적하보험의 부가위험에 적용되는 요율은 〈표 5-4〉와 같다.

## 1-5  CIF계약의 보험료 산정

CIF계약에서 수출업자는 수입업자를 위해 수출물품의 CIF가액에 희망이익 10%를 합하여 보험계약을 체결한다. 즉 보험금액은 '(원가＋보험료＋운임)×110(%)'이다. 이 보험금액에 소요되는 보험료를 산정할 때는 보험료지수를 이용한다. 보험료지수는 다음의 수식에 의해 산정되며 실무적으로는 보험료율에 적합하게 미리 산정된 표를 이용한다.

보험금액＝$S$, 보험료율＝$R$, 보험료＝$X$, 원가＝$C$, 운임＝$F$

$$X = (C+X+F) \times 1.1 \times R$$

$$X = 1.1RC + 1.1RX + 1.1RF$$

$$X - 1.1RX = 1.1RC + 1.1RF$$

$$X(1-1.1R) = 1.1R(C+F)$$

$$X = \frac{1.1R}{(1-1.1R)}(C+F)$$

여기서 $\dfrac{1.1R}{(1-1.1R)}$ 을 보험료지수라 한다.

## 2. 보험금의 청구

### 2-1  보험사고의 통지

화물에 손해가 발생하면 피보험자는 이러한 사실을 아는 즉시 보험자에게 통지해야 할 의무가 있다. 피보험자의 통지의무를 실무에서는 예비적 이재통지(preliminary loss advice: PLA)라고 하는데 이러한 통지의무를 부과하는 이유는 피보험자로 하여금 보험사고가 발생한 사실을 신속히 통지하도록 함으로써 보험자가 손해의 원인, 범위 등을 조사하고 그에 대한 적절한 조치를 취하도록 하기 위해서이다. 만약 피보험자가 이러한 통지의무를 소홀히 하여 손해가 증대되면 보험자는 보험금을 감액할 수 있다.

손해통지의 방법으로는 구두(전화) 혹은 서면 어느 것이라도 무방하며 통지해야 할 내용은 보험계약의 내용, 화물의 손상상태, 화물의 보관장소 및 그 후의 예정 등이다. 예를 들면 '현재 부선상에 있으나 즉시 양륙하여 창고에 반입하고 손해 정도에 따라 상·중·하로 분류할 예정' 등으로 통지한다.

### 2-2 손해의 사정

대체로 손해가 경미하고 보편적으로 일어나는 형태이면 보험자가 직접 손해를 사정하고 만약 서류상 손해액 등이 구체적으로 확인되면 손해사정을 생략할 수도 있다. 그러나 손해액이 큰 경우와 운송인 등 제3자에 대한 손해배상청구가 가능한 경우에는 원칙적으로 전문검정기관에 입회조사를 의뢰해야 한다. 특히 공동해손이 선언되어 있는 경우나 원면, 곡물류 등 검정인이 지정되어 있는 경우에는 전문검정기관에 의한 입회조사가 반드시 필요하다.

전문검정기관은 전문적 지식을 가진 공평한 제3자로서 보험자 및 피보험자의 어느 한 쪽에도 치우치지 않는 입장에서 손해의 원인과 범위를 조사하고 손해의 정도(감가율)를 사정한다. 대표적인 검정기관들은 주요 항만이나 도시에 사무소가 있으며 전화 혹은 서면에 의한 의뢰를 받는다.

전문검정기관이 발급하는 검정보고서는 보험금 청구시 피보험자가 반드시 제출해야 할 서류로서 보상여부가 결정되는 중요한 서류이다. 우리나라에서는 수입화물의 경우 피보험자가 전국 주요 항만에 있는 검정기관에게 입회조사를 의뢰한다. 그리고 수출화물의 경우는 세계 주요 항구에 손해사정대리점이 있기 때문에 손해가 발생하면 수화인은 보험증권에 기재된 보험자의 손해사정대리점에 지체 없이 그 사실을 통지하고 차후 소속을 밟아 나간다.

### 2-3 보험금 청구 구비서류

중요약관에 따르면 보험금을 청구할 때 피보험자가 통상 구비해야 할 서류는 보험증권의 원본이나 부본, 선하증권, 상업송장, 포장명세서, 검정보고서 등이다. 그러나 보험사고의 유형에 따라 이들 서류 외에 다른 서류가 필요한데, 예를 들면 선박이 침몰하여 전손이 발생했을 경우에는 선하증권의 전통(full set)을 제출해야 하며 만약 기계가 손상되어 수리한 경우에는 수리비용의 청구서 등도 제출해야 한다.

### 2-4  보험금의 지급

보험자는 구비 서류를 받아 보험금 청구가 타당하다고 인정되면 보험금 영수증(claim receipt) 및 대위권 양도서(letter of subrogation)와 교환하여 보험금을 지불한다. 대위권 양도서는 피보험자가 선박회사 등 제3자에 대한 자신의 손해배상청구권이나 기타 이것에 관한 일체의 권리를 보험자에게 양도한다는 취지와 보험자가 대위권을 행사하는 데 모든 협조를 제공한다는 취지의 서류이다.

**표 5-5**  보험금청구 구비서류

| 공동해손의 경우 | 전손 및 단독해손의 경우 |
|---|---|
| ① 공동해손구상장<br>② 보험증권 원본 또는 사본<br>③ 선하증권 사본<br>④ 상업송장 사본<br>⑤ 공동해손통지서 사본<br>⑥ 기타서류<br>　- 공동해손보증장 또는 공동해손공탁금<br>　- 공동해손맹약서<br>　- 화물가액신고서 | ① 보험금 청구서한 (손해액명세 첨부)<br>② 보험증권 또는 보험증명서 원본 또는 사본<br>③ 상업송장(서명된 사본)<br>④ 선하증권 |

**서식 5-3** 보험금청구서

---

### Claim for Cargo Loss and/or Damage

Policy No. :

Amount :

Shipment :

Conveyance :

We enclose here with documents in support of a claim for the above mentioned shipment together with our claim statement amounting to

In this connection, we trust that you, upon examination, will find this in good order and justify in accordance with the terms of the above insurance policy issued for this goods.

In our opinion, this full set of claim documents can be accepted as sufficient proof of the above loss and/or damage.

Your settlement of the claim amount is anticipated at your earliest convenience.

Signature

Documents :

1. Claim Statement showing the Claim Amount

2. Survey Report or Other Certificate of Loss and/or Damage

3. Letter of Claim against Shipping Company and their Reply

4. Bill of Lading with Packing List

5. Commercial Invoice

6. Original Policy or Certificate of Insurance

제**6**장

# 무역대금결제

무역거래에서 수출업자의 가장 큰 관심거리는 수출대금의 확보이며 이에 따라 수출업자는 무역계약을 체결하면서 어떠한 방법으로 수출대금을 결제할 것인가를 가장 신중히 고려한다. 최근의 무역거래에서는 신용장, D/A · D/P, 송금, 팩토링, 포피팅 등의 방식에 의해서 대금결제가 이루어지고 있다. 특히 신용장은 개설은행이 수입업자를 대신하여 수출업자에게 지급을 확약하는 것이기 때문에 수출업자가 가장 선호하는 결제수단이다. 이 장에서는 대금결제방법을 신용장 방식과 무신용장 방식으로 구분하여 살펴보기로 한다.

## 제1절 │ 무역대금결제와 외국환

## 1. 무역대금결제의 개요

무역거래에서 수출입대금 결제와 관련된 사항은 누가 누구에게, 언제, 어떤 통화로, 어떤 수단으로, 그리고 어떤 방식을 통해 이루어지는가로 요약될 수 있다. 무역결제의 당사자, 결제시기, 결제통화와 수단, 결제방법 등은 무역계약을 체결할 때 결정되는데 이를 개략적으로 살펴보면 다음과 같다.

### 1-1  무역대금결제 당사자

(1) 채권자

일반적으로 채권자(creditor)는 채무자에게 지급을 청구할 수 있는 자를 말한다. 상거래에서 채권자는 매도인으로서 매수인에게 물품을 인도하고 그 대금을 청구할 수 있는 권리를 가진다. 무역거래에서는 매도인이라는 표현보다 수출업자로서 표현하는 경우가 많다.

(2) 채무자

채무자(debtor)는 매수인으로서 매도인에게 대금을 지급해야 할 의무가 있는 자이다. 매수인은 곧 수입업자로서 수출업자로부터 물품을 인수하기 위해서는 대금을 지급하거나 지급할 것을 약속해야 한다. 그리고 무역거래에서는 결제방식에 따라 수입업자 본인이 채무자일 수도 있지만 특정 은행이 수입업자를 대신하여 채무자가 되기도 한다.

### 1-2  무역대금결제 시기

(1) 선 지급

선 지급(advanced payment)은 물품이 선적되기 전 수입업자가 수출업자에게 대금을 미리 지급하는 선불 방식이다. 이 경우 수출업자는 수출대금을 선적 전에 확보할 수 있어 좋지만 수입업자는 물품을 받지 못하는 경우도 있을 수 있다. 따라서 이 방식은 수입업자가 수출업자의 신용을 완전히 믿는 경우나, 수입업자가 수출업자에게 수출자금을 융자해 줄 경우, 본·지사간의 거래 혹은 소액거래인 경우 등에 활용된다.

(2) 동시 지급

동시 지급(concurrent payment)은 수출업자가 물품을 인도하고 동시에 수입업자는 대금을 지급하는 방식을 말한다. 일반적인 상거래와 달리 무역거래에서는 물품과 대금이 한 장소에서 동시에 교환되는 경우는 드물고 대부분 물품을 찾을 수 있는 운송서류와 상환하여 대금 지급이 이루어진다.

(3) 후 지급

후 지급(deferred payment) 방식은 수입업자가 물품을 인수하고 일정 기간이 경과된 후 대금을 지급하는 기한부거래, 즉 외상 거래를 말한다. 수입업자는 수입자금 없이 수입할 수 있는 장점이 있지만 수출업자의 경우 대금 회수불능의 위험이 크기 때문에, 이 방식은 불경기로 인해 물품이 잘 팔리지 않을 경우 혹은 수출업자가 수입업자를 완전히 믿는 경우나, 본·지사간의 거래 등에 주로 이용된다.

(4) 혼합 지급

혼합 지급 방식은 선 지급, 동시 지급, 후 지급 중에서 두 가지 이상을 혼합하여 대금을 결제하는 누진 지급(progressive payment) 방식으로 물품대금을 일시에 지불하지 않고 일정 기간 나누어 지급하는 경우를 말한다. 예를 들어 계약체결시점, 선적완료시점, 도착완료시점 등으로 구분하여 일정 금액을 결제한다든지, 공정 진행도에 따라 분할해서 지급하는 방식이다. 따라서 이 방식은 플랜트(plant) 등 대형 거래에서 주로 이용된다.

## 1-3  무역대금결제 통화와 수단

국가마다 사용하는 통화가 다르기 때문에 무역거래에서는 세계적으로 자유롭게 통용될 수 있는 미국 달러화, 유로화, 일본 엔화 등이 결제통화로 많이 이용된다. 예를 들어 우리나라와 중국 간에 교역을 하더라도 원화나 중국 위안화(RMB)가 결제통화로 사용되지 않고 미국 달러화가 이용되는데 이는 달러화가 국제통화로서의 신뢰와 가치를 인정받고 있기 때문이다.

그리고 국내거래의 결제수단으로는 현금, 수표 등이 다양하게 사용되고 있지만 무역거래에서는 현금이나 수표가 사용되는 경우는 드물고, 현금의 이동 없이 결제하는 수단이 사용된다.

### 1-4  무역대금결제 방식

무역거래에서는 각 거래의 성격에 따라 다양한 결제방법이 활용된다. 이러한 결제방식들의 특징은 모두 은행을 통해 이루어진다는 것이다. 만약 수출업자와 수입업자가 오랫동안 원활하게 거래를 계속해왔다면 서로 신뢰를 하기 때문에 간단한 방법이 사용되지만 그렇지 못할 경우에는 대외적으로 공신력 있는 은행 등을 활용하여 결제한다. 대체로 무역거래에서는 신용장 방식, 화환어음 추심방식, 송금 방식 등이 활용되고 있는데 여기에 관한 자세한 내용들은 추후 계속 언급하기로 한다.

## 2. 외국환

### 2-1 환거래의 의의

일반적인 상거래에서는 매도인과 매수인이 한 장소에서 만나 매도인은 물품을 인도하고 매수인은 대금을 지급한다. 그러나 매도인과 매수인이 멀리 떨어져 있는 경우에는 이러한 현금 결제가 불가능하기 때문에 환을 이용해서 채권·채무관계를 해결한다. 환(exchange)은 채권·채무 관계를 현금의 이동 없이 결제하는 수표, 어음 등과 같은 수단을 말하는데 주로 은행의 중개에 의해서 환거래가 이루어진다.

환거래의 구체적 예를 들어보면, 서울의 채무자가 대전의 채권자에게 100만원을 지불해야 할 경우 채무자가 직접 현금을 보내게 되면 도중 분실, 도난 등의 위험이 따르고 시일도 많이 소요된다. 대신 채무자가 현금 100만원을 은행에 지급하고 채권자를 지급인으로 하는 수표를 교부받아 이를 대전의 채권자에게 보내면 채권자가 이 수표를 은행에 제시하여 현금 100만원을 찾을 수 있다. 이와 같이 현금의 이동 없이 채권·채무관계를 해결하는 거래를 환거래라 한다.

환거래에서는 은행의 중개로 수표, 어음 등과 같은 신용수단을 이용하여 결제를 하게 된다. 은행은 국내 각지에 지점을 운영하거나 혹은 다른 은행과의 거래관계를 가지고 있기 때문에 어느 지역과의 결제에도 응할 수가 있고, 자금이 풍부하기 때문에 고액의 결제도 가능하다. 그리고 은행은 신용이 높기 때문에 거래의 안전성을 보장할 수 있다.

## 2-2 내국환과 외국환

현금의 이동 없이 국내의 대차관계를 결제하는데 이용되는 환을 내국환 (domestic exchange)이라 하고 국가 간의 결제에 사용되는 환을 외국환(foreign exchange) 혹은 외환이라 한다. 앞의 예에서 대전 지역을 중국 북경으로 가정하게 되면 이때의 대차관계를 해결하는 환은 외국환에 해당된다.

예를 들어 서울에 있는 매도인이 물품을 대전의 매수인에게 판매하고 그 대금을 신용카드로 결제했을 경우에는 이 신용카드는 내국환에 해당된다. 그런데 우리나라의 수출업자가 물품을 중국에 수출하고 중국의 수입업자가 이 대금을 지급하기 위해 외화표시수표를 보내주면 그것은 외국환에 해당된다. 따라서 외국환은 서로 다른 나라에 있는 사람들 간의 경제적 거래에서 발생하는 대차관계를 현금의 이동 없이 결제해 주는 수단을 말한다.[1] 무역거래에서는 수출업자(채권자)와 수입업자(채무자) 간에 항상 채권 · 채무관계가 발생하므로 외국환거래가 따르게 된다.

외국환은 내국환에 비해 다음과 같은 특징을 지니고 있다.

첫째, 수출업자와 수입업자가 서로 다른 나라에 떨어져 있고 다른 화폐단위를 사용하기 때문에 이종 통화간의 교환비율문제가 발생한다. 우리나라와 중국 간의 거래에서 결제통화는 대부분 미국 달러화이기 때문에 우리나라 수출업자나 중국의 수입업자는 무역거래를 할 때마다 결제통화를 원화나 중국 위안화로 교환해야 한다.

둘째, 환율변동에 따른 환위험이 발생할 수 있다. 우리나라의 수출업자가 5만 달러어치의 물품을 중국에 수출하고 5만 달러 외화표시수표를 받을 경우 우리나라 수출업자는 이를 원화로 교환해야 하는데 교환시점에서의 환

---

1) 우리나라 외국환거래법(제3조)에서는 외국환을 대외지급수단, 외화 증권 및 외화 채권으로 정의하고 있다.
    대외지급수단은 외국통화, 외국통화로 표시된 지급수단, 기타 표시통화에 상관없이 외국에서 사용할 수 있는 지급수단을 말한다. 예를 들면 정부지폐, 은행권, 주화, 수표, 환어음, 약속어음, 우편환, 신용장과 기타 지급지시가 여기에 해당된다.
    외화 증권은 외국통화로 표시된 증권 또는 외국에서 지급을 받을 수 있는 증권을 말하는데 한국 기업들이 해외 자본시장에서 기업 자금을 조달할 목적으로 발행하는 공채, 주식 등이 여기에 해당된다. 여기에 해당하는 증권은 다음과 같은 것을 말한다.
    외화 채권은 외국통화로 표시된 채권 또는 외국에서 지급을 받을 수 있는 채권을 말한다. 예를 들어 한국토지공사가 경제자유구역 등 대규모 국가 개발 사업에 소요될 자금을 안정적으로 조달하기 위해 10년 만기 외화 채권을 발행해 투자가들에게 판매하는 경우이다.

율에 따라 이익이 생길 수도 있고 손해를 볼 수도 있다.

셋째, 외국환거래에서는 이자 문제가 따르기도 한다. 중국의 수입업자가 5만 달러 표시의 외화수표를 북경은행으로부터 교부받아 이를 우리나라 수출업자에게 송부할 경우, 수출업자는 우송된 수표를 받아야 은행으로부터 수출대금을 찾을 수 있다. 따라서 수출업자와 수입업자간의 대차결제가 우송기간만큼 차이가 나기 때문에 이에 대한 이자문제가 발생하게 된다. 수출대금이 거액일 경우에는 우편일수만큼의 이자를 누가 부담할 것인가를 사전에 약정해 둘 필요가 있다.

마지막으로 외국환거래에서는 외국환을 사고파는 중개 역할을 하는 외국환은행이 필요하게 된다. 외국환거래에서는 항상 이종 통화간의 교환, 환율의 변동에 따른 환위험, 우편일수의 이자 등 문제가 따르기 때문에 반드시 외국환은행의 중개가 필요하다. 이런 이유로 무역거래의 대금결제는 모두 외국환은행을 통하여 이루어지고 있다.

### 2-3  외국환의 종류

#### (1) 송금환과 추심환

외국환은 〈그림 6-1〉에서와 같이 자금의 이동방향에 따라 송금환과 추심환으로 구분된다.

송금(remittance)은 채무자가 채권자에게 채무액을 지급하기 위해 외국환은행에 원화 또는 외화를 지급하고 이를 채권자에게 송금해 줄 것을 위탁하는 경우를 말하며 이 때 사용되는 환을 송금환이라 한다. 송금환은 채무자가 채권자에게 채무액을 보낸다고 하여 순환이라고도 한다. 무역거래에서는

| 그림 6-1 | 송금과 추심 |

송금과 송금환
채무자(수입업자) ──① 채무액(수입금액)송금──▶ 채권자(수출업자)

추심과 추심환
채권자(수출업자) ◀──① 채권액(수출금액)추심── 채무자(수입업자)
             ──② 채무액(수입금액)지급──▶

수입업자가 수입대금을 수출업자에게 외국환은행을 통해서 송금해 주는 경우이다.

추심(collection)은 채권자가 채무자 앞으로 채무의 변제를 요청하는 증서를 발행하여 채권을 회수하는 경우를 말하며 이때 사용되는 환을 추심환이라 한다. 추심환은 송금환의 순환과 대비하여 역환이라고도 한다. 수출업자가 수출대금을 받기 위해 결제요청서를 보내는 경우이다.

### (2) 매도환과 매입환

외국환은행이 고객에게 원화를 받고 외국환을 매각할 경우를 매도환이라 하고, 반면 고객이 가지고 있는 외국환을 원화를 주고 매입할 경우를 매입환이라 한다.

### (3) 우편환과 전신환

우편을 이용하여 외국환을 채권자에게 보낼 경우를 우편환(mail transfer: M/T)이라 하고 전신수단을 이용할 경우를 전신환(telegraphic transfer: T/T)이라 한다.

우편환은 수입업자가 수입대금을 송금할 것을 의뢰하면 외국환은행은 이를 우편으로 수출지 외국환은행에 지시하여 지급이 이루어지도록 하는 방식이다. 이 경우에는 지급지시가 우편으로 이루어지기 때문에 우송일자만큼 결제가 늦어질 수 있어 주로 소액거래에서 이용된다. 반면 전신환은 수입업자가 외국환은행에 수입대금을 송금해 줄 것을 의뢰하면 이를 전신으로 수출지 외국환은행에 지시하여 수출업자로 하여금 즉시 수출대금을 찾아가게 하는 방식을 말한다.

## 3. 환어음

### 3-1  환어음의 의의

환어음(drafts : bill of exchange)은 무역거래에서 많이 사용되는 외국환으로 채권자가 채무자에게 일정한 시일 및 장소에서 채권금액을 지명인 또는 소지인에게 무조건적으로 지급할 것을 위탁하는 요식·유가증권을 말한다. 보통 무역거래에서 환어음을 사용할 경우 수출업자는 수입업자 혹은 은행을 지급인으로 하는 환어음을 발행하여 수출대금을 회수하게 된다. 환어음은 보통 2통을 1조(set)로 발행되어 하나가 결제되면 나머지는 자동적으로 무효가 된다.

환어음은 국가 간의 거래에서 발생하는 채권·채무관계를 결제할 경우에만 사용되고 환어음의 효력에 대한 준거법은 원칙적으로 행위지역의 법에 따른다. 예를 들어 환어음이 우리나라에서 발행되고 미국에서 지급되었다면 발행에 관해서는 우리나라의 어음법이 적용되고 지급행위는 미국의 환어음법에 따른다.

현재 환어음에 관련된 국제관행은 영국의 환어음 법(Bill of Exchange Act, 1882), 국제상업회의소에서 제정된 추심에 관한 통일규칙(Uniform Rules For Collection, ICC Publication No. 522 1996) 등에 의하고 있다.

### 3-2 환어음의 당사자

#### (1) 발행인

발행인(drawer)은 환어음을 발행하고 서명하는 자로서 채권자이다. 무역거래에서는 수출업자가 발행인이 된다. 환어음은 반드시 발행인의 기명날인이 있어야 그 효력이 발행한다.

#### (2) 지급인

지급인(payer : drawee)은 환어음의 지급을 위탁받은 채무자이다. 무역거래에서 채무자는 당연히 수입업자이지만 결제 방식에 따라 수입업자를 대리하여 은행이 채무자가 되는 경우가 있다.

#### (3) 수취인

수취인(payee)은 환어음 금액을 지급 받을 자로서 발행인이 될 수도 있고 발행인이 지정하는 제3자가 될 수도 있다. 발행인이 환어음을 지급인에게 직접 제시하면 수취인이 관여하지 않지만 발행인이 환어음을 발행하여 이를 제3자로 하여금 지급받도록 할 경우에는 제3자가 수취인이 된다. 이 경우 제3자를 선의의 소지인(bona-fide holder)이라 한다.

### 3-3 환어음의 종류

(1) 무담보어음과 화환어음

환어음만으로 결제가 될 수 있는 어음을 무담보어음(clean bill of exchange)이라 하며 무역거래에서는 간혹 운임, 보험료, 수수료 등을 별도로 지급할 필요가 있을 때 이용된다.

반면 선하증권을 비롯한 운송서류가 첨부된 어음을 화환어음(documentary bill of exchange)이라 하며 상품의 대금을 결제하기 위해 사용된다. 환어음에 첨부될 운송서류는 매매계약서 등에 명시되어 있다.

(2) 일람불어음과 기한부어음

환어음은 지급만기일에 따라 일람불어음과 기한부어음으로 구분된다. 일람불어음(sight bill)은 환어음이 지급인에게 제시되면 즉시 대금결제가 이루어지는 어음을 말하고 기한부어음(usance bill)은 일정 기간 후 지급이 이루어지는 어음을 말한다.

기한부어음의 만기일은 일람후(after sight), 일부후(after date) 및 확정일(on a fixed date) 세 가지로 구분된다.

일람후 지급은 환어음이 지급인에게 제시된 날로부터 일정 기간이 지난 후 지급이 이루어진다. 예를 들어 'after sight 30 days'이면 지급인에게 어음이 제시되고 다시 30일이 지난 후에 결제가 된다. 일람후 지급은 지급인이 환어음을 일람했다는 증거로서 환어음을 인수하는데, 인수(acceptance)는 인수인이 만기일에 지급할 것을 서명하는 행위를 말한다. 따라서 인수인은 만기일에 지급인이 된다.

일부후 지급은 어음이 발행된 날로부터 일정 기간이 지난 후 결제가 이루어지는 것을 말한다. 따라서 일부후 지급은 일람후 지급보다 환어음이 지급인에게 제시되는 기간 즉 우편일수만큼 빨리 결제된다.

확정일 지급은 어음상에 지급일이 구체적으로 명시되어 있는 경우이다.

(3) 은행어음과 개인어음

환어음의 지급인이 은행인 경우를 은행어음(bank bill), 개인이나 기업인 경우를 개인어음(private bill)이라 한다.

### 3-4 환어음의 기재사항

환어음은 요식증권이기 때문에 기재사항을 준수해야 한다. 기재사항은 필수기재사항과 임의기재사항으로 구분되는데 필수기재사항의 어느 하나가 누락되어도 환어음으로서의 법적 효력이나 구속력을 갖지 못하게 된다.

(1) 필수기재사항

① 환어음을 표시하는 문자: 환어음을 뜻하는 'Bill of Exchange'의 문구를 말한다.

② 무조건의 지급위탁문언: 환어음은 무조건적으로 지급을 위탁하는 증권이기 때문에 이에 관한 문언이 있어야 한다.

③ 지급인: 환어음상의 지급인을 표시하는 것이다.

④ 만기일: 환어음 대금이 실제 지급되는 날을 표시하는 것이다.

⑤ 지급지: 지급지는 도시명 정도로 표기된다. 환어음은 행위가 발생한 지역의 법률에 의해 처리되므로 지급지는 반드시 기재되어야 한다.

⑥ 수취인: 환어음의 금액을 지급받을 자를 말하며 이의 기재방법에는 기명식, 지시식 등이 있다.

⑦ 발행일 및 발행지: 환어음의 발행일과 발행지역을 말하며 발행지역은 도시명까지만 표기해도 무방하다.

⑧ 발행인의 기명날인: 환어음은 발행인의 기명날인이 있어야만 그 효력이 발생한다.

(2) 임의기재사항

필수기재사항 이외도 환어음번호, 어음발행매수의 표시 등을 기재하여 어음의 성격이나 내용을 명확히 한다. 이런 사항은 어음 자체의 효력에는 아무런 영향을 미치지 않는다.

**서식 6-1** 환 어 음

---

**BILL OF EXCHANGE**

NO. _____ BILL OF EXCHANGE, _____
FOR
AT _____ SIGHT OF THIS FIRST BILL OF EXCHANGE(SECOND
OF THE SAME TENOR AND DATE BEING UNPAID) PAY TO
_____ OR ORDER THE SUM OF


VALUE RECEIVED AND CHARGE THE SAME TO ACCOUNT OF _____
_____
DRAWN UNDER _____
L/C NO. _____
TO _____
    _____
    _____

                                          _____

_____

780603-626 13(X)B-16B

---

**BILL OF EXCHANGE**


NO. _____ BILL OF EXCHANGE, _____
FOR
AT _____ SIGHT OF THIS FIRST BILL OF EXCHANGE(SECOND
OF THE SAME TENOR AND DATE BEING UNPAID) PAY TO
_____ OR ORDER THE SUM OF


VALUE RECEIVED AND CHARGE THE SAME TO ACCOUNT OF _____
_____
DRAWN UNDER _____
L/C NO. _____
TO _____
    _____
    _____

                                          _____

_____

780603-626 13(X)B-16B

## 제2절 신용장 방식의 결제

## 1. 신용장의 개요

### 1-1 신용장의 기본원리

무역거래에서 당사자들은 여러 가지 위험에 직면하는데 대표적으로 수출업자에게는 대금회수불능의 위험(credit risk)이고 수입업자에게는 상품입수불능의 위험(mercantile risk)이라 할 수 있다. 이런 위험에서 벗어나기 위해 수출업자는 먼저 대금을 확보한 후 물품을 인도하려고 할 것이고, 수입업자는 그와 반대로 물품을 입수한 후 대금을 지급하려고 한다. 만약 당사자들이 서로 자기의 입장만 주장하게 되면 거래는 성사될 수 없으며, 나아가 오늘날과 같은 국제무역은 불가능하게 된다.

이에 따라 당사자들 사이에 공신력이 높은 은행이 관여하여 대금결제를 원활히 하고자 하는 것이 신용장이다. 즉 은행이 수출업자에게 수입업자를 대신해서 대금을 확실히 지급할 것을 약속하면, 수출업자는 이런 은행의 약속을 믿고 물품을 선적해 보내게 된다. 이와 같이 은행이 대금의 지급을 확약하는 편지를 수출업자에게 보내는데 이를 은행의 신용이 담긴 편지라는 의미에서 신용장(letter of credit : bankers commercial credits)[2]이라 한다.

### 그림 6-2  신용장의 기본원리

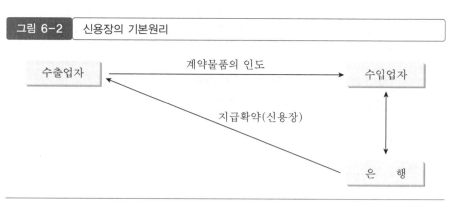

---

2) Leo D'arcy, et al., *Schmitthoff's Export Trade*(London : Sweet & Maxwell, 2000), p. 166.

신용장의 기본원리는 〈그림 6-2〉에 잘 나타나 있는데, 이 그림에서 보듯이 수출업자는 수입업자의 신용을 근거로 하는 것이 아니라 은행의 신용, 다시 말해서 은행의 대금지급확약을 토대로 계약물품을 선적하게 된다. 이와 같이 신용장은 매매당사자들의 신용을 보다 공신력이 높은 은행의 신용으로 전환시켜 수출업자에게는 대금 지급을 보장하고, 수입업자에게는 상품입수를 원활히 해주는 수단을 말한다.

무역거래에서 언제부터 신용장이 사용되었는지는 확실하지 않지만 널리 이용되기 시작한 것은 제1차 세계 대전 이후부터이다. 전후의 경제체제는 혼란스러워서 전쟁 전에 이루어졌던 많은 계약이 전쟁과 함께 파기되고 거래이행도 불확실해지는 경우가 많았다. 이러한 혼란스러운 거래환경에서 물품을 판매하는 상인은 좀 더 확실한 대금지급을 보장받고 싶어 했기 때문에 신용장의 이용이 급속하게 확대되었다.

### 1-2 신용장의 정의

신용장은 은행이 발행하는 대금결제 확약증서라 말할 수 있는데 현행 신용장통일규칙(제2조)에서는 이에 대해 다음과 같이 정의하고 있다. 즉 신용장은 그 명칭이나 표현에 상관없이 취소불능적인 약정으로서 신용장의 조건과 일치하는 제시에 대해 결제하겠다는 개설은행의 확정적인 약속을 말한다. 이 의미를 보다 구체적으로 살펴보면 다음과 같다.

**Article 2 Definitions**

For the purpose of these rules, Credit means any arrangement, however named or described, that is irrevocable and thereby constitutes a definite undertaking of the issuing bank to honour a complying presentation.

**제2조 정 의**

본 규칙에서 의미하는 신용장은 그 명칭이나 표현에 상관없이 취소불능적인 약정으로서 신용장의 조건과 일치하는 제시에 대해서 결제하겠다는 개설은행의 확정적인 약속을 의미한다.

첫째, 무역거래에서 이용되는 신용장은 그 용도에 따라 여러 가지로 구분되고, 사용되는 명칭도 다양하지만 그러한 명칭이나 표현이 신용장의 본질에는 영향을 미치지 않는다는 것이다.

둘째, 신용장상의 은행의 지급약속은 취소불능이라는 점이다. 은행이 신용장을 개설한 후 임의로 내용을 변경한다든지 취소할 수 있게 되면 이런 신용장을 받아보는 수출업자는 불안하기 때문에 은행의 지급약속은 취소불능한 것으로 규정하고 있다.

셋째, 수출업자의 모든 행위는 신용장의 조건과 일치해야 한다는 점이다. 은행이 지급확약을 하지만 이런 지급확약은 수출업자가 제시하는 서류가 신용장상에 규정되어 있는 모든 조건과 일치할 경우에만 은행은 그 약속에 대해서 책임을 진다는 것이다.

따라서 신용장은 명칭이나 표현에 상관없이 신용장상에 규정되어 있는 조건과 일치하는 제시(presentation)에 대해서 확실히 지급할 것을 약속하는 은행의 취소불능 약정이라고 정의할 수 있다.

### 1-3 신용장통일규칙

신용장거래에서는 필연적으로 수출업자와 수입업자인 매매당사자와 은행이 개입되기 때문에, 상호간의 의무와 권리를 규정해 둘 필요가 있다. 특히 국가간의 거래에서 문제가 발생할 경우 각 당사자는 자국의 법을 중심으로 이를 유리하게 해결하려는 경향이 있기 때문에 신용장거래에는 반드시 준거법이 있어야 한다.

이에 따라 1933년 국제상업회의소에서 처음으로 신용장통일규칙을 제정하였다. 그 후 상관습의 변모에 따라 몇 차례의 개정작업을 거쳐 현재 사용되고 있는 것은 2007년에 개정된 ICC Publication No. 600인 제6차 신용장통일규칙(Uniform Customs and Practice for Documentary Credits: UCP)이다.

신용장통일규칙은 신용장거래의 준거법으로서 신용장의 기본원리와 각 당사자들간의 권리와 의무를 규정하고 있다. 그러나 신용장통일규칙은 강행법규가 아니고 임의법규이기 때문에 관계당사자의 합의에 의해서 사용되며 만약 다른 특약이 있게 되면 그 특약에 따라야 한다.

오늘날 발행되는 모든 신용장에는 국제상업회의소가 제정한 2007년의 신용장통일규칙이 신용장의 준거법임을 명백히 하고 있다. 따라서 달리 명시적인 규정이 없으면, 신용장거래의 모든 당사자들은 이 신용장통일규칙의 구속을 받게 된다.

### 1-4 전자신용장통일규칙

정보통신기술의 발달로 신용장의 개설, 통지, 매입 등 관련 주요 업무가 점차 전자적으로 처리되고 전자신용장 시스템을 갖추려는 여러 가지 방법이 시도되고 있다. 그러나 현행 화환신용장통일규칙(UCP)은 주로 종이문서에 기반을 둔 전통적인 신용장을 위한 규정이기 때문에 이런 기술적 변화를 수용하는 데는 한계가 있다.

이에 따라 현행 화환신용장통일규칙을 보완하고 전자신용장에 관한 통일규칙을 마련하기 위해 국제상업회의소에서는 2002년 「전자적 제시를 위한 UCP의 추록」(Supplement to UCP 500 for Electronic Presentation-Version 1.0)으로 'eUCP'를 제정하였으며 현재 사용되고 있는 것은 2007년도에 개정된 'Version 1.1'이다.

이 추록은 현행 화환신용장통일규칙을 보완하면서 종이문서 위주의 신용장에 갈음하는 전자신용장의 처리에 관한 내용을 주로 규정하고 있다. 그리고 이 추록은 전자신용장통일규칙으로 표현하지만 이는 현행 화환신용장통일규칙과 명확하게 구분하기 위해 편의상 표현한 것이다.

신용장통일규칙은 강행법규가 아니고 당사자간의 합의에 의해 사용되는 임의 규칙이기 때문에 법적 구속력을 갖기 위해서는 신용장 본문에 준거문언을 삽입해야 한다. 따라서 전자신용장통일규칙이 적용되기 위해서는 '본 신용장은 전자신용장통일규칙에 따른다'는 명시가 있어야 하고 이 경우에만 화환신용장통일규칙의 추록으로 적용한다.

그리고 전자신용장통일규칙을 적용한다는 준거문언에는 반드시 적용 버전이 표시되어야 한다. 현행 전자신용장통일규칙은 버전이 1.1이기 때문에 'eUCP Version 1.1'과 같은 명시가 있어야 한다. 만약 신용장이 버전을 명시하지 아니할 경우에는 신용장이 개설된 일자에 시행되는 버전에 따르며 그리고 만약 수익자가 승낙한 조건변경이 전자신용장통일규칙에 따르도록 되어 있을 경우에는 조건변경일자에 시행되는 버전에 따른다.

전자신용장통일규칙은 현행 화환신용장통일규칙을 개정한 것이거나 대체하는 것은 아니고 추록으로서 상호 보완하여 사용하도록 규정된 것이다. 따라서 전자신용장에 별도로 화환신용장통일규칙을 적용한다는 명시적 규정이 없다 하더라도 화환신용장통일규칙은 적용된다.

즉 전자신용장에 전자신용장통일규칙에 따른다는 준거문언만 있고 화환신용장통일규칙의 적용 여부에 대해 아무런 언급이 없어도 화환신용장통일규칙이 자동으로 적용된다. 만약 전자신용장통일규칙과 화환신용장통일규칙이 적용과정에서 상충될 경우에는 전자신용장통일규칙을 우선 적용한다 (eUCP Article e2-B).

## 2. 신용장에 의한 결제과정과 당사자

### 2-1 신용장에 의한 결제과정

신용장에 의한 결제는 보통 〈그림 6-3〉의 절차에 따라 이루어진다.

① 매매계약의 약정: 수출업자와 수입업자가 매매계약을 체결하면서 대금결제를 신용장방식에 의할 것을 합의한다.

② 신용장의 개설요청: 수입업자는 매매계약의 약정에 따라 통상 자기

**그림 6-3** 신용장에 의한 결제과정

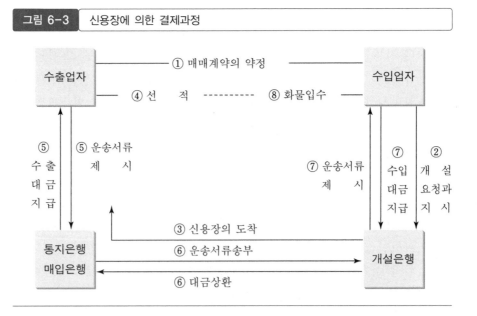

가 거래해 오던 외국환은행(신용장 개설은행)으로 하여금 수출업자 앞으로 신용장을 개설해 줄 것을 요청한다. 이 때 수입업자는 신용장 개설신청서에 신용장의 내용을 기재하여 개설담보금과 함께 개설은행에 제출한다. 신용장은 일단 개설되면 모든 책임이 개설은행에 있기 때문에 개설은행은 신용장 금액에 상응하는 담보를 요구하게 된다. 개설신청서의 내용은 곧 신용장의 조건이 되므로 그 기재내용은 정확해야 한다.

③ 신용장의 개설과 통지: 신용장 개설은행은 고객의 요청과 지시에 따라 신용장을 개설하고 통상 수출업자가 소재하는 지역에 있는 외국환은행으로 하여금 신용장을 수출업자에게 통지해 주도록 요청한다.

④ 계약물품의 선적과 운송서류의 입수: 통지은행으로부터 신용장을 접수한 수출업자는 신용장에 명시된 조건에 따라 계약물품을 선적한 후 선박회사로부터 선하증권을 입수한다. 만약 항공운송을 이용하게 되면 항공사로부터 항공화물운송장을 발급받고, 복합운송의 경우에는 운송인으로부터 복합운송증권을 발급받는다.

⑤ 수출대금의 회수: 수출업자는 선하증권을 비롯한 운송서류를 신용장의 조건에 따라 구비하여 거래은행에 가서 수출대금을 회수한다.

⑥ 개설은행의 상환: 자기 자금으로 수출업자에게 대금을 결제한 은행은 운송서류를 개설은행 앞으로 송부하여, 개설은행으로부터 그 대금을 상환받는다.

⑦ 개설은행의 서류제시: 개설은행은 송부되어 온 운송서류를 수입업자에게 제시하고, 수입업자는 이에 따른 수입대금을 지급한다.

⑧ 계약물품의 입수: 이와 같이 은행을 통해서 서류가 전달되어 오는 동안, 수출항을 출발한 선박은 수입항에 도착해 있다. 수입업자는 개설은행에서 찾아온 서류 중 선하증권을 선박회사에 제시하고 계약물품을 입수한다.

## 2-2 신용장거래의 당사자

신용장거래에 관계되는 주요 당사자를 〈그림 6-3〉을 중심으로 살펴보면 다음과 같다.

### (1) 수출업자: 수익자

수출업자는 매매계약에 약정된 물품을 수입업자에게 인도해야 할 의무가 있는 당사자이다. 수출업자는 신용장거래에서 혜택을 가장 많이 보는 당사자라고 하여 수익자(beneficiary)라 하는데, 이는 곧 신용장조건에 의해서 운송서류를 제시하고 수출대금의 결제를 청구할 수 있는 자를 말한다.

### (2) 수입업자: 개설의뢰인

수입업자는 매매계약에 따라서 수출업자 앞으로 신용장을 개설해 줄 의무가 있는 당사자이다. 신용장거래에서는 신용장의 개설을 요청하고, 그 내용을 지시한다고 하여 개설의뢰인(applicant)이라고 한다. 이 개설의뢰인은 최종적으로 수입대금을 지급해야 할 의무가 있는 채무자(accountee)이다.

### (3) 개설은행

개설은행(issuing bank)은 개설의뢰인의 요청과 지시에 따라 수출업자 앞으로 신용장을 개설하는 은행이다. 개설은행은 신용장의 요건에 따라 제시된 운송서류를 결제할 것을 수출업자나 그 밖의 관련 당사자에게 약정한다. 신용장거래는 개설은행의 신용을 토대로 모든 거래가 이루어지기 때문에 개설은행의 역할이 아주 중요하다. 개설은행을 나타내는 표현으로는 'issuing bank', 'opening bank', 'credit writing bank', 'grantor'(신용공여은행) 등이 있지만 신용장통일규칙에서는 'issuing bank'를 사용하고 있다.

### (4) 통지은행

통지은행(advising bank)은 개설은행이 발행한 신용장을 수출업자에게 전달해 주는 은행이다. 개설은행은 관례적으로 수출업자가 소재하는 곳에 있는 은행을 통지은행으로 선정하여 이를 통하여 수출업자에게 신용장을 전달해 준다. 통지은행의 지정에 대한 특별한 요청이나 지시가 없으면 개설은행은 본·지점이나 환거래 관계를 맺고 있는 은행을 선택한다.

통지은행은 단순히 신용장을 수익자에게 전달해 주는 중간은행의 입장에 있어 신용장거래 당사자 중 가장 가벼운 책임을 지고 있다. 그러나 통지은행은 통지하고자 하는 신용장이 외관상으로 진짜인지 가짜인지를 상당한 주의를 기울여 확인해야 한다. 만일 이를 확인할 수 없으면 통지은행은 이 사실을 개설은행에게 알려야 한다.

간혹 통지은행을 경유하지 않고 개설은행이 수출업자에게 직접 전달한다든지 수입업자를 통해서 전달하는 경우도 있다. 우리나라에서는 통지은행을 경유하여 통지은행의 번호가 있는 신용장만 인정된다.

## (5) 확인은행

확인은행(confirming bank)은 〈그림 6-3〉에서는 나타나 있지 않지만, 신용장거래에서 간혹 등장하는 당사자이다. 이 은행은 제2의 개설은행이라고 할 수 있는데, 그 의무는 개설은행의 신용장상의 지급확약을 다시 한번 하는 것이다.

신용장거래에서는 개설은행의 지급확약을 토대로 모든 거래가 일어나고 있다. 그런데 개설은행의 지급확약능력이 미흡할 경우 보다 공신력이 높은 은행을 확인은행으로 지정하여 개설은행의 지급확약을 이중으로 하게 된다. 만약 개설은행이 지급확약을 이행할 수 없게 되면, 확인은행이 개설은행을 대신하여 수출업자나 그 밖의 관련 당사자에게 지급을 이행해야 한다.

신용장의 확인이 필요한 경우 개설은행은 공신력이 높은 일류은행이나 수출업자가 소재하는 지역의 은행에 확인을 요청하는데 보통 통지은행을 확인은행으로 한다. 따라서 신용장을 통지할 때 통지은행의 확인을 추가하여 수익자에게 통지해 주도록 요청한다. 확인은행은 일정한 확인수수료(confirming fee)를 받고 확인통지해 주거나 또는 확인요청을 거절한다. 만약 통지은행이 신용장을 확인해 줄 의사가 없을 때는 이러한 사실을 즉시 개설은행에게 통지해 주어야 한다.

> ▶ 확인수수료

시장상황이 수출업자에게 유리한 'seller's market'인 경우에는 수입업자가 확인수수료를 부담한다. 호경기이면 수출업자들은 개설은행의 공신력이 낮거나, 수입국가 내에서 정변, 전쟁 등 비상위험이 발생할 위험이 높다고 판단되면 이들 국가에 물품을 수출하려고 하지 않기 때문이다. 반면 시장상황이 수입업자에게 유리한 'buyer's market'인 경우에는 수출업자가 확인수수료를 부담한다. 그러나 확인수수료를 누가 부담할 것인지는 매매계약을 체결할 때 약정해 두어야 한다(신용장통일규칙 제9조 c).

## (6) 수출업자에게 대금 결제를 해주는 은행

앞의 〈그림 6-3〉에서 수출업자에게 대금을 결제해 주는 은행은 신용장의 성격에 따라 지급은행, 연지급은행, 인수은행 및 매입은행으로 구분된다.

① 지급은행:  지급은행(paying bank)은 개설은행을 대신해서 수출업자에게 수출대금을 지급해 주는 은행을 말하는데, 신용장상에 지정되어 있으며 이 은행은 개설은행을 대신하여 지급만 할 뿐 자금 부담을 지지 않는다. 이런 성격의 신용장을 지급신용장이라 하고 수출업자는 신용장에 명기된 운송서류를 구비하여 지정된 은행에 제시하면 수출대금을 받을 수 있다.

② 연지급은행:  기한부조건의 거래에서 수출업자가 신용장에 명기된 운송서류를 지정된 은행에 제시할 경우 일정 기간 후 대금을 지급하겠다는 연지급약정서(deferred payment undertaking)를 발행해 주는 은행을 연지급은행(deferred paying bank)이라 한다. 수출업자는 이 연지급약정서를 근거로 일정 기간 후 대금을 지급받는다. 연지급은행은 개설은행으로부터 이런 약정서를 발급해 줄 것과 일정 기간 후 대금을 지급하도록 사전에 위임되어 있다. 이런 성격의 신용장을 연지급신용장이라 하며 기본적으로 지급신용장과 동일하지만 단지 수출업자가 일정 기간 후 대금을 지급받는다는 점이 다르다.

③ 인수은행:  기한부거래에서 수출업자가 발행한 환어음에 대해 일정 기간 후 대금을 지급할 것을 약정해 주는 은행을 인수은행(accepting bank)이라 한다. 이 은행은 개설은행으로부터 인수와 일정 기간(만기일) 후의 지급을 사전에 위임받은 상태이다.[3] 이런 성격의 신용장을 인수신용장이라 하는데 수출업자는 기한부환어음을 발행해서 지정된 인수은행에 운송서류와 함께 제출하면 인수은행은 환어음상에 'accepted'라는 표기와 함께 서명을 하여 이 환어음을 다시 수출업자에게 돌려준다. 수출업자는 만기일에 결제를 받든지 자금 사정이 핍박할 경우에는 만기일 간의 이자를 미리 공제하고 수출대금을 즉시 찾아갈 수도 있다.

④ 매입은행:  매입은행(negotiating bank)은 수출업자가 발행한 환어음과 운송서류를 자기 자금으로 먼저 매입한 후[4] 이를 개설은행에 송부하여 대금을 지급받는 은행을 말한다. 만약 서류상의 이유로 개설은행으로부터 지급이 거절되면 수출업자에게 상환 청구를 할 수 있는데 이런 성격의 신용장을 매입신용

---

3) 인수(acceptance)는 환어음 상의 용어로 지급인(채무자, 개설은행)이 자기 앞으로 발행된 환어음의 대금을 장래의 특정일(만기일)에 지급하겠다고 약속하는 행위를 말하는데 신용장거래에서는 당연히 개설은행이 인수를 해야 되지만 수입지에 위치하고 있기 때문에 개설은행을 대신해서 인수하는 은행을 수출지에 지정해 두는 것이다.

4) 매입은 수출업자가 발행한 환어음과 운송서류를 은행이 사준다는 것인데 이는 결국 수출업자에게 수출대금을 결제해 주는 효과와 동일하다.

장이라 한다.

매입은행은 지정되어 있는 경우도 있고 그렇지 않는 경우도 있는데 만약 매입은행이 지정되어 있으면 수출업자는 반드시 지정된 은행에 가서 환어음 및 운송서류의 매입을 의뢰해야 한다. 그러나 매입은행이 지정되어 있지 않으면 수출업자는 주로 통지은행에 가서 환어음의 매입을 의뢰하는 경우가 많다. 왜냐하면 통지은행은 자신이 신용장을 통지해 주었으므로 신용장 원본의 진위 여부를 쉽게 파악할 수 있기 때문이다. 만약 통지은행이 신용장을 확인도 했고, 그 후 환어음을 매입까지 하게 되면 이 은행은 통지·확인·매입은행이 된다.

지금까지 언급된 신용장의 결제 유형에 따른 차이점을 구분해보면 〈표 6-1〉과 같다.

첫째, 국가에 따라 환어음이 사용될 경우에는 신용장의 결제유형은 매입 혹은 인수 방식이며 그렇지 않을 경우에는 지급 혹은 연지급방식이다.

둘째, 수출업자와 수입업자간의 결제기간에 따라 즉시 결제할 경우에는 지급 혹은 매입방식이 이용되고, 일정 기간 후 결제할 경우에는 연지급 혹은 인수방식이 이용된다.

셋째, 지급, 연지급 혹은 인수방식일 경우에는 개설은행을 대신하여 수출지에서 지급, 연지급 혹은 인수 행위를 해 줄 은행이 반드시 지정된다. 매입방식일 경우에는 매입은행이 지정될 경우도 있고 그렇지 않는 경우도 있다.

**표 6-1** 신용장 결제 유형의 구분

| 구 분 | 지급방식 | 연지급방식 | 인수방식 | 매입방식 |
|---|---|---|---|---|
| 환어음 사용 여부 | 미 사용 | 미 사용 | 사용 | 사용 |
| 지급 시기 | 일람 지급 | 일정기간 후 지급 | 일정기간 후 지급 | 일람 지급 |
| 은행 명칭 | 지급은행 | 연지급은행 | 인수은행 | 매입은행 |
| 개설은행과의 관계 | 개설은행으로부터 지급 지시 | 개설은행으로부터 연지급 지시 | 개설은행으로부터 인수 지시 | 자유 혹은 지정 |

## 3. 신용장의 특성과 효용

신용장거래는 매매당사자들간의 대금회수와 상품입수를 원활히 하기 위하여 은행이 개입된 거래이기 때문에, 이 신용장에는 독립성과 추상성이라는 고유한 특성이 있다. 신용장의 독립성과 추상성이 보장되지 않으면 신용장은 그 기능을 발휘할 수 없게 된다.

### 3-1 신용장의 독립성

신용장의 독립성은 매매계약과 신용장거래는 아무런 상관이 없다는 뜻이다. 신용장은 대금결제의 수단으로서 매도인과 매수인이 매매계약을 체결할 때 결제방법을 신용장으로 할 것을 약정함으로써 생성된다. 그러나 일단 신용장이 개설되면 이 신용장은 그 근거가 되는 매매계약과는 완전히 독립적이며, 매매계약의 내용이 신용장에 전혀 영향을 주지 못하고, 신용장은 어디까지나 독자적인 법률성을 갖게 되는 것이 신용장의 독립성이다.

이러한 독립성이 신용장거래에서 보장되어야 하는 이유는 매매계약은 수출업자와 수입업자 사이에 체결되는 것이지만, 신용장은 매매계약의 당사자와 별도인 은행간에 체결되는 계약이기 때문이다. 이에 따라 신용장통일규칙 제3조에서도 신용장은 비록 그것이 매매계약이나 다른 계약에 근거를 두고 있다 하더라도 성질상 이러한 계약과는 별개의 거래이며, 또한 이러한 계약에 대한 참조사항이 신용장에 포함되어 있다고 하더라도 그러한 계약과는 전혀 관계도 없고 구속도 당하지 않는다고 규정하여 신용장의 독립성을 명백히 인정하고 있다.

신용장의 독립성으로 인하여 가장 혜택을 많이 누리는 당사자는 수출업자인 수익자이다. 수출업자의 입장에서 매매계약이 체결되었다고 해서 곧 수출이행까지 보장된 것이라고는 볼 수 없다. 수입업자가 일방적으로 계약을 파기하거나, 계약이행을 지연시킬 수 있기 때문이다. 그러나 신용장이 개설되면 독립성으로 인하여 매매계약이 설령 파기가 되더라도, 개설된 신용장은 유효하기 때문에 수출업자는 확실하게 수출을 이행할 수 있게 된다. 이런 연유로 수출업자가 가장 선호하는 대금결제방법이 신용장인 것이다.

### 3-2  신용장의 추상성

신용장의 추상성은 당사자들이 서류상의 거래를 한다는 의미이다. 수출업자와 수입업자는 구체적인 상품을 거래한 것이지만 은행은 상품을 대표하는 서류만 가지고서 모든 판단을 한다는 것이 신용장의 추상성이다. 은행은 상인들간에 거래되는 상품에 대해서는 전문적인 지식이 없을 뿐만 아니라, 또한 은행이 직접 상품을 확인하고 계약의 이행 여부를 판단하려면 많은 시간과 비용이 들기 때문이다.

현행 신용장통일규칙 제5조는 신용장의 추상성을 '신용장의 거래에 있어서 모든 관계당사자는 서류상의 거래를 행하는 것이며, 이들 서류에 관련될 수도 있는 상품, 용역 및 기타 계약이행에 의해 거래되는 것은 아니다'라고 명시적으로 규정하고 있다.

이에 따라 수출업자가 제시한 환어음을 지급, 인수 또는 매입하는 은행은 어디까지나 제시된 서류가 신용장의 요건을 충족시켰는가를 서류상으로만 확인하고 수출대금을 결제해야 한다. 마찬가지로 개설은행도 서류상 아무런 하자가 없으면 대금을 상환해야 할 의무가 있다.

수입업자도 신용장의 추상성에 따라 서류만 확인하고 수입대금을 개설은행에 지급해야 한다. 만약 거래물품을 직접 확인한 후 서류를 인수하겠다고 주장하게 되면, 이것은 명백히 신용장의 추상성에 위배되기 때문에 이러한 주장은 성립되지 못한다.

### 3-3  신용장의 효용

신용장은 무역거래에서 많이 이용되고 있는 결제수단인데 이는 다음과 같은 효용이 있기 때문이다.

(1) 수출업자에게 유리한 점

① 수출대금 회수불능의 위험제거 : 신용장은 은행의 지급확약서이기 때문에 수출업자가 신용장을 갖는다는 것은 곧 개설은행으로부터 수출대금의 지급을 확약받는 것이나 마찬가지이다. 더구나 이런 은행의 지급확약은 수입업자의 재정능력에 상관없으며 개설은행이 파산하거나, 불가항력의 경우를 제외하고 수출업자는 반드시 수출대금을 회수할 수 있다.

② 매매계약 이행불능의 위험제거:  신용장은 당사자간의 매매계약에 의해서 생성되지만 일단 신용장이 개설되면 신용장은 매매계약하고는 전혀 상관없는 독립성을 갖게 된다. 매매계약이 체결된 후 경기변동이나 재정상태의 악화로 수입업자가 일방적으로 매매계약을 취소하더라도 신용장은 법적으로 아무런 변동이 없다. 매매계약이 체결되었다고 해서 반드시 계약이 이행되리라고는 장담 못하지만 신용장이 개설되면 매매계약은 반드시 이행될 수 있다.

③ 수출대금의 원활한 회수:  수출업자는 신용장상의 요구사항만 갖추게 되면 선적이 끝나는 즉시 수출대금을 회수할 수 있으며 또한 신용장상에 대금의 일부를 유보한다는 문언이 없는 한 100% 수출대금을 찾을 수 있어 선적시기를 예상한 자금의 유통계획을 세울 수 있다. 그리고 신용장하에서 발행되는 기한부환어음은 국제금융시장에서 유리한 율로 할인될 수 있어 설령 기한부조건으로 수출하더라도 수출대금은 일람불조건과 마찬가지로 즉시 회수될 수 있다.

④ 무역금융의 활용:  신용장을 담보로 은행으로부터 무역금융을 수혜할 수 있다. 수출업자는 이 금융으로 수출물품을 제조·가공하는 데 필요한 원자재를 조달할 수 있어 자기 자금이 없더라도 수출이 가능하게 된다.

(2) 수입업자에게 유리한 점

① 상품입수불능의 위험제거:  무역거래에서 수입업자가 갖는 가장 큰 불안은 과연 물품을 제때에 입수할 수 있는가의 여부이다. 신용장을 이용하게 되면 물품을 대표하는 선하증권과 상환으로 수입대금을 지급하기 때문에 수입업자는 거의 수입물품을 찾을 수 있어 상품입수불능의 위험이 제거된다.

② 상품입수시기의 예측:  신용장상에는 유효기일과 최종선적일이 명시되어 있어 수입업자는 물품을 찾을 수 있는 시기를 예측할 수 있고 이에 따른 판매계획을 세울 수 있다. 신용장의 유효기일과 최종선적일은 개설은행의 동의 없이는 연장될 수 없으며 또한 유효기일이나 최종선적일이 지나게 되면 은행에서 결제되지 않기 때문에 수출업자는 명시된 기일 내에 반드시 선적하게 된다.

③ 신용의 강화: 수입업자는 신용장을 이용하여 자신의 신용을 강화할 수 있다. 신용장이 개설되면 수입업자의 신용은 곧 개설은행의 신용으로 승

격되므로 수입업자는 물품의 가격, 선석시기 등 매매계약상의 여러 조건들을 자기에게 유리하도록 체결할 수 있다.

④ 금융의 수혜: 수입업자는 은행의 신용을 이용하여 자기 자금 없이도 수입이 가능하다. 기한부조건으로 물품을 수입하면 환어음에 대한 인수와 더불어 선적서류를 찾을 수 있어 수입상품을 판매한 후 만기일에 수입대금을 갚는다. 따라서 기한부조건으로 수입하더라도 신용장이 따르게 되면 수출업자가 일방적으로 불리한 거래조건을 제시할 수 없다.

## 4. 신용장의 종류

### 4-1 신용장의 기본 유형

모든 신용장은 기본적으로 화환 취소불능신용장이어야 한다.

(1) 화환신용장

화환신용장(documentary credit)은 물품의 대금을 지급하기 위해서 사용되는 신용장을 말하며 이 신용장상에는 수입업자가 물품을 정확하게 입수하기 위해 선하증권, 보험증권 등의 운송서류가 구체적으로 명시되어 있다. 수출업자는 신용장상에 명시된 운송서류를 정확하게 구비해야만 수출대금을 찾을 수 있다.

(2) 취소불능신용장

신용장은 개설은행의 지급약정이 취소가능한가 불능인가에 따라서 취소가능신용장과 취소불능신용장으로 구분될 수 있지만 현행 신용장통일규칙 제2조(신용장의 정의)에 의하면 개설은행의 지급약정은 취소 불능한 것이어야 하므로 취소 가능한 신용장은 신용장으로서 인정될 수 없다. 그리고 제3조에 따르면 신용장은 설령 취소 불능이라는 표현이 없을 경우에도 취소 불능한 것으로 해석되므로 신용장의 취소 가능 여부는 오늘날 전혀 문제가 되지 않고 모든 신용장은 당연히 취소불능신용장(irrevocable credit)으로 간주된다.

취소불능신용장은 신용장이 일단 개설되면 그 유효기간 내에 수익자와 개설은행(만약 신용장이 확인은행에 의해 확인되었으면 확인은행 포함)의 합의가 없이는 내용변경이나 취소가 불가능하다(현행 신용장통일규칙 제10조 a).

## 4-2 상환청구에 따른 유형

신용장거래에서 환어음이 사용될 경우 수출업자는 운송서류를 갖추고 환어음을 발행하여 이를 거래은행에 제시함으로써 수출대금을 회수한다. 이와 같이 수출업자에게 수출대금을 결제한 은행을 환어음의 선의의 소지인(매입은행)이라 하며, 이 선의의 소지인은 운송서류와 환어음을 개설은행에 송부하여 지급을 요청하고, 만약 개설은행이 지급하면 수출업자에게 지불한 대금을 돌려 받은 결과가 된다.

만약 개설은행이 서류상의 하자로 인하여 이의 상환을 거절하게 되면 운송서류와 환어음을 다시 선의의 소지인에게 반송한다. 이 때 선의의 소지인이 수출업자에게 이미 지급한 수출대금을 되돌려 줄 것을 법적으로 요청할 수 있는 경우를 상환청구가능신용장이라 하며, 그렇지 못할 경우 상환청구불능신용장이라 한다.

신용장상에 'with recourse'의 표시가 있거나 또는 아무런 표시가 없을 경우에는 상환청구가능신용장으로 간주된다. 만약 신용장상에 'without recourse'라는 표시가 있게 되면 상환청구불능신용장이 되어, 환어음의 선의의 소지인은 일단 매입한 환어음에 대해서는 상환청구를 할 수 없게 된다. 그러나 우리나라에서는 어음법상 모든 환어음에 대해서는 상환청구가 가능하기 때문에 상환청구불능신용장은 그 효력을 발휘할 수 없게 된다.

## 4-3 확인은행의 확인에 따른 유형

확인은행의 확인 여부에 따라 신용장은 확인신용장과 미확인신용장으로 구분되는데 확인신용장은 개설은행 외 제3의 은행이 수출업자, 그 밖의 당사자에게 지급을 다시 한번 확약하고 있는 신용장을 말한다. 신용장의 확인은 주로 개설은행의 신용도가 낮을 경우 수출업자가 요구한다.

확인은행(confirming bank)은 공신력이 높은 일류은행이거나 또는 수출국에 소재하는 개설은행의 거래은행이 되는데 보통 후자의 경우가 많다. 개설은행이 신용장을 통지하면서 통지은행에게 확인할 것을 요구하는데, 이러한 요청을 받은 통지은행이 일단 확인하게 되면 이 은행은 통지은행 겸 확인은행의 역할을 하게 된다.

### 4-4 결제방식에 따른 유형

신용장은 수출업자에게 대금을 결제해 주는 방식에 따라 지급신용장과 매입신용장으로 구분된다.

(1) 지급신용장

신용장거래는 궁극적으로 수출업자와 개설은행 간의 거래라 볼 수 있는데 개설은행은 수출업자에게 지급을 약속하고 이런 약속에 따라 수출업자는 일정 서류를 구비한 후 개설은행에 지급을 요청해야 한다. 하지만 수출시마다 수출업자가 운송서류 등을 갖추어 직접 개설은행으로 가서 지급을 요청할 수는 없기 때문에 수출지역의 특정 은행으로부터 지급을 받을 수 있던지, 제3의 은행으로 하여금 수출업자 대신 지급을 요청할 수 있도록 해야 한다.

수출업자가 개설은행에 직접 지급을 요청하는 방식으로 지급신용장 (straight credit)이 사용되는데 이 신용장은 개설은행이 수출지역의 특정 은행을 지급은행으로 지정하고 지급은행으로 하여금 수출업자에게 지급을 해 주도록 하는 신용장을 말한다. 지급은행은 개설은행과의 사전 약정에 따라 수출업자에게 신용장의 요건과 일치하는 운송서류와 상환하여 수출대금을 지급하고 운송서류는 개설은행으로 송부한다. 따라서 지급신용장은 수출업자와 개설은행(지급은행 대행) 간의 직접(straight) 거래이기 때문에 개설은행도 신용장 상에 수출업자에게만 대금 지급을 약속하게 된다.

(2) 매입신용장

수출지역에 소재하는 제3의 은행이 수출업자 대신 개설은행에 지급을 요청하는 방식으로 매입신용장(negotiation credit)이 사용된다. 매입신용장은 제3의 은행(매입은행)이 수출업자가 구비한 환어음과 운송서류를 일단 매입한 후 이를 개설은행으로 송부하고 지급을 요청함으로써 수출대금을 결제하는 신용장을 말한다. 따라서 매입신용장의 경우 수출업자와 개설은행 외에도 매입은행이 관여하므로 개설은행은 수출업자뿐만 아니라 매입은행에게도 지급을 약정하게 된다.

매입은행은 신용장상에 특정 은행으로 지정되어 있는 경우가 있는데 이런 매입신용장을 제한신용장(restricted credit)이라 한다. 보통은 수출업자가 거래은행에 가서 매입을 요청할 수 있는 보통신용장(general credit)이 많이 사용된다.

그리고 매입신용장을 사용할 경우 수출업자는 개설은행을 지급인으로 하는 환어음을 발행하고 이를 매입한 매입은행은 환어음의 선의의 소지인으로서 발행인(수출업자)을 대신하여 개설은행에게 지급을 요청하게 된다. 개설은행이 지급을 완료하면 수출거래는 종결되지만 만약 개설은행이 서류상의 불일치 등을 이유로 지급을 거절하면 환어음과 운송서류는 매입은행으로 반송 조치되는데 이 때 매입은행이 수출업자에게 매입당시 결제한 금액에 대해서는 상환 청구가 가능하다.

## 4-5  결제기간에 따른 유형

신용장은 대금결제기간에 따라 일람불신용장과 기한부신용장으로 구분되는데 이는 수출업자와 수입업자가 매매계약을 체결할 때 상품대금을 즉시 지급하느냐 그렇지 않으면 일정 기간 후 지급하느냐에 따라 결정된다.

### (1) 일람불신용장

일람불신용장(sight credit)은 대금을 즉시 지급하는 조건의 신용장이며, 지급신용장 및 매입신용장이 여기에 해당된다. 지급신용장의 경우 수출업자가 지급은행에 신용장 조건과 일치하는 운송서류를 제시하면 즉시 지급이 이루어진다. 그리고 매입신용장의 경우도 매입은행이 운송서류를 개설은행에 제시하면 즉시 지급이 이루어진다.

### (2) 기한부신용장

기한부신용장은 일정 기간 후 지급이 이루어지는 신용장으로서 환어음의 사용 여부에 따라 인수신용장 혹은 연지급신용장으로 구분된다.

인수신용장(acceptance credit)은 환어음이 발행되는 기한부거래에서 사용되는 신용장인데 수출업자는 기한부 환어음을 발행하여 인수은행에 제시하면 인수은행은 일정 기간(만기일) 후 지급할 것을 약정한다. 수출업자는 만기일 후 인수은행으로부터 대금을 지급받는다.

연지급신용장(deferred payment credit)은 기한부조건의 거래에서 수출업자가 기한부어음을 발행하지 않고 운송서류를 연지급은행에 제시하여 연지급확약서를 교부받아 만기일에 연지급은행으로부터 수출대금을 받는 신용장을 말한다. 연지급신용장은 외상거래에서 사용되는 점은 기한부신용장과 같지만 환어음이 발행되지 않는 점에서 차이가 있다.

## 4-6  특수 목적에 따른 유형

### (1) 양도가능신용장

양도가능신용장(transferable credit)은 수익자가 신용장 금액의 전부 또는 그 일부를 제2의 수익자에게 양도할 수 있는 신용장을 의미하는데 반드시 신용장 상에 'transferable'이라는 문구가 기재되어야 한다. 이런 표시가 없는 신용장은 양도불능신용장(non-transferable credit)이다.

양도가능신용장에 의한 양도는 달리 합의된 사항이 없으면 1회에 한하여 양도될 수 있다. 그리고 분할선적을 금지하지 않는 한 신용장 금액을 분할하여 여러 개로 양도할 수 있으며, 이런 경우 각 분할양도의 총액이 원신용장의 금액을 초과할 수 없다.

한편, 신용장의 내용은 변경되어서는 안되는데 이는 수입업자를 보호하기 위해서이다. 그러나 수입업자에게 지장을 주지 않는 신용장금액 또는 단가의 감액, 선적기일 또는 유효기일의 단축, 보험금액의 증액은 가능하다.

그리고 신용장이 양도될 때 최초의 수익자는 개설의뢰인(수입업자)의 이름을 자신의 것으로 대체할 수 있다. 그러나 원신용장상에 반드시 개설의뢰인의 성명을 밝혀야 한다고 명시되어 있으면 송장이외의 서류에는 반드시 그렇게 해야 한다. 만약 신용장금액이나 단가를 감액하여 양도했을 경우에는 최초의 수익자는 신용장에 명시된 원래의 금액이나 단가의 범위 내에서 작성된 자기의 송장을 제2의 수익자가 작성한 송장과 대체할 수 있다. 최초의 수익자에게 이러한 송장대체권을 주는 것은 양도차액을 보장해 주기 위해서이다(신용장통일규칙 제38조).

### (2) 내국신용장

신용장을 접수한 수출입자가 계약불품의 생산에 필요한 원자재 등을 국내에서 조달할 경우 원자재 공급업자에게 내국신용장을 개설할 수 있다. 이 신용장은 이미 도착한 신용장을 근거로 하여 국내에서 개설된다고 하여 내국신용장(local credit)이라 한다. 그리고 내국신용장의 발급근거가 되는 일반 신용장을 원신용장(master credit)이라 한다.

한편, 국내의 원자재 공급업자는 내국신용장의 수익자이며 자기가 제공한 원자재가 수출이 되든 그렇지 않든 간에 신용장의 독립성에 따라 내국신용장의 개설은행으로부터 원자재 납품대금을 받을 수 있다.

### (3) 전대신용장

일반 신용장의 경우 대개 수출업자는 계약물품을 선적하여 선하증권이 발급된 후 이를 매입은행에 매입을 의뢰함으로써 수출대금을 찾을 수 있게 된다. 그러나 이 신용장을 이용하게 되면 수출업자는 선적하기도 전에 수출 대금을 미리 찾을 수 있다.

이는 수입업자가 계약물품의 생산에 필요한 자금을 수출업자에게 융자 하는 결과이기 때문에 전대신용장이라고 하며, 반면 수출업자는 수출대금을 미리 찾을 수 있다는 의미에서 수출선수금신용장이라고도 한다. 또한 역사 적으로 수출업자가 수입업자의 자금으로 계약물품을 한 곳으로 모아 선적한 다는 의미에서 ´Packing L/C,´ 그리고 수출대금을 선적 전에 찾을 수 있다 는 신용장상의 문구가 붉은 색으로 인쇄되어 있다고 하여 ´Red Clause L/C´ 라고도 한다.

### (4) 회전신용장

회전신용장(revolving credit)은 일정 기간 일정한 금액의 범위 내에서 신 용장이 자동적으로 갱신되는 신용장을 말한다. 보통 신용장에서는 수출업자 가 수출대금을 회수하게 되면 신용장은 그 효력을 상실하게 되는데, 회전신 용장은 이 순간부터 다시 새로운 신용장으로 효력을 나타낸다.

동일 거래선간에 동일 물품을 계속적으로 거래할 경우, 매 거래시마다 비슷한 내용의 신용장을 개설하려면 많은 시간과 비용이 필요하게 되고, 또 일정 기간 예상되는 물품의 금액을 일시에 개설하게 되면 자금부담도 따르 게 된다. 이런 경우 예상되는 기간 동안 하나의 신용장을 개설하고, 수입대 금을 분할하여 지급할 수 있는 회전신용장이 이용된다.

이 신용장이 회전되는 방법으로는 ① 운송서류에 대한 지급통지가 있으 면 회전되는 방법, ② 지급이 완료되는 일정 일수를 정하여 그 기간내 지급 거절 통지가 없으면 회전되는 방법, ③ 일정 기간 후에 동일한 금액으로 회 전되는 방법이 있다.

그리고 신용장금액은 누적식 방법(cumulative method)과 비누적식 방법(non-cumulative method)으로 갱신되는데 전자는 갱신될 때 미사용 잔액이 있으면 그 잔액이 그대로 누적되는 방식이고 후자는 그 잔액이 누적되지 않는 방식이다.

### (5) 구상무역신용장

구상무역(compensation trade)은 양국간의 수출입을 균형시키기 위하여 수출입물품의 대금을 그에 상응하는 수입 또는 수출로 상계하는 무역을 말하는데 이와 같은 특수한 무역거래에서는 다음과 같은 신용장이 이용된다.

① 동시개설신용장(back to back credit) :  동시개설신용장은 수출업자와 수입업자가 동시에 신용장을 개설함으로써 양국간의 수출입을 균형시키는 신용장이다. 동시개설신용장에는 한 나라에서 일정액의 수입신용장을 발행할 경우 그 신용장은 수출국에서도 같은 금액의 수입신용장을 개설해 줄 경우에만 유효하다는 조건이 따른다.

② 기탁신용장(escrow credit) :  기탁신용장은 수출업자가 수출대금을 반드시 수익자 명의의 기탁계정(escrow account)에 입금해 두었다가, 수출한 지역으로부터 수입할 경우 이 입금액으로 지급할 것을 조건으로 하는 신용장이다. 기탁계정은 개설은행, 매입은행 또는 제3국의 은행에 개설된다. 이 기탁신용장은 동시개설신용장처럼 동일한 금액으로 동시에 개설되는 조건이 아니기 때문에 물품의 선택과 기일 등에서 자유롭다.

③ 토마스신용장(TOMAS L/C) :  이 신용장은 과거 중국과 일본이 처음 교역할 때 사용되었는데 수출업자는 신용장을 수혜하는 대가로 일정 기간 후에 수출업자도 동액의 신용장을 개설하여 수입하겠다는 보증서를 수입업자에게 보내어야만 신용장이 유효하게 된다. 수출국에서 수출할 물품은 확정되었는데 그 대가로 수입할 물품이 결정되지 않았을 경우 보증서를 이용하여 먼저 수출하게 된다. 이러한 각서무역(memorandum trade)을 처음 시작한 일본기업의 전신약어를 모방하여 TOMAS L/C라 한다.

## 4-7  보증신용장(Stand-by Credit)

보증신용장은 상품의 대금을 결제하기 위해서가 아니라 단순히 지급보증용으로 사용되는 보증장이다. 보증신용장이 사용되는 예를 〈그림 6-4〉를 통하여 살펴보면 다음과 같다.

〈그림 6-4〉에서 본사의 해외지점이 현지에서 금융을 조달할 경우, 본국의 은행이 개설해 주는 보증신용장을 담보제공용으로 이용할 수 있다. 즉 현지의 은행은 상환에 대한 모든 책임을 지겠다는 지급보증서인 보증신용장을

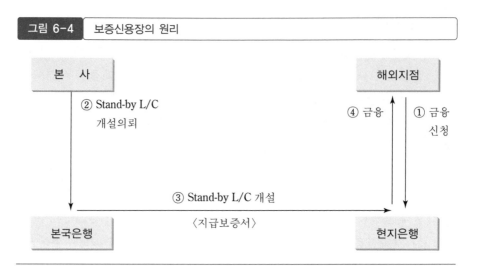

그림 6-4 │ 보증신용장의 원리

토대로 금융을 제공한다. 현지은행은 보증신용장의 수익자가 되며, 본국은
행은 이 신용장 개설은행 그리고 본사는 보증신용장의 개설의뢰인이 된다.

만약 해외지점이 금융을 기한 내에 상환하지 않게 되면 현지은행은 모든
책임을 보증신용장의 개설은행에 부담시킨다. 따라서 본국은행은 보증신용
장을 개설할 때 이에 상응하는 담보를 확보한다. 보증신용장의 개설의뢰인
인 본사는 국내의 부동산을 담보로 해외에서 금융을 일으키는 결과가 된다.

이와 같이 보증신용장은 단순히 은행의 지급보증용으로만 사용되기 때
문에 상업화환신용장이 아니라 무담보신용장에 속하게 된다. 현행 신용장통
일규칙에서는 보증신용장이 국제거래에서 널리 이용되고 있는 점을 감안하
여, 비록 무담보신용장이지만 화환신용장통일규칙의 적용을 받도록 규정하
고 있다(신용장통일규칙 제1조).

### 4-8 스위프트(SWIFT)신용장

스위프트신용장은 신용장의 종류라기보다는 요즈음 신용장이 개설되는
방식에 근거하여 분류한 것이다. 스위프트는 국가간의 대금결제 등 은행간
업무를 데이터통신망으로 연결하기 위해 1973년에 설립된 세계은행간 금융
데이터통신협회(Society for Worldwide Interbank Financial Telecommunication)를
말한다. 이 시스템은 기존의 통신보다 효율성이 높기 때문에 국가간의 은행
업무가 신속 정확하게 처리될 수 있다. 그리고 각 회원들에게는 스위프트가

**서식 6-2** 표준 서식의 취소불능 매입 신용장

---

## THE KYOWA BANK, LIMITED

Higashi-ku, Osaka, Japan 06-08-17

PLACE AND DATE OF ISSUE(MONTH · DAY · YEAR

| IRREVOCABLE DOCUMENTARY CREDIT | ISSUING BANK'S NO. 460018 | ADVISING BANK'S NO. |
|---|---|---|
| ADVISING BANK Hana Bank., SEOUL | APPLICANT Japan Steel Co., Ltd. Osaka, | |
| BENEFICIARY<br><br>JSK Co., Ltd. | EXPIRY DATE(MONTH · DAY · YEAR) FOR NEGOTIATION 07-31-20 | |

AMOUNT US$108,749.00(SAY U.S. Dollars One Hundred Eight Thousand Seven Hundred and Forty Nine Only.)

We hereby issue this irrevocable documentary credit which is available against beneficiary's draft(s) drawn on us at......sight for full invoice cost accompanied by
Signed Commercial invoice in 8 copies, indicating License No. ID(3) AF(46)-00036.
Full set of clean on board ocean bill of lading made out to order and blank endorsed and marked 'Freight Prepaid' and 'Notify the above mentioned applicant.'
Other documents: – Packing list in 3 copies
      – Certificate of origin in 2 copies indicating HS No. 7321.
evidencing shipment of 113, 630 meters of Oiled Bleach Steel, Pipe, plain end, square cut, for structural purpose, no painting, no stencil
 21.7x1.8x4,500@US$ 160.50 per 100 meters CFR.
Insurance to be effected by buyer.

| SHIPMENT LATEST DATE(MONTH · DAY · YEAR)<br>FROM Inchon.         07−20−20<br>TO Osaka. | PARTIAL SHIPMENT prohibited. | TRANSSHIPMENT prohibited. |
|---|---|---|

All drafts drawn hereunder must indicate the number, date of issue and name of issuing bank of this credit.
We hereby engage with the drawers, endorsers and bona-fide holders of drafts drawn under and in compliance with the terms of this credit that such drafts will be duly honored upon presentation to the drawee bank.
Except so far as otherwise expressly stated, this documentary credit is subject to the 'Uniform Customs and Practice for Documentary Credit' (2007 Revision) International Chamber of Commerce, Publication No. 600.

Yours faithfully,
THE KYOWA BANK, LIMITED
Osaka Branch.
AUTHORIZED SIGNATURE

국제표준화기구에서 명시한 코드체계를 바탕으로 만든 은행인식코드(Bank Identification Code: BIC)가 부여되기 때문에 상호간의 정보가 안전하고 신뢰성이 높다.

신용장을 우편으로 통지할 때에는 시간이 많이 소요되고 도중에 분실되는 경우도 종종 발생하였다. 특히 신용장은 개설은행의 지급확약서이기 때문에 이를 위조하는 경우도 많아서 선의의 피해자가 생기기도 하였다. 통신기술이 발달함에 따라 점차 전신으로 신용장을 개설하기 시작했는데 비용이 많이 들어 신용장의 주요 내용만 전신으로 보내고 전체 신용장은 우편을 이용하여 별도로 보내기도 하였다.

그러나 오늘날에는 정보통신기술이 발달하여 과거에 비해 전송 비용과 시간이 많이 절약되어 대부분의 신용장은 전신으로 개설되고 있다. 스위프트가 설립되면서부터는 주요 은행들이 이 협회에 가입함으로써 은행간 통신업무는 이 시스템에 의해 처리되고 있고 신용장의 개설, 통지 등의 업무도 자연히 스위프트에 의하고 있다.

화환신용장거래와 관련하여 스위프트가 제공하는 서비스는 신용장의 발행·예비통지·조건변경·양도, 상환수권서, 대금상환청구, 상환수권서의 조건변경 등이다. 현재 우리나라의 경우도 주요 은행들이 이 협회에 가입되어 있어 후진국과의 거래 등 극히 일부를 제외하고 모든 신용장거래는 스위프트를 이용하고 있다.

## 5. 표준서식 신용장의 내용

신용장은 국제상업회의소가 권고한 화환신용장 발행을 위한 표준서식(Standard Forms for Issuing of Documentary Credit)에 기본을 두어 각 은행의 실정에 알맞은 형식으로 발행되고 있다. 오늘날은 거의 스위프트 신용장이 사용되고 있어 이런 표준서식의 신용장은 보기 드물지만 신용장의 내용을 분석하기 위해 무역거래에서 많이 사용되고 있는 취소불능화환 신용장을 중심으로 신용장의 내용을 살펴보면 다음과 같다.

### 5-1　신용장 자체에 관한 사항

(1) 개설은행의 표시

신용장이 우편으로 개설될 경우에는 개설은행의 양식이 사용되기 때문에 신용장 맨 상단 서두에 개설은행명과 주소가 표시되어 있다. 그러나 전신으로 통지되는 신용장은 통지은행 소정의 양식을 이용하기 때문에 서두는 통지은행이 되고 개설은행은 전문의 내용이나 통지은행의 신용장 양식 속에 별도로 명시되어 있다.

그리고 신용장은 개설은행이 수익자에게 지급을 약속하는 편지의 형식으로 발행되기 때문에 대개 다음과 같은 문언으로 시작된다. 신용장상의 일인칭 표현인 'we', 'our', 'us' 등은 모두 개설은행을 지칭한다. 예문의 마지막은 개설은행이 수익자에게 어음발행의 권한을 부여하는 내용이다.

- We hereby open …
- We hereby issue …
- We hereby authorise you to value on …

(2) 신용장의 개설일자

신용장이 개설된 일자는 보통 신용장 상단에 표시되며, 이 일자는 개설은행의 지급확약이 시작되는 날을 의미한다.

(3) 신용장의 종류

신용장의 종류에 대해서는 취소불능화환(irrevocable documentary), 취소불능매입(irrevocable negotiation) 등의 정도로 표기된다. 이와 같이 간결하게 표기되는 것은 신용장통일규칙이나 신용장의 내용을 통해서 그 종류를 알 수 있기 때문이다.

예를 들어 취소불능 또는 취소가능의 표시가 없으면 취소불능으로 간주되고, 화환이라는 표시가 없어도 신용장상에 수익자가 구비해야 할 운송서류가 명시되어 있으면 그 신용장은 자동으로 화환신용장이 된다. 그리고 환어음의 만기일 혹은 지급기일의 표시를 보고 일람조건인지 기한부조건인지를 알 수 있다.

### (4) 신용장의 유효기일 및 장소

모든 신용장은 지급, 연지급, 인수 또는 매입을 위하여 서류가 제시되어야 할 최종기일과 장소(자유매입신용장 제외)를 명시해야 한다(신용장통일규칙 제6조). 신용장의 유효기일은 개설은행의 지급확약이 유효한 기간을 의미한다. 만약 신용장상에 서류제시의 장소가 지정되어 있으면 그 장소에서, 그 외에는 수익자가 통상 거래하는 은행에 관계서류가 제시되어야 할 최종일이 된다.

신용장의 유효기일은 다음과 같이 여러 가지 형태로 표시된다. 세 번째 예문은 지명이 표시되어 그날까지 뉴욕에서 매입되어야 함을 나타낸다.

- This credit expires on ____
- Drafts must be presented for negotiation not later than ____
- This credit expires on ____ for negotiation in New York.

만약 신용장 유효기일이 '1개월간', '6개월간' 등 기간으로 표시되고 기산일이 없으면 신용장 개설일자를 기산일자로 간주한다(신용장통일규칙 제6조). 그리고 신용장 유효기일은 그 최종일이 공휴일이면 그 다음의 첫 은행 영업일까지로 연장된다. 그러나 이런 사유로 연장된 날에 지급된 어음이나 서류에는 '신용장통일규칙 제29조 a항의 규정에 의하여 연장된 기한내에 제시되었음'이라는 문언의 은행증명을 부기해야 한다(신용장통일규칙 제6조).

### (5) 신용장 개설의뢰인

신용장거래에서 궁극적으로 수입대금을 지급하는 자는 수입업자인 개설의뢰인이기 때문에 아래와 같은 표현 다음에 신용장 개설의뢰인의 상호, 주소 등이 기재된다.

- for account of ____
- by order of ____
- accountee ____

### (6) 수 익 자

대부분의 신용장에는 수익자의 표시난이 별도로 있어 거기에 수익자의 상호와 주소가 기재된다. 그리고 수익자는 신용장을 받아보는 수신인

(addressee)이기 때문에 신용장상의 2인칭 'you'는 수익자를 가리킨다.

수익자의 표현과 관련된 예는 다음과 같다.

- We open our irrevocable L/C in your favor …
- We hereby issue our irrevocable credit in favor of _____

### (7) 통지은행

통지은행은 개설은행에서 보내는 신용장을 수익자에게 전달해 주는 은행이며, 통상 수익자가 소재하는 지역에 있는 개설은행의 환거래은행이 된다. 대개의 신용장에는 통지은행의 표시란이 지정되어 있지만 경우에 따라서 다음과 같은 표현이 사용된다.

- Via air mail through _____ Bank.
- This credit being advised by air mail through _____ Bank.

### (8) 신용장 금액

신용장금액은 수익자가 사용할 수 있는 최대한도금액이다. 이 금액은 숫자와 문자로 표시되며 표준형식의 신용장에는 'U$ 300,000'(U. S. Dollars Three Hundred Thousand Only)처럼 표시된다. 그러나 표준형식을 사용하지 않을 때는 대개 다음과 같은 표현이 사용된다.

- for an amount of _____
- up to an aggregate amount of _____
- for a sum or sums not exceeding a total of _____

만약 신용장금액 앞에 'about', 'circa', 'approximately'란 표시가 있으면 10%의 과부족이 허용된다(신용장통일규칙 제30조).

## 5-2  환어음에 관한 사항

### (1) 신용장 이용가능 은행

신용장상에는 수익자가 서류를 제시해야 하는 지급, 연지급, 인수 또는 매입은행이 명시된다. 그러나 자유매입신용장에서는 매입은행이 지정되어 있지 않기 때문에 지정은행 표시가 없으며, 수익자는 보통 자기가 거래하는 은행에 가서 환어음의 매입을 의뢰한다.

### (2) 신용장대금의 결제방식

신용장대금을 결제하기 위해 지급, 연지급, 인수 또는 매입방식 중에서 허용되는 방식을 기재한다.

### (3) 지급인

환어음상의 지급인은 대개 다음과 같이 표시되며 'on' 다음에 은행명이 기재된다. 신용장하에서 발행되는 환어음의 지급인은 개설은행이나 지정된 은행이다.

- ··· to draw on ＿＿＿
- ··· to value on ＿＿＿

### (4) 만기일(tenor) 및 금액

환어음의 만기일과 금액에 관한 예시는 다음과 같다. 기한부신용장 혹은 연지급신용장의 경우에는 'at' 다음에 만기일이 표시되며, 신용장금액을 초과한 환어음은 발행될 수 없다.

- at sight for 100% of invoice value ···
- at 30 days sight for full invoice value ···

## 5-3  상품명세에 관한 사항

거래상품에 대해서는 상품명, 수량, 단가, 가격조건, 원산지 등을 표시하고 관련 매매계약서의 번호, 계약일자 등을 간결히 표시한다.

4,000 pcs of Men's Split Leather Jackets as per Sales Note No. 123 dated May 10, 2002 @ U$25 CIF Pusan.

신용장에 기재되는 상품의 명세는 상업송장상의 상품명세와 일치해야 한다. 그러나 그 외의 모든 서류에서는 신용장상의 상품명세와 모순되지 않는 일반적인 용어로 표시할 수 있다(신용장통일규칙 제18조).

### 5-4  서류에 관한 사항

신용장거래는 서류상의 거래이기 때문에 신용장에는 수익자가 구비해야 할 서류가 명시되어 있다. 상업송장과 선하증권(운송증권)은 신용장거래에서 반드시 요구되는 필수 서류이며 그 외 보험증권, 포장명세서 등을 비롯한 여러 가지 서류가 사용된다.

#### (1) 상업송장

상업송장(commercial invoice)은 매도인이 매수인 앞으로 작성하는 대금 청구서로서 모든 상거래에 반드시 필요한 서류이다.[5] 신용장상에 별도의 지시가 없는 한 상업송장은 신용장 개설의뢰인 앞으로 작성되어야 한다. 그리고 신용장금액을 초과한 금액으로 발행된 상업송장은 수리되지 않는다(신용장통일규칙 제18조). 상업송장에 관한 표시는 대개 다음과 같다.

- Signed Commercial Invoices in triplicate.

#### (2) 선하증권

계약물품의 운송방법에 따라 선하증권, 항공화물운송장, 복합운송증권 등이 요구된다. 선하증권에 관한 요구 사항은 대개 다음과 같다.

- Full set of clean on board ocean Bill of Lading made out to the order of ABC Bank( issuing bank) marked freight prepaid and notify accountee.

① full set: 일반적으로 선하증권은 original, duplicate, triplicate 3통을 1조로 하여 발행된다. 선박회사가 화물의 인도시 요구하는 것은 발행된 선하증권 중 1통이며 또한 각 선하증권은 독립적으로 효력을 갖는다. 따라서 신용장 취급은행에서는 선박회사가 발행한 3통의 선하증권 모두를 제시받아야 물품에 대한 담보권을 확보할 수 있기 때문에 신용장조건으로 3통 제시를 요구한다.

② clean: 화물이나 포장상태에 아무런 하자가 없는 무사고 선하증권을 의미한다.

---

5) 상업송장에 관한 자세한 것은 제2부 제3장에서 설명하기로 한다.

③ on board :  화물이 선적된 후 발급되는 선적선하증권을 의미한다.

④ ocean :  국제해상운송에서 발행되는 해양선하증권을 뜻한다.

⑤ made out to the order of ABC Bank(issuing bank) :  이 지시사항은 화물을 받아 보는 수화인을 나타내는 것이다. 무역거래에서는 대부분의 선하증권이 지시식으로 발행되기 때문에 여기서도 ABC은행(개설은행)의 지시식으로 발행할 것을 요구하고 있다.

⑥ freight prepaid :  운임선불을 표시한 것이다. CFR조건이나 CIF조건에서는 이와 같이 운임이 선불로 나타나지만, FOB인 경우에는 운임도착지불(freight collect)로 표시된다.

⑦ notify accountee :  통지선(notify)은 선박회사로부터 화물도착통지서(arrival notice)를 받아 보는 당사자를 말하는데 보통 수입업자 또는 수입업자가 지정한 통관사이다. 여기서는 통지선을 수입업자(accountee)로 하고 있다.

항공운송의 경우에는 보통 개설은행을 수화인으로 하는 항공화물운송장이 요구된다. 이 운송장은 비유통 운송서류이기 때문에 기명식으로 발급되고, 개설은행이 운송장에 배서를 해야만 화물을 찾을 수 있다. 그 외의 사항은 선하증권의 경우와 유사하다.

복합운송증권은 대부분 선하증권의 형태를 변형한 것이기 때문에 신용장상에 보통 요구하는 복합운송증권은 선하증권과 그 내용이 비슷하다. 그러나 선하증권은 선적 후 발급되는 선적선하증권이지만, 복합운송증권은 화물이 운송인의 보관하에 있을 때 발행되는 수취식의 형태를 띠고 있다.

(3) 보험서류

CIF 또는 CIP 인도조건일 경우 수익자는 반드시 신용장에 명시된 보험서류를 구비해야 한다. 보험서류에 관한 표시는 대개 다음과 같다.

• Insurance policy or certificate in duplicate, endorsed in blank for 110% of the invoice value covering Institute Cargo Clauses(C).

수출업자가 보험회사와 개별적으로 적하보험계약을 체결할 경우 보험증권이 발급된다. 그리고 동일한 종류의 물품을 같은 지역에 되풀이 해서 선적할 경우에는 포괄보험이 이용된다. 포괄보험에서는 개별적으로 물품이 보험계약이 체결되었음을 증명하는 보험증명서(certificate of insurance)가 발급되는데 이 보험서류도 은행에서 수리될 수 있다. 보험서류는 문면상 보험회사, 보험자 또는 그 대리인에 의해 발행되고 서명되어야 한다. 그리고 보험서류 원본이 두 통 이상 발행되면 모든 원본을 제시해야 한다.

　그리고 신용장상에 별도 규정이 없는 한 선적일 이후에 부보된 보험서류는 수리되지 않으며 모든 보험서류는 신용장에 표시된 통화로 표시되어야 한다. 또한 최저보험금액은 관계상품의 CIF 또는 CIP 가격이어야 하는데, 만일 이러한 가격이 결정지어질 수 없을 때는 신용장에 의하여 발행되는 환어음금액 또는 당해 상업송장금액 중 어느 쪽이든 큰 금액을 최저금액으로 간주한다(신용장통일규칙 제28조). 보통 보험금액은 10%의 희망이익(expected profit)을 고려하여 송장금액의 110%로 한다.

　보험조건은 협회적하약관(Institute Cargo Clauses)의 A·B·C 조건 중 한 가지를 택한다. CIF조건에서는 최저보험조건인 C약관이 기본이며 만약 수입업자가 그 이상을 요구하면 추가보험료를 수익자에게 지불해야 한다. 복합운송에서 사용되는 CIP조건일 경우 보험조건은 매매당사자간에 별도 합의한다.

　(4) 포장명세서

　포장명세서(packing list)는 운송화물의 포장상태에 대해서 자세히 명시된 서류이다. 주로 포장단위별 순중량, 총중량, 용적, 화인(marks), 일련번호 등이 기재되어 있다. 포장명세서에 관한 표시는 대개 다음과 같다.

- Packing Lists in quadruplicate(4 copies)

　(5) 기타 서류

　이 외에도 원산지증명서, 검사증명서, 중량 및 용적증명서 등이 신용장거래의 성질에 따라 요구된다. 이에 대한 예시를 보면 다음과 같다.

- Certificate of Origin in duplicate
- Inspection Certificate in triplicate
- Certificate of Weight and Measurement in quadruplicate

## 5-5 운송에 관한 사항

### (1) 분할선적

분할선적(partial shipment)의 허용여부는 보통 허용 또는 금지로 표시하며, 이에 대하여 아무런 표시가 없으면 분할선적이 허용되는 것으로 간주한다(신용장통일규칙 제31조). 이에 대한 예시는 다음과 같다.

• Partial shipments are ☑ allowed ☐ not allowed

동일한 항로와 동일한 선박에 의한 선적은 본선선적을 증명하는 운송서류에 비록 다른 일자나 선적지가 표시되어 있어도 분할선적으로 간주되지 않는다(신용장통일규칙 제31조). 예를 들어 부산을 출항하여 홍콩을 거쳐 목적지인 캘커타로 가는 선박에 부산항에서 계약물품을 반만 선적하고 나머지는 며칠 후 홍콩서 선적하더라도 동일항로 및 동일선박에 의한 선적이기 때문에 분할선적으로 간주되지 않는다는 것이다.

그리고 일정 기간의 할부선적(shipment by installments)이 규정된 신용장인 경우 그 중 어느 한 선적분이 허용된 기간내에 선적되지 않았을 경우에는 신용장에 별도의 명시가 없는 한 당해 할부선적분은 물론 그 이후의 모든 선적분에 대해서도 그 신용장은 무효가 된다(신용장통일규칙 제31조).

### (2) 환적

환적(transshipment)의 경우에도 다음과 같이 허용 또는 금지로 표시된다. 신용장에 환적이 금지되어 있더라도 운송인이 환적할 수 있는 권리를 유보한다는 뜻의 약관이 인쇄되어 있는 운송서류는 수리된다.

• Transshipments are ☐ allowed ☑ not allowed

### (3) 선적기일

선적기일은 대개 다음과 같이 표시된다.

• Shipment must be made on or before ⋯
• Shipment must be effected not later than ⋯ at the latest

선적기일의 표시가 없으면 신용장의 유효기일을 최종선적일로 한다. 그리고 선적해야 할 최종일이 공휴일이라도 선적기일은 연장되지 않는다. 선적일의 기준은 선하증권의 발급일자 또는 본선적재일자로 한다.

본선적재(loading on board), 발송(dispatch), 운송을 위한 인수(accepted for carriage), 우편수령일(date of post receipt), 접수일(date of pick-up), 수탁(taking in charge) 등으로 선적기일을 표시해도 선적과 같은 뜻으로 간주한다.

그리고 선적에 관해서 신속히(prompt), 즉시(immediately), 가능한 빨리(as soon as possible) 등과 같은 표현은 사용되어서는 안 된다. 만약 선적일 앞에 'on or about'라는 표현이 사용된 경우에는 은행은 양쪽 끝날을 포함하여 지정일 이전 5일부터 지정일 이후 5일까지 선적하는 것으로 해석한다(신용장통일규칙 제3조).

선적기일의 표시에 사용되는 'to,' 'until,' 'till,' 'from'은 해당일을 포함하는 것으로 해석되지만, 'after'란 용어가 사용되면 기재된 일자는 제외된다(신용장통일규칙 제3조).

## 5-6 기타 지시사항

### (1) 이중매입 방지문언

신용장에 의하여 환어음을 매입하였을 때는 같은 신용장을 가지고 이중으로 매입하는 것을 방지하기 위해 신용장 원본의 뒷면에 매입사실을 기재하도록 매입은행에 대해서 다음과 같은 지시사항이 명시된다.

The amount and date of negotiation of each draft must be endorsed on the reverse hereof by the negotiating bank.

### (2) 은행수수료의 부담

신용장이 개설된 국가 이외에서 은행업무와 관련된 수수료와 요금을 부담하는 자를 명시한다. 통상 수익자가 이를 부담하기 때문에 다음과 같은 문언이 기재된다.

Unless otherwise expressly stated, banking commissions and charges outside issuing country are for account of beneficiary.

### (3) 서류의 송달방법

이는 신용장하에서 발행된 서류를 개설은행으로 송부하는 방법에 관한 지시사항이다. 통상 분실 등에 대비해서 항공등기우편으로 두 번 나누어 송부되는데 그 예시는 다음과 같다.

All documents must be forwarded to the issuing bank in two lots by registered airmail.

### (4) 개설은행의 지급확약 문언

모든 신용장의 하단에는 개설은행이 신용장조건에 일치하여 발행하는 운송서류에 대해서 지급, 연지급, 인수 또는 매입할 것을 확약하는 문언이 인쇄되어 있다. 지급신용장은 개설은행이 수출업자(수익자)에게만 지급을 약속하는 것이기 때문에 이러한 확약을 받는 당사자가 수익자뿐이지만, 매입신용장의 경우에는 수출업자가 준비한 환어음을 비롯한 운송서류를 제3자가 매입하여 수출업자 대신 개설은행에 지급을 요청하기 때문에 개설은행의 확약을 받는 당사자는 수익자를 포함한 모든 선의의 소지인이다.

지급신용장과 매입신용장에서 개설은행의 지급확약문언은 대개 다음과 같다.

지급신용장:  We engage with you that drafts drawn in conformity with the conditions of this credit will be duly honored by us.

매입신용장:  We hereby agree with the drawers, endorsers, and bona-fide holders of drafts drawn under and in compliance with the terms of this credit that the same shall be duly honored on due presentation.

### (5) 신용장통일규칙 준거문언

모든 신용장에는 달리 합의된 사항이 없으면 신용장거래에서 야기되는 문제는 2007년에 개정된 신용장통일규칙에 준한다는 내용의 문언이 다음과 같이 인쇄되어 있다.

Unless otherwise expressly stated herein, this credit is subject to the Uniform Customs and Practice for Documentary Credits(2007 Revision), International Chamber of Commerce Publication No.600.

(6) 특별지시사항

거래의 성격에 따라 특별히 지시할 사항이 있으면 특별지시사항으로 신용장상에 표시된다. 보통 신용장의 양도·매입 은행의 지정, 특정 선박의 지정 등에 관한 사항이 특별히 지시되는데 그 예시는 다음과 같다.

- This credit is transferable.
- Negotiations under this credit are restricted to the advising bank.
- Shipment must be effected by S.S. Golden Bear of Hanjin Line Only.

## 6. 스위프트 신용장의 내용 분석

우리나라의 주요 은행들은 모두 스위프트에 가입되어 있어 후진국과의 거래 등 극히 일부를 제외하고 신용장거래는 스위프트 시스템을 이용하고 있다. 스위프트 신용장은 기존의 신용장과 전혀 다른 것이 아니라 신용장의 내용을 단지 컴퓨터 통신망을 통해 전달하는 것이기 때문에 메시지가 포맷으로 되어 있을 뿐이다. 화환신용장의 발행 메시지 포맷은 'M/T 700/701'이며 'M/T 700'에 의한 화환신용장의 구조는 〈표 6-2〉와 같다.

### 6-1 화환신용장 메시지 포맷 필수사항

다음과 같은 사항은 신용장의 주요 내용을 알려주는 것으로 반드시 표현되어야 한다.

① 27 Sequence of Total : 1/1

개설된 신용장의 순서를 말하는데 1/1은 한 건의 거래에 한 건의 신용장이 발행되었음을 의미한다.

② 40A Form of Documentary Credit : IRREVOCABLE

화환신용장의 형식은 취소불능임을 의미한다.

③ 20 Documentary Credit Number : 001/900/5670/DPU

화환신용장의 개설번호를 말한다.

④ 31D Date and Place of Expiry : 171115/KOREA

신용장 유효기일 및 장소를 말한다. 신용장 유효기일은 수출업자가 서류를 은행에 제출하는 최종 일자를 말하는데 국가 간 시차를 고려하여 제출 지역을 명기하도록 하고 있다. 여기서는 한국에서 2017년 11월 15일까지가 유효기일임을 나타내고 있다.

⑤ 50 Applicant : AS ABOVE

신용장개설의뢰인, 즉 수입업자의 표현인데 서두에 표시되어 있음을 나타내고 있다.

⑥ 59 Beneficiary : AS ABOVE

수익자, 즉 수출업자의 표시이다. 서두에 수익자 상호 및 주소가 나와 있다.

⑦ 32B Currency Code, Amount : USD4033454,00

통화 및 신용장 금액의 표시이다.

⑧ 41A Available With.. By..... : KOEXKRSE BY PAYMENT

결제유형이 지급임을 나타내는 것이다.

⑨ 49 Confirmations instructions : WITHOUT

확인에 관한 지시사항인데 이번 경우는 없음을 나타낸다.

## 6-2  화환신용장 메시지 포맷 임의사항

임의사항은 거래 성질에 따라 필요할 경우 활용하도록 준비한 항목들인데, 사전통지 참고번호, 발급일자, 개설은행, 신용장금액의 과부족 허용 한도액, 기타 추가금액, 환어음에 관한 사항, 분할선적, 환적 등에 관한 것이다. 이의 내용은 표준양식의 신용장 내용과 동일하고 다만 컴퓨터로 개설하기 때문에 각각 코드번호가 부여되어 있을 뿐이다.

**서식 6-3** 스위프트신용장

---

### KOREA EXCHANGE BANK

| | |
|---|---|
| ※ Advice Br. : 둔 산 | ※ Advice Date : 2020. 03. 02( ETC/ A41) |

| | |
|---|---|
| Advice of | ※ Advice No : A-0668-403-01910 |
| Issue of Documentary Credit | ※ Credit No : 001/200/5670/DPU |

| | |
|---|---|
| ※ Beneficiary : | ※ Applicant : |
| KOREA MINTING AND SECURITY | PT. FAJAR MEKAR INDAH. |
| PRINTING CORP. 2ND FLR. SIGETAP | JL. JEND. GATOT SUBROTO KAV. 53 |
| BLDG. 820-11. YEOKSAMDONG, | JAKARTA. - |
| KANGNAM GU, SEOUL | ※ Issuing Bank : INDOIDJA |
| ※ Amount : USD4. 033. 454. 00 | BANK INDONESIA, JAKARTA |
| ※ Expiry Date : 2020. 11. 15 | JALAN MH THAMRJN 2 |
| ※ Receip No. : 20090302-7-0059-00 | P.O.BOX 1035 JAKARTA 10010 |
| ※ Sender's bank : 340490312 | INDONESIA |

Gentleman :

At the request of the issuing bank, and without any engagement or responsibility on our part, we are pleased to inform you that we have received the following AUTHENTICATED teletransmission dated 2017. 02. 27.

```
: : 700 ISSUE OF DOCUMENTARY CREDIT
: 27  Sequence of Total                           : 1/1
: 40A Form of Documentary Credit                  : IRREVOCABLE
: 20  Documentary Credit Number                   : 001/900/5670/DPU
: 31C Date of Issue                               : 200227
: 31D Date and Place of Expiry                    : 201115/KOREA
: 50  Applicant                                   : AS ABOVE
: 59  Beneficiary                                 : AS ABOVE
: 32B Currency Code, Amount                       : USD4033454,00
: 41A Available With.. By.....                    : KOEXKRSE BY PAYMENT
: 42C Drafts At...                                : SIGHT
: 42A Drawee                                      : INDOIDJA
: 43P Partial Shipment                            : ALLOWED
: 43T Transshipment                               : ALLOWED
: 44A Loading/ Dispatch, Taking Charge at/ from   : KOREA SEAPORT
: 44B For Transportation to...                    : TANJUNG PRIOR SEAPORT
: 44C Latest Date of Shipment                     : 201015
: 45A Description of Goods and/or Service         :
      42.805 REAMS AND 18.345 REAMS OF HIGH QUALITY OF BANKNOTE PAPER
      FOR "S 2000" FOR TOTAL AMOUNT USD 4,033,454,00
      CONTRACT NO. : b/42/DPU/PPgU/FAX AND b/47/DPU/PPgU/FAX
```

ALL IN BRAND NEW CONDITION AND PACKED IN SEAWORTHY EXPORT CONDITION
IMPORT REE NO 001/900/5670
COUNTRY OF ORIGIN : SOUTH KOREA
: 46A Documents Required
  Ⅰ. TERM OF PAYMENT
    1. SIGNED COMMERCIAL INVOICE IN EIGHT FOLDS
    2. FULL SET OF CLEAN "ON BOARD" OCEAN BILLS OF LADING PLUS 5(FIVE) COPIES

MADE TO OUT ORDER. BLANK ENDORSED. DATED NOT LATER THAN OCTOBER
15. 2017 FREIGHT PREPAID

|  |  |
|---|---|
| NOTIFY ADDRESS | : BANK INDONESIA JL. MH. THAMRIN NO. 2 |
| SHIPPING MARKS | : PT. FARJA MEKAR INDAII O/B BANK |
| I./C NO | : 001/900/5670/DPU, I./R NO : 001/900/5670 |
| ORDER NO | : 6/42/DPU/PPgU/FAX |
|  | 6/47/DPU/PPgU/FAX |

DENOMINATION CODE : "S-2000"

INVOICE NO           :

CASE NO              :

KOREA MINTING AND SECURITY PRINTING CORPORATION, SOUTH KOREA

3. PACKING LIST IN EIGHT FOLDS

ONE SET OF MON NEGOTIABLE COPY OF SHIPPING DOCUMENTS AND ONE
ORIGINAL BILI OF LADING TO BE SENT TO BUYER.

Ⅱ. INSURANCE IS COVERD BY BUYERS.

Ⅲ. ALL DRAFTS AND DOCUMENTS MUST BE MARKED AS DRAWN UNDER THIS CREDIT
AND MUST BEAR THE L/C NUMBER AND DATE

: 71B Charges : ALL BANKING CHARGES OUTSIDE INDONESIA ARE FOR BENEFICIARY'S
ACCOUNT

: 49 Confirmations instructions :WITHOUT

: 78 just to the Pay/Accept/Negotiate Bank :

FOR YOUR PAYMENT TO BE MADE UNDER THIS CREDIT, PRIOR SENDING DOCUMENTS
TO US. PLEASE INFORM US BY AUTHENTICATED TEJ.EX/SWIFT THE CONDITION OF THE
DOCUMENTS WHETHER IT IS FULLY COMPLY WITH CREDIT TERMS OR DETAIL
DISCREPANCIES IF ANY, IF THE DOCUMENTS COMPLY WITH CREDIT TERMS OF
DISCREPANCIES ALREADY APPROVED, WE SHALL REIMBURSE YOU BY CREDITING TO
YOUR ACCOUNT IN US DOLLARS

: 72 Sender to Receiver information : PLEASE ADVISE THE BENEFICIARY FOR THE OPENING
OF THIS LETTER OF

---

※ ※ ※ ※ This is a constituent and integral part of advice No : A-0668-403-01910

Please note that we reserve the right to make such corrections to this advice as may be necessary
upon receipt of the cable confirmation and assume no responsibility for any errors and/or omissions
in the transmission and/of translation of the teletransmission, and for any forgery and/or alteration
on the credit.

If the credit is available by negotiation, each presentation must be noted on the reverse of this advice
by the bank where the credit is available.

THIS ADVICE IS SUBJECT TO THE UNIFORM CUSTOMS AND PRACTICE FOR
DOCUMENTARY CREDITS ( 2007 REVISION. ICC PUBLICATION NO. 600).

| NEGOTIATION UNDER THIS CREDIT IS RESTRICTED TO KOREA EXCHANGE | Yours very truly. |
|---|---|
|  | _____ |
|  | Authorized Signature |

**표 6-2**  M/T 700에 의한 화환신용장 발행

| M/O | Tag | Field Name | 분야명 |
|---|---|---|---|
| M | 27 | Sequence of Total | 총량 |
| M | 40A | Form of Documentary Credit | 화환신용장 형태 |
| M | 20 | Documentary Credit Number | 화환신용장 번호 |
| O | 23 | Reference to Pre-Advice | 예비통지 |
| O | 31C | Date of Issue | 개설일자 |
| M | 40E | Applicable Rules | 준거법 |
| M | 31D | Date and Place of Expiry | 유효기일 및 장소 |
| O | 51a | Applicant Bank | 개설은행 |
| M | 50 | Applicant | 개설의뢰인 |
| M | 59 | Beneficiary | 수익자 |
| M | 32B | Currency Code, Amount | 통화 코드, 금액 |
| O | 39A | Percentage Credit Amount Tolerance | 신용장금액 허용한도 |
| O | 39B | Maximum Credit Amount | 신용장 최대금액 |
| O | 39C | Additional Amounts Covered | 추가금액 |
| M | 41a | Available With ... By ... | 활용방법 |
| O | 42C | Drafts at ... | 환어음 발행지 |
| O | 42a | Drawee | 환어음 지급인 |
| O | 42M | Mixed Payment Details | 혼합지급 내역 |
| O | 42P | Deferred Payment Details | 연지급 내역 |
| O | 43P | Partial Shipments | 분할 선적 |
| O | 43T | Transshipment | 환적 |
| O | 44A | Place of Taking in Charge/Dispatch from .../ Place of Receipt | 인수장소/송부장소.../수취장소(복합운송의 경우) |
| O | 44E | Port of Loading/Airport of Departure | 선적항/출발공항 |
| O | 44F | Port of Discharge/Airport of Destination | 양륙항/도착공항 |
| O | 44B | Place of Final Destination/For Transportation to.../ Place of Delivery | 최종목적지/운송지역.../인도장소(복합운송의 경우) |
| O | 44C | Latest Date of Shipment | 최종선적일 |
| O | 44D | Shipment Period | 선적기간 |
| O | 45A | Description of Goods and/or Services | 상품 및/혹은 용역 명세 |
| O | 46A | Documents Required | 구비운송서류 |
| O | 47A | Additional Conditions | 추가조건 |
| O | 71B | Charges | 수수료 |
| O | 48 | Period for Presentation | 제시기간 |
| M | 49 | Confirmation Instructions | 확인지시사항 |
| O | 53a | Reimbursing Bank | 상환은행 |
| O | 78 | Instructions to the Paying/Accepting/Negotiating Bank | 지급/인수/매입은행에 대한 지시사항 |
| O | 57a | 'Advise Through' Bank | 통지은행 |
| O | 72 | Sender to Receiver Information | 수취인 정보 송부자 |

M: 필수사항, O: 선택사항

| 제3절 | 화환어음 추심방식의 결제 |

## 1. 화환어음 추심의 의의

무역거래에서 신용장 방식과 더불어 사용되고 있는 결제방식으로 화환어음의 추심방식이 있다. 이 방식의 거래는 은행의 지급확약 없이 당사자들 간의 매매계약에 의해서 수출업자가 화환어음을 발행하여 수입업자로부터 수출대금을 추심하는 결제방식이며 운송서류의 인도조건에 따라 지급도조건과 인수도조건으로 구분된다.[6]

현재 화환어음 추심방식의 거래는 당사자 간에 달리 합의된 사항이 없으면 국제상업회의소가 제정한 추심에 관한 통일규칙(Uniform Rules for Collections; ICC Publication No.522)의 적용을 받는다.[7]

### 1-1  지급도조건

지급도조건(documents against payment; D/P)은 수출대금의 지급과 상환하여 운송서류를 수입업자에게 인도하는 어음지급 서류인도조건이다. 즉 지급도조건은 수출업자가 매매계약에 따라서 선적을 완료한 후 일람불 어음을 발행하여 운송서류와 함께 거래은행에 수출대금의 추심을 의뢰하면 거래은행은 수입업자에게 어음을 제시하여 어음금액의 일람지급을 받고 운송서류를 인도하는 방식을 말한다.

D/P 방식의 거래에서 수입업자는 반드시 대금지급을 완료해야만 운송서류를 찾을 수 있고 화물을 인도 받을 수 있으며 대금은 추심은행을 거쳐 수출업자에게 전달된다. 만약 수입업자가 환어음에 대한 지급을 거절하면 관계 서류는 수출업자에게로 반송된다.

---

6) 이 방식에서 사용되는 환어음을 신용장 방식에서 발행되는 화환어음과 구분하기 위해 화환추심어음(documentary bill of exchange collection)이라고도 한다.

7) 이 규칙은 1956년에 제정되었으며 1995년에 3차 개정되었다. 우리나라는 1979년 7월부터 이 규칙을 채택하고 있다.

## 1-2  인수도조건

인수도조건(documents against acceptance; D/A)은 수입업자가 환어음에 대한 인수만으로 운송서류를 찾아갈 수 있는 어음인수 서류인도조건이다. 인수도조건은 지급도조건과 추심과정은 동일하지만 이 조건에서는 수출업자가 기한부어음을 발행하고 수입업자는 어음에 대한 지급의 약속으로 'accepted'라고 쓰고 서명날인만 함으로써 운송서류를 인도받을 수 있으며 만기일에 수입대금을 추심은행에 지급한다.

따라서 인수도조건은 기한부거래에 해당되며 수입업자는 인도받은 운송서류로 화물을 찾아 판매하여 그 대금으로 어음기일 내에 결제하면 된다. 수출업자는 만기일 후 수출대금을 추심은행을 통해서 지급받는다.

## 1-3  화환어음의 추심과정

화환어음에 의한 추심과정을 살펴보면 〈그림 6-5〉와 같다.

① 무역계약의 체결: 수출업자와 수입업자는 무역계약을 체결하면서 대금결제방법은 D/A 또는 D/P 조건으로 하기로 한다. 한편 수입업자는 환어음에 첨부되는 운송서류를 수출업자에게 지시하는데 이 때에는 반드시 계약물품을 대표하는 선하증권 등이 포함된다.

② 계약물품의 선적과 선하증권의 입수: 수출업자는 수입업자의 선적지시에 따라 계약물품을 선적하고 선박회사로부터 선하증권을 교부받는다(이는 계약물품을 해상운송할 경우를 말한다).

③ 화환어음의 추심의뢰: 수출업자는 계약에서 약정된 운송서류와 환어음을 발행하여 거래은행(추심의뢰은행)으로 하여금 수입업자로부터 수출대금을 추심해 줄 것을 요청한다.

④ 추심의뢰은행의 서류송부: 추심의뢰은행(remitting bank)은 아무런 책임 없이 수입업자가 소재하는 곳에 있는 은행(추심은행) 앞으로 운송서류와 환어음을 송부하면서 추심을 의뢰한다.

⑤ 추심통지: 추심은행(collecting bank)은 수입업자에게 운송서류와 환어음이 도착한 사실을 통지한다.

⑥ 추심완료 및 수출대금의 상환: 지급인인 수입업자는 매매계약서에

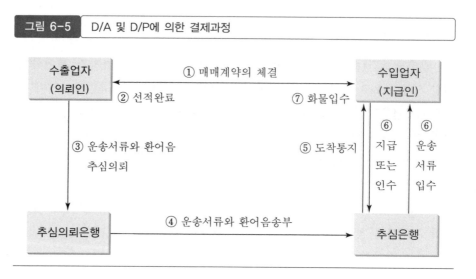

그림 6-5 | D/A 및 D/P에 의한 결제과정

서 만약 수입대금을 즉시 지급할 것으로 약정하였다면 이를 지급하고 운송
서류를 입수한다. 그러나 수입대금을 일정 기간후에 지급할 것으로 약정하
였다면, 일정 기간(만기일) 후 대금을 지급할 것을 약속하는 서명행위(인수)
와 상환으로 운송서류를 입수해 간다. 전자의 경우가 지급도이며 후자의 경
우는 인수도조건이다.

⑦ 계약물품의 입수:  수입업자는 추심은행으로부터 입수한 운송서류
중 선하증권을 가지고서 계약물품을 찾는다.

### 1-4  화환어음 추심거래의 당사자

D/A 및 D/P의 거래에는 〈그림 6-5〉와 같이 추심의뢰인, 추심의뢰은행,
추심은행, 지급인 등이 관여한다.

(1) 추심의뢰인

추심의뢰인(principal)은 자기가 거래하는 은행에 수출대금의 추심을 의뢰하
는 수출업자를 말한다. 수출업자는 추심을 의뢰하면서 화환어음을 발행하기 때문
에 발행인이며 또한 수입업자에 대해서 채권을 주장할 수 있는 채권자(creditor)이
기도 하다. 이 밖에 매도인, 송화인(consignor), 고객 등으로 불린다.

추심의뢰인의 지시사항을 이행하기 위하여 타은행의 서비스를 이용할 때
소요되는 비용과 위험은 추심의뢰인이 부담한다. 그리고 추심의뢰인은 외국
법률 및 관습에서 오는 모든 의무와 책임을 부담해야 하며 이로 인하여 은행이

## D/P PURCHASE ORDER

The American Trading Co., Ltd.
75 Liberty St., New York
N. Y. 10005 U.S.A

Dongbang Trading Co., Ltd.
KWPO Box 2573
Seoul, Korea

P/O No. : p/v 9630501
Date : Oct. 31. 2020

Gentlemen :

Please deliver us the following goods under the terms and conditions as belows :

1. Commodities : Dongbang Computer Model No.2
2. Quantity : 1,000 sets
3. Unit Price : US$ 1,000 per set CIF New York
4. Total Amount : US$ 1,000,000 CIF New York
5. Origin : Republic of Korea
6. Shipping Port : Korean port(s)
7. Destination : New York, U.S.A.
8. Latest Shipment Date : Dec. 30, 2020
9. Partial Shipment & Transshipment : not allowed
10. Payment : Document Against Payment by Collection of at sight Bill of Exchange
11. Insurance : to be covered here
12. Packing : Export standard packing

Documents required are :

1. Signed Commercial Invoice in quadruplicate
2. Packing List in quadruplicate
3. Full set of clean on board ocean bills of lading made out to order of The American Trading Co. Ltd. marked "freight prepaid"

Sincerely Yours,
The American Trading Co. Ltd.

President

손실을 당했을 때에는 이를 보상해야 한다(추심에 관한 통일규칙 제11조 a 및 c).

### (2) 추심의뢰은행

추심의뢰은행(remitting bank)은 수출업자로부터 추심을 의뢰받은 수출국의 은행을 말한다. 이 은행은 수출업자가 제시한 화환어음과 운송서류를 수입업자가 소재하는 추심은행 앞으로 송부하면서 수출대금의 추심을 의뢰한다.

추심에 관여하는 은행은 모든 조치를 성실하게 이행해야 하며 또한 상당한 주의를 기울여야 한다(추심에 관한 통일규칙 제9조). 그리고 은행은 접수된 서류가 추심지시서(collection order)상의 기재와 일치하는가를 확인해야 하며 누락사항이 있을 때에는 추심의뢰를 한 상대방에게 즉시 통지해야 한다. 그러나 은행은 서류를 심사할 의무는 없다(추심에 관한 통일규칙 제12조).

### (3) 추심은행

추심은행(collecting bank)은 추심의뢰은행으로부터 송부되어 온 운송서류와 추심지시서를 수입업자에게 제시하여 수입대금을 징수하는 은행을 말한다. 특히 수입업자에게 직접 운송서류를 제시하는 추심은행을 제시은행(presenting bank)이라고 한다. 추심은행은 추심의뢰은행을 제외한 어떠한 은행이라도 상관없지만 이 은행은 어디까지나 추심의뢰은행의 지시에만 따르며 어음의 지급에 대해서는 전혀 책임을 지지 않는다.

추심에 관여하는 은행은 ① 통보, 서신 또는 서류송달의 지연 또는 멸실로 발생하는 결과, ② 전신의 송달중에 일어나는 지연, 훼손 또는 기타 오류, ③ 전문용어의 번역 또는 해석상의 오류 등에 대해서는 책임을 지지 않는다(추심에 관한 통일규칙 제14조).

### (4) 지급인

지급인(drawee)은 수입업자를 말한다. 수입업자는 추심지시서에 따라 어음이 자기에게 제시되면 채무자로서 수출업자가 발행한 환어음에 대해서 지급할 의무가 있다.

## 1-5  화환어음 추심방식의 특성

화환어음 추심방식 거래는 당사자간의 매매계약에 의해서만 거래가 이루어지기 때문에 선수출계약서에 의한 거래라고도 하는데 신용장방식의 거래에 비해서 다음과 같은 특성을 지니고 있다.

첫째, 신용장거래에서는 수입업자를 대신하여 개설은행이 지급을 확약하지만 화환어음 추심방식 거래에서 추심의뢰은행 및 추심은행은 단지 수출대금을 추심만 할 뿐 지급상의 책임은 지지 않는다. 따라서 화환어음 추심방식 거래는 수입업자의 신용을 바탕으로 모든 거래가 이루어진다고 볼 수 있다.

둘째, 신용장의 독립·추상성의 원칙에 따라 수입업자는 개설은행이 제시한 관계 운송서류의 인수를 거절할 수 없지만 화환어음 추심방식 거래의 수입업자는 추심은행이 제시한 환어음과 운송서류의 인수를 얼마든지 거절할 수 있다. 이런 점에서 화환어음 추심방식 거래는 수출업자에게 다소 불리한 결제방식이다. 지급도조건에서 만약 수입업자가 대금지급을 거절하면 운송서류는 수출업자에게 반송되고 경우에 따라서는 수입항에 도착한 화물을 반송 처리해야 하는 경우도 발생한다. 더구나 인수도조건에서는 수입업자가 어음상의 인수만으로 운송서류와 화물을 찾을 수 있어 수출대금회수불능의 위험이 매우 높은 편이다.

셋째, 신용장거래에서 발행되는 화환어음은 개설은행이 지급인이지만 화환어음 추심방식 거래의 화환추심어음은 수입업자가 지급인이 된다. 즉 신용장하에서 발행된 화환어음은 개설은행을 지급인으로 하는 은행어음 (bank bill)으로서 개설은행이 지급을 보증하지만 화환어음 추심방식 거래의 화환추심어음은 개인어음으로서 지급상의 모든 책임은 수입업자에게 있다.

넷째, 신용장거래에서는 개설은행의 지급확약에 의해 매입은행이 수출업자로부터 운송서류를 매입할 때 수출대금의 지급이 이루어진다. 그러나 화환어음 추심방식 거래에서는 수입업자가 운송서류의 인수를 거절할 수 있기 때문에 추심이 완료되어야만 대금이 수출업자의 계정에 입금된다.

---

### ▶ 추심 전 매입

우리나라는 수출업자의 자금부담을 덜어주고 D/A·D/P에 의한 수출을 장려하기 위해서 추심 전 매입을 허용하고 있기 때문에 수출업자는 관계 운송서류를 추심의뢰은행에 제시할 때 수출대금을 찾을 수 있게 된다. 그리고 수출보험은 수출업자가 제시한 환어음을 추심 전에 매입한 외국환은행이 입을 수 있는 손실을 보상해 주고 있기 때문에 외국환은행도 D/A·D/P하에서 발행된 환어음에 대해서 적극적으로 매입을 해 주고 있다.

| 표 6-3 | 신용장방식과 화환어음 추심방식의 비교 |

| 신용장 방식 | 화환어음 추심방식 |
|---|---|
| • 은행의 신용 | • 수입업자의 신용 |
| • 개설은행의 지급확약 | • 은행의 지급확약 없음 |
| • 신용장 개설담보금(수입업자) | • 필요없음 |
| • 은행어음(지급인: 개설은행) | • 개인어음(지급인: 수입업자) |
| • 추심 전 매입 | • 추심 후 지급 |
| • 수출업자에게 유리 | • 수입업자에게 유리 |
| • 신용장통일규칙(UCP) 적용 | • 추심에 관한 통일규칙(URC) 적용 |

이러한 특성으로 인해 화환어음 추심방식 거래는 수출업자의 입장에서 보면 대금회수불능의 위험이 높아 신용장방식에 비해 불리한 방식이다. 반면 수입업자의 측면에서는 신용장의 개설에 따른 담보금을 제시할 필요가 없기 때문에 신용장방식보다 이 방식이 유리할 수도 있다.

이에 따라 이 방식의 수출거래는 본·지사간의 거래나 상호 신용상태를 확실히 믿을 수 있는 단골 거래선간에 많이 이루어진다. 또한 수출업자가 새로운 수출시장을 개척하기 위하여 보다 유리한 조건을 제시할 필요가 있을 때에도 이 방식이 사용된다.

참고로 신용장 방식과 화환어음 추심방식의 성질을 비교 · 요약하면 〈표 6-3〉과 같다.

---

## 제4절 송금 등 기타 방식의 결제

## 1. 송금 방식의 결제

### 1-1 송금방식에 의한 결제과정

송금(remittance)은 수입업자인 채무자가 수출업자인 채권자에게 수입금액을 지급하기 위해 외국환은행에 원화 또는 외화를 지급하고 이를 수출업자 앞으로 송금해 줄 것을 위탁하는 경우를 말한다. 무역거래에서 주로 사용되는 송금환은 전신송금환이며 이를 이용해서 결제하는 경우를 실무상

| 그림 6-6 | 전신송금환에 의한 결제과정 |

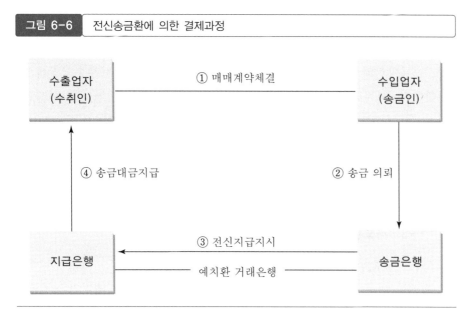

'T/T base' 라 한다. 대금결제과정이 수입업자가 수출업자의 계좌번호로 입금하는 아주 단순한 방식이고 금융비용을 절약할 수 있어 최근 우리나라의 무역거래에서 많이 활용되고 있다.[8) 전신송금환에 의한 결제과정을 살펴보면 〈그림 6-6〉과 같다.

① 수출업자와 수입업자가 매매계약을 체결하면서 대금결제는 전신송금환으로 결제하기로 한다.

② 수입업자가 수입대금을 결제하기 위해 일정 금액을 수출업자에게 송금해 줄 것을 거래은행(송금은행)에 의뢰한다.

③ 송금은행은 수출업자가 소재하는 지역의 환거래은행을 지급은행으로 지정하여 수출업자에게 일정 금액을 지급할 것을 전신으로 지시한다.

④ 지급은행이 수출업자에게 송금도착통지를 하면 수출업자는 이 통지를 받는 즉시 수출대금을 회수할 수 있다.

---

8) 우리나라에서 가장 많이 사용되는 방식은 송금 방식이고 그 다음 신용장 방식인데, 2016년 기준으로 송금방식이 약 69.0% 정도이고, 신용장 방식은 약 18.0%, 화환어음 추심방식은 약 14.0% 정도이다(한국무역협회 자료).

## 1-2 사전송금방식

송금방식의 결제는 송금시기에 따라 사전송금방식과 사후송금방식으로 구분된다. 사전송금방식은 수입업자가 선적 전에 수입대금 전액을 수출업자에게 송금하고, 전불하는 방식(cash in advance)이다. 이 방식은 수출업자에게 아주 유리한 방식으로서 보통 선적일자가 확정되면 수출업자가 일주일 전 쯤 이를 수입업자에게 통보하면 수입업자가 수출업자의 계좌번호로 대금을 입금시킨다.

## 1-3  사후송금(대금교환도 조건)

이는 수출물품의 인도와 동시에 또는 인도 후 일정 기간 이내에 수출대금 전액을 외국환은행을 통하여 송금받는 거래이다. 대금결제기간은 수출업자가 자율적으로 결정하며 본지사간의 거래에서는 1년 이내이어야 한다. 사후송금방식은 러시아, 베트남, 중국 등과 같이 신용장개설 및 환결제에 어려움이 많은 지역과 과다한 인지세로 인하여 대금결제시 환어음의 발행을 꺼리는 일부 유럽지역(이태리 등)으로 수출할 때 종종 이용되고 있다.

이 방식은 대금교환의 대상에 따라 현물상환방식과 서류상환방식으로 구분된다.

### (1) 현물상환방식(Cash on Delivery: COD)

수입업자가 소재하는 국가에 수출업자의 지사나 대리인이 있는 경우 수출업자가 물품을 지사나 대리점에 송부하면 수입업자가 물품의 품질을 검사한 후 물품과 현금을 상환하여 물품대금을 송금한다. 주로 귀금속 등 고가품으로서 직접 물품을 검사하기 전에는 품질을 정확히 파악하기 어려운 경우에 활용된다.

### (2) 서류상환방식(Cash against Documents: CAD)

수출업자가 물품을 선적하고 수입업자 또는 수출국에 소재하는 수입업자의 대리인이나 지사에게 선하증권 등 운송서류를 제시하면 서류와 상환하여 대금을 결제하는 방식이다. 이 방식의 거래에서는 수입업자의 지사나 대리인이 수출국 내에서 물품의 제조과정을 점검하고 수출물품에 대해서 선적 전검사를 실시한다.

그런데 서류상환방식의 거래에서 수출업자가 운송서류를 외국환은행을 통하여 수입업자에게로 송부하면 형식적으로 지급도조건(D/P)과 유사하다. 즉 D/P거래에서는 수출업자가 외국환은행을 통해 운송서류가 첨부된 환어음을 송부하면 수입업자는 반드시 수입대금을 지급하고 환어음과 운송서류를 찾아가기 때문에 이 점에서 두 방식은 서로 비슷하다.

그러나 D/P 방식에서는 수출업자가 환어음을 발행하지만 서류상환방식에서는 환어음 없이 운송서류와 수입대금이 서로 교환된다. 유럽에서는 환어음을 주로 사용하지 않기 때문에 서류상환방식을 흔히 유럽식 D/P 방식이라고도 한다.

### (3) 상호계산

상호계산(open account)은 상품을 선적할 때마다 대금을 결제하지 않고 장부에 기입해 두었다가 일정 기간 예를 들어 6개월 또는 1년 단위로 서로 상쇄하고 그 차액만을 상호 결제하는 것이다. 'open account'라는 표현은 계정이 일정 기간 마감되지 않고 미결제상태로 열려 있음을 의미하는데, 이는 거래 당사자들이 상호간에 장부상 결제가 가능한 것을 의미한다.

이 방식은 본 지사간의 거래에서 서로 거래를 할 때마다 매번 결제를 하게 되면 금융비용이 많이 들기 때문에 일정 기간 장부상 결제만 하고 약정된 기간 만기에 그 차액만을 결제함으로써 금융비용을 절약할 수 있다. 차액을 결제할 때도 비용이 가장 적게 드는 송금방식을 대부분 이용한다.

본·지사간 거래가 아닌 일반거래에서는 이 방식이 외상거래 조건으로 이용되고 있다. 실무상으로는 'O/A 60days'와 같이 표현하는데 이는 수출업자가 물품을 선적 송부한 후 60일 후에 대금 결제가 이루어지는 후불조건을 의미한다. 후불조건의 상호계산은 수입업자에게는 가장 유리한 외상결제 조건이지만 수출업자에게는 대금회수의 불확실성이 큰 조건이다.

만약 수출업자가 이 조건의 제의를 받았을 경우에는 이 조건이 유일하게 선택 가능한 대안인지의 여부, 수입업자가 분명히 만기에 지급할 능력과 의지를 갖고 있는지 등을 검토하여야 한다. 또한 수입업자 국가의 경제적, 정치적, 사회적 불안정이 수입업자의 지급능력을 방해할 소지는 없는지도 조사하여 불확실성을 최소화해야 한다.

## 2. 국제팩토링에 의한 결제

### 2-1  국제팩토링의 개념

팩터(factor)는 중세 이탈리아에서 발생하여 국제화된 일종의 무역중개업자를 말한다. 팩터가 일반 중개업자와 다른 점은 수출업자에게 대금지급을 확약한다는 점이다. 즉 수출업자가 팩터에게 물품의 수출판매를 의뢰하면 팩터는 단순히 판매만 알선하는 것이 아니라 수출업자에게 수출대금의 지급까지를 보증하게 된다.

오늘날의 팩토링(factoring)은 제조업자가 구매자에게 상품을 외상으로 판매하면 팩터는 외상매출채권을 매입·관리하여 제조업자에게 상품대금의 지급을 보증하는 금융서비스를 말한다. 이러한 기본적 업무 외에도 팩터는 제조업자를 대신하여 구매자에 대한 신용을 조사하고, 상품대금이 회수되는 기간 동안 제조업자에게 금융을 제공하거나 회계업무 등을 대행하고 있다.

국제팩토링은 팩토링의 금융서비스를 이용하여 수출대금을 결제하는 무신용장방식의 새로운 무역거래 형태이다. 수출업자와 수입업자 사이에 팩터가 개입하여 수출업자에게는 수출대금의 지급을 보증하고 수입업자에게는 신용을 공여하여 무역거래가 이루어지도록 한다.

이 방식을 이용하게 되면 수출업자는 팩터로부터 수출대금의 지급을 보증받을 뿐만 아니라 수출채권을 담보로 하여 전도금융을 받을 수 있어 자금부담을 덜 수 있다. 그리고 수입업자는 팩터의 신용을 활용하여 기한부조건으로 수입할 수 있으므로 수입자금이 없거나 신용도가 낮은 경우에도 수입이 가능하다.

국제팩토링방식은 D/A · D/P 방식의 거래에 비해 수출대금의 회수가 보다 확실한 편이다. 그리고 은행이 지급확약하는 신용장방식의 거래에서는 개설은행, 매입은행, 통지은행 등 여러 당사자가 관련되지만 국제팩토링방식에서는 하나의 팩터가 수출업자와 수입업자를 관리할 수 있어 거래과정이 단순하다. 이러한 연유로 중소규모의 무역거래에서는 팩토링에 의한 결제방식이 보편화되고 있으며 특히 담보력이나 자금력이 부족한 중소기업들은 팩터의 금융서비스를 많이 활용하고 있는 실정이다.

## 2-2  국제팩토링에 의한 대금결제과정

국제팩토링에 의한 수출대금의 결제는 〈그림 6-7〉과 같이 이루어진다.

① 수입업자는 국제팩토링방식으로 수입할 물품을 주문한다.

② 수출업자는 팩터의 소정양식인 신용승인신청서를 이용하여 수입업자에 대한 신용조사를 수출팩터에 의뢰한다.

③ 수출팩터는 수입팩터에게 수입업자에 대한 신용조사 및 수입팩터가 지급확약할 수 있는 신용한도를 요청한다.

④ 수입팩터는 수입업자의 신용상태를 조사하여 신용한도액을 산정한다.

⑤ 수입팩터는 수입업자에게 제공할 수 있는 신용한도액 및 신용상태에 관한 분석자료를 수출팩터에게 통지한다.

⑥ 수출팩터는 수출업자에게 신용승인을 통보한다.

⑦ 수출업자는 무역계약에서 약정된 물품을 수입업자에게 선적한다.

⑧ 수출업자는 수출물품에 관련된 운송서류(선하증권 등)를 수출팩터에게 양도한다.

⑨ 수출팩터는 관련 운송서류를 수입팩터에게 송부한다. 이는 수출물품에 대한 채권을 수입팩터에게 양도한 것이 된다.

**그림 6-7**  국제팩토링의 절차

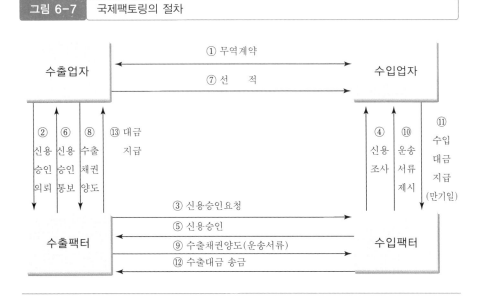

⑩ 수입팩터는 운송서류를 수입업자에게 인도하여 수입업자로 하여금 화물을 찾도록 한다.

⑪ 수입업자는 만기일에 수입팩터에 수입대금을 지급한다.

⑫ 수입팩터는 수입업자로부터 회수한 수입대금을 수출팩터에게 송금한다.

⑬ 수출팩터는 수출업자에게 수출대금을 지급한다.

## 2-3  국제팩토링의 당사자

### (1) 수출업자

물품을 수출판매하는 자로서 팩터와 팩토링 거래약정을 체결하여 매출채권을 양도한다. 수출업자는 팩터의 주된 서비스 대상이기 때문에 국제팩토링에서는 수출업자를 고객(client)으로 표현하기도 한다.

### (2) 수입업자

수입업자는 물품을 수입구매하는 구매자(customer)나 매수인을 말한다. 수입업자는 국제팩토링에서 궁극적으로 채무를 부담하는 당사자(debtor)이다.

### (3) 수출팩터

국제팩토링에 관여하는 수출국의 팩토링회사를 수출팩터라 하는데 수출채권을 관리하며 수출업자에게 수출대금의 지급을 보증한다. 그 밖에 수출팩터는 수출상품의 생산 · 확보에 필요한 금융을 제공하기도 하며 수출업무와 관련된 경영서비스를 제공한다.

### (4) 수입팩터

국제팩토링에 관여하는 수입국의 팩토링회사를 수입팩터라 한다. 수입팩터는 수입업자에 대한 신용조사 및 신용승인을 하고 수출채권을 양수받아 대금을 회수하여 송금하는 업무 등을 주로 한다. 만약 수출팩터가 해외에 지점망을 가진 경우에는 수입국에 주재하는 지점 또는 지사가 수입팩터의 역할을 담당하게 되므로 별도의 수입팩터는 필요 없게 된다.

## 2-4  국제팩토링의 효용

### (1) 수출업자에게 편리한 점

첫째, 수출대금의 회수를 수출팩터가 보증하므로 기한부조건으로 수출하더라도 대금회수불능의 위험이 거의 없다.

둘째, 수출팩터를 통해서 수입업자의 신용상태를 사전에 파악할 수 있다.

셋째, 수출팩터의 지급보증과 수입업자에 대한 신용파악으로 과감하게 신규거래를 시도할 수 있다.

넷째, 신용장이나 D/A · D/P 방식에 비해 실무상의 절차가 간단하다.

다섯째, 수출대금의 범위 내에서 수출팩터로부터 전도금융을 이용할 수 있어 기한부 수출에 따른 자금부담을 덜 수 있다.

마지막으로 수출팩터와 지속적으로 거래관계를 유지해 다양한 경영 서비스와 정확한 해외시장정보를 얻을 수 있다.

(2) 수입업자에게 편리한 점

첫째, 수입팩터가 설정한 신용한도 내에서 계속적으로 신용구매가 가능하여 장기적인 수입계획을 수립할 수 있다.

둘째, 수입결제자금이 부족할 경우 수입팩터로부터 금융수혜를 받을 수 있으며 또한 수입팩터의 지급보증으로 유리한 수입조건을 제시할 수 있다.

셋째, 수입팩터로부터 채무만기일 관리 등의 회계 서비스를 제공받을 수 있어 수입관리업무의 효율성을 높일 수 있다.

마지막으로 신용장이나 D/A · D/P 방식에 비해 실무상의 절차가 간단하고, 자금부담이나 수수료 등의 비용부담을 덜 수 있다.

## 3. 포피팅(Forfaiting)이 첨부된 결제

### 3-1 포피팅의 개념

포피팅은 현금을 대가로 채권을 포기 또는 양도한다는 뜻으로 무역거래에서는 수출업자가 발행한 기한부어음을 포피터(forfaiter)가 할인 · 매입해 주는 금융기법을 말한다. 따라서 포피팅은 신용장, D/A 및 D/P 등과 같은 대금결제방식이라기보다 주로 신용장하에서 발행된 기한부환어음을 포피터가 할인 · 매입하는 중장기금융이라 할 수 있다.

포피팅에는 수출업자 및 수입업자 외에 포피터와 보증은행(Avalising: Guaranteeing Bank)이 개입하는데 포피터는 수출업자가 발행한 연불어음을 할인 · 매입하는 은행을 말한다. 그리고 보증은행은 수입업자를 위해 환어음의 지급을 보증하거나 지급보증서를 발급하는 은행을 말한다.

보증은행이 환어음을 보증할 때 어음상에 Aval을 추가하는 방식을 쓰는데 이는 보증은행이 환어음 자체에 보증한다는 뜻을 기입하여 채무를 성실히 이행할 것을 보증하는 취소불능의 무조건 보증을 말한다. 보증형식이 간단하고 양도될 수 있어 널리 사용되고 있다.

수입업자가 주로 가액이 큰 물품을 중장기 연불조건으로 수입하고자 할 경우 거래은행으로 하여금 수출업자가 발행한 환어음의 지급을 보증해 줄 것을 요청한다. 보증은행이 환어음의 지급을 보증하면 이 어음을 포피터가 외상기간에 해당하는 이자를 고정금리로 할인하여 수출업자에게 지급하고, 포피터는 만기일에 보증은행을 통해서 어음대금을 상환받는다.

결국 포피팅을 이용하면 수입업자는 보증은행의 지급보증으로 거액의 물품을 연불조건으로 수입할 수 있고, 반면 수출업자는 비록 연불조건의 외상수출이라 하더라도 포피터로부터 수출대금을 일람조건의 수출과 같이 즉시 받을 수 있다. 특히 수출업자는 신용장 매입은행의 여신한도가 부족하여 환어음의 매입이 거절될 경우 포피팅을 통한 매입방법을 강구할 수 있다.

### 3-2  포피팅의 특징

포피팅의 특징을 살펴보면 다음과 같다.

첫째, 포피팅은 주로 수출업자의 환어음과 같은 채권을 대상으로 한다. 환어음은 무역거래에서 오랫동안 사용되어 왔기 때문에 단순외상매출채권, 본드(bond) 등에 비해서 분쟁이 발생할 가능성이 작기 때문이다.

둘째, 포피팅은 규모가 크고 중장기 연불조건의 거래에 활용된다. 포피팅과 유사한 환어음할인금융이나 국제팩토링은 주로 180일 이내의 소액거래에서 많이 이용되지만 포피팅은 대체로 3년에서 5년 정도의 중장기 금융수단으로 이용된다.

셋째, 포피터는 수출업자에게 환어음에 대한 상환을 청구할 수 없다. 즉 수출업자의 환어음을 할인·매입한 후 만기일에 실제 수입업자로부터 지급이 이루어지지 않더라도 수출업자에게 매입대금을 돌려 줄 것을 요청할 수 없다. 신용장거래에서 매입은행은 환어음의 지급이 이루어지지 않으면 수출업자에게 얼마든지 상환청구할 수 있지만 포피팅의 경우는 불가능하다.

넷째, 포피터는 주로 고정금리부로 환어음을 매입한다. 수출업자는 환어음의 할인금리를 사전에 알 수 있어 자신이 부담하게 될 금융비용을 원가에 감안할 수 있다.

### 3-3  포피팅의 절차

포피팅은 〈그림 6-8〉과 같은 절차를 통해 이루어진다.

① 무역계약을 체결하면서 결제방법에 포피팅을 추가할 것을 약정한다.

② 수출업자는 포피터와 포피팅계약을 체결한다.

③ 수출업자는 계약의 내용대로 선적기일 내에 물품을 선적한다.

④ 수입업자는 지급보증은행에 환어음을 제출하면 지급보증은행은 별도의 지급보증서를 발급하거나 환어음에 ‘Aval’을 추가하여 환어음을 보증한다.

⑤ 지급보증은행은 보증이 첨부된 환어음을 수출업자에게 보낸다.

⑥ 수출업자는 사전에 약정된 포피팅계약에 따라 지급보증은행이 보증한 환어음을 포피터에게 제시하여 어음대금을 할인해 줄 것을 요청한다.

⑦ 포피터는 어음의 만기일에 보증은행에 환어음을 제시하여 지급을 요청하고, 지급보증은행은 지급보증에 따라 대금을 지급한다.

⑧ 보증은행은 포피터가 제시한 어음을 수입업자에게 제시하고 수입업자로부터 대금을 회수한다.

| 그림 6-8 | 포피팅 절차 |
| --- | --- |

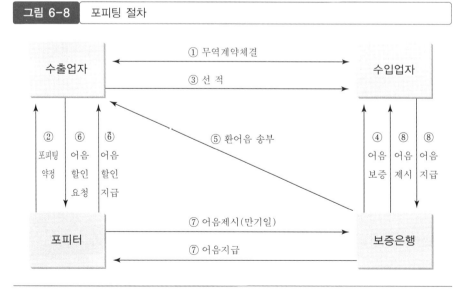

제 **2** 부

# 무역거래의 절차

# Summary

무역거래는 상관습에 따른 차이가 다소 있지만 다음과 같이 일정한 순서에 의해서 이루어진다.

수출업자 혹은 수입업자는 해외시장조사를 통해 가장 좋은 조건으로 판매하거나 구매할 수 있는 거래처를 물색한다. 거래처가 확보되면 거래를 제의하고, 상대방으로부터 긍정적인 회신이 있으면 구체적인 거래조건을 제시한다. 수출업자와 수입업자간에 거래조건에 대한 상호 흥정이 끝나면 정식으로 무역계약을 체결한다. 무역계약을 체결할 때는 거래상품에 관한 사항과 더불어 무역계약 이행에 필요한 거래조건들도 구체적으로 약정한다. 무역계약이 체결되면 수출업자는 계약물품을 정해진 기일 내에 생산·확보하여 수출통관을 마친 후 이를 수입업자에게 선적해 보낸다. 계약물품에 대한 선적이 완료되면 수출업자는 관련 은행 등으로부터 수출대금을 회수한다. 수출업자가 계약물품을 선적해 보내면 수입업자는 수입대금을 결제하고 수입화물을 입수한 후 수입통관절차를 필함으로써 주요한 수입과정을 마치게 된다. 수출대금의 회수와 수입물품의 인수가 끝나면 무역거래는 일단 종결되지만 만약 상대방이 클레임을 제기하게 되면 이의 해결과정이 남게 된다. 무역거래에서 발생하는 클레임은 대체로 상사중재에 의해서 해결되고 있다.

무역거래의 절차는 ① 해외시장조사와 오퍼, ② 무역계약의 체결, ③ 수출통관 및 수출대금의 회수, ④ 수입통관 및 수입물품의 회수, ⑤ 무역지원제도의 활용, ⑥ 클레임의 제기로 구분될 수 있다.

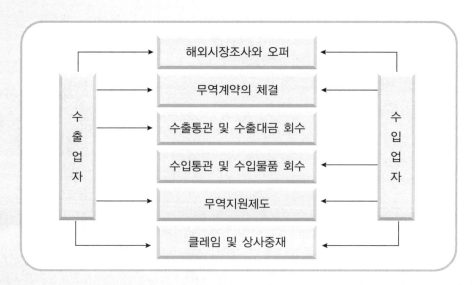

# 제 1 장

# 해외시장조사와 오퍼

| 제 1 절 | 해외시장조사

| 제 2 절 | 거래의 제의와 오퍼

무역거래를 처음 시작할 때 가장 먼저 해야 할 일은 자기가 생산한 제품을 누구에게 판매하고 어떻게 상대방에게 접근할 것인가에 대해 계획을 세우는 일이다. 이를 위해서는 해외시장조사를 통해서 잠재구매력을 지닌 수입업자를 발견하고 또한 외국의 수입업자가 원하는 상품이 무엇인가를 찾아야 한다. 신규 거래처가 잠재적으로 선정되면 자기의 회사와 상품을 소개하는 서신을 보내거나 해외광고를 통해서 거래를 제의한다. 상대방이 구체적인 거래조건을 문의해 오면 오퍼를 보내면서 무역계약을 체결할 준비를 한다.

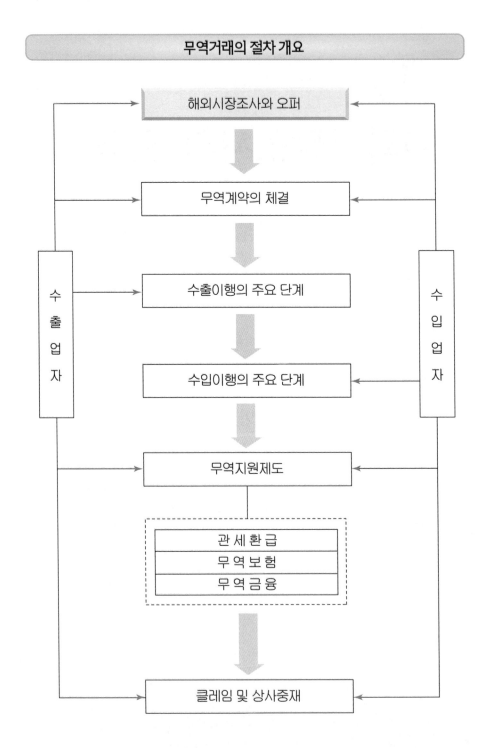

## 제1절 해외시장조사

### 1. 해외시장조사의 의의

무역거래에서는 국내거래와 달리 지역적인 격리성, 상이한 문화와 법체계, 종교, 상관습, 언어 등의 차이 때문에 거래당사자들이 극복해야 할 어려운 점이 많다. 그러므로 무역거래에 따르는 위험을 감소시키고, 이윤을 극대화하기 위해서는 정확한 시장조사가 선행되어야 한다.

해외시장조사는 흔히 수출업자의 임무로만 보고 잠재적인 판로를 개척하는 것으로 생각하기 쉽다. 그러나 수입업자의 입장에서 가장 유리한 조건으로 구매할 수 있는 공급처를 찾는 것도 해외시장조사의 일환에 속한다. 따라서 해외시장조사는 특정 상품에 대한 판매가능성이나 구매가능성을 조사하는 것을 의미한다고 볼 수 있다.

좀더 구체적으로 보면 수출업자는 해외시장조사를 통하여 잠재구매력을 지닌 수입업자를 발견하고, 수입업자가 원하는 상품이 무엇인가를 살펴본 후 이러한 기본정보를 토대로 자기가 생산하는 물품을 언제, 어느 지역에, 가장 많이 그리고 가장 값비싸게 수출할 수 있는가를 조사해야 한다.

한편, 수입업자는 구매하고자 하는 물품의 공급처를 사전에 탐색하여 언제, 어느 지역으로부터, 가장 유리한 조건으로 수입할 수 있는가를 알아보아야 한다. 무역거래에서 수입업자는 최종소비자에게 다시 시판하기 위해 물품을 수입하므로 최적의 조건으로 수입하는 것은 곧 최대의 이윤을 보장하는 것과 마찬가지이다. 따라서 해외시장조사는 수출업자뿐만 아니라 수입업자에게도 중요한 무역업무이다.

지피지기(知彼知己)면 백전백승(百戰百勝)이라 하듯이 무역업을 성공적으로 수행하기 위해서는 먼저 상대방에 대한 철저한 분석이 뒤따라야 한다. 특정 시장을 형성하고 있는 여러 가지 상황의 변화를 과학적으로 조사·분석한 후 이에 적합한 수출계획이나 수입계획을 세워야 한다.

## 2. 해외시장조사의 내용

해외시장조사에서는 어느 국가의 어느 고객에게 어떠한 상품을 판매할 것인가 또는 어느 국가의 어떤 공급처로부터 필요한 상품을 구매할 것인가를 분석해야 한다. 따라서 해외시장조사의 주요 대상은 수출입국가, 소비자, 공급처, 상품 등이 된다.

### 2-1  수출입국가의 환경

#### (1) 정치적 환경

정치적 환경은 상대방 국가의 정치체제, 정치적 안정도, 정치적 위험의 발생가능성 등을 의미한다. 정치적 위험은 수출업자에게 대금회수불능의 위험을 초래하므로 구매력이 높은 시장이라 하더라도 정치적 위험이 발생할 가능성이 있으면 쉽게 접근할 수 없다. 특히 후발개도국의 경우 경제발전에 대한 의욕도 높고 해외상품에 대한 선호도가 높지만 정변이 발생할 위험이 높다면 그 동안 많은 비용과 노력을 들여 개척한 시장을 상실할 수 있다.

#### (2) 경제적 환경

국민소득, 경제성장률, 노동력, 임금, 물가 등 상대방 국가의 경제전반에 관련된 사항과 국제수지, 품목별·지역별 수출입규모, 외환관리, 수출입규제제도 등 대외무역에 관련된 사항을 말한다.

해외시장조사에서는 대상국가의 경제적 환경 모두를 분석하는 것보다 거래상품의 성질에 따라 필요한 사항만을 선별·분석하는 것이 바람직하다. 자동차를 수출하려면 국민소득, 경제성장률뿐만 아니라 장차 현지 생산에 대비한 노동력, 임금수준 등을 종합적으로 분석하는 것이 필요하지만 향수를 수출한다면 수입국의 노동력까지 조사할 필요는 없을 것이다.

무역에 관련된 각국의 규제제도는 해외시장조사에 있어서 반드시 분석되어야 할 사항이다. 거래품목이 수출입제한품목에 해당되면 별도의 수출입요건을 충족시켜야 하며, 수입금지나 고율의 관세가 부과될 것이 예상되면 제3국을 통한 우회수출방법을 검토해야 한다. 또한 수출입국가간의 환거래제한이나 송금 금지 등의 규제가 예상될 경우에는 보험제도를 통한 보상이 가능한지를 조사해야 한다.

### (3) 사회적 환경

사회적 환경의 분석은 수출입대상 국가의 인구, 기후, 종교, 문화, 교육수준 등 사회일반에 관한 사항과 통신시설, 항만시설, 공항시설 등 사회기반시설을 파악하는 것이다.

인구수는 구매량과 연결되므로 여기에 따른 수출계획을 세우는 것이 바람직하다. 예를 들어 인구는 적지만 국민소득이 높은 국가에는 여러 가지 고가제품을 소량으로 판매하고 인구가 많아 1인당 국민소득은 낮더라도 국가전체의 경제력이 클 경우에는 플랜트류를 턴키(turn-key)방식으로 수출한다. 그리고 대상국가의 기후에 적합한 상품을 판매해야 하는 것은 물론 종교적 배경도 함께 고려해야 한다. 예를 들면 미국산이나 호주산의 쇠고기는 인도에서는 상품으로서의 가치가 없다. 문화나 교육수준에 맞는 상품의 개발도 해외시장개척에 꼭 필요하다.

한편 무역거래에서 매매당사자들은 전화, 팩시밀리, 인터넷 등의 여러 가지 첨단 통신시설을 사용하여 상담을 하기 때문에 해외시장조사에서는 이러한 시설의 사용 여부를 확인해야 하며, 통신시설이 발달하지 못한 국가에 계절적 상품을 수출하려면 충분한 시간적 여유를 두고 수출계획을 세워야 한다. 그리고 수출물품을 효율적으로 운송하기 위해서 항만사정이나 공항시설을 철저히 분석해야 한다. 수입국이 내륙지역에 위치할 경우에는 해상운송과 육상운송을 연계하는 방법을 강구하고 패션제품이나 긴급수송을 요하는 부품 등은 국제공항을 이용한 항공운송계획을 수립한다.

---

▶ 턴키 방식

이는 생산설비를 건설하고 설비가 가동되어 생산이 개시될 수 있는 시점에서 소유권을 넘겨 주는 일괄수주방식의 계약이다. 간혹 경영자나 작업자의 훈련과 같은 서비스까지 제공하는 경우도 있는데 이를 턴키 플러스(turn-key plus)라고 한다.

## 2-2  소비자에 관한 사항

수출상품을 실제 소비하는 소비자에 대해서는 소비자의 소득별 분포, 구매능력, 취향, 상품에 대한 만족도, 생산자에 대한 이미지(image) 등을 조사·분석한다. 소비자에 대한 종합적 분석에 따라 수출제품을 차별화·다양화하여 새로운 모델을 계속 개발함으로써 해외시장을 유지·확대할 수 있다.

## 2-3 공급처에 관한 사항

수입업자가 상품을 구매하기 위해서 해외시장을 조사할 경우에는 원하는 상품을 적당한 시기에 공급해 줄 수 있는 공급처(수출업자)에 대한 조사가 이루어져야 한다. 이와 관련하여 조사할 사항은 공급처의 성실성, 영업태도, 업계에서의 평판, 재무상태, 생산능력, 선적시기 등이다.

무역거래에서는 생면부지의 당사자들이 현품을 직접 확인하지 않은 상태에서 서신을 통해 거래를 시작하기 때문에 성실성, 영업태도 등 거래 상대방의 성격을 분석하는 것이 매우 중요한 일이다. 공급처의 재무상태는 장차 발생할지도 모르는 채무를 이행할 수 있는지를 분석하는 자료가 된다. 그리고 수입규모와 수입시기를 결정하기 위해서는 공급처의 생산능력과 선적가능시기를 조사해야 한다.

## 2-4 거래상품에 관한 사항

### (1) 상    품

수출업자는 판매하고자 하는 상품의 품종, 품질, 디자인, 상표, 포장, 가격 등을 수입국내에서의 동종 생산품, 경쟁품, 대체품 등과 비교하여 해외시장에서의 경쟁력 정도를 분석해야 한다. 이러한 경쟁력 분석을 통해서만이 시장에 적합한 상품을 수출할 수 있다. 그러나 특정 시장에서 경쟁력이 있는 상품이라 하더라도 현지의 지식재산권에 저촉된다든지, 쿼터 품목에 해당되면 수출자체가 불가능하므로 이에 대한 조사도 병행되어야 한다.

수출상품의 적절한 생산계획을 세우기 위해서는 수요량 분석이 뒤따라야 한다. 특히 미래의 수요량, 계절적 수요량을 정확히 예측하여 생산량을 조절하고, 자체 내의 생산이 불가능할 경우에 대비해서 대체품의 공급계획을 수립하여 수출시장을 상실하지 않도록 한다.

### (2) 유통과정

이는 수출상품이 현지에서 유통되는 과정과 유통기구에 대한 사항을 조사하는 것이다. 수입업자가 상품을 수입하여 최종소비자가 소비하기까지의 유통과정이 복잡한 경우에는 상품의 포장을 견고히 해야 한다. 그리고 수입국 내의 할인매장, 특약점, 백화점, 체인스토아 등 유통기구의 현황을 조사할 필요가 있다. 할인매장이 많은 경우에는 가능한 한 저가상품이나 일반잡화로 시장에 접근하고, 전문특약점 또는 백화점이 발전된 지역에는 전문품이나 고가품목으로 시장에 진출하도록 한다.

### (3) 서비스 및 판매촉진

일반잡화, 섬유제품 등은 사후서비스(after-service)가 필요 없지만 전자제품, 자동차 등과 같은 내구성 제품은 사후서비스의 여부에 따라 수출량이 결정될 수 있다. 따라서 이들 제품의 수출계획에는 반드시 사후서비스에 대한 대책이 포함되어야 한다.

현지시장에 적합한 수출상품의 판매촉진프로그램에 대해서도 조사한다. 카탈로그, 안내서 등은 소비층의 취향이나 현지관습에 맞도록 제작·배포하고 수출상품을 효율적으로 선전할 수 있는 기회를 확대하여 현지 소비자들에게 수출상품에 대한 신뢰도를 높인다.

## 3. 해외시장조사 방법

### 3-1 인터넷에 의한 조사

과거에는 무역유관기관이 발행한 간행물을 통하거나, 이들 기관을 직접 방문하여 담당자와의 상담을 통해 해외시장에 관한 정보를 입수했지만 오늘날에는 대부분 인터넷을 활용하고 있다. 인터넷을 이용하면 해외시장에 관한 일반적인 정보는 물론 무역이나 시장상황에 관한 정보를 손쉽게 얻을 수 있다. 해외시장조사와 관련하여 주로 다음과 같은 사이트들이 활용되고 있다.

### (1) 유관기관의 무역전문 사이트

우리나라의 주요 무역유관기관인 한국무역협회(Korea International Trade Association: KITA), 대한무역투자진흥공사(Korea Trade and Investment Promotion Corporation: KOTRA) 등에서는 무역전문 사이트를 운영하고 있기 때문에 먼저 이들 사이트를 방문하여 해외시장에 관한 정보를 얻는 것이 효율적이다.

한국무역협회에서 운영하는 사이트는 거래알선, 무역속보, 수출입통계,

무역실무, 상품 및 업체정보, 거래중개 등 종합적인 무역정보를 제공하는 무역전문 사이트이다. 그리고 대한무역투자진흥공사에서는 글로벌전시포털, buyKOREA 등의 무역관련 사이트를 운영하고 있다. 글로벌전시포털은 국내외 전시회 정보를 제공하고 관심기업들이 참가신청 및 참가지원신청을 할 수 있도록 관련 서비스를 제공하는 사이트이며, buyKOREA는 기업 간 거래를 중개하는 글로벌 e-marketplace로 해외홍보, 해외 구매정보 중개 등의 서비스를 제공하는 사이트이다.

### (2) 각종 무역통계 사이트

해외시장조사 및 품목 선정에서 가장 기본이 되는 것은 각종 무역통계를 조사하는 것이다. 무역통계자료는 특정 시장의 구매잠재력을 측정하고 수익성이 높은 상품을 물색하는 데 많은 도움이 된다. 특히 처음 제조·수출하거나 구매·수출할 경우에는 무역통계자료를 이용하여 우리나라의 수출주력상품, 흑자상품 등을 분석해서 수익성이 높은 상품을 찾아야 한다.

우리나라의 주요 무역통계 사이트로는 관세청, 한국무역통계진흥원, 한국무역협회 등에서 운영하는 것이 있다. 이를 통할 경우 우리나라의 전체 수출실적, 상품별 수출입동향, 국가별, 지역별 수출입동향 등 기본적인 해외시장 정보를 알 수 있다.

특히 한국무역통계진흥원은 관세법 제322조에 규정된 무역통계 및 교부업무를 대행하는 기관으로 TRASS(www.trass.or.kr)를 통해 각종 무역관련 통계자료를 고객의 목적과 수요에 맞게 실시간으로 제공하고 있다. 이 밖에도 무역경기 확산지수, 수출입 단가지수 및 교역조건지수 등 수출입 흐름의 변화방향에 대한 각종 무역통계 관련 지수정보도 제공한다. 그리고 동종업계의 동향 및 관련 통계분석자료를 제공하며 빅데이터(Big Data) 분석을 통해 정형·비정형 통계정보를 연계분석하여 제공하기도 한다.

그 밖에 통계바다, 세계통계정보, 미국통계청 데이터베이스 등의 사이트를 통해서도 다양한 분야의 통계정보를 얻을 수 있다. 통계바다는 우리나라 모든 통계정보를 한눈에 검색할 수 있도록 만든 사이트이다. 해당 부처의 웹사이트에 일일이 접속할 필요 없이 한곳에서 검색할 수 있다.

(3) BIGKINDS(http://bigkinds.or.kr)

이는 한국언론진흥재단이 제공하는 언론 전문 종합 데이터베이스로 1990년도부터 축적된 뉴스콘텐츠를 빅데이터 분석기술을 통해 재분석하여 관련 뉴스를 입체적으로 제공하고 있다. 주요 검색어를 입력하면 이와 관련된 뉴스를 찾아볼 수 있는데, 예를 들어, 중고 자동차를 수출하고자 할 경우 자동차, 수출, 중고차 등을 입력하면 이와 관련된 신문기사나 뉴스 등이 추출되고 관계도 분석, 시각화 분석, 정보추출 등을 통해 정보를 재가공하여 볼 수 있다.

### 3-2  위탁조사

특정 시장이나 특정 품목별로 보다 상세한 정보를 얻고자 할 경우에는 국내외의 시장조사 전문기관을 통한 위탁조사가 가능하다. 현재 대한무역투자진흥공사는 수출업자의 유료위탁에 의해 해외시장조사업무를 시행하고 있다. 특히 대한무역투자진흥공사는 세계적인 조직망을 갖추고 있기 때문에 이 기관의 해외시장조사는 신뢰도가 매우 높은 편이다.

현재 대한무역투자진흥공사에서 실시하고 있는 조사대행 서비스의 주요 항목들은 〈표 1-1〉과 같으며 항목에 따라 수수료, 조사기간 등이 다르다. 수출업자는 인터넷으로 해당 지방 무역관에 신청하고 담당자와 협의하여 수수료를 확정한 후 일정 기간 내에 해당 정보를 얻을 수 있다.

### 3-3  자체 현지조사

가장 신빙성이 높은 조사방법은 대상지역을 직접 방문하여 조사하는 것

**표 1-1** 대한무역투자진흥공사의 조사대행 항목

- 관심 바이어 조사: 시장성, 바이어 명단, 수입관심도
- 관심 바이어 상담: 시장성, 바이어 명단, 수입관심도, 기초상담결과
- 시장동향: 수요, 수출입, 생산, 경쟁, 가격동향, 유통구조
- 바이어 정보 단순 확인조사
- 해외현장확인정보, 기타

이다. 수출업체 단독으로 현지 출장조사를 할 수 있고 수출입조합이나 경제
단체의 해외시장 조사단에 참가하여 조사할 수도 있다.

현지를 방문하면 먼저 우리나라의 공관, 대한무역투자진흥공사의 현지
무역관 또는 현지의 상업회의소를 방문하여 일반적인 시장현황을 청취하고
최대한의 협조를 구한다. 구체적인 자료를 수집하기 위해서는 현지에 진출
한 동업자를 만나 조언을 구하고 백화점, 도매상, 소매상 등을 방문하여 해
당 품목의 시황, 유통구조, 소비자패턴, 가격, 특허, 상표 등을 조사한다.

## 4. 신용조사

### 4-1 신용조사의 의의

무역거래에서는 대부분 수출업자와 수입업자가 직접 면담을 하지 않은
채 단지 서류상의 검토로 거래가 성립되므로 상대방의 신용상태에 대한 조사
가 매우 중요하다. 이에 따라 해외시장조사를 통하여 신규거래처가 잠재적으
로 선정되면 먼저 신용조사를 통하여 상대방의 신용상태를 조사해야 한다.

무역거래에서는 처음부터 유령회사를 설립하여 물품만 수입하고 잠적을
한다든지 서류를 위조하여 수출대금만 챙기는 경우가 있고 특히 시장상황이
좋지 않을 경우에는 대금회수가 어려운 경우가 많이 발생한다. 따라서 상대
방이 대외적으로 어느 정도 명성이 있으면 별다른 조사가 필요 없겠지만 그
렇지 못한 경우에는 사전 신용조사가 반드시 필요하다.

신용조사에서는 주로 상대방의 성격, 능력, 자본 등이 파악되어야 한다.

성격(character)은 성실성, 영업태도, 업계에서의 평판, 계약이행에 대한
열의 등 거래에 임하는 상대방의 신뢰도에 관한 것이다.

능력(capacity)은 영업형태, 연간매출액, 경력 등 상대방의 거래능력을
의미한다. 그리고 자본(capital)은 상대방의 재무상태, 즉 부채비율, 자기자
본비율 등을 의미하며 이는 채무이행능력의 척도가 된다.

### 4-2  신용조사 방법

#### (1) 은행조회

은행조회(bank reference)는 상대방이 거래하고 있는 은행을 통하여 신용조사를 수행하는 방법이다. 주로 상대방의 자본에 관련된 내용을 조사한다.

#### (2) 동업자조회

동업자조회(trade reference)는 상대방과 거래한 경험이 있는 업자에게 신용상태를 조회하는 방법이다. 상대방의 성실성, 영업태도, 업계에서의 평판 등 성격에 관한 자료를 얻을 수 있다.

#### (3) 상업흥신소를 통한 방법

신용조사 전문회사인 상업흥신소에 신용조사를 의뢰하는 방법이다. 세계적으로 유명한 신용조사기관으로는 'Dun & Bradstreet(http://www.dnb.com)'를 들 수 있다. 이 정보회사는 전 세계 5,000만개 이상의 기업 데이터베이스와 120여개 국가의 리포터를 보유하고 있으며 우리나라에서는 1995년부터 지사를 운영하고 있다. 세계적인 신용평가기관인 'Moody's Investors Service'는 이 회사의 자회사이다.

#### (4) 무역관련기관의 이용

현재 우리나라의 무역업자들은 대한무역투자진흥공사, 한국무역보험공사, 신용보증기금 등을 통해서 해외신용조사를 많이 하고 있다.

대한무역투자진흥공사(신용조사부)는 해외무역관을 활용해서 신용조사 및 수출보험사고조사 업무를 유료로 수행해 주고 있으며 한국무역보험공사도 수출업자, 금융기관, 수출유관단체를 대상으로 국외기업 신용조사 서비스를 실시하고 있다.

특히 한국무역보험공사는 전 세계 70여개의 신용조사기관과 협약을 체결하여 연간 4만 건 이상의 국외기업 신용조사 서비스를 제공하고 있다. 국외기업 신용조사 시 보통 2-3주 이내 국외기업의 기본정보, 재무현황, 경영성과 등을 확인할 수 있는 신용조사보고서를 제공한다.

**제2절** 거래의 제의와 오퍼

## 1. 거래의 제의

### 1-1 거래제의의 의의

해외시장조사를 통해 시장 상황을 알고 난 후엔 자신의 상품을 소개하며 거래관계를 맺고 싶다는 의사를 표시해야 하는데 이를 거래의 제의 혹은 상품거래에 대한 조회(inquiry)라 한다. 따라서 거래제의는 어떤 상품을 팔려고 하는 사람 또는 사려고 하는 사람이 처음으로 자기 의사를 상대방에게 타진하는 것이다.

거래의 제의는 상품을 팔려는 사람이 사려고 하는 상대방에게 먼저 문의하는 수출업자의 거래제의(selling inquiry)와 사려는 사람이 그 상품을 가지고 있는 사람에게 팔지 않겠느냐고 문의하는 수입업자의 거래제의(buying inquiry)로 구분할 수 있다. 하지만 무역거래에서는 대부분 수출업자가 먼저 자신의 상품을 소개하고 거래관계를 맺고 싶다는 의사표시를 한다.[1]

거래제의는 특정 상대방을 대상으로 할 경우도 있고 반면 불특정 다수를 상대로 거래를 제의하는 경우가 있다. 만약 수출업자가 해외시장조사를 통해 유망한 거래처 명단을 입수한 경우이면 이들 상대방에게 직접 거래를 제의하고 그렇지 않은 경우에는 해외 광고를 하거나 박람회 등에 참석하여 자신의 상품을 알릴 수 있다.

### 1-2 거래제의의 방법

(1) 권유장의 이용

이는 장차 거래관계를 맺을 수 있는 거래처에 자기 회사와 상품을 소개하는 권유장(circular letter)을 발송하여 거래를 제의하는 방법이다. 권유장을

---

1) 수입업자가 먼저 거래를 제의하는 경우는 흔하지는 않지만 공공기관의 도급을 맡은 건설회사, 혹은 관수물품의 구매책임을 맡은 조달청 같은 곳에서 그들이 필요로 하는 일정한 규격의 상품을 명시하여 수출업자에게 거래를 제의한다. 그리고 외국정부가 큰 공사를 할 때나 많은 물자를 구입할 때도 국제 입찰을 하게 되며, 이 때 상품이나 용역 제공자에게 보내는 서신도 'buying inquiry'라고 할 수 있다.

**서식 1-1** 권유장의 예(자료: 한국무역협회)

# JSK Company, Inc.
## 45th Floor, Korea Trade Center
## 59 Samsung-Dong, Kangnam-Ku, Seoul, Korea 135-729

Gentlemen:


Your name has been given by the New York Chamber of Commerce as one of the reliable importers of Korean Silk Fabrics. We are, therefore, writing you with a keen desire to have business connections with you.

In introducing ourselves to you we are pleased to comment that we have been engaged in shipping Silk Fabrics of all descriptions to all over the world enjoying a good reputation for a good many years. Because of our excellent organization for conducting export business and close connections with the best sources of supply, we may state that should you favorably consider our proposal and favor us with inquiries for your specific requirements we are in a position to supply you with Al goods at competitive prices.

We are sending you separately a copy of our complete catalog in which we trust you will find some that would suit for your trade.

In regard to the terms of business, we make it our customs to trade on a Banker's Irrevocable Letter of Credit, under which we draw a draft at sight. If you would care to deal with us on this basis, we shall be pleased to give you further details of business.

For any information respecting our standing and reputation, we are permitted to refer you to KEB Hana Bank, Kangnam branch in Seoul or KOTRA organization in your area.

We look forward to receiving your early and favorable reply.

Yours very truly,

남발하는 것보다 특정 지역의 몇몇 거래처 앞으로 보내는 것이 효과적이며 시차를 두는 것도 바람직하다.

권유장은 ① 상대방을 알게 된 경로와 거래관계 개설의 희망, ② 자기 회사의 영업종목, ③ 업계에서의 평판, 능력, ④ 추가정보 및 자료제공의 의사표명, ⑤ 자기 회사의 신용조회처 등의 순서로 작성하는 것이 효과적이다.

권유장을 보낼 거래처의 명단은 상공인명부를 통해서 입수할 수 있다. 상공인명부(directory)에는 업종별 업체명, 주소, 전화번호, 팩스번호 등이 수록되어 있으며, 한국무역협회, 대한무역투자진흥공사, 대한상공회의소 등에서 쉽게 구할 수 있다. 최근에는 대부분의 상공인명록이 인터넷에서 검색이 가능하기 때문에 이를 이용하면 최신 정보를 얻을 수 있다.

### (2) 무역유관기관의 이용

한국무역협회, 대한무역투자진흥공사 등에서 시행하고 있는 거래알선 서비스를 받아 거래처를 확보하거나 이들 기관이 운영하고 있는 무역 전문 사이트를 통해 거래처를 물색할 수 있다. 특히 대한무역투자진흥공사에서 운영하는 KOBO는 우리나라 중소기업의 인터넷 수출을 지원하기 위해 만든 것으로 해외시장동향과 바이어 정보를 검색할 수 있고 제품 홍보도 가능하다.

### (3) 홍보 및 해외광고의 이용

거래처를 물색하기 위해서 해외홍보용 카탈로그를 제작하여 예상 거래처에 배포하거나 국내외의 광고매체를 활용할 수 있다.

홍보용 카탈로그와 광고는 종합광고 대행사나 광고기획사 등 전문가에 의뢰하여 영문과 대상지역의 언어로 제작하는 것이 바람직하다. 홍보용 카탈로그의 배포처는 지역별 상공인명부, 한국무역협회나 대한무역투자진흥공사를 통해 그 명단을 얻을 수 있다. 특히 해외에서 발급되는 전문잡지의 구매자는 특정 물품에 관련된 잠재구매자로 판단될 수 있으므로 취급물품을 전문으로 하는 잡지의 배포처 명단을 입수하여 카탈로그를 배포할 수 있다.

광고매체는 여러 가지 종류가 있기 때문에 그 성격, 배포부수, 배포지역, 구독층을 신중히 분석하여 적정한 매체를 선정하는 것이 효과적이다.

현재 국내 수출유관기관에서는 〈표 1-2〉와 같은 해외홍보매체를 제작·배포하고 있으므로 이를 적절히 활용할 수도 있다.

| 표 1-2 | 수출유관기관 발행의 해외홍보매체 중 광고접수매체 |

| 발행기관명 | 자 료 명 | 언 어 | 간 별 |
|---|---|---|---|
| 한국무역협회 | Korea Export | 영 어 | 연 2 회 |
| 한국무역협회 | Korea Trading Post | 〃 | 격 주 간 |
| 한국무역협회 | 한국상품 가이드 | 일 어 | 〃 |
| 한국무역협회 | 한국상품종합 카탈로그 | 〃 | 연 간 |
| 한국무역협회 | Korea Trade Directory | 영 어 | 격 년 |
| 한국종합전시장 | Korea Exhibition | 〃 | 계 간 |
| 대한무역투자진흥공사 | Korea Trade & Business | 〃 | 월 간 |
| 대한무역투자진흥공사 | Korea Trade | 〃 | 연 8 회 |
| 바이어스가이드사 | Korea Buyers Guide | 〃 | 월 간 |

### (4) 해외출장 및 무역전시 참가

해외로 직접 출장가거나 무역유관기관에서 주선 · 파견하는 각종 민간무역사절단, 국제박람회, 국제전시회 등에 참가하여 유망한 거래처를 물색하여 거래 제의를 한다.

해외시장조사를 통해서 자사의 제품을 수입할 가능성이 높은 국가를 일차적으로 선정한 후 현지로 직접 출장가서 거래처를 물색한다. 출장비용은 많이 소요되지만 예상 거래처와 직접 면담할 수 있어 거래가 성립될 확률이 높다. 해외출장을 갈 경우 현지의 거래처에 나눠 줄 카탈로그, 안내서, 권유장, 견본 등을 충분히 준비하고, 대한무역투자진흥공사의 현지무역관이나 우리나라 재외공관의 협조를 구하는 것이 효율적이다.

그리고 한국무역협회에서 총괄하여 파견하는 민간무역사절단이나 코엑스(COEX) 또는 대한무역두사진흥공사에서 주최하는 각종 박람회, 전시회 등에 참여하면 각종 경비의 지원뿐만 아니라 사전홍보를 통해 예상거래처와의 상담을 주선해 주기도 한다. 특히 국제박람회에 출연한다는 것은 자사 제품의 품질이 공식적으로 인정된 것이나 마찬가지여서 거래처에 좋은 인상을 줄 수 있다.

## 2. 거래제의에 대한 회신

해외의 수출업자가 보내 준 권유장에 관심이 있거나 광고에 게재된 물품을 구매하고 싶은 거래처는 가격, 공급능력, 선적시기, 결제방법 등에 대해서 보다 상세하게 수출업자에게 문의하는 회신(counter inquiry)을 한다. 따라서 거래제의에 대한 회신은 수입업자가 최초로 물품의 구매와 관련하여 자기의 의사를 나타내는 것이라 할 수 있다. 수출업자의 거래제의와 이에 대한 수입업자의 회신을 통해 점차 무역거래가 성사되어 가는 것이다.

수입업자가 수출업자의 거래제의에 대해서 회신을 할 때 주의할 점을 요약하면 ① 거래제의에 명시된 상품명, 규격, 품질, 수량, 인도기일 등을 반복하여 재확인할 것, ② 상품의 가격조건 및 수량의 단위를 확인할 것, ③ 견본을 보낼 때는 일련번호를 반드시 붙여 후일에 조회하기 편리하게 할 것, ④ 현재의 시황을 설명하여 주문을 유도할 것 등이다.

회신은 우편, 팩스, 이메일 등으로 할 수 있는데 그 회답 내용이야 어떻든 신속해야 한다. 아무리 긍정적인 회신을 해준다고 해도 너무 기일이 늦어지면 상대방은 이미 다른 곳으로부터 회답을 받고 그쪽과 거래가 이루어지고 있을 수 있다. 특히 가격변동이 심한 물품이나 계절적 상품 등은 빠른 통신수단을 이용한다.

## 3. 오퍼의 발행과 승낙

### 3-1 오퍼의 발행

수출업자의 거래제의에 대해서 수입업자가 관심을 가지고 구체적인 거래조건을 문의해 오면 수출업자는 대부분 오퍼(offer)를 발행한다. 오퍼는 청약자가 피청약자와 일정한 조건으로 계약을 체결하고 싶다는 의사표시를 말한다. 즉 수출업자가 수입업자에게 특정 물품을 일정한 조건으로 판매하겠다는 의사표시, 또는 반대로 수입업자가 수출업자에게 일정한 조건으로 물품을 구매하고 싶다고 의사표시하는 것을 오퍼라 한다.

오퍼는 구두로 행하여도 무방하지만 무역거래에서는 일정한 서식을 갖춘 오퍼장(offer sheet: 청약서)을 사용한다. 그리고 오퍼는 매매조건을 구체

| 표 1-3 | 오퍼의 주요 기재사항 |
| --- | --- |

| | |
| --- | --- |
| 품명(commodity name) | 대금결제방법(payment condition) |
| 규격(grade or specification) | 보험(insurance) |
| 수량(quantity) | 선적일자(ship date) |
| 단가(unit price) | 발행일자(offer date) |
| 원산지(origin) | 유효기간(validity) |
| 포장방법(packing method) | 주의사항(remarks), 기타 |

적으로 제시하는 것이기 때문에 특정 상품의 매매와 관련되는 모든 사항이 오퍼장에 기재된다. 일반적인 무역거래에서 오퍼장에 기재되는 사항은 〈표 1-3〉과 같다.

### 3-2  오퍼의 승낙

오퍼를 받은 당사자는 상대방이 발행한 오퍼의 내용을 자기 나름대로의 조건을 첨가하여 반대오퍼(counter offer)를 보내기도 한다. 이 반대오퍼는 원래의 오퍼에 대하여 그 조건의 변경을 요구하는 식으로 자기의 수정의사를 표시하는 것이다. 일단 반대오퍼가 제시되면 이전의 오퍼는 무효가 된다. 이와 같이 오퍼와 반대오퍼를 상호 몇 차례 보낸 후 최종적으로 오퍼가 승낙되면 곧 무역계약이 체결된다.

오퍼의 승낙(acceptance)은 상대방의 오퍼에 대한 수락의 의사표시를 말한다. 승낙은 원칙적으로 오퍼의 모든 사항에 대하여 무조건으로 동의하는 것이어야 하며, 새로운 사항을 추가하거나 오퍼의 내용을 제한·변경하는 것은 승낙으로 간주되지 않는다. 그리고 승낙은 오퍼의 유효기간 이내에 이루어져야 하고 만약 오퍼장에 승낙방법이 별도로 명시되어 있으면 그 방법에 따라야 한다.

### 3-3  승낙효력의 발생시기

승낙의 효력발생시기에 대해서는 크게 발신주의와 도달주의 두 가지 입장이 있다. 발신주의는 피청약자가 승낙의 의사표시를 발신한 시점에서 계약이 성립한다는 것이고, 도달주의는 피청약자의 승낙의사표시가 청약자에

| 표 1-4 | 승낙효력발생시기 |

| 준거법<br>통신수단 | | | 한국법 | 일본법 | 영미법 | 독일법 | 비엔나<br>협약 |
|---|---|---|---|---|---|---|---|
| 의사표시에 관한 일반원칙 | | | 도달주의 | 도달주의 | 도달주의 | 도달주의 | 도달주의 |
| 승낙의 의사표시 | 대화자간 | 대화 | 도달주의 | 도달주의 | 도달주의 | 도달주의 | 도달주의 |
| | | 전화 | 도달주의 | 도달주의 | 도달주의 | 도달주의 | 도달주의 |
| | | 텔렉스 | 도달주의 | 도달주의 | 도달주의 | 도달주의 | 도달주의 |
| | 격지자간 | 우편 | 발신주의 | 발신주의 | 발신주의 | 도달주의 | 도달주의 |
| | | 전보 | 발신주의 | 발신주의 | 발신주의 | 도달주의 | 도달주의 |

도달한 시점에서 계약이 성립한다는 것이다.

우리나라, 일본, 영미법 계통에서는 대화자간(대화, 전화, 텔렉스)의 경우 승낙의사표시의 효력은 도달주의 입장이고, 격지자간(우편, 전보)의 경우는 수락통지를 발신한 때부터 효력이 발생하는 발신주의 원칙을 채택하고 있다. 독일법 계통 및 비엔나 협약에서는 대화자간 및 격지자간 구분 없이 모두 도달주의 원칙을 채택하고 있다(〈표 1-4〉 참조).

비엔나 협약을 무역계약의 준거법으로 사용하도록 비준을 한 국가간의 거래에서는 당연히 도달주의 원칙이 적용되므로 별 문제가 되지 않는다. 그렇지 못할 경우에는 국가나 지역에 따라 승낙통지의 효력발생시기가 다를 수 있으므로 오퍼장에 승낙의 방법과 효력발생시기를 분명히 해두는 것이 좋다.

▶ 국제물품매매법

국제물품매매계약에 관한 유엔 협약(United Nations Convention on Contracts for the International Sale of Goods; CISG)은 1980년 비엔나 외교회의에서 채택된 국제물품매매를 규율하는 국제적 통일법으로서 일명 비엔나 협약이라 한다. 현재 미국, 러시아, 중국 등 주요 국가들이 이 협약을 채택하고 있으며 우리나라도 2005년 3월 1일부터 체약국으로서의 효력을 발휘하고 있다. 체약국이 계속 늘어남에 따라 이 협약은 국제물품매매에 관한 준거법으로서 널리 사용되고 있다.

## 4. 오퍼의 종류

### 4-1  국내발행오퍼와 국외발행오퍼

동일한 국내에서 발행되는 오퍼를 국내발행오퍼라 하고, 외국에서 발행되어 오는 오퍼를 국외발행오퍼라 한다. 무역거래에서는 대부분 국외발행오퍼가 사용되지만, 우리나라의 오퍼상들이 외국 수출업자를 대신해서 국내수입업자에게 발행하는 물품매도확약서는 국내발행오퍼이다.

### 4-2  판매오퍼와 구매오퍼

수출업자가 판매조건을 제시할 경우에는 판매오퍼(selling offer)이며, 수입업자가 먼저 구매조건을 제시하여 수입의사를 표시할 경우 구매오퍼(buying offer)이다. 국제거래에서 오퍼라고 하면 대부분 판매오퍼이며, 구매오퍼는 주문생산이라야만 가능한 특수 기계의 수입이나 건설공사의 입찰 등에서 주로 이용되고 있다.

### 4-3  확정오퍼와 미확정오퍼

(1) 확정오퍼

확정오퍼(firm offer)는 오퍼의 유효기간이 명시되어 있고 그 기간 내에 수락할 것을 조건으로 하는 취소불능오퍼(irrevocable offer)이다. 보통 오퍼의 내용이 확정적 또는 취소불능이라는 표현이 오퍼장에 명시되어 있다. 확정오퍼를 발행하는 청약자는 그 유효기간 내에 일방적으로 오퍼를 철회하거나 오퍼의 내용을 변경할 수 없으며 만약 상대방으로부터 승낙의 통지가 있으면 오퍼의 내용대로 계약이 성립된다.

확정오퍼의 예문을 보면 다음과 같다.

We offer you firm subject to your acceptance reaching us by October 20, 2015 as follows.

(2) 미확정오퍼

미확정오퍼(free offer)는 유효기간 내의 승낙을 조건으로 하지 않거나 오퍼의 내용이 확정적 또는 취소불능이라는 표현이 없는 오퍼를 말한다. 청약자는 유효기간 내에 일방적으로 오퍼를 철회하거나 그 내용을 변경할 수 있다. 이 오퍼는 여러 가지 오퍼 중에서 제일 많이 사용되며 실무적으로 권유장과 함께 보내어져서 상대방에게 가격, 선적일자 등을 사전에 알려주는 수단으로 사용된다.

미확정오퍼의 예문을 보면 다음과 같다.

> We offer you the following goods on the terms and conditions mentioned hereunder.

### 4-4  조건부오퍼

일정한 조건을 붙여서 오퍼를 발행하고 그러한 조건이 충족되면 오퍼가 유효한 것으로 간주할 경우 조건부오퍼라 한다.

(1) 확인조건부오퍼

이는 오퍼에 'subject to our final confirmation' 등과 같은 단서가 붙어 있어 오퍼를 받아 볼 당사자가 거래조건을 수락하여도 오퍼 발행자가 이를 재확인해야만 법적으로 효력을 발휘하는 확인조건부오퍼(offer subject to confirmation)를 말한다.

(2) 승인조건부오퍼

오퍼와 함께 견본이나 시험용 현품을 보내면서 상대방이 그것에 만족하면 오퍼가 유효하고, 그렇지 않으면 일정 기한 내에 현품을 다시 돌려 보내는 승인조건부오퍼(offer on approval)를 말한다. 새로 개발된 품목이나 복잡한 물품은 오퍼장의 명세만 보고는 정확히 판단을 내릴 수 없으므로 견본이나 시험용 현품을 보내어 일단 사용해 보도록 한 후 승낙여부를 결정할 수 있게 한다.

(3) 선착순판매조건부오퍼

이 오퍼에는 'subject to prior sale' 또는 'subject to being unsold' 등과 같은 조건이 있어 상대방이 이를 수락할 당시, 해당 물품이 아직 판매되지 않았을 경우에만 유효하게 된다. 한정된 재고품을 오퍼할 때 선착순판매조건부오퍼(offer subject to prior sale)가 주로 이용된다.

Messrs. Base Line Inc.                                     October 20, 2017.
2300 Arapahoe, Boulder
CO., USA

Dear Sirs,
Thank you for your letter of October 10 inquiring about LED TV. We are pleased
to hereby submit an offer to you as follows. We trust this offer is clearly a win-win
proposition. We look forward to receiving your favorable reply.

SUPPLIER      : Samsung Corporation
ORIGIN        : Republic of Korea
PACKING       : Export Standard Packing
SHIPMENT      : Within 2 months after the date of contract sheet
INSPECTION    : Seller's inspection to be final
PAYMENT       : By an irrevocable L/C at sight in our favor
VALIDITY      : By the end of December, 2020
REMARKS       : Subject to our final confirmation

| H.S. | Item No. | Description | Quantity | Unit Price | Amount |
|------|----------|-------------|----------|------------|--------|
|      | UN48H6800AF | COVERED LED TV | 1,000 | FOB Pusan @us 650 | |

If you have any questions or need further information, please do not hesitate to
call me at any time. Thanking you again for contacting us, we look forward to
hearing from you soon.

                                                     Yours very truly,
                                                  Samsung Corporation
                                                  _____
                                                  Managing Director

제 **2** 장

# 무역계약의 체결

매매당사자간에 오퍼를 주고 받으면서 거래조건이 구체적으로 합의되면 이제 무역계약이 체결된다. 무역계약은 국가간에 이루어지는 일종의 물품매매계약으로 수출업자는 수입업자에게 계약물품의 소유권을 이전하고 수입업자는 그 대가로 대금을 지급할 것을 약정하는 계약을 말한다. 무역계약은 매매당사자들을 법으로 묶는 절차이므로 그만큼 신중하고 정확하게 다루어져야 한다. 이 장에서는 무역계약의 의의와 주요 약정사항에 관하여 알아보기로 한다.

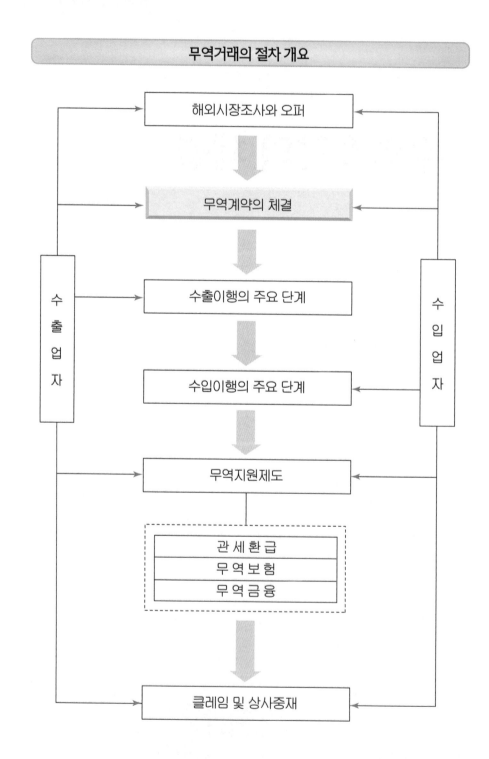

무역거래의 절차 개요

해외시장조사와 오퍼

무역계약의 체결

수출이행의 주요 단계

수입이행의 주요 단계

무역지원제도

관 세 환 급
무 역 보 험
무 역 금 융

클레임 및 상사중재

수 출 업 자

수 입 업 자

## 제1절 | 무역계약의 의의

## 1. 무역계약의 개념과 법적 성격

### 1-1  무역계약의 개념

무역계약은 국가간에 이루어지는 물품매매계약(contract of sale of goods)의 일종이다. 영국 물품매매법(Sales of Goods Act, 1979, Ⅱ-2.1)에 의하면 무역계약은 매도인이 대금을 받고 매수인에게 물품의 소유권을 이전하거나 또는 이전하기로 약정하는 계약을 말한다. 즉 무역계약이라는 것은 수출업자와 수입업자가 자기의 의사에 따라 물품을 사고팔기 위해 법적으로 구속력 있는 합의를 하는 것이다.

무역계약의 대상이 되는 물품은 일반적인 상품과 같은 유체물만 의미하는 것이 아니고 서비스, 소프트웨어 등과 같이 눈에 보이지 않는 무체물도 포함한다. 무역계약이 성립되면 매도인은 계약물품을 인도해야 하고 매수인은 그에 상응한 대금을 지불해야 할 의무가 생긴다.

일반적으로 오퍼는 거래를 맺고 싶다는 상호간의 의사표시일 뿐, 당사자들을 법적으로 구속하는 것은 아니다. 오퍼의 내용대로 모든 것이 이행되기 위해서는 매매당사자간에 정식으로 무역계약이 체결되어야 한다. 무역계약은 오퍼, 반대오퍼(counter offer), 그리고 최종 수락과정을 거치면서 추가되거나 삭제된 것을 모두 정리하여 실제 매매거래에 필요한 모든 조건들을 기재하고 상호간에 서명함으로써 성립된다.

무역계약을 체결하는 것은 매매당사자들이 상호 의도하는 바를 법률적으로 명확히 하고, 당사자들을 구속하는 규칙을 설정해서 불필요한 분쟁을 사전에 방지하기 위해서이다. 따라서 국제무역거래에서 무역계약서의 작성은 반드시 지켜져야 할 업무이다.

### 1-2  무역계약의 법적 성격

(1) 낙성계약

무역계약은 매매당사자 쌍방의 의사표시 합치만으로 성립하고 계약성립을 위하여 당사자간에 아무런 급여를 요하지 않는 낙성계약이다. 무역계약이 성립되기 위해서는 당사자 일방의 청약(offer)과 이에 대한 상대방의 승낙(acceptance)만 있으면 된다. 매도인이 물품을 일정 조건으로 판매하고 싶다는 의사표시를 하고 매수인이 이를 승낙하면 무역계약은 성립된다.

### (2) 불요식계약

무역계약은 그 성립을 위하여 당사자간의 합의 외에는 다른 특별한 방식을 필요로 하지 않는 불요식계약이다. 무역계약에서는 법률행위의 요소인 의사표시를 일정한 방식에 의해 행할 것을 필요로 하지 않는다. 따라서 무역계약은 문서뿐만 아니라 구두에 의해서도 성립된다. 이와 같이 무역계약에서는 계약을 매매당사자의 자유의사에 맡겨 당사자간의 합의를 최우선으로 존중하는 계약자유의 원칙이 적용된다.

### (3) 유상계약

유상계약은 계약당사자가 서로 가치 있는 대가교환을 목적으로 하는 계약을 말한다. 무역계약은 유상계약에 해당하므로 매도인은 물품을 인도하고 매수인은 그에 따른 대금을 지급함으로써 계약이 성립된다.

### (4) 쌍무계약

쌍무계약은 계약의 결과로 당사자들이 서로 채무를 부담하는 계약을 의미한다. 이에 반해 편무계약은 당사자 일방만이 급부를 하고 상대방은 이에 대응하는 반대급부를 하지 않는 계약을 말한다. 무역계약에서 매도인은 물품인도의무를 부담하고 매수인은 대금지급의무를 부담하므로 무역계약은 쌍무계약에 해당된다.


## 2. 무역계약서의 작성방법과 종류

### 2-1  무역계약서의 작성방법

무역계약은 불요식계약이기 때문에 구두로도 성립되지만 가능한 한 양당사자가 거래조건들을 확인하고 서명한 계약서를 작성하는 것이 바람직하다. 무역거래에서는 판매서, 구매서, 오퍼장, 각서 등의 계약서가 주로 사용되고 있는데, 이들의 작성방법은 다음과 같다.

### (1) 판매서

판매서(sales note)는 수출업자가 작성하여 수입업자에게 보내는 특정 물품의 주문확인서이다. 수출업자가 최종적으로 수락된 오퍼의 내용과 동일하도록 판매서를 2통 작성하여 정식으로 서명한 후 수입업자에게 보내면, 수입업자는 그 내용을 확인한 후 이의가 없으면 역시 정식으로 서명하여 1통은 보관하고 나머지는 수출업자에게 보낸다.

### (2) 구매서

구매서(purchase note)는 수입업자가 특정 물품을 일정한 조건으로 구매하겠다는 주문서이다. 수입업자가 일방적으로 작성하여 보내면, 수출업자는 이의가 없을 경우 자기측 서명란에 서명하여 1통은 보관하고 1통은 수입업자에게 보내게 되는데 이것이 곧 무역계약서가 된다.

### (3) 오퍼장

오퍼장(offer sheet)에는 주로 거래조건이 기재되어 있기 때문에 별도의 계약서를 작성하지 않고 오퍼장을 그대로 계약서로서 이용할 수 있다. 즉, 수출업자가 발행한 오퍼장에 수입업자가 수락의사표시의 서명을 하거나 또는 수입업자가 발행한 오퍼장에 수출업자가 서명함으로써 오퍼장을 무역계약서로 이용한다. 이 경우도 2통 작성하여 각각 1통씩 보관한다.

### (4) 각    서

수출업자와 수입업자가 한 곳에 모여 매매조건을 합의하여 계약서를 작성하는 경우가 있는데, 이런 형식의 계약서를 각서(memorandum)라 한다.

## 2-2  무역계약의 종류

### (1) 개별계약

개별계약(case by case contract)은 거래가 성립될 때마다 매매당사자가 거래조건에 합의하여 계약서를 작성하는 경우를 말한다. 판매서, 구매서, 오퍼장 등은 모두 개별계약에 해당된다. 매거래시마다 개별계약을 체결해야 하는 번거로움은 따르지만 모든 거래조건을 법적으로 분명히 해 둠으로써 분쟁을 사전에 방지할 수 있다.

### (2) 포괄계약

포괄계약(master contract)은 매매당사자간에 서로 오랜 기간 거래를 하여 잘 알고 있을 경우 특정 품목을 지정하여 일정 기간 포괄적으로 계약을 체결하고 필요할 때마다 선적해 주는 경우에 사용되는 계약형태이다. 포괄 계약을 체결할 때는 지정품목에 대해서 일반거래조건을 합의한 일반거래협 정서를 당사자간에 교환한다. 동일품목을 반복해서 거래할 경우 매거래시마 다 거래조건을 확인해야 하는 개별계약보다 포괄계약이 편리하다.

### (3) 독점계약

수출입을 특정 기업에 국한시킬 경우에는 당사자간에 독점계약(exclusive contract)이 체결된다. 독점계약이 체결되면 수출업자는 계약품목을 수입국 의 지정수입업자 외에는 수출해서는 안 되며, 특히 다른 명의나 제3자를 통 해서도 그 시장에 침투하지 않아야 한다. 마찬가지로 수입업자도 수출국의 다른 기업으로부터 동일한 품목을 수입해서도 안 된다.

독점계약을 체결하는 목적은 당사자간의 이윤극대화에 있기 때문에 수출 업자는 가능한 한 저렴한 가격으로 오퍼를 해야 하고 해당품목의 품질도 보 장해 주어야 한다. 그리고 수입업자는 가장 좋은 가격으로 최대한 계약물품 을 판매하도록 노력해야 하며 연간 어느 정도 판매량을 보장해 주어야 한다.

## 3. 전자무역계약

### 3-1  전자무역계약의 의의

전자무역계약은 주로 전자우편 혹은 EDI 방식을 활용하여 체결된다. 기 존의 우편, 팩스 등을 이용하지 않고 전자우편을 통해 오퍼를 주고받고 계약 서를 작성할 수 있으며 혹은 특정 당사자간에 사전 거래약정을 체결하여 EDI 방식으로 무역계약을 체결할 수도 있다.

오늘날 전자적 수단을 이용하여 계약을 성립시키는 것 자체는 법적으로 아무런 문제가 되지 않는다. 우리나라 「전자문서 및 전자거래기본법」(제4조) 에서는 '전자문서는 다른 법률에 규정이 없는 한, 전자적 형태로 되어 있다 는 이유로 문서로서의 효력을 부인할 수 없다'고 규정하고 있다.

그리고 주요 국가들도 이와 유사하게 규정하고 있어 정보통신기술을 이 용하여 전자적으로 계약을 체결하는 것 자체에는 별문제가 없다. 그리고 전 자적 대리인에 의해 자동으로 청약과 승낙이 된 계약도 유효한 것으로 보고 있다. 전자적 대리인은 컴퓨터가 스스로 의사결정과 의사표시를 할 수 있는 지능형 에이전트(intelligent agent)를 말한다. 예를 들어 상품재고가 부족할 경우 수입업자의 컴퓨터가 자동으로 주문하고 수출업자의 컴퓨터도 이를 자동으로 수령하는 경우이다.

　　전자무역계약도 일방 당사자의 청약과 상대방의 승낙으로 성립되는데 그 효력발생시기에 대해서는 대체로 도달주의 원칙을 지향하고 있다. 일반적으로 전화 등과 같이 대화자간의 계약에서는 도달주의를 적용하고, 우편 등과 같이 격지자간의 계약에서는 발신주의를 적용하는 것이 원칙이다. 따라서 컴퓨터에 의한 전자적 의사표시를 대화자간의 의사표시로 볼 것인가 혹은 격지자간의 의사표시로 볼 것인가에 따라 전자무역계약의 성립시기가 달라진다. 전자적 의사표시도 정보통신기술의 발달로 실시간으로 이루어지기 때문에 전화와 같이 대화자간의 계약으로 간주하고 도달주의를 적용하는 것이다.

　　현재 주요 국가들이 무역계약의 준거법으로 사용하고 있는 국제물품매매법(비엔나 협약)에서는 동의의 의사표시가 청약자에게 도달되지 않는 한 승낙의 효력은 발생되지 않는다는 도달주의를 기본원칙으로 하고 있다.

## 3-2  전자서명과 전자인증

　　전자서명은 전자문서를 작성한 자의 신원과 전자문서의 변경 여부를 확인할 수 있도록 전자서명생성 키(key)로 생성한 정보로서 해당 전자문서에 고유한 것을 의미한다(전자서명법 제2조 2). 그리고 공인인증기관이 인증한 전자서명은 기존의 서명과 법적으로 동일하게 간주된다.

　　한편 전자무역에서는 당사자들이 직접 만나지 않고 계약을 체결하기 때문에 전자서명 사용자의 신원을 확인하는 전자인증이 필요하다. 전자인증은 전자서명검증 키가 자연인 또는 법인이 소요하는 전자서명생성 키에 합치한다는 사실을 확인 · 증명하는 행위를 말한다(전자서명법 제2조 6). 전자인증의 공신력을 제고하기 위해서는 신뢰성 있는 제3의 인증기관이 필요하다. 이에 따라 우리나라 「전자문서 및 전자거래기본법」에서는 일정 요건을 갖춘 법인을 공인인증기관으로 지정하고 있다.

## 제2절  무역계약의 약정사항

무역계약에 포함되는 사항은 크게 계약서의 기본사항, 개별약정사항 및 무역거래일반약정으로 구분된다. 계약서의 기본사항은 계약당사자, 계약성립 확인문언, 계약체결일, 유효기간, 서명 등이다. 개별약정사항은 품질, 수량, 가격, 선적, 보험, 결제, 포장, 분쟁해결방안 등으로 개개의 거래내용을 구체적으로 합의한 것이며 무역거래일반약정은 무역거래의 일반적 기준을 약정한 것으로 보통 계약서의 뒷면에 인쇄되어 있다(서식 2-1 참조).

## 1. 품질조건

무역거래에서 수입업자가 제기하는 클레임은 대부분 품질불량, 품질상이 등 주로 상품의 품질과 관련될 정도로 품질은 중요한 약정사항이다. 품질조건에서는 품질을 결정하는 방법과 그 시기에 대해서 약정한다.

### 1-1  품질의 결정방법

#### (1) 견    본

견본(sample)에 의해 상품의 품질을 결정하는 방법으로 무역거래에서 가장 많이 이용되고 있다. 견본매매에서는 대부분 매도인이 견본을 만들어 매수인에게 보내지만 매수인이 희망하는 품질을 나타내기 위해 자신의 견본을 먼저 보내기도 한다. 그리고 상대방이 보낸 원견본의 색상이나 부피 등을 수정한 반대견본(counter sample)을 이용하기도 한다. 견본은 2종 또는 3종을 한 개의 조(set)로 하여 동일한 번호를 부여해서 사용하며, 매도인과 매수인이 각각 1개씩 보관하고 만약 물품의 생산자가 제3자일 경우에는 생산자도 참조용으로 1개를 보관한다.

#### (2) 상    표

샤넬(Chanel), 구치(Gucci), 버버리(Burberry) 등과 같은 유명상표는 상표 자체로 품질을 인정받게 된다. 이처럼 상표(brand, trade mark)만을 가지고 품질을 결정하는 거래를 상표매매라 한다.

### (3) 규    격

상품의 규격이 국제적으로 정해져 있거나 수출국에서 공식적으로 인정하는 것일 경우 규격이나 등급으로 품질을 결정하는 방법이다. 예를 들어 국제표준화기구(International Standardization Organization: ISO), 일본의 JIS(Japan Industrial Standard), 우리나라의 KS(Korean Standard) 등과 같은 규정을 이용한다.

### (4) 명 세 서

상품의 재료, 구조, 성능 등을 자세히 설명한 명세서, 설명서, 청사진 등에 의해서 품질을 결정하는 방법이다. 주로 견본이 곤란한 선박, 철도차량, 기계류, 의료기구 등 고가상품의 거래에서 많이 이용된다.

### (5) 점    검

수입업자가 실제로 상품을 살펴보고 품질을 확인한 후 매매계약을 체결하는 방법으로 수입업자의 대리인이 수출국에 상주할 경우 가능하다. 그리고 보세창고도거래에서는 수입업자가 보세창고에서 상품의 품질을 직접 확인할 수 있다.

### (6) 표 준 품

농·수산품 등 1차산품의 품질은 해당 연도의 표준품에 의해서 결정되는데, 이에는 평균중등품질조건, 판매적격품질조건, 보통품질조건이 있다.

① 평균중등품질조건(fair average quality: FAQ) :  선적지에서 출하된 수확물 중에서 중간의 품질을 표준으로 하는 방법인데, 면화, 곡물, 차 등의 품질을 결정할 때 많이 사용된다.

② 판매적격품질조건(good merchantable quality: GMQ) :  외관상으로 품질을 결정하기 어려운 목재나 냉동물품 등의 거래에서는 수입지에서 판매가능성을 전제조건으로 하여 품질을 결정한다. 수입된 목재를 절단하여 보니 내부가 부패되어 있어 판매가 부적격하면 매도인에게 변상요구를 할 수 있다.

③ 보통품질조건(usual standard quality: USQ) :  공인검사기관 또는 공인표준에 의해 정해진 보통품질을 표준품의 품질로 결정하는 방법인데 주로 원사거래에서 많이 이용된다.

### 1-2 품질의 결정시기

운송도중 품질이 변할 수 있는 상품의 거래시에는 품질의 기준시기를 선적시점과 양륙시점으로 분명히 해야 한다.

#### (1) 선적품질조건

선적품질조건(shipped quality terms)은 선적완료시점에서의 품질을 기준으로 하는 방법이며 공산품의 거래에 많이 이용된다. 수출업자는 운송도중의 변질에 대해서 책임지지 않는다. 곡물거래에서는 이 조건을 Tale Quale (TQ)로 표시하는데 TQ는 라틴어 계통에서 유래된 상관습적인 용어이다.

그리고 곡물거래에서 운송도중 해수에 의한 손해만을 수출업자가 부담하는 선적품질조건이 있는데 이를 Sea Damaged(SD) 조건이라 한다.

#### (2) 양륙품질조건

양륙품질조건(landed quality terms)은 양륙시점의 품질을 기준으로 하는 방법이며 운송과정에서 변질된 부분에 대해서 수출업자가 책임을 져야 한다. 이 조건은 호밀(rye)거래에 많이 사용되었다고 하여 Rye Terms(RT)라 한다.

## 2. 수량조건

### 2-1 수량의 단위

상품의 수량을 결정할 때 사용되는 단위에는 중량, 길이, 용적, 개수 등이 있다.

#### (1) 중    량

중량의 단위는 국가마다 다소 차이가 있는데 무역거래에서는 주로 English Ton, American Ton, Kilo Ton의 단위가 기준이 되고 있다.

---

▶ 중량단위구분

English Ton(Long Ton) = 1,061kgs = 2,240Lbs
American Ton(Short Ton) = 907kgs = 2,000Lbs
Kilo Ton(Metric Ton) = 1,000kgs = 2,204Lbs

중량의 측정방법에는 총중량, 순중량 및 법적중량 등이 있다.

① 총중량(gross weight) :  상품을 포장한 채로의 중량, 즉 상품의 무게와 포장의 무게(ware and tare)를 합한 총무게를 말한다.

② 순중량(net weight) :  포장무게를 제외한 순상품의 무게를 말한다.

③ 법적중량(legal weight) :  상품의 무게와 법적으로 인정되는 포장무게를 합한 중량을 말한다. 법적으로 인정되는 포장무게는 비누, 치약 등과 같은 상품이 소매로 판매될 때 사용되는 포장의 무게를 의미한다.

(2) 길    이

생사, 직물 등 섬유제품이나 전선 등의 거래에는 meter, yard, foot, inch 등의 길이단위가 사용된다.

(3) 용    적

석유 등 액체에는 barrel, gallon, liter, 곡물에는 bushel, 목재에는 cubic meter($M^3$: CBM), cubic feet(cft), super feet(SF) 등의 용적단위가 사용된다.

(4) 개    수

전자제품 등과 같은 일반 상품의 개수는 piece, set, 연필, 양말 등은 dozen, 핀, 조화 등 값싼 잡화제품은 gross를 단위로 한다. 이들 단위의 관계는 아래와 같다.

> 1 dozen  =  12 pieces
>
> 1 gross  =  12 dozen($12 \times 12$ pieces)
>
> 1 small gross  =  10 dozen($12 \times 10$ pieces)
>
> 1 great gross  =  12 gross($12 \times 12 \times 12$ pieces)

(5) 포장단위

면화, 밀가루, 시멘트, 비료, 통조림, 유제품 등의 거래에는 bale, bag, case, can, drum 등의 포장용기가 단위로 사용된다.

---

▶ Super Feet

1SF는 1평방 feet×1inch에 해당하는 부피이며 480SF가 1용적 톤(measurement ton: M/T)이 된다.

### 2-2  과부족 용인조건

계약물품의 수량이 포장단위나 개별품목의 개수로 명시되어 있는 경우에는 정확한 수량을 측정할 수 있다. 그러나 곡물, 광산물 등과 같은 것은 일시에 대량 거래를 하고 포장화물이 아닌 벌크(bulk) 화물이기 때문에 정확한 양을 측정하는 것이 어렵다. 그리고 유류와 같은 휘발성 제품은 장기간의 운송으로 도중 감량이 예상될 수도 있다. 따라서 이런 물품을 거래할 때는 약간의 과부족을 허용하는 것이 일반적이다.

과부족용인조건(more or less clause: MOL clause)을 활용할 때는 허용비율과 선택권자를 계약서에 명시해야 한다. 예를 들어 'more or less 5% at seller's option'으로 매매계약을 체결하면 매도인의 선택에 따라 5%의 과부족을 인정받을 수 있다.

> ▶ 단위화물과 벌크 화물
>
> 무역거래에서는 화물을 포장, 개수 여부에 따라 (포장)단위화물(unit cargo)과 벌크 화물로 구분하는 경우가 있다. 단위화물은 포장단위 혹은 개수 등으로 정확하게 그 수량을 계산할 수 있는 화물을 말한다. 그리고 벌크 화물은 그 성격상 포장이 불가능하거나 개수로 계산할 수 없는 화물을 말하는데 살화물(撒貨物)이라고도 하며 대표적으로 원유, 원면, 원맥, 원석, 원당, 원목 등이 있다.

## 3. 거래조건

무역거래에서 상품의 가격을 결정할 때는 운송비, 보험료, 통관비 등 부대비용과 위험을 누가, 어디까지 부담할 것인가를 동시에 결정해야 한다. 이에 따라 계약서에는 매매당사자들의 비용부담과 책임한계를 함축하고 있는 FOB, CIF 등과 같은 거래조건이 금액과 함께 표시된다. 예를 들어 'FOB Busan @ 800 U$' 혹은 'CIF New York 50,000 U$'와 같이 단위가격이나 전체금액을 표시한다. 오늘날에는 제 1 부 제 3 장에서 설명한 바와 같이 Incoterms 2010에서 규정하고 있는 11가지 조건이 많이 이용되고 있다.

## 4. 선적조건

대부분의 화물은 해상운송되지만 소량의 고가제품, 유행성제품 등은 항공운송을 이용하기도 한다. 그리고 컨테이너를 이용하여 송화인의 문에서 수화인의 문(door to door)까지 일관 운송하는 복합운송도 많이 이용되고 있다. 따라서 오늘날 선적(shipment)의 의미는 계약물품을 선적항의 지정 선박에 적재하는 것뿐만 아니라 항공기에 적재하거나 운송인(carrier)에게 인도하는 것까지를 포함한다.

선적조건에서는 주로 선적시기, 분할선적 또는 환적의 허용 여부 등에 관하여 약정한다.

### 4-1 선적시기

선적시기를 결정할 때는 선적일을 확정하지 않고 보통 최종선적일 또는 선적월을 정한다. 선적월을 정할 경우에는 수출업자가 임의로 선적시기를 선택해서 정해진 달 내에 선적을 하면 된다. 그러나 선적시기를 표시할 때 신속히(prompt), 즉시(immediately), 가능한 한 빨리(as soon as possible) 등과 같은 막연한 표현을 사용해서는 안 되며 이러한 표현이 사용되었을 경우 은행은 이를 무시한다. 선적이 완료되면 운송서류가 발급되는데 운송서류의 발급일자는 선적일자의 기준이 된다.

### 4-2 분할선적 및 환적

분할선적(partial shipment)은 계약물품을 일회에 전량 선적하지 않고 2회 이상 나누어서 선적하는 경우를 말한다. 계약서상에 분할선적을 금지한다는 문언이 없을 경우에는 일반적으로 분할선적은 허용하는 것으로 간주된다. 따라서 상품을 일시에 수입하고자 할 경우에는 분할선적금지를 계약서에 분명히 명시하도록 한다.

환적(transshipment)은 운송도중 다른 선박이나 운송기관에 옮겨 싣는 경우를 말하는데 환적을 하게 되면 그만큼 운송시간이 많이 소요되고 파손, 분실 등의 위험이 발생할 수 있다. 따라서 목적항까지 직접 가는 선편이 없을 경우나 여러 운송수단을 동시에 사용하는 복합운송인 경우에만 환적을 허용한다. 그리고 환적을 금지할 경우에는 이러한 사실을 계약서에 분명히 해 두어야 한다.

## 5. 보험조건

국제운송에 따른 보험은 운송방식에 따라 해상보험, 육상보험, 항공보험 등으로 구분되지만 무역거래에서 주로 이용되는 것은 해상보험이다. 해상보험은 특약이나 상관습에 의해 해상운송에 수반되는 내수로 운송 혹은 육상운송에서의 위험도 담보한다. 그리고 항공화물도 관례에 따라 해상보험으로 담보하며 해상보험의 법률과 원칙을 적용한다. 따라서 사실상 해상보험이 무역거래의 모든 운송에 따른 보험으로 이용되고 있다.

해상보험계약은 가격조건에 따라 수출업자 혹은 수입업자가 체결한다. 현행 Incoterms의 운임 및 보험료 포함조건(CIF)과 운송비 및 보험료 지불인도조건(CIP)에서는 수출업자가 수입업자를 위해서 보험계약을 체결해 주는 것이기 때문에 수출업자는 관련 규정에 따라 보험계약을 체결해야 한다. 나머지 가격조건에서는 모두 자신들을 위해 보험계약을 체결하므로 보험에 대한 약정이 필요 없다.

## 6. 결제조건

이 조건에서는 수출대금의 결제방법과 결제시기를 주로 합의하는 데 무역거래에서는 수출대금회수불능의 위험이 발생할 수 있으므로 수출업자는 대금결제조건을 가장 신중히 다루어야 한다.

### 6-1  결제방식의 종류

현재 무역거래에서 주로 이용되고 있는 결제방식은 신용장, 화환어음추심, 송금 및 기타 방식으로 구분된다.

신용장 방식은 수입업자를 대신해서 개설은행이 수출업자에게 일정한 조건을 갖출 경우 대금을 지급하는 방식이다. 수출업자는 신용장상에서 요구하는 운송서류만 구비하면 개설은행으로부터 무조건 대금을 받을 수 있기 때문에 수출업자들이 가장 선호하는 방식이다.

화환어음추심 방식은 수출업자가 계약물품을 선적한 후 화환어음을 수입업자 앞으로 발행하여 추심함으로써 대금을 찾는 방식인데 지급도조건과 인수도조건으로 구분된다. 이 방식은 은행의 지급확약 없이 전적으로 수입업자의 신용을 토대로 결제가 이루어지기 때문에 본·지사간의 거래나 서로 믿을 수 있는 단골 거래처간에 많이 이루어진다.

송금 방식은 수입업자가 수출업자에게 직접 대금을 송금해 주는 것을 말하는데 주로 송금수표, 우편송금환, 전신송금환 등이 이용된다. 송금수표를 우송할 경우에는 분실 위험이 있기 때문에 소액 거래에서 이용된다. 그리고 송금환은 수취인에게 일정 금액을 지급해 줄 것을 은행에게 위탁하는 지급지시서인데 우편으로 전달되는 것을 우편송금환, 전신으로 통지되는 것을 전신환이라 한다.

이 밖에 팩토링, 포페팅, 상호계산 등의 방식도 무역거래에서 종종 이용되고 있는 편이다. 최근에는 전자무역거래에서 활용할 수 있는 볼레로, 트레이드 카드 등과 같은 전자무역 결제시스템이 개발되어 시험 운영 중이다.

## 6-2 대금결제시기

대금결제시기는 선불, 동시지급 및 후지급으로 구분된다.

선불방식은 주문과 동시에 대금 전부를 송금하는 방식으로 소량의 견본대금을 지급할 경우나 특별 주문시 이용된다. 그리고 수입업자가 주문과 동시에 대금의 20~30%를 지급하고 나머지 잔금은 선적이 끝난 후 지급하는 일부 선불방식도 있다.

동시지급은 대금교환도조건이라고 하는데 서류상환불과 현물상환방식이 있다. 서류상환불은 수출업자가 물품의 선적을 증명하는 운송서류를 수출지에 있는 수입업자의 대리점이나 거래은행에 제시하여 운송서류와 상환하여 수출대금을 찾는 방법이다. 현물상환방식은 수입지에서 상품과 대금을 서로 교환하는 현금결제방식으로 수입지에 수출업자의 대리인이 있는 경우 이용될 수 있다.

후지급은 물품이 선적된 후 또는 목적지에 도착한 후 일정 기간이 지나서 결제하는 방식이다. 그리고 중장기 연불수출 시에는 대금을 계약시점, 선

| 표 2-1 | 결제방법 및 결제시기의 비교 |
| --- | --- |

| | 결 제 방 법 | 결 제 시 기 |
| --- | --- | --- |
| 추심방식 | • 신용장<br>• 화환추심어음<br>　(지급도조건, 인수도조건) | 선지급: 수출선수금신용장<br>동시지급: 일람불신용장<br>　　　　지급도조건<br>후지급: 기한부신용장<br>　　　　인수도조건 |
| 송금방식 | • 송금수표<br>• 우편환<br>• 전신환 | 선지급: 선불<br>동시지급: 서류상환불<br>　　　　현물상환불<br>후지급: 외상거래 |
| 기타 방식 | 팩토링, 포피팅, 상호계산, 전자무역결제시스템(볼레로, 트레이드카드) | |

적시점, 도착시점 등 일정 기간으로 분할 지급하는 방식이 이용된다.

참고로 결제방식 및 결제시기를 비교해 보면 〈표 2-1〉과 같다.

## 7. 포장조건

개품화물의 경우 물품을 안전하게 보관하고 상품으로서의 가치를 유지하기 위해 포장(packing)은 반드시 필요하다. 수출화물의 포장은 가볍고 튼튼해야 하며 포장비용도 저렴해야 한다. 그리고 계약물품임을 쉽게 확인할 수 있도록 외관상 식별이 명확해야 한다. 포장조건에서는 포장방법, 포장의 종류, 화인 등을 약정한다.

### 7-1 포장방법

포장방법은 물품의 최소 소매단위를 하나하나 개별적으로 포장하는 개장(unitary packing), 개장된 물품을 취급하기에 편리하도록 일정한 양을 묶어 한번 포장하는 내장(interior packing)이 있다. 그리고 운송도중 파손이나 도난을 방지하고 하역작업에 편리하도록 몇 개의 내장을 목재나 카톤(carton) 등으로 된 상자에 다시 포장하는 외장(outer packing)이 있다.

무역계약에서는 보통 내장은 어떠한 방법으로 할 것인지, 모두 몇 개씩

표 2-2 | 포장의 종류

| 구분 | 포장종류 | 재 질 | 포장명 | 약 호 | 포장대상물품 |
|---|---|---|---|---|---|
| 용기포장 | 상 자 | 나 무<br>종 이<br>금 속 지<br>투시상자 | wooden box; case;<br>chest carton<br>tin-lined case<br>crate skelton case | W/B ;<br>C/S ; CST<br>C/ ; CTN<br>CRT | 식료품, 손상하기 쉬운 잡화, 홍차, 가벼운 일반잡화, 통조림, 자동차 |
| | 베일(bale) | 마<br>압축베일<br>가 마 니 | burlap; hessian cloth<br>pressed bale<br>straw mat | –<br>BL<br>– | 면사, 원모<br>원면<br>쌀 |
| | 부대(bag) | 마 대<br>면 대<br>지 대<br>폴리에틸렌 | gunny bag<br>sack<br>paper made bag<br>polyethylene bag | BG<br>SK<br>BT<br>BG | 미곡, 잡곡<br>소맥<br>시멘트, 석회<br>소금, 사료, 분말약품 |
| | 통 | 나무통(대)<br>나무통(중)<br>나무통(소) | barrel<br>cask<br>keg | BRL<br>CSK<br>KG | 술, 간장<br>염료<br>못, 볼트 |
| | 특수용기 | 드 럼 관<br>양 철 관<br>용기, 유리<br>대 나 무<br>철제원통 | drum<br>tin; can<br>jar; pot; carboy<br>basket; hamper<br>cylinder; iron flask | DR<br>–<br>–<br>BKT<br>– | 화공약품, 유지<br>석유, 통조림<br>유산, 음료수<br>과일<br>탄소 |
| 무포장용기 | 두루마리<br>다 발<br>궤 | | roll; coil<br>bundle<br>ingot | BL ; CL<br>BDL<br>– | 철판, 신문지, 철사<br>철근<br>철강, 알루미늄 |

을 담아 외장을 할 것인지에 대해 약정한다.

## 7-2  포장의 종류

수출화물의 가장 일반적인 포장은 상자(case)이지만 화물의 성질에 따라 〈표 2-2〉와 같은 여러 가지의 포장이 사용된다. 매매당사자들은 수출화물에 적합한 포장을 대부분 알고 있기 때문에 무역계약에서는 포장의 종류를 보통 표준수출포장(standard export packing)으로 표현한다.

| 그림 2-1 | 화인의 방법 |
|---|---|

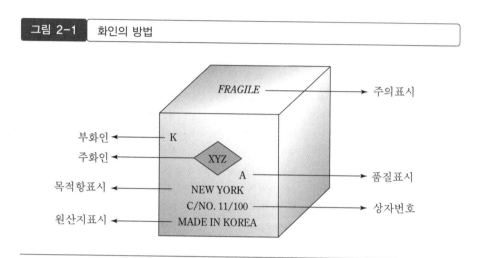

## 7-3 화  인

운송관계자나 수입업자가 쉽게 식별할 수 있도록 포장의 외장에 기호, 번호 등으로 계약물품을 표시하는데 이를 통틀어 화인(shipping marks)이라 한다. 대부분 수입업자가 화인의 모양을 지시하며 수출업자는 지시내용대로 화인을 표시해야 한다. 그러나 수입업자의 별도 요청이 없을 경우에는 수출업자의 임의대로 화인을 하면 된다.

일반적으로 사용되는 화인은 〈그림 2-1〉과 같다.

주화인(main mark)은 다른 화물과 식별을 쉽게 하도록 하기 위해서 외장면에 삼각형, 다이아몬드형, 정방형, 마름모형, 타원형 등의 표시를 하고 그 안에 상호의 약자를 기입한 것을 말한다. 부화인(counter mark)은 같은 선적분의 다른 화물과 식별할 수 있도록 표시한 것이다.

## 8. 무역거래 일반조건

### 8-1 일반거래조건의 의의

당사자간에 무역거래가 이루어지면 무역계약을 체결하기에 앞서 거래의 일반적 기준이 될 조건들을 협정하는데 이를 일반거래조건(general terms and conditions)이라 한다. 별도의 일반거래조건협정서를 작성할 수도 있지만 대부분의 무역거래에서는 무역계약서 전면을 개별약정사항 등을 명시한 계약서 형식으로 하고, 그 뒷면에 일반거래조건을 인쇄하여 사용한다. 뒷면에 인쇄되어 있는 일반거래조건은 전면의 개별적 계약의 조건을 보충 설명하는 것이 된다. 만약 개별거래약정사항과 일반거래조건이 상호 모순되면 개별약정사항을 우선 적용한다.

무역거래에서 사용되는 일반거래조건은 본 매매계약이 본인 대 본인 계약이라는 점과 품질, 수량, 가격, 선적 등 개별약정사항을 해석하는 기준도 마련되어 있다. 그리고 천재지변 등으로 인한 계약불이행에 따른 면책조항, 클레임조항, 중재조항, 준거법조항 등이 있다.

## 8-2  일반거래조건의 주요 조항

### (1) 본인 대 본인 계약조항

본인 대 본인계약(principal to principal contract)조항은 거래당사자 모두 자신의 명의와 계산으로 직접 거래를 하고 계약을 체결하는 것을 나타내는 것이다. 무역거래는 판매대리인이나 구매대리인을 통해 거래가 이루어질 수 있기 때문에 계약을 체결할 때 수출업자와 수입업자 본인들이 직접 계약을 체결한 것을 협정해야만 사후 중개수수료 등의 문제가 제기되지 않는다.

### (2) 거래상품에 관한 조항

거래상품에 대해서는 개별계약서에 구체적으로 정해진다. 그러나 거래상품에 관한 일반적 사항에 대해서는 일반거래조건에서 정해지는데 여기에는 수량, 선적, 지급, 검사, 포장, 보험, 추가비용, 가격 등에 관한 조항들이 협정된다.

### (3) 클레임조항 및 중재조항

클레임조항에는 보통 클레임의 제기시기와 방법이 약정되어 있다. 클레임은 거래상품이 목적지에 도착한 후 일정 기일 이내 먼저 빠른 전신수단으로 클레임을 제기하겠다는 사실을 통지하고 그 후 일정 기간 내 공인된 감정인의 보고서(surveyor's report)를 첨부하여 정식으로 제기하도록 한다.

그리고 클레임은 당사자간에 가능한 한 우호적으로 해결하고 이것이 실패할 경우에는 중재(arbitration)에 의해서 해결하도록 한다. 중재에 관해서는 중재지역, 중재기관, 중재법 등을 약정한 중재조항을 명시해 둔다. 클레임조항 및 중재조항의 예시는 제2부 제6장에 자세히 설명되어 있다.

### (4) 불가항력조항

수출업자의 고의, 과실, 태만 등으로 인한 계약불이행에 대해서는 수출업자가 책임을 져야 하나 천재지변, 전쟁 등과 같은 불가항력에 의한 계약불이행은 면책될 수 있다. 그러나 어떠한 경우가 불가항력에 해당하는가를 구체적으로 단정하기가 어렵기 때문에 이의 범위를 계약서에 명시해 두는 것이 바람직하다.

### (5) 준거법조항

무역계약의 당사자들은 서로 법률이 다른 국가에 속하므로 계약의 성립, 이행 및 해석을 위한 준거법(governing law)을 결정해야 한다. 최근의 무역거래에서는 1980년 비엔나회의에서 확정된 UN 국제물품매매에 관한 조약(비엔나협약)이 준거법으로 이용되고 있다(서식 2-1 14항 참조).

참고로 지금까지 설명된 무역계약의 내용을 요약해 보면 〈표 2-3〉과 같다.

**표 2-3**  무역계약의 주요 내용

| 구 분 | 내 용 | | |
|---|---|---|---|
| 기본사항 | • 당사자 및 서명 • 계약체결일 | • 계약확정문언 • 유효기간 | |
| 개별약정사항 | 품질조건 수량조건 가격조건 선적조건 보험조건 결제조건 포장조건 | • 품질결정방법 • 수량의 단위 • 비용부담의 기준 • 선적시기 • 보험조건 • 결제방식 • 포장방법 | • 품질결정시기 • 과부족용인조건 • 위험이전시기 • 분할선적 및 환적 • 보험금액 • 결제시기 • 포장종류  • 화인 |
| 일반약정사항 | • 본인 대 본인계약 • 개별약정사항의 해석기준 • 클레임조항, 중재조항, 불가항력조항, 준거법조항 | | |

**Confirmation of Order**

Sales Note No.

To Messrs :

Seoul, Korea

Reference :
Contracted through :

---

Order No. :
Commodity :
Quantity :
Price :
Amount :
Packing :
Shipment :
Destination :
Payment :
Remarks :

---

We confirm our sales as specified herein. Subject to the terms and conditions set forth herein, this confirmation of order ("the Contract") constitutes a contract between Samsung Corporation ("Seller") and the addressee ("Buyer"). Other terms and conditions of the Contract are on the back hereof. If you find anything herein not in order, please let us know immediately, if necessary by cable. Kindly sign and return the duplicate after confirming the above.

Read and agreed to :
Name of addressee :                         Samsung Corporation
By : _____                     By : _____
Typed name : _____                     Typed name : _____
Date : _____                     Date: _____

# General Terms and Conditions

All business hereunder shall be transacted between Buyer and Seller on a principal to principal basis and both parties agree to the following terms and conditions:

(1) Quantity: Quantity shall be subject to a variation of (　)% plus or minus at seller's option.

(2) Shipment: Date of bill of lading shall be accepted as conclusive of the date of shipment. Partial shipment and/or transshipment shall be permitted. If shipment is prevented or delayed in whole or in party, by reason of Acts of God, such as fire, flood, typhoon, earthquake, wars, hostilities, governmental restrictions, trade embargoes, strikes, lockouts, labour disputes boycotting of Korean goods, unavailability of transportation or any other causes of a nature beyond Seller's control, then, Seller may, at its option perform the contract of the unfulfilled portion here of within a reasonable time from the removal of the cause preventing or delaying performance, or rescind unconditionally and without liability this contract or the unfulfilled portion here of.

(3) Payment: Irrevocable and confirmed letters of credit negotiable at sight draft shall be established through a prime bank satisfactory to Seller immediately after conclusion of contract with validity of at least 15 days after the last day of the month of shipment for negotiation of the relative draft. The amount of such letter of credit shall be sufficient to cover the contract amount and additional charges and/or expenses to be borne by the Buyer. If Buyer fails to provide such letter of credit, Seller shall have the option of reselling the contracted goods for Buyer's account, holding the goods for Buyer's account and risk, and/or cancelling the contract and claiming for damages caused by Buyer's default.

(4) Inspection: The inspection of quantity shall be done according to the export regulation of the Republic of Korea and/or by the manufacturers which shall be considered as final.

(5) Packing: Packing shall be at the Seller's option. In case special instructions are necessary the same should be intimated to the Seller in time so as to enable the Seller to comply with it.

(6) Insurance: In case of CIF or CIP basis, 110% of the invoice amount, will be insured unless otherwise agreed. Any additional premium for insurance coverage over 110% of the invoice amount, if so required, shall be borne by Buyer and shall be added to the invoice amount for which the letter of credit shall stipulate accordingly.

(7) Increased Costs: If Seller's costs of performance are increased after the date of this agreement by reason of increased freight rates, taxes or other governmental charges and insurance rates including war risk, or if any variation in rates of exchange increases Seller's costs or reduces Seller's return, Buyer agrees to compensate Seller of such increased cost or loss of income.

(8) Price： The price stated in the contract is subject to change and the actual price to be paid will be that of Seller's current price list ruling at the time of dispatch of the goods. Seller shall notify Buyer in writing or by telex, cable or telegram of any revised price which shall be applied to goods still to be shipped, unless Buyer cancels in writing or by cable or telex the undelivered balance within 15 days from such notification.

(9) Any Claim： Dispute, or complaint by Buyer of whatever nature arising under this contract, shall be made in cable within 10 days after arrival of the cargo in the destination port. Full particulars of such claim shall be made in writing and forwarded by airmail so as to reach Seller within 20 days after cabling. Buyer must submit with such particulars as Public Surveyor's report when the quality and quantity of merchandise is in dispute. A claim made after the said 30-day period shall have no effect and Seller shall not be obligated to honor it. Seller shall not under any circumstance be liable for indirect or consequential damages.

(10) Trade Terms： The trade terms used herein such as CIF, CIP and FOB shall be in accordance with Incoterms 2010. In all other respects, this Contract shall be governed by and construed in accordance with the laws of Korea.

(11) Arbitration： All disputes, controversies, or differences which may arise between the parties out of or in relation to or in connection with this contract or for the breach thereof, shall be finally settled by arbitration in Seoul, Korea in accordance with the Commercial Arbitration Rules of the Korean Commercial Arbitration Board and under the Laws of Korea. The award rendered by arbitrator(s) shall be final and binding upon both parties concerned.

(12) Patents, trade: Buyer is to hold Seller harmless from liability for any infringement with marks, Designs, etc.： regard to patent, trademark, copyright, design, pattern, construction, stamp, etc., originated or chosen by Buyer.

(13) Force Majeure： Seller shall not be responsible for non-delivery or delay in delivery resulting from causes beyond its control. In the event of such an occurrence, Seller may at its option either postpone delivery until removal of the causes, or cancel the balance of the order in the Contract.

(14) Governing Law： This contract shall be governed in all respects by United Nations Convention on Contracts for the International Sale of Goods, 1980.

IN WITNESS WHEREOF, the parties have caused this Agreement to be executed by their duly authorized representatives as of the date first above written：

```
Name of addressee            Name of addresser
By:                          By:
Typed name:                  Typed name:
Date:                        Date:
```

# 제3장

# 수출이행의 주요 단계

무역계약이 체결되면 수출업자는 본격적으로 수출활동에 들어간다. 관계법령에 따라 승인을 요하는 것은 승인을 받고 수출물품을 생산 확보하여 수출통관을 준비한다. 한편에서는 운송계약을 체결하고 필요에 따라 보험계약도 체결한다. 수출통관이 완료되면 수출물품을 선적하여 선하증권을 발급받아 다른 운송서류와 함께 거래은행에 매입을 의뢰하여 수출대금을 회수한다. 이 장에서는 수출이행의 주요 과정을 수출물품의 조달, 수출통관 및 선적, 운송서류의 구비, 수출대금의 회수과정으로 구분하여 살펴보기로 한다.

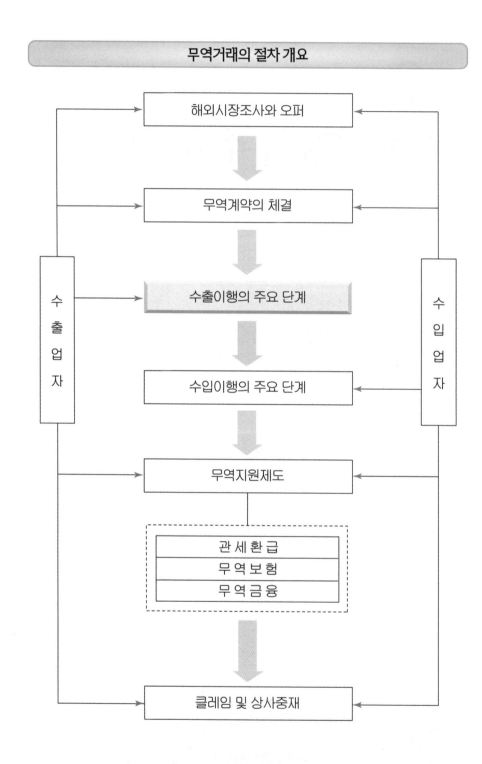

## 제1절 수출물품의 조달

### 1. 수출의 정의와 수출승인

#### 1-1 수출의 정의

수출은 일반적으로 상품을 외국에 매각하는 행위라고 할 수 있지만 우리나라 대외무역법시행령(제2조 3)에서는 다음 각 목의 어느 하나에 해당하는 경우를 수출로 정의하고 있다.

가. 매매, 교환, 임대차, 사용대차, 증여 등을 원인으로 국내에서 외국으로의 물품을 이동하는 것(우리나라의 선박으로 외국에서 채취한 광물 또는 포획한 수산물을 외국에 매도하는 것을 포함한다)

나. 보세판매장에서 외국인에게 국내에서 생산된 물품을 매도하는 것

다. 유상으로 외국에서 외국으로 물품을 인도하는 것으로서 산업통상자원부장관이 정하여 고시하는 기준에 해당하는 것

라. 거주자가 비거주자에게 산업통상자원부장관이 정하여 고시하는 방법으로 대통령령이 용역을 제공하는 것

마. 거주자가 비거주자에게 정보통신망을 통한 전송과 그 밖에 산업통상자원부장관이 정하여 고시하는 방법으로 전자적 형태의 무체물을 인도하는 것

위의 정의를 정리해 보면 수출은 물품의 인도, 거주자에 의한 용역의 제공 및 전자적 무체물의 전송 등 세 가지 형태로 구분될 수 있다.

#### (1) 물품의 인도

최근의 수출거래가 복잡·다양화되고 특수화됨에 따라 물품의 매매나 교환뿐만 아니라, 임대차, 사용대차, 증여 등의 원인으로 우리나라에서 외국으로 물품이 이동되는 것은 모두 수출에 해당된다.

또한 우리나라 선박이 공해상이나 외국의 영해에서 채취 또는 포획한 광물이나 수산물 등을 현지에서 매각하는 것도 그 물품이 우리나라에 속한 것이고 외국으로 인도되는 것이기 때문에 수출로 간주되고 있다.

한편 유상으로 외국에서 외국으로 물품을 인도하는 것으로 산업통상자원부장관이 정하여 고시하는 기준에 해당하는 수출거래는 중계무역형태의

수출과 외국인도수출을 들 수 있다.

중계무역은 수출할 것을 목적으로 물품을 수입하여 수입통관을 거치지 않고 제 3 국으로 수출하는 수출입을 말한다. 관세법상 수입통관을 필하지 않은 물품은 외국물품으로 간주되고 국내 반입이 불가능하기 때문에 중계무역에서 물품이 우리나라 항구나 공항을 경유하더라도 외국에서 외국으로 인도하는 것으로 간주된다.

외국인도수출은 수출대금은 국내에서 영수하지만 국내에서 통관되지 아니한 수출물품을 외국으로 인도하는 수출이다. 따라서 해외건설사업에 사용하기 위하여 외국에서 구입한 시설, 기재 등을 현지에서 사용한 후 현지국이나 제 3 국으로 직접 판매할 수 있게 된다.

> ▶ 사용대차

사용대차는 당사자의 일방이 무상으로 사용·수익을 한 후 돌려 주기로 약속하고 상대방으로부터 물품을 인도받는 계약을 말하는데, 무상이라는 점에서 임대차와 구분된다. 무상으로 그림을 빌려서 전시회를 개최한 후에 반환하는 것은 사용대차에 해당된다.

### (2) 거주자의 비거주자에 대한 용역의 제공

수출은 물품과 같이 유체물의 이동만 의미하는 것이 아니라 거주자가 비거주자에게 서비스, 지적재산권 등 무형의 용역을 제공할 경우에도 수출로 간주된다. 대외무역법시행령(제 3 조)에서는 다음과 같이 두 가지 경우를 수출로 간주되는 용역으로 규정하고 있다.

첫째, 다음에 해당하는 사업을 영위하는 자가 제공하는 용역은 수출로 인정된다.
① 경영상담업
② 법무관련 서비스업
③ 회계 및 세무관련 서비스업
④ 엔지니어링 서비스업
⑤ 디자인
⑥ 컴퓨터 시스템 설계 및 자문업

⑦ 문화산업진흥기본법에 따른 문화산업에 해당하는 업종

⑧ 운수업

⑨ 관광진흥법에 따른 관광사업에 해당하는 업종

⑩ 그 밖에 지식기반용역 등 수출유망산업으로서 산업통상자원부장관이 정하여 고시하는 업종

둘째, 국내의 법령 또는 대한민국이 당사자인 조약에 의하여 보호되는 특허권 · 실용신안권 · 디자인권 · 상표권 · 저작권 · 저작인접권 · 프로그램저작권 · 반도체집적회로의 배치설계권의 양도, 전용실시권의 설정 또는 통상실시권의 허락도 용역으로 간주된다.

디자인권은 상품의 형상, 모양, 색채 등으로 미감을 일으키는 아이디어를 독점적으로 사용할 수 있는 권한을 말한다. 그리고 저작인접권은 직접적인 저작권은 아니지만 저작물의 실제 공연, 방송물 등에 대하여 부여하는 저작물에 준하는 권리를 말한다.

### (3) 거주자의 비거주자에 대한 전자적 무체물 전송

정보통신기술의 발달로 소프트웨어, 디지털 방식의 정보 등 전자적 형태의 무체물을 거주자가 비거주자에게 전송하는 것도 수출에 해당된다. 전자적 형태의 무체물은 다음 각 호의 어느 하나에 해당하는 것을 말한다(대외무역법시행령 제4조).

① 소프트웨어산업진흥법에 따른 소프트웨어

② 부호 · 문자 · 음성 · 음향 · 이미지 · 영상 등을 디지털 방식으로 제작하거나 처리한 자료 또는 정보 등으로서 산업통상자원부장관이 정하여 고시하는 것(여기에 해당되는 것은 영화, 게임, 애니메이션, 만화, 캐릭터를 포함한 영상물, 음향 · 음성물, 전자서적 및 데이터베이스이다)

③ 위의 ① 및 ②의 집합체 기타 이와 유사한 전자적 형태의 무체물로서 산업통상자원부장관이 정하여 고시하는 것

▶ 거주자와 비거주자

거주자라 함은 대한민국 안에 주소 또는 거소를 둔 개인과 대한민국 안에 주된 사무소를 둔 법인을 말하며, 비거주자라 함은 거주자 외의 개인 및 법인을 말한다. 다만, 비거주자의 대한민국 안의 지점 · 출장소 기타의 사무소는 법률상 대리권의 유무에 불구하고 거주자로 본다(외국환거래법 제3조 제1항 제14호 및 제15호).

### 1-2 수출승인

#### (1) 수출승인의 의의

물품의 수출은 원칙적으로 자유롭게 할 수 있지만 대외무역법에서 정하고 있는 특정 물품에 대해서는 개별수출에 대한 사전승인을 받아야 하는데 이를 수출승인이라 한다. 이에 따라 수출입공고에 의해 수출이 제한되는 물품을 수출하고자 하는 경우에는 산업통상자원부장관으로부터 수출승인을 받아야 한다.

수출승인기관의 장은 산업통상자원부장관이지만 수출절차를 간소화하기 위해 이러한 권한은 현재 산업통상자원부장관이 지정하여 고시하는 관계 행정기관 또는 단체의 장에게 위탁되어 있다. 그리고 수출승인의 유효기간은 수출을 승인한 날로부터 1년 이내이며 필요에 따라 연장될 수 있다.

#### (2) 수출승인신청 구비서류

수출승인대상 물품을 수출하고자 하는 자는 다음의 서류를 구비하여 수출승인기관의 장에게 제출해야 한다(대외무역관리규정 제10조).

① 수출승인신청서 3부(업체용, 세관용, 승인기관용) 및 사본(신청자가 신청한 경우에 한한다)

② 수출신용장, 수출계약서 또는 주문서(예를 들어 수출신용장상의 상품명이 애매모호하게 또는 포괄적으로 표시된 경우에는 해당 계약서 또는 주문서의 사본을 제출해야 한다)

③ 수출대행계약서(대행수출인 경우)

④ 수출입공고 등에서 규정한 요건을 충족하는 서류(단, 해당 승인기관에서 제한요건의 충족 여부를 확인할 수 있는 경우는 제외)

#### (3) 수출승인의 요건

수출승인기관의 장은 수출승인을 하고자 할 경우에는 다음과 같은 요건을 확인해야 한다(대외무역관리규정 제11조).

① 수출승인신청인이 승인을 얻을 수 있는 자격이 있는 자일 것

② 수출하고자 하는 물품이 수출입공고 등 대외무역관리규정에 의한 승인요건을 충족한 물품일 것

③ 수출하는 물품의 품목분류번호(HS)의 적용이 적정할 것

**서식 3-1**　수출승인(신청)서

# 수 출 승 인 (신 청) 서
## Export License(Application)

[별지 제3호 서식]

<table>
<tr><td colspan="2">처리기간 : 1일<br>Handling Time : 1 Day</td></tr>
</table>

<table>
<tr>
<td>① 수출자　　무역업고유번호<br>(Exporter)　(Notification No.)<br><br>상호, 주소, 성명<br>(Name of Firm, Address, Name of Representative<br><br>(서명 또는 인)<br>(Signature)</td>
<td>④ 구매자 또는 계약당사자<br>(Buyer or Principal of Contract)</td>
</tr>
<tr>
<td rowspan="3">② 위탁자　　사업자등록번호<br>(Requester)　(Business No.)<br><br>상호, 주소, 성명<br>(Name of Firm, Address, Name of Representative<br><br><br><br>(서명 또는 인)<br>(Signature)</td>
<td>⑤ 신용장 또는 계약서 번호<br>(L/C or Contract No.)</td>
</tr>
<tr>
<td>⑥ 금액(Total Amount)</td>
</tr>
<tr>
<td>⑦ 결제기간(Period of Payment)</td>
</tr>
<tr>
<td rowspan="2">③ 원산지(Origin)</td>
<td>⑧ 가격조건(Terms of Price)</td>
</tr>
<tr>
<td>⑨ 도착항(Port of arrival)</td>
</tr>
</table>

<table>
<tr>
<td>⑩ HS부호<br>(HS Code)</td>
<td>⑪ 품명 및 규격<br>(Description/Size)</td>
<td>⑫ 단위 및 수량<br>(Unit/Quantity)</td>
<td>⑬ 단가<br>(Unit Price)</td>
<td>⑭ 금액<br>(Amount)</td>
</tr>
<tr><td></td><td></td><td></td><td></td><td></td></tr>
</table>

⑮ 승인기관 기재란(Remarks to be filled out by an Approval agency)

⑯ 유효기간(Period of Approval)

⑰ 승인번호(Approval No.)

⑱ 승인기관관리번호(No. of Approval Agency)

⑲ 위의 신청사항을 대외무역법 제11조 제2항 및 동법시행령 제18조 제1항의 규정에 의하여 승인합니다.
(The undersigned hereby approves the above-mentioned goods in accordance with Article 11(2) of the Foreign Trade Act and Article 18(1) of the Enforcement Decree of the said Act.)

　　　년　　　월　　　일
승인권자　　　　(인)

※ 승인기관이 2인 이상인 경우 15-18의 기재사항은 이면에 기재하도록 합니다.
※ 이 서식에 의한 승인과는 별도로 대금결제에 관한 사항에 대하여는 외국환거래법령이 정하는 바에 따라야 합니다.

### 1-3 특정 거래형태의 수출입

모든 수출입거래가 동일한 성격을 지니고 있는 것이 아니고 물품의 이동, 대금의 결제 등에 따라 다양한 특성을 지니고 있기 때문에 수출입거래형태 중 특정거래형태를 지정하고 여기에 해당될 경우에는 이에 대한 별도의 인정절차를 받도록 하고 있다(대외무역법 제13조). 현재 당해 거래의 전부 또는 일부가 다음 각 호의 어느 하나에 해당할 경우 특정거래형태로 분류된다(대외무역법시행령 제20조).[1]

① 수출 또는 수입의 제한을 회피할 우려가 있는 거래

② 산업보호에 지장을 초래할 우려가 있는 거래

③ 외국에서 외국으로 물품 등의 이동이 있고 그 대금의 지급 또는 영수가 국내에서 이루어지는 거래로서 대금결제상황의 확인이 곤란하다고 인정되는 거래

④ 대금결제가 수반되지 아니하고 물품 등의 이동만 이루어지는 거래

이에 따라 다음과 같이 11개의 수출입형태가 그 성격상 특정거래형태에 해당된다.

| | |
|---|---|
| ① 위탁판매수출 | ② 수탁판매수입 |
| ③ 위탁가공무역 | ④ 수탁가공무역 |
| ⑤ 임대수출 | ⑥ 임차수입 |
| ⑦ 연계무역 | ⑧ 중계무역 |
| ⑨ 외국인수수입 | ⑩ 외국인도수출 |
| ⑪ 무환수출입 | |

## 2. 수출의 준비

### 2-1 신용장 방식의 경우

#### (1) 신용장의 통지와 수취

신용장방식의 거래에서는 무역계약이 체결되면 약정 기일 내 수입업자

---

1) 그동안 특정거래형태에 대해서는 별도의 인정절차가 필요했지만 지금은 유명무실한 상태로 법규정만 살아있는 실정이다.

는 자신이 거래하는 은행을 통해 수출업자 앞으로 신용장을 개설·통지해 준다. 대개 신용장은 개설은행의 요청에 따라 수출업자 주소지에 소재하는 제3의 은행이 통지한다.

신용장 통지은행은 수출업자에게 신용장을 통지할 때 통지번호를 부여하고 신용장조건이 변경되는 경우에는 통지번호의 맨 끝에 변경되는 누적회수를 표시한다. 그리고 통지은행은 상당한 주의를 가지고 신용장의 진위성을 검토해야 할 의무가 있다. 만약 진위성을 확인할 수 없을 경우에는 그러한 사실을 개설은행 및 수출업자에게 통지해야 한다.

통지은행은 우편으로 개설된 신용장에 대해서는 사전에 개설은행과 교환되어 있는 서명감(specimen signature booklet)에 의해 서명을 대조하는 방법으로 신용장의 진위성을 확인한다. 그리고 전신신용장이나 SWIFT 신용장은 개설은행과 통지은행간에 설치된 Test Key 또는 Authenticator Key에 의해 신용장의 진위 여부가 쉽게 확인된다.

### (2) 신용장의 주요 확인사항

신용장은 개설은행의 조건부 지급확약서이기 때문에 수출업자가 수출대금을 결제받기 위해서는 신용장에서 요구하고 있는 모든 요건을 충족해야 한다. 따라서 수출업자는 신용장을 수취하면 즉시 신용장상의 제반 요건이 계약의 내용과 일치하는지, 각 조건들이 이행가능한 것인지 등을 면밀히 검토해야 한다.

① 신용장의 진위 여부: 수출업자는 먼저 통지된 신용장이 진짜인지 가짜인지를 검토해야 한다. 물론 통지은행이 신용장을 통지할 때 그 진위성 여부를 확인하고 애매모호한 경우에는 그러한 사실도 통지하지만 수출업자는 신용장을 실제 사용하는 직접적인 당사자로서 그 진위성 여부를 다시 한번 검토해야 한다.

② 개설은행의 신용상태: 신용장거래에서 개설은행의 신용도는 아주 중요하므로 신용장 개설은행의 신용상태를 면밀히 분석해야 한다. 신용장을 받는 것에만 급급하여 개설은행의 신용을 확인하지 않고 수출함으로써 대금을 받지 못하는 경우가 종종 발생한다. 그리고 개설은행 국가의 외환사정이 악화되어 대외지급이 중지되거나 연기될 수 있으며 또한 개설은행 국가 지역의 전쟁으로 인해 운송서류를 송달할 수 없어 결제가 불가능한 경우도 있

을 수 있다.

따라서 수출업자는 신용장을 수취하면 개설은행의 신용상태와 더불어 개설은행 국가의 비상위험이 발생할 가능성을 항상 분석해야 한다. 만약 개설은행의 신용에 문제가 있거나 국가의 비상위험이 발생할 가능성이 높으면 확인은행을 개입시켜 확인을 추가로 받거나 무역보험에 가입한 후 수출을 이행하는 것이 안전하다.

③ **화환 신용장 확인**: 우리나라에서는 상품 대금 결제용으로 사용되는 것만 신용장으로 인정되기 때문에 신용장 상에 '화환'(documentary)이라는 단어가 있는지 반드시 확인해야 한다.

④ **취소가능 여부**: 우리나라에서 취소가능신용장은 신용장으로서 인정되지 않으므로 무엇보다 이를 먼저 검토해야 한다. 취소가능 여부에 대해서 신용장상에 아무런 언급이 없으면 취소불능신용장으로 간주되므로 신용장상에 '취소가능'(revocable)이라는 문언이 있는지를 확인해야 한다.

⑤ **개설은행의 지급확약문언**: 신용장이라는 것은 곧 개설은행의 보증서를 의미하므로 이 문언이 있어야만 신용장으로서 효력이 발생한다. 특히 개설은행의 지급확약을 받는 당사자가 수출업자로 제한되어 있는지 여부를 검토해야 한다. 만약 수출업자 한 당사자에게만 지급이 확약되어 있으면 지급은행이 지정되어 있어야만 결제가 가능하다.

⑥ **신용장통일규칙의 준수문언**: 신용장거래는 2개 국 이상의 거래이므로 준거법에 대한 분명한 명시가 있어야만 사후분쟁이 발생하지 않는다.

⑦ **조건부문언의 검토**: 신용장조건을 이행하는데 지장을 초래할 수 있는 특수조건이 있는지를 검토해야 한다. 신용장에 특수한 조건을 붙여 그 조건이 이행되어야만 신용장이 유효하게 되는 조건부신용장이 있는데 이러한 조건부신용장은 조건을 이행하는데 많은 어려움이 있으므로 각별한 주의를 기울여야 한다.[2]

---

2) 예를 들어 선적 전에 견본에 대해 수입업자의 검사를 받은 후 그 검사증을 매입서류에 첨부하도록 요구하는 문언이 있을 경우 수입업자가 검사를 하지 않거나 지연시키면 수출 이행은 불가능하게 된다.

## 2-2  화환추심어음 방식 등의 경우

결제형태가 D/A, D/P 등과 같이 화환추심어음 방식일 경우 수출업자는 수입업자와 선수출계약서를 작성한 후 계약에서 합의된 일자 내 선적을 완료하고 관련 서류를 수입업자에게로 보내야 한다. 따라서 수출업자는 선수출계약이 체결되는 즉시 수출 이행에 필요한 조치를 취해야 한다. 화환추심어음 방식의 수출거래는 본 지사 간이나 오랜 단골거래선 간에 이루어지지만 합의된 선적기일을 지키지 못하는 등 수출업자의 귀책사유가 발생하면 아무리 오랜 거래가 있다하더라도 클레임의 대상이 되거나 수출대금을 받지 못할 수도 있다.

그리고 송금방식으로 거래할 경우 수출업자는 수출에 필요한 모든 준비를 완료한 후 이를 수입업자에게 통보하면 수입업자는 계약에서 합의된 일정 기일 내 수출대금을 송금하게 되는데 이 경우에도 수출업자는 매매계약에서 합의된 선적기일을 확인한 후 수출물품의 확보 혹은 생산계획을 세워야 한다. 왜냐하면 수입업자는 항상 예상한 선적일자를 토대로 언제 수입이 완료되고 언제부터 국내에서 마케팅을 할 것인가 등의 계획을 세울 수 있기 때문이다.

## 3. 원자재의 조달

수출업자는 무역계약이 확정되면 원자재를 조달하여 수출물품을 자체 생산하거나 협력업체(하청업체)를 선정하여 완제품을 발주한다. 수출물품의 생산에 필요한 원자재나 완제품을 국내에서 조달할 경우 내국신용장이나 구매확인서가 많이 이용되고 있다. 수출용 원자재를 해외에서 수입할 수도 있지만 이 경우에는 수입통관절차를 거쳐야 하므로 편의상 수입절차과정에서 다루기로 한다.

### 3-1  내국신용장에 의한 구매

(1) 내국신용장의 의의

내국신용장(local credit)은 수출신용장을 가진 수출업자가 국내에서 수출용 원자재나 완제품을 조달하고자 할 때 사용되는 신용장이다. 이러한 내국 신용장은 외국에서 개설되어 온 원신용장(master credit)을 토대로 국내에서 다시 개설되는 방식으로 사용된다.

내국신용장의 개설의뢰인은 수출신용장을 가진 수출업자로서 국내에서 수출용 원자재 또는 완제품을 구매하려는 업자이다. 내국신용장의 개설은행 은 통상 수출업자의 거래은행으로서 원수출업자의 요청과 지시에 따라 내국 신용장을 개설하고, 내국신용장의 수익자에 대해서는 지급을 확약한다.

내국신용장의 수익자는 원자재나 완제품의 공급업자로서 일반 신용장상 수익자가 누리는 혜택을 모두 누릴 수 있다. 수익자는 신용장에 명시된 기일 내 원수출업자에게 계약된 원자재나 완제품을 공급하고 영수증을 교부받아 이를 내국신용장의 개설은행에 제시하면 곧 대금지급이 이루어진다. 신용장 의 독립·추상성에 따라서 수익자는 원수출업자의 수출이행 여부나 원신용 장의 이행 여부에 상관없이 대금결제를 받을 수 있다.

### (2) 내국신용장의 혜택

내국신용장제도의 근본적 취지는 수출물품의 생산에 필요한 원자재나 완제품을 가능한 한 국내에서 구매하도록 유도하기 위한 것이다. 이에 따라 우리나라에서는 내국신용장에 의한 거래가 국내거래임도 불구하고 이를 수 출로 인정하여 외화표시로 거래할 수 있도록 하며 또한 무역금융을 제공하 는 등 여러 가지 혜택을 부여하고 있다.

내국신용장을 활용할 경우 원수출업자는 수출에 필요한 원자재나 완제 품을 구매하는 데 필요한 결제자금의 부담에서 벗어날 수 있다. 그리고 내국 신용장 개설은행이 지급확약을 하는 관계로 국내 공급업체로부터 물품확보 가 보장되어 수출품의 생산을 예측할 수 있다.

한편 내국신용장의 수익자도 비록 국내 업체에 물품을 판매하지만 수출 실적으로 인정됨에 따라 무역금융을 활용할 수 있으며 관세환급의 대상이 된 다. 또한 수출품에 해당되는 부가가치세 영세율이 적용되어 조세 부담이 없다.

### (3) 내국신용장 개설대상과 종류

① 일반 수출업자: 수출용 수입원자재와 국내에서 생산된 수출용 원자 재 또는 수출용 완제품을 구매(임가공 위탁 포함)하고자 하는 일반수출업자는 내국신용장을 개설할 수 있다.

**서식 3-2** 취소불능 내국신용장 개설신청서

<table>
<tr>
<td colspan="3">

## 취소불능 내국신용장개설신청서

신청일자:      .    .
</td>
</tr>
<tr>
<td colspan="2">취 소 불 능 내 국 신 용 장</td>
<td>신용장 번호</td>
</tr>
<tr>
<td colspan="2">개설신청인</td>
<td>
결제통화 및 금액<br>
□ 원화<br>
(외화금액 U$      @      )<br>
다만, 환어음 대입시 대고객 전신환매입율이 개설시와<br>
다를 경우 원화금액은 동 매입률로 환산한 금액으로 함.<br>
□ 외화<br>
다만, 개설의뢰인 명의 거주자 계정으로부터 수혜자 명<br>
의 거주자 계정에 이체지급할 것을 조건으로 함
</td>
</tr>
<tr>
<td colspan="2">수 익 자</td>
<td>물품인도기일:      유효기일:</td>
</tr>
<tr>
<td colspan="3">
형식 : 수익자가 신용장 금액을 한도로하여 송장금액 전액을 어음금액으로 하고 본인(당사)을 지급인, 귀행을 지급장소로 하는 일람출급환 어음을 발행함을 허용하는 신용장.
<br><br>
• 제출서류<br>
□ 물품수령 증명서              통<br>
□ 공급자발행 세금계산서 사본       통<br>
□ 기타
</td>
</tr>
</table>

| 공 급 물 품 명 세 | | | | |
|---|---|---|---|---|
| H.S-NO | 품 명 및 규 격 | 단 위 및 수 량 | 단 가 | 금 액 |
| | | | | |
| | | | | |

| 분 할 인 도 | 서류제시기간 |
|---|---|
| □ 허용함     □ 불허함 | 물품수령증명서 발급일로부터     영업일 이내 |
| 기타 | 용 도 |

| 개 설 근 거 | ① 수출 L/C    ② D/A    ③ D/P    ④ 외화표시 물품 공급계약서<br>⑤ 내국신용장    ⑥ 외화표시 건설 용역 공급계약서 |
|---|---|
| 신용장(계약서)번호 | |

위행이 개설하는 내국신용장은 상기 원 신용장과는 독립 별개의 것임을 서약하고 위와 같이 내국 신용장 개설을 신청하오며 귀행 별도 소정 겸업신용장 약정서 조건을 무위 준수할 것을 확약합니다.

주 소 :

신청인:             (인)

**하나은행장** 귀하                      Tel.

이 신용장에 관한 사항은 다른 특별한 규정이 없는 한 국제상업회의소 제정(2007년 개정) 화환신용장 통일규칙에 따릅니다.

| 개설근거 | | 개설조건 | | 개 설 세 목 | | | 수수료율 구분 | | | 수수료 TERM (월) | 입 금 분 류 | | | L/C 작성 여부 | 확인 |
|---|---|---|---|---|---|---|---|---|---|---|---|---|---|---|---|
| 실 적 | 신용장 | 한도내 | 자기자금 | 원자재 | 염가공(완) | 염가공(완) | 완제품 | 일반 | 선박PLT | | 대체 | 현금 | 자기앞 | | |
| | | | | | | | | | | | | | | | 검인 |
| 통화코드 | | 승인신청번호 | | 수기 REF-NO | | | 수입보증금 | | | 원자재 의존율 | | 기산일 | | | 인감 대조 |

| 서식 3-3 | 취소불능 내국신용장 |
|---|---|

## 취소불능 내국신용장

전자문서번호 :            통지일자 :

──────────────〈 개설내역 〉──────────────

개설은행            :
개설일자            :
신용장번호        :
개설의뢰인(상호, 주소, 대표자, 전화) :

수 혜 자 (상호, 주소, 대표자, 전화) :
내국신용장 종류     :
개설외화금액       :
개설원화금액       :
전신환매입률       :
물품매도확약서 번호  :
물품인도기일       :
유효기일           :
제출서류           :

> 당행은 귀하(사)가 위 금액의 범위내에서 상기의 서류를 첨부하여 당행을 지급장소로 하고 개설의뢰인을 지급인으로 한 물품대금전액의 일람출급환어음을 발행할 수 있는 취소불능내국신용장을 개설합니다. 당행은 이 신용장에 의하여 발행되고 또한 이 신용장의 조건에 일치하는 환어음이 당행에 제시된 때에는 이를 이의없이 지급할 것을 환어음의 발행인, 배서인, 기타 정당한 소지인에게 확약합니다.

대표공급물품명     :

분할인도허용여부    :
서류제시기간       :
개설근거별용도     :
기    타          :

──────────────〈 발신기관 전자서명 〉──────────────

발신기관전자서명    :

> 1. 이 전자문서는 「전자무역 촉진에 관한 법률」에 의거 발행된 전자문서교환방식 내국신용장으로서 이 문서를 전송받은 개설의뢰인 또는 수혜자는 동 법률 시행규정 제12조의 별표 2(서류제출방법에 관한 특례) 제7조에서 정한 바에 따라 신용장 여백에 정당발급문서임을 표시하는 적색 고무인을 날인하여야 합니다.
> 2. 이 신용장에 관한 사항은 다른 특별한 규정이 없는 한 국제상업회의소제정 화환신용장통일규칙 및 관례에 따릅니다.

② 내국신용장 수혜자:  내국신용장의 수혜자는 해당 내국신용장을 근거로 수출용 원자재 및 완제품을 구매하기 위하여 또 다른 내국신용장을 개설할 수 있다.

③ 임가공 위탁업체:  수출업자가 원자재 및 완제품을 임가공계약에 의하여 위탁생산하고자 하는 경우 해당 수탁가공업체에게 가공임을 지급하기 위하여 내국신용장을 개설할 수 있다.

④ 기타:  국내업체간의 매매계약에 따라 국외에서 어획물을 수집하여 직접 수출하는 경우라도 동 거래의 특수성에 비추어 내국신용장을 개설할 수 있다. 그리고 선수금 영수조건 수출신용장(전대신용장)을 가진 수출업자도 동 수출신용장 등을 근거로 해당 원자재 및 완제품 조달을 위하여 내국신용장을 개설할 수 있다(다만, 원자재자금 및 완제품구매자금의 융자금액은 동 선수금을 제외한 금액 범위내로 한다).

그리고 내국신용장은 공급물품에 따라서 원자재 내국신용장, 완제품 내국신용장 및 임가공 내국신용장으로 구분되고 표시통화에 따라 원화표시 외화부기 내국신용장, 외화표시 내국신용장 및 원화표시 내국신용장으로 구분된다.

### 3-2  구매확인서에 의한 구매

#### (1) 구매확인서의 의의

구매확인서는 물품 등을 외화획득용 원료, 외화획득용 용역, 외화획득용 전자적 형태의 무체물 또는 물품으로 사용하기 위하여 국내에서 구매하려는 경우 외국환은행의 장 또는 「전자무역 촉진에 관한 법률」 제6조에 따라 산업통상자원부장관이 지정한 전자무역기반사업자가 내국신용장에 준하여 발급하는 증서를 말한다. 즉 구매확인서는 국내에서 물품구매자가 구매하는 원자재 또는 완제품이 수출물품을 생산하는 데 사용되는 수출용 원자재 또는 완제품이라는 사실을 외국환은행장 혹은 전자무역기반사업자가 증명한 확인서를 말한다.

실무적으로는 구매확인서보다 용도가 더 다양하고 혜택이 많은 내국신용장을 이용하고 있으나 내국신용장 개설한도가 부족하여 내국신용장을 개설할 수 없는 경우에 구매확인서를 주로 이용하고 있다. 내국신용장은 무역

**서식 3-4**  외화획득용원료 · 기재구매확인서

---

**외화획득용원료 · 기재구매확인서**

※ 구매확인서번호 :

| ① 구매자 | (상호) |
| | (주소) |
| | (성명) |
| | (사업자등록번호) |
| ② 공급자 | (상호) |
| | (주소) |
| | (성명) |
| | (사업자등록번호) |

1. 구매원료 · 기재의 내용

| ③ HS부호 | ④ 품명 및 규격 | ⑤ 단위 및 수량 | ⑥ 구매일 | ⑦ 단가 | ⑧ 금액 | ⑨ 비고 |
|---|---|---|---|---|---|---|
| | | | | | | |

2. 세금계산서(외화획득용 원료 · 기재를 구매한 자가 신청하는 경우에만 해당)

| ⑩ 세금계산서 번호 | ⑪ 작성일자 | ⑫ 공급가액 | ⑬ 세액 | ⑭ 품목 | ⑮ 규격 | ⑯ 수량 |
|---|---|---|---|---|---|---|
| | | | | | | |

⑰ 구매원료 · 기재의 용도명세 : 원자재구매, 원자재 임가공위탁, 완제품 임가공위탁, 완제품구매, 수출대행 등 해당용도를 표시하되, 위탁가공무역에 소요되는 국산원자재를 구입하는 경우 '(위탁가공)' 문구를 추가표시
• 한국은행 총액한도대출관련 무역금융 취급절차상의 용도표시 준용

위의 사항을 대외무역법 제18조에 따라 확인합니다.

확인일자          년    월    일
확인기관
전자서명

이 전자무역문서는 「전자무역 촉진에 관한 법률」에 따라 전자문서교환방식으로 발행된 것으로서 출력하여 세관 또는 무역유관기관 등 제3자에게 제출하려는 경우 업체는 동 법률 시행규정 제12조제3항에 따라 적색고무인을 날인하여야 합니다.

금융 관련규정에 의해 원칙적으로 원자재금융한도 내에서 무역금융 수혜자
격이 있는 자만이 개설할 수 있다. 따라서 원자재금융한도가 없거나 무역금
융 수혜자격이 없는 자는 내국신용장을 개설할 수 없으므로 구매확인서에
의해 수출용 원자재나 완제품을 구매한다.

구매확인서를 이용하더라도 내국신용장의 경우와 마찬가지로 수출실적
인정, 부가가치세 영세율 적용, 관세환급 등의 혜택을 누릴 수 있다. 그러나
내국신용장은 신용장의 독립성 원칙에 따라 개설은행이 수익자에 대해서 모
든 책임을 지지만 구매확인서 발급은행이나 전자무역기반사업자는 공급물
품의 대금결제에 대해서 책임을 지지 않는다. 그리고 구매확인서는 과거의
실적기준에 따라 발급할 수 없으므로 매번 발급할 때마다 수출신용장이나
수출계약서 등 발급근거를 제시해야 한다.

### (2) 구매확인서 발급절차

구매확인서는 물품 구매자(수출업자)와 공급자간에 물품공급계약을 체
결하고 구매자가 거래 외국환은행 혹은 전자무역기반사업자에게 구매확인
서를 신청하면 관련 기관은 물품공급과 대금결제를 확인한 후 구매자와 공
급자에게 각각 구매확인서를 발급해 준다.

만약 물품의 제조·가공과정이 여러 단계인 경우에는 각 단계별로 순차
적으로 차수 제한없이 차순위의 구매확인서를 발급할 수 있다. 그리고 구매
확인서의 발급 신청 시에는 반드시 발급근거 서류가 있어야 하므로 비축용
으로 발급 신청은 할 수 없다.

그리고 구매확인서에 의하여 공급된 물품 등에 대한 수출실적증명서 발
급은 대금을 결제한 외국환은행 혹은 전자무역기반사업자에게 신청하면 된
다. 만약 공급자와 구매자 당사자간에 대금을 결제한 경우에는 구매확인서
를 발급한 관련 기관에 신청하면 수출실적증명서를 발급받을 수 있다.

참고로 내국신용장과 구매확인서에 의한 수출용 원자재 공급제도를 비
교해 보면 〈표 3-1〉과 같다.

**표 3-1** 내국신용장과 구매확인서의 비교

| 구　분 | 내국신용장 | 구매확인서 |
|---|---|---|
| 관련법규 | 무역금융관련규정 | 대외무역법 |
| 개설기관 | 외국환은행 | 외국환은행, 전자무역기반사업자 |
| 개설조건 | 원자재금융한도 | 제한없이 발급 |
| 수출실적 | 공급업체의 수출실적인정 | 좌　동 |
| 부 가 세 | 영세율 적용 | 좌　동 |
| 발행제한 | 2차까지 개설 가능(단, 1차 내국신용장이 완제품내국신용장인 경우에 한하여 3차까지 개설 가능) | 차수 제한 없이 순차적으로 발급가능 |

## 제2절 수출통관 및 선적

### 1. 수출통관의 의의

우리나라에서 수출하고자 하는 물품은 반드시 관세법상의 절차를 거쳐야 하는데 이를 수출통관절차라 한다. 수출통관절차는 수출하고자 하는 물품을 세관에 수출신고를 하고 신고수리를 받은 후 물품을 우리나라와 외국 간을 왕래하는 운송수단에 적재하기까지의 절차를 말한다. 수출통관을 의무화하는 것은 대외무역법, 관세법, 외국환거래법 등 각종 수출관련법규의 이행사항을 최종적으로 확인하여 불법수출이나 위장수출 등을 방지하기 위한 것이다.

따라서 수출하고자 하는 자는 수출물품을 적재하기 전까지 해당 물품의 소재지를 관할하는 세관장에게 수출신고를 하고 수리를 받아야 한다. 수출물품에 대해서는 원칙적으로 검사를 생략하고 있으나, 전산에 의한 발췌검사 또는 필요한 경우에는 예외적으로 검사를 실시하는 경우도 있다.

관세법에서 의미하는 수출은 내국물품을 외국으로 반출하는 것을 의미하기 때문에 내국물품은 반드시 수출통관절차를 필해야 외국물품으로 간주되고 비로소 선적이 가능하게 된다. 따라서 수출업자는 선적하기 전에 먼저 수출통관절차를 거쳐야 하며 이러한 절차를 거치지 않고 선적·반출하는 물품은 소위 밀수품에 해당된다.

　　수출신고가 수리된 물품은 수출신고수리일로부터 30일 이내 우리나라와 외국간을 왕래하는 운송수단에 적재해야 한다. 그리고 우리나라에 반입된 외국물품을 부득이한 사유 등으로 다시 외국으로 반송할 경우에는 반송신고 및 절차에 따라야 한다.

▶ 내국물품

　　내국물품은 ① 우리나라에 있는 물품으로서 외국물품이 아닌 것, ② 우리나라의 선박에 의해 공해에서 포획된 수산물, ③ 입항 전 수입신고가 수리된 물품, ④ 수입신고 수리 전 반출승인을 받아 반출된 물품, ⑤ 수입신고 전 즉시 반출신고를 하고 반출된 물품(관세법 제2조 5).

## 2. 수출통관의 절차

　　수출통관은 대략 수출신고 및 수리의 절차를 거친다. 현재는 전자문서교환 수출통관 자동화시스템에 의하여 수출업자는 세관에 직접 가지 않고 컴퓨터로 신고를 끝낸 뒤 수출물품을 바로 선적할 수 있다.

### 2-1 수출신고

(1) 무서류 신고

　　물품을 수출하고자 하는 자는 수출물품을 선박 또는 항공기에 적재하기 전까지 관할 세관장에게 수출신고를 하고 수리를 받아야 한다. 수출신고는 EDI 방식 또는 인터넷에 의한 무서류(P/L: paperless) 신고를 원칙으로 한다. 우리나라는 전자정부의 구현과 급변하는 기업환경 변화를 적극 선도하기 위해 전국 어디서나 24시간 수출 신고할 수 있도록 2004년부터 EDI 방식과 병행하여 인터넷에 의한 수출신고제를 실시하고 있다.

　　따라서 수출신고인은 전자사서함을 이용하여 수출통관 EDI 시스템과 접속하거나 인터넷으로 수출신고 홈페이지에 접속해 수출신고서를 작성하여 신고를 해야 한다. 수출신고는 관세청 통관시스템에서 신고번호가 부여된 시점으로부터 효력이 발생한다. 만약 통관시스템에 기록된 내용과 종이 신고서에 기록된 내용이 상이한 경우에는 통관시스템에 기록된 것을 원본으로 한다.

그러나 다음의 경우는 수출신고서 등 서류를 세관장에게 제출해야 한다.

① 관세법 제226조 규정에 의해 세관장 확인물품 및 확인방법 지정고시 중 수출신고 수리 전에 요건구비의 증명이 필요한 물품(다만, 수출승인기관과 전산망이 연계된 품목은 제외한다)

② 계약내용과 상이한 물품의 재수출 또는 재수출조건부로 수입통관된 물품의 수출

③ 수출업자가 재수입시 관세 등의 감면, 환급 또는 사후관리 등을 위하여 서류제출로 신고하거나 세관 검사를 요청하는 물품

④ 수출통관시스템에서 서류제출대상으로 통보된 물품

### (2) 수출신고인

수출신고는 화주, 완제품공급자, 관세사 등이 할 수 있다. 완제품공급자는 수출물품을 선적할 때까지 수출업무처리를 조건으로 수출업자에게 물품을 제조하여 공급하는 경우가 많기 때문에 이들도 직접 수출신고를 할 수 있다(관세법 제242조). 그러나 대부분 수출신고는 관세사, 관세사(합동) 법인, 통관취급법인에 위탁하여 처리하고 있다.

그리고 EDI 방식 수출신고에 필요한 컴퓨터 등 전송설비를 갖추지 못하여 직접 수출신고를 할 수 없는 영세무역업체는 무역협회 또는 주요 세관에서 운영하는 수출신고 지원센타를 통하여 수출신고를 할 수 있다.

---

▶ 관세사 · 관세사법인 · 통관취급법인

관세사는 관세사 자격시험에 합격하거나 일정기간의 관세행정경력을 갖춘 자로서 필요에 따라 화주를 대리하여 세관업무를 수행한다. 관세사(합동)법인은 5인 이상의 관세사를 사원으로 하여 설립된 법인을 말한다. 그리고 통관취급법인은 관세청장의 허가를 받은 ① 운송 · 보관 또는 하역을 업으로 하는 법인, ② 앞의 법인이 자본금의 100분의 50 이상을 출자하여 설립된 법인, ③ 「물류정책기본법」 제38조에 따라 인증을 받은 종합물류기업 중 대통령령으로 정하는 기업을 말한다.

## 2-2 수출신고심사 및 수리

세관에서는 전송화면상의 수출신고자료가 수출신고서 작성요령에 따라 적합하게 작성되었는지의 여부를 검토한 후 원칙적으로 수출검사를 생략하고서 수출신고를 수리한다. 수출신고된 물품에 대한 신고서의 처리방법은 편의상 자동수리, 즉시수리 및 검사후 수리 세 가지로 분류된다.

### (1) 자동수리

자동수리는 전산에 의하여 자동으로 수리되는 것을 말하며, 검사대상 또는 서류제출대상이 아닌 물품은 수출통관시스템에서 자동 수리된다.

### (2) 심사후 수리

자동수리대상이 아닌 물품 중 검사가 생략되는 물품으로 세관직원이 신고내용을 심사하고 수리를 하는 경우를 말한다.

### (3) 검사후 수리

수출물품에 대하여는 검사생략이 원칙이나 수출시 현품의 확인이 필요한 경우와 우범물품으로 선별된 물품 중 세관장이 검사가 필요하다고 판단한 물품에 대하여 수출물품을 실제로 검사하고 수출신고를 수리하는 방법을 말한다.[3]

## 2-3 수출신고필증

수출신고필증은 세관장이 세관특수청인을 전자적으로 날인하여 수출업자에게 교부한다. 그리고 수출신고가 수리된 물품은 수출신고수리일로부터 30일 이내에 우리나라와 외국 간을 왕래하는 운송수단에 적재해야 한다(관세법 제251조). 수출신고가 수리되었더라도 적재되지 않은 물품은 수출로 인정받을 수 없다.

참고로 현행 수출통관절차를 요약하면 〈그림 3-1〉과 같다.

---

3) 적재전 검사대상은 수출물품을 적재하기 전에 검사를 받는 조건으로 신고를 수리할 수 있다.

| 그림 3-1 | 수출통관절차 |

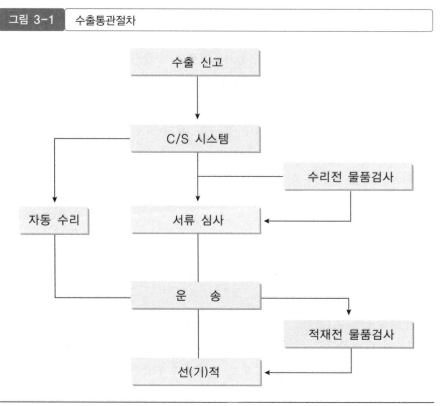

\* 자료: 관세청.

\* \* C/S 시스템은 우리나라 세관에서 실시하고 있는 우범물품선별시스템(cargo selectivity system)을 말한다.

### 2-4 적재(출항)이후 수출신고

수출신고는 수출물품을 적재하기 전에 하여야 하나, 수출물품의 특성을 고려하여 다음 세 가지 경우에는 적재 후에 수출신고를 할 수 있다.

① 선상수출신고 : 선적한 후 공인검정기관의 검정서(survey report)에 의해 수출물품의 수량을 확인하는 산물 또는 광산물이나 물품의 신선도, 자동차운반 전용선박에 적재하여 수출하는 신품자동차 등 선상신고가 불가피하다고 인정되는 물품은 적재한 상태에서 수출신고가 가능하다.

② 현지수출 어패류 신고 : 어패류를 외국 현지에서 수출하는 것이 부득이한 경우에는 수출 후 대금 결제 전까지 선박의 출항허가를 받은 세관에 수출실적을 증명하는 서류(예: cargo receipt)를 첨부하여 신고 자료를 전송하면

수출신고로 간주된다.

③ 보세판매장 수출신고 : 보세판매장에서 외국인에게 국내에서 생산된 물품을 판매하는 경우 간소하게 수출신고가 가능하다.

④ 원양수산물 신고 : 우리나라 선박이 공해에서 채취·포획한 수산물을 현지 판매하는 경우 대금결제 전까지 수출사실을 증명하는 서류(예: cargo receipt, B/L, final settlement)가 첨부된 수출실적보고서를 한국원양산업협회를 경유하여 서울세관장에게 신고 자료를 전송하면 된다.

## 2-5  반송통관

반송은 외국으로부터 우리나라에 반입된 물품을 수입신고를 하지 아니하고 외국으로 다시 되돌려 보내는 것을 말하며 이와 관련된 절차를 반송통관이라 한다. 반송하기 위해서는 먼저 수출통관절차와 동일하게 신고서(수출신고서 양식)를 작성하여 세관에 반송 신고하여야 하며 반송물품에 대해서는 보세운송에 의하여 물품을 운송하여야 하고 적재확인을 받아야 한다.

반송통관물품은 다음과 같다.

① 외국으로부터 우리나라 보세구역에 반입된 물품으로서 다음의 사유로 수입신고를 하지 아니한 상태에서 다시 외국으로 반출되는 물품(단순반송물품)

- 주문이 취소되었거나 잘못 반입된 물품
- 수입 신고 전에 계약상이가 확인된 물품
- 수입 신고 전 수입요건 미구비가 확인된 물품
- 선사(항공사)가 외국으로 반출하는 선(기)용품 또는 선(기)내에 판매용품
- 기타 사유로 반출하는 물품

② 외국으로부터 보세구역에 반입된 물품으로서 수입하고자 수입신고를 하였으나 수입신고 수리요건 등의 불비로 통관이 보류되어 다시 외국으로 반출되는 물품

③ 해외에서 위탁가공후 보세구역에 반입된 물품으로서 수출할 목적으로 다시 외국으로 반출하는 물품

④ 외국으로부터 보세창고에 반입된 물품으로서 국내 수입화주의 결정

지연 등으로 수입하지 아니한 상태에서 다시 외국으로 반출되는 물품

　⑤ 보세창고에 반입된 해외조립용 수출용원재료 또는 이미 수출한 물품의 사후보수, 수리를 위한 물품 (장기비축 수출용원재료 및 수출품사후보수용품)

　⑥ 박람회 등을 위하여 보세전시장에 반입된 후 전시 종료 후 외국으로 반출하는 물품

　⑦ 보세판매장에 반입된 외국물품을 판매하지 못하여 운영인이 외국으로 반출하는 물품

　⑧ 미군 교역처에서 수출조건부 불하한 보세물품

## 3. 선적 전 검사

　수출물품을 선적하기 전에 선적물품이 계약물품으로 적합한지의 여부를 확인하는 선적 전 검사가 간혹 실시되기도 한다. 선적 전 검사는 수입업자의 요청에 따라 또는 수입국의 무역정책에 따라 선적지에서 실시되는데 검사비용은 일반적으로 수입업자가 부담한다.

　특히 고가물품을 수입할 경우 수입업자는 선적전에 수입업자가 지정한 검사대리인으로 하여금 수출물품의 품질과 수량을 확인하는 검사를 실시하는 경우가 많다. 그리고 주로 후진국에서 밀수방지 및 외환관리를 목적으로 SGS(Societe Generale de Surveillance: S.A) 등과 같은 전문검사기관의 검사를 받는 것을 공식적으로 규정하기도 한다.

　우리나라 수출물품의 우수성으로 인해 선적 전 검사는 드문 실정이다. 그리고 전문검사기관에 의해 검사가 실시된 경우에는 품질불량으로 인한 클레임을 제기할 수 없다.

## 4. 수출화물의 선적

### 4-1  운송계약의 체결

　수출업자는 선적기일이 다가오면 적당한 선박을 선택하여 선박회사와 운송계약을 체결하여 수출물품의 선적을 준비해야 한다. 그리고 만약 CIF조건 또는 CIP조건으로 계약이 체결되었다면 수출업자는 보험회사와 적하보

**서식 3-5** 수출신고필증

# 수 출 신 고 필 증

※처리기간 : 즉시

| 제출번호 99999-99-9999999 | ⑤신고번호 999-99-99-99999999 | ⑥신고일자 YYYY/MM/DD | ⑦신고구분 X | ⑧C/S구분 X |
|---|---|---|---|---|
| ①신 고 자 XXXXXXXXXXXXXXXXXXXXXXXXXXXXXXXX | | | | |

②수 출 자 XXXXXXXXXXXXXXXXXXXXXXX 부호 XXXXXXX 수출자구분 X
위 탁 자 XXXXXXXXXXXXXXXXXXXXX
　　(주소) XXXXXXXXXXXXXXXXXXXXXXXXXXXXXXXXXXXX
　　(대표자) XXXXXXXXXXX
　　(통관고유부호) XXXXXXX-9-99-9-99-9
　　(사업자등록번호) 999-99-99999

③제 조 자 XXXXXXXXXXXXXXXXXXXXXXX
　　(통관고유부호) XXXXXXX-9-99-9-99-9
　　제조장소 XXX　　산업단지부호 XXX

④구 매 자 XXXXXXXXXXXXXXXXXXXXXX
　　(구매자부호) XXXXXXXXX

| ⑨거래구분 XX | ⑩종류 X | ⑪결제방법 XX |
|---|---|---|
| ⑫목적국 XX XXXXXXX | | ⑬적재항 XXXXX XXXXXXXXXXX |
| ⑭운송형태 XX XXX | | ⑮검사방법선택 X 　검사희망일 YYYY/MM/DD |
| ⑯물품소재지 XXX XXXXXXXXXXXXXXXXXXXXXXXXXX | | |
| ⑰ L / C 번 호 XXXXXXXXXXXXXXXX | | ⑱물품상태 X |
| ⑲사전임시개청통보여부 X | ⑳반송 사유 XX | |
| ㉑환급신청인 X ( 1:수출/위탁자, 2:제조자) 간이환급 XX | | |
| ㉒환급기관 XXXXXXXXXXXXXXXXXX | | |

· 품명 · 규격 (란번호/총란수: 999/999)

| ㉓품 명 XXXXXXXXXXXXXXXXXXXXXXXXXXXXXXXXXXXXXXX | ㉕상표명 XXXXXXXXXXXXXXXXXXX |
|---|---|
| ㉔거래품명 XXXXXXXXXXXXXXXXXXXXXXXXXXXXXXXXX | |

| ㉖모델 · 규격 | ㉗성분 | ㉘수량 | ㉙단가(XXX) | ㉚금액(XXX) |
|---|---|---|---|---|
| XXXXXXXXXXXXXXXXXXXXXXXXXXXXXXXXXXXXX | XXXXXXXXXXXXXX | 999,999,999,999(XXX) | 9,999,999,999.99 | 999,999,999,999.99 |
| XXXXXXXXXXXXXXXXXXXXXXXXXXXXXXXXXXXXX | XXXXXXXXXXXXXX | | | |
| XXXXXXXXXXXXXXXXXXXXXXXXXXXXXXXXXXXXX | XXXXXXXXXXXXXX | | | |
| XXXXXXXXXXXXXXXXXXXXXXXXXXXXXXXXXXXXX | XX | | | |
| XXXXXXXXXXXXXXXXXXXXXXXXXXXXXXXXXXXXX | | | | |
| XXXXXXXXXXXXXXXXXXXXXXXXXXXXXXXXXXXXX | | | | |
| XXXXXXXXXXXXXXX | | | | |

| ㉛세번부호 9999.99-9999 | ㉜순중량 999,999,999,999(XX) | ㉝수량 999,999,999,999(XXX) | ㉞신고가격(FOB) ₩999,999,999,999 |
|---|---|---|---|
| ㉟송품장부호 XXXXXXXXXXXXX | ㊱수입신고번호 XXXXX-XX-XXXXXXX-X(XXX) | ㊲원산지 XX-X-X | ㊳포장갯수(종류) 999,999(XX) |

| ㊴총중량 999,999,999,999(XX) | ㊵총포장갯수 999,999 (XX) | ㊶총신고가격 (FOB) | $ 9,999,999,999<br>₩ 999,999,999,999 |
|---|---|---|---|
| ㊷운임(₩) 9,999,999,999 | ㊸보험료(₩) 9,999,999,999 | ㊹결제금액 | XXX-XXX-999,999,999,999,999 |
| ㊺수입화물 관리번호 XXXXXXXXXXXXXXXX | | X ㊻컨테이너번호 XXXXXXXXXX | X |

| ㊼수출요건확인 　(발급서류명) | X-XXXXXXXXXXXXX<br>(XXXXXXXXXXXXXX) | X-XXXXXXXXXXXX<br>(XXXXXXXXXXXXX) | X-XXXXXXXXXXXX<br>(XXXXXXXXXXXX) | X-XXXXXXXXXXXX<br>(XXXXXXXXXXXX) |
|---|---|---|---|---|

※신고인기재란
XXXXXXXXXXXXXXXXXXXXXXXXXXXXXXXXXXXXX
XXXXXXXXXXXXXXXXXXXXXXXXXXXXXXXXXXXXX
XXXXXXXXXXXXXXXXXXXXXXXXXXXXXXXXXXXXX
XXXXXXXXXXXXXXXXXXXXXXXXXXXXXXXXXXXXX

㊽세관기재란
XXXXXXXXXXXXXXXXXXXXXXXXXXXXXXXXXXXXX
XXXXXX XXX
XXXXXXXXXXXXXXXXXXXXXXXXXXXXXXXXXXXXX
XXXXXXXXXXXXXXXXXXXXXXXXXXXXXXXXXXXXX
XXXXXXXXXXXX

| ㊾운송(신고)인 XXXXXXXXXXXXXXXXXXXXXXXX | ㊿신고수리일자 YYYY/MM/DD | 적재의무기한 YYYY/MM/DD |
|---|---|---|
| 기간 YYYY/MM/DD 부터 YYYY/MM/DD 까지 | | |

(1) 수출신고수리일로부터 일내에 적재하지 아니한 때에는 수출신고수리가 취소됨과 아울러 과태료가 부과될 수 있으므로 적재사실을 확인하시기 바랍니다.(관세법 제251조, 제277조) 또한 휴대탁송 반출시에는 반드시 출국심사(부두,초소,공항) 세관공무원에게 제시하여 확인을 받으시기 바랍니다.
(2) 수출신고필증의 진위여부는 수출입통관정보시스템에 조회하여 확인하시기 바랍니다.(http://kcis.ktnet.co.kr)

험계약의 체결도 준비해야 한다.

운송계약은 수출화물의 성질에 따라 부정기선운송계약과 정기선운송계약으로 구분된다. 양곡, 원유, 철광석 등의 산적화물은 특수 전용선을 이용하는 용선계약이 체결되고 포장단위 화물은 정기선을 이용하는 개품운송계약이 체결된다. 무역거래에서는 대부분 개품운송계약이 이용된다.

그리고 운송계약은 수출업자가 직접 선박회사와 체결할 수 있고 운송주선업자(forwarder)에게 운송 및 선적 일체를 의뢰할 수 있다. 만약 수출업자가 직접 개품운송계약을 체결하려면 먼저 선박회사 소정의 양식인 선적신청서(shipping request: S/R)에 수출품목, 중량 등 선적사항을 기재한 후 이를 선박회사에 팩스나 인터넷으로 송부하여 서명을 받는다. 선적신청서는 수출업자인 화주가 선박회사에 선박의 예약을 요청하는 일종의 청약서이고 이에 대한 승낙으로 선박회사는 선적예약확인서(booking note; shipping confirmation letter)를 발급한다.

컨테이너 화물이 FCL일 경우 선박회사는 필요한 만큼의 공 컨테이너를 수출업자의 창고나 공장으로 보내고 수출업자는 기기수도증(equipment interchange receipt)에 공 컨테이너 인수 서명을 한다. 수출업자는 화물을 컨테이너에 적입하여 봉인(sealing)한 후 이를 선박회사에 인도한다.

선박회사는 수출업자의 선적신청서에 따라 현품을 확인한 다음 운송선박의 책임자(일등항해사) 앞으로 화물을 적재하도록 선적지시서(shipping order)를 발급한다. 선적지시서에는 화물의 명세, 검수인(tally man)이 검수한 용적 및 중량증명, 수출업자의 성명, 선적항 및 양륙항 등이 기재된다. 본선의 책임자는 선적지시서 목록을 작성하여 본선 내의 적치계획을 수립하여 화물을 적재한다. 한편 선적지시서는 수출업자에게도 교부되는데 이때는 선박회사가 화주에게 교부하는 선적승낙서가 된다.

## 4-2  본선적재

수출신고필증을 받은 물품은 선적지로 직송되어 선적이 시작되는데 선적시점에서 이 물품은 외국물품으로 간주된다. 수출업자는 선적지시서를 본선에 제출하고 일등항해사(chief mate)로부터 서명을 받아 물품을 선적한다.

만약 수출물품을 재래선으로 운송하게 되면 본선적재시 화물이 선적지시서대로 선적되었는지 여부를 확인하기 위해 검수인의 입회하에 화물의 수량과 상태를 조사하여 그 결과를 검수표(tally sheet)로 작성하여 일등항해사에게 보고한다. 일등항해사는 이를 근거로 본사에 본선수취증(mate's receipt: M/R)을 보내고, 선박회사는 이를 기준하여 선하증권(B/L)을 발급한다.[4] 만약 선적지시서에 기재된 사항과 화물이 불일치하거나 또는 화물이나 포장에 하자가 있으면 이러한 사실은 본선수취증의 비고란에 기재되어 사고부 본선수취증(foul M/R)이 발급되고 선하증권도 자연히 사고부 선하증권(foul B/L)이 된다.

## 4-3  적하목록 제출

수출물품의 선적이 완료되면 선박회사는 수출화물 적하목록(manifest)을 정해진 제출기한까지 세관에 전자문서로 제출해야 한다. 적하목록의 제출시기는 해상화물은 적재 24시간 전까지이며 근거리 지역 해상화물 또는 항공화물의 경우에는 운송수단에 적재하기 전까지이다.[5]

적하목록은 선박 또는 항공기에 적재된 화물의 총괄목록이며 선박회사(항공사) 또는 운송주선업자가 작성한다. 선박회사는 자신이 발행한 선하증권(Master B/L)의 자료를 입력하고 운송주선업자는 House B/L자료를 입력한다. 각각 입력한 자료는 적하목록취합시스템에서 취합이 되고 완료된 취합자료가 적하목록으로 세관에 전송된다.[6]

그리고 선박회사나 운송주선업자가 입력 제출한 선하증권의 일련번호에 의하여 화물관리번호가 선하증권마다 자동으로 부여된다. 화물관리번호는 사람에게 있어서 주민등록번호와 같이 아주 중요하다. 세관은 화물관리번호를 가지고 화물의 유통경로를 파악하고 관세 등 세금을 부과한다.

---

4) 실무에서 본선수취증은 화주가 특별히 요구하지 않는 한 화주에게 발급되지 않고 선박회사 내부에서만 활용된다.
5) 다음에 해당하는 해상화물의 경우에는 출항하기 전까지, 선상수출신고에 해당하는 물품의 경우에는 출항 익일 24시까지 제출해야 한다.
　① 벌크화물
　② 환적화물, 공 컨테이너
　③ 그 밖에 적재 24시간 전까지 제출하기 곤란하다고 세관장이 인정하는 물품
6) 적하목록은 선사, 항공사, 포워더가 각각 작성 하지만, 제출책임자는 선사 혹은 항공사이다. 그리고 적하목록취합시스템(manifest consolidation system)은 선사 혹은 항공사들이 대부분 Master B/L단위의 자체 화물관리만을 위한 시스템을 보유하고 있기 때문에 이를 대신하여 포워드의 화물목록을 취합하여 제출하도록 지원해주는 대행 서비스 시스템을 말한다.

---

### 제3절 운송서류의 구비

    수출통관과 선적이 완료되면 수출업자는 수입업자가 요구하는 운송서류(transport document)를 구비해야 한다. 국제무역에서는 매도인과 매수인이 실제 상품을 확인하고 거래하는 것이 불가능하기 때문에 여러 가지 운송서류를 기준으로 거래가 성립되고 있다. 특히 신용장거래에서는 추상성에 의해 수출업자가 신용장에서 요구하고 있는 제반 서류를 정확히 갖추지 못하게 되면 아무리 매매계약서의 내용과 일치하는 상품을 선적했더라도 수출대금을 찾을 수 없게 된다.

    운송서류는 상업송장 및 선하증권과 같은 필수서류와 그 밖의 부속서류로 구분되는데 실제 무역거래에서 빈번히 이용되고 있는 운송서류를 살펴보면 다음과 같다.

## 1. 송장(Invoice)

    송장은 매도인이 매수인 앞으로 작성해 보내는 매매거래의 명세서이다. 송장은 용도에 따라 상업송장과 공용송장으로 구분되나 일반적으로 송장이라고 하면 상업송장을 의미한다.

### 1-1 상업송장(Commercial Invoice)

#### (1) 상업송장의 개념

    상업송장은 화물을 대표하는 선하증권과 더불어 무역거래에서 반드시 필요한 운송서류이다. 상업송장은 수출업자가 특정 수출거래의 구체적 내용을 기재하여 수입업자 앞으로 보내는 매매거래의 명세서이다. 수출업자는 이 명세서를 근거로 수출대금을 청구하기 때문에 수출업자의 입장에서 보면 상업송장은 대금청구서의 역할을 하게 된다.

    반면 수입업자는 상업송장을 통해서 선적화물에 관해서 자세히 알 수 있고 화물이 도착하기 전에 상업송장에 근거하여 수입화물을 전매할 수도 있

| 표 3-2 | 상업송장의 작성요령 |

| 작 성 자 | 수익자(수출업자)가 개설의뢰인(수입업자) 앞으로 |
|---|---|
| 송장금액 | 신용장금액의 범위 내 |
| 상품명세 | 신용장상의 상품명세와 일치 |
| 기재사항 | • 상품명(commodity name)<br>• 수량(quantity)<br>• 단가(unit price)<br>• 인도조건(delivery terms)<br>• 지불조건(payment conditons)<br>• 총금액(total amount)<br>• 매수인(consignee)<br>• 매도인(exporter)<br>• 포장방법(method of packing)<br>• 화인(marking), 기타 |

게 된다. 수입화물이 도착하면 상업송장의 명세와 대조하여 계약한 화물이 실제로 도착되었는지의 여부를 조사할 수 있다. 그리고 상업송장은 관세를 산정하기 위한 세관신고의 증빙자료가 된다.

(2) 상업송장의 작성방법

상업송장은 법에서 정한 양식이나 기재사항은 없지만 특정 매매거래의 명세서이기 때문에 수출업자는 매매거래와 관련된 모든 사항을 구체적으로 기재해야 한다. 상업송장에 기재될 사항을 요약하면 〈표 3-2〉와 같다.

특히 수출대금을 신용장에 의해서 결제할 경우에는 신용장통일규칙에 준하여 상업송장을 작성해야 한다(신용장통일규칙 제18조). 따라서 수출업자는 신용장에 별도이 명시기 없는 한 싱입송장은 신용장개설의뢰인(수입업자) 앞으로 작성하고, 상업송장상에 기재된 상품의 명세는 신용장상의 명세와 반드시 일치해야 한다.

그리고 신용장상에 별도의 명시가 없는 한 은행은 신용장이 허용한 금액을 초과한 금액으로 발행된 상업송장의 수리를 거절할 수 있다. 그러므로 수출업자는 송장금액이 신용장 총액을 초과한 상업송장을 발행해서는 안 된다.

상업송장은 계약이 체결되고 실제 수출거래가 이루어진 후 수출업자가 발행한 서류이기 때문에 선적송장(shipping invoice)이기도 하다. 무역거래의

**서식 3-6** 상업송장

<table>
<tr><td colspan="6" align="center">COMMERCIAL INVOICE</td></tr>
<tr><td colspan="3">Seller</td><td colspan="3">Invoice No. and date</td></tr>
<tr><td colspan="3" rowspan="2"></td><td colspan="3">L/C No. and date</td></tr>
<tr><td colspan="3">Buyer (if other than consignee)</td></tr>
<tr><td colspan="3">Consignee</td><td colspan="3" rowspan="2">Other references</td></tr>
<tr><td colspan="3" rowspan="2"></td></tr>
<tr><td colspan="3">Departure date</td><td colspan="3" rowspan="3">Terms of delivery and payment</td></tr>
<tr><td colspan="3">Vessel / flight     From</td></tr>
<tr><td colspan="3">To</td></tr>
<tr><td>Shipping marks</td><td>No. & Kind of Pkgs ; Goods Description</td><td>Quantity</td><td>Unit price</td><td>Amount</td></tr>
<tr><td colspan="5" height="400"></td></tr>
<tr><td colspan="3"></td><td colspan="2">Signed by</td></tr>
</table>

성격에 따라 선적송장은 다시 수출송장(export invoice), 위탁판매송장(consignment invoice), 매입위탁송장(indent invoice), 견본송장(sample invoice) 등으로 구분되지만 실제 무역거래에서는 구분없이 상업송장이라는 표현으로 사용된다.

간혹 무역거래에서는 견적송장(pro forma invoice)이 사용되기도 하는데 견적송장은 수출업자가 수입업자의 편의를 위해 정식으로 계약을 체결하기 전 수출물품의 가격을 대충 산정하여 수입업자에게 보내는 일종의 견적서이다.

### 1-2 공용송장

공용송장(official invoice)은 특수한 목적으로 사용되고 있는데 영사송장과 세관송장이 여기에 해당된다. 공용송장은 대체로 관계 관청으로부터 증명을 받는 특정 서식에 맞추어 작성된다.

#### (1) 영사송장

영사송장(consular invoice)은 수출업자가 작성한 송장을 수출국에 주재하고 있는 수입국의 영사가 그 내용의 진위를 확인한 송장을 말한다. 이 송장은 수입업자의 외화유출(서류상의 가격을 실제 가격보다 높게 책정한 경우)과 관세포탈(서류상의 가격을 실제 가격보다 낮게 책정한 경우)을 방지하기 위해서 수입하고자 하는 물품의 가격을 수출국에 주재하는 수입국의 영사로 하여금 확인하기 위한 것이다. 몇몇 후진국에서 개설되어 오는 신용장에는 간혹 영사송장을 요구하는 경우가 있지만 점차 폐지되어 가는 추세이다.

#### (2) 세관송장

세관송장(customs invoice)은 수입국의 세관당국이 수입화물에 대하여 수입관세의 부과를 결정하고 수입물품의 통계조사, 쿼티량의 통관량 세산, 그리고 수입가격의 적정성을 파악하여 부당한 덤핑을 방지하기 위하여 요구하는 송장이다. 국가별로 양식이 다르므로 소정의 양식에 따라 작성되어야 한다.

## 2. 선하증권(Bill of Lading: B/L)

선하증권은 화물을 대표하는 서류인 동시에 유통될 수 있는 유가증권으로서 상업송장과 더불어 반드시 필요한 필수운송서류이다. 복합운송에서 사용되는 복합운송증권(combined transport document)도 선하증권과 동일한 기능을 수행하는 운송서류이다. 그리고 항공화물운송장(airway bill)은 증권의 형태를 띠고 있는 것은 아니지만 항공운송의 경우에는 반드시 사용되고 있다. 이들 서류는 제1부 제4장에서 이미 설명되었기 때문에 구체적인 설명은 생략하기로 한다.

## 3. 보험서류

가격조건이 CIF나 CIP가 되면 수출업자는 반드시 보험서류를 구비해야 한다. 신용장거래에서 일반적으로 이용되고 있는 보험서류에는 보험증권과 보험증명서가 있다.

수출업자가 매건의 수출시마다 적하보험계약을 체결하면 보험증권이 발급되지만, 유사한 거래를 반복할 때는 보험자와 일정 기간 수출물품이 자동으로 보험계약이 체결되도록 하는 포괄보험계약이 많이 이용된다. 포괄보험계약에 따라 발급되는 포괄보험증권(open policy)은 매건의 수출시마다 이용될 수 없으므로 개별 수출시에는 포괄보험증권을 근거로 보험증명서(certificate of insurance)가 이용된다.

신용장거래에서 은행은 보험증권 및 보험증명서를 보험서류로서 인정한다. 그러나 보험중개업사가 발행한 보험승낙서(cover note)는 달리 합의된 사항이 없는 한 보험서류로서 인정되지 않는다. 왜냐하면 보험중개사는 단지 보험자와 피보험자 사이에서 보험계약의 체결만을 알선하지 보상능력을 갖춘 보험자가 아니기 때문이다. 그리고 법적으로도 보험중개사는 피보험자를 대리하기 때문에 이들이 발행한 서류는 당연히 보험서류로서 인정될 수 없다. 보험증권에 관한 내용과 신용장통일규칙의 규정사항은 제1부에서 이미 설명되었기 때문에 여기서는 구체적 설명을 생략하기로 한다.

## 4. 포장명세서(Packing List)

포장명세서는 상업송장의 부속서류로서 주로 화물을 외관상 식별하기 위하여 사용되는 서류이다. 수출업자가 선적화물의 자세한 명세를 표시하여 수입업자가 수입화물을 일목요연하게 알아 볼 수 있도록 한다. 따라서 포장 명세서에는 포장 및 포장단위별 명세, 단위별 순중량 및 총중량, 화인, 일련 번호 등이 기재된다.

　　포장명세서의 실제 기능을 살펴 보면 다음과 같다.

　　① 수출입통관 절차에서의 심사자료로서 활용되고, 양륙지에서 화물의 분류 · 판매단계에서도 이용된다.

　　② 검수 또는 검량업자가 실제 화물과 대조하는 참조자료로서 이용된다.

　　③ 개별 화물의 사고발생분에 대한 확인자료로서 사용된다.

　　④ 선박회사와 운송계약을 체결할 때 운임산정 등의 기준이 된다.

# 5. 일반 원산지증명서(Certificate of Origin)

## 5-1 원산지증명서의 의의

　　일반 원산지증명서는 수출물품이 우리나라에서 재배, 사육, 제도(drawing) 또는 가공된 것임을 증명하는 문서를 말한다. 이 서류는 주로 통관, 물품의 적성국 판명 여부, 수입관세율 적용 등에 사용되는 수출품목의 원산지를 증 명하는 무역서류이다.

　　교토협약(Kyoto Convention)에 따라 다음 물품에 한하여 원산지를 대한 민국으로 판정한다. 수출대상국(수입국)이 별도의 원산지 판정기준이 있을 경우에는 예외로 적용될 수 있다.[7]

　　① 대한민국 영토 내에서 채굴한 광물

　　② 대한민국 영토 내에서 수확된 농산물, 임산물, 사육 생산된 축산물, 포획물

　　③ 대한민국 영해에서 포획 또는 채취한 수산물

　　④ 대한민국 영해 밖의 해상이나 지층에서 채취한 광물 및 수산물(단, 대 한민국이 당해 해상이나 지층개발 전유권이 있는 경우에 해당)

　　⑤ 공해상에서 대한민국 국기를 달고 있는 선박이 포획한 수산물(가 공물)

---

7) 교토협약의 공식명칭은 「세관절차의 간소화 및 조화에 관한 국제협약」인데 우리나라는 2003년 2월에 가입하였다.

**서식 3-7** 원산지 증명서

| 1. Seller | ORIGINAL<br><br>**CERTIFICATE OF ORIGIN**<br>issued by<br>THE KOREA CHAMBER OF COMMERCE &<br>INDUSTRY<br><br>Seoul, Republic of Korea<br><br>**원 산 지 증 명 서**<br>대한상공회의소 |
|---|---|
| 2. Consignee | |
| | 4. Buyer(if other than consignee) |
| 3. Particulars of Transport<br>(where required) | 5. Country of Origin |
| | 6. Invoice Number and Date |

| 7. Shipping Marks | 8. Number and Kind of Packages;<br>Description of Goods | 9. Gross Weight or<br>Other Quantity |
|---|---|---|
| | | |

| 10. Other Information | The Korea Chamber of Commerce & Industry hereby certifies, on the basis of relevant invoice and other documents, that the above mentioned goods originate in the country shown in column 5.<br><br><br><br>THE KOREA CHAMBER OF COMMERCE & INDUSTRY |
|---|---|

⑥ 대한민국에서 생산된 재료를 사용하며 가공, 제조한 물품

⑦ 외국산 원자재를 사용하여 가공, 생산된 물품으로서 가공과정에서 새로운 상품적 특성이 부여된 물품

## 5-2  일반 원산지증명서의 형태

### (1) 일반(상공회의소) 원산지증명서

우리나라 상공회의소의 규격양식으로 발행되는 일반 원산지증명서를 말한다. 그리고 우리나라 상공회의소에서는 웹 인증시스템과 EDI를 이용하여 전자문서로 원산지증명서를 발급하고 있다.[8]

### (2) 수출업자(제조업자) 원산지증명서

수입업자 요청에 의해 수출업자 또는 제조업자가 자체 양식으로 작성한 원산지증명서이다. 상공회의소 양식과 상이하게 작성하되 원산지증명서의 중요한 항목은 빠짐없이 기재한 후 수출업자(제조업자)가 서명하여 상공회의소 인증 후 수입업자에게 송부해야 한다.

### (3) 특정국 원산지증명서

상공회의소의 소정양식이 아닌 특정국에서 요청하는 특정양식에 따라 발급되는 원산지증명서를 말한다.[9] 수출업자는 상공회의소 웹 인증시스템에서 지원하는 특정국 서식을 선택하여 신청할 수 있다.

### (4) 남북교역물품 원산지증명서

2003년 채택된 「남북 사이에 거래되는 물품의 원산지 확인절차에 관한 합의서」에 따라 북한으로 반출되는 물품에 대하여 발행하는 원산지증명서이며 한글 또는 한글과 영문을 함께 표기할 수 있고 전국 상공회의소 및 세관에서 발급된다. 반출승인을 요하는 품목에 대헤서는 동일부장관의 승인을 받아야 하며, 승인받은 사항을 변경하고자 할 경우에도 마찬가지이다.

### (5) 제 3 국 원산지증명서

교토 협약 원산지증명서류에 관한 부속서(D2) 10조에 의거, 물품의 원

---

8) 몇몇 국가에서는 세관 등에서 원산지증명서를 발급하지만 대부분의 국가에서는 상공회의소에서 원산지증명서를 발급한다. 우리나라에서는 관세 특혜를 받기 위한 원산지증명서로 시, 도에서 발급되던 것을 2003년 3월 1일부터 상공회의소 및 세관에서 발급하고 있다.

9) 예를 들어 멕시코의 ANEXO Ⅲ, 남아프리카공화국의 DA59, 뉴질랜드의 FORM59A 등이다.

산국으로부터 수입하여 제3국으로 수출하거나 중개무역일 경우, 물품 원산지에서 발행한 원산지증명서를 기초로 제3국에서 재발행하는 원산국 원산지증명서를 말한다. 제3국 원산지증명서 발급 신청은 웹 인증시스템을 이용하여 일반원산지증명서 'Country of Origin' 항에 실제 원산지 국명(중국산인 경우: The People's Republic of China)을 정확히 기재하여 발급받을 수 있다.

# 6. FTA 원산지증명서

## 6-1 FTA 원산지증명서의 의의

FTA 원산지증명서는 FTA 체결국가 간 관세의 부과, 징수 및 감면, 수출입물품의 통관 등을 할 때 협정에서 정하는 기준에 따라 물품의 생산, 가공, 제조 등이 이루어진 것을 증명하는 서류를 말한다. 우리나라 FTA 관세특례법상 원산지증빙서류는 수출입물품의 원산지를 입증할 수 있는 것으로 작성자, 기재사항, 유효기간 등 대통령령으로 정하는 요건을 갖춘 서류로 원산지증명서 또는 원산지신고서 등이 이에 해당한다.[10]

일반적으로 FTA를 체결할 때, 물품의 원산지를 판정하는 기준 및 이를 입증하는 절차에 대한 원산지규정을 협의한다. FTA 협정세율을 적용하기 위하여 거래대상 물품이 원산지 규정에 따른 원산지상품인지 여부를 판정하고 이를 입증하는 원산지증빙서류를 수출업자는 수입업자에게 송부해야 한다.

FTA 원산지증명서의 서식, 유효기간, 제출방식 등은 FTA별로 동일하지 않다. 한 · EFTA FTA는 기존의 특정 양식에 원산지를 증명하는 방식 대신에 송품장 또는 기타 상업서류에 당해 물품의 원산지를 기재하는 매우 간편화된 방식(invoice declaration)을 사용하고 있고, 세관에 등록한 성실한 빈번수출자의 경우 송품장에 원산지 서명을 생략하고 세관등록번호로 대체하는

---

10) 그 밖의 원산지증명서류로서는 다음과 같은 것이 있다.
  ① 가공원산지증명서(Processing Certificate of Origin) : 단순가공공정만을 수행한 것을 입증하는 증명서
  ② 재수출 · 환적 원산지증명서(Re-export/Transshipment Certificate of Origin) : 운송 상의 이유로 단순 경유 사실을 입증하기 위한 증명서.
  ③ 경유 원산지증명서(Back to Back Certificate of Origin) : 협정대상물품이 당사국들의 영역을 통과하는 동안 중간 경유 당사국의 발급기관이 생산업자 또는 수출업자의 신청을 받아 최초 수출국의 원산지증명서 원본을 근거로 발급하는 원산지 증명서

편리한 방식을 채택하고 있는 경우도 있다.

## 6-2  FTA 원산지 증명 방식

FTA 원산지증명서의 발급 방식은 크게 원산지 자율증명제와 원산지 기관증명제로 구분된다.

### (1) 원산지 자율증명제

이는 수출물품의 원산지를 FTA 협정에서 규정하고 있는 원칙에 따라 수출체약국에서 생산 제조된 사실을 수출업자 스스로 증명하고 관련 원산지 서류를  자체 발급하는 방식을 말한다.

원산지 발급과 관련된 업무를 대부분 수출업자가 하기 때문에 발급절차가 신속 편리하고 증명서 발급 비용을 절감할 수 있는 효과가 있다. 하지만 원산지를 허위로 증명할 가능성이 있기 때문에 원산지 입증책임, 현지검증제도, 허위증명에 대한 처벌 등 여러 보완제도가 뒷받침되어야 한다.

현재 미주지역의 경우 대부분이 원산지 자율증명제를 채택하고 있는데, 우리나라의 경우 한 · 미 FTA, 한 · EFTA FTA, 한 · 칠레 FTA 등에서는 모두 원산지 자율증명방식을 택하고 있다.

### (2) 원산지 기관증명제

이는 원산지를 공신력이 있는 공공기관에서 발급하는 방식이다. 수출업자나 수입업자가 스스로 발급하는 것에 비해 기관에서 발급하기 때문에 상대적으로 공신력이 높아 우회 수입을 방지할 수 있는 효과가 있다. 그러나 원산지 서류발급에 시간, 비용이 들고, 뿐만 아니라 수출신고 등과 같은 수출부대업무와 중복되어 불필요한 요식행위가 될 수도 있다.

최근에 체결되는 FTA에서는 대부분 원산지 자율증명방식을 채택히는 경향이 있지만 한 · 싱가포르 FTA, 한 · 아세안 FTA 등에서는 원산지 기관증명제를 채택하고 있다.

### (3) 인증수출업자제도

이는 원산지 자율발급과 기관발급을 혼합한 형태로, 인증수출업자 자격을 획득한 수출업자에 한해서만 자율적으로 원산지증명서를 발급할 수 있도록 허용하는 제도이다. 한 · EFTA FTA와 한 · EU FTA에서 도입되었으며, 원산지증명 및 검증대응 능력이 있다고 판단되는 수출업자에게 인증을 부여하여 5년간 원산지증명서를 자율적으로 발급할 수 있도록 허용하고 있다.

## 7. 기타 관세양허 원산지증명서

### 7-1 일반특혜관세 원산지증명서

일반특혜관세제도(generalized system of preferences: GSP)는 개발도상국의 수출확대와 공업화의 촉진을 위해 선진국이 개발도상국을 원산지로 하는 농수산품, 공산품의 제품 및 반제품 등에 대하여 일반 관세율보다 낮은 관세율을 적용하거나 무관세를 적용하는 관세 상의 특혜제도를 말한다. 이 제도는 1968년 제2차 UN무역개발계획회의(UNCTAD)총회에서 개발도상국들을 위해 일반적이고도 비상호주의적 무차별 특혜관세를 조기 실시한다는 결의가 있은 후 1971년부터 실시되어 왔다.

GSP 혜택을 받기 위해서는 수출상품이 특혜 공여국이 요구하는 GSP 원산지기준, 직접 운송요건 등에 해당하는지를 입증하는 서류를 제출해야 발급된다. 우리나라는 그 동안 이의 혜택을 많이 받아 왔지만 지금은 대부분 혜택기간이 지나서 뉴질랜드, 노르웨이, 우크라이나, 카자흐스탄 등 몇몇 국가와 몇몇 품목에 대해 일반특혜관세 규정이 적용되고 있다. 따라서 이들 국가로 수출하는 우리나라 수출업자들은 수출품목이 혜택 품목인지 확인할 필요가 있고 해당사항일 경우 상공회의소로부터 일반특혜관세 원산지증명서를 발급받을 수 있다.

### 7-2 개도국간특혜관세 원산지증명서

개도국간 특혜무역제도(global system of trade preferences among developing countries: GSTP)는 개발도상국가 간에 무역거래에서 상호 관세 양허를 해주는 제도이다.

제2차 세계대전이후 국제무역질서를 유지해 온 GATT체제가 선진국 위주로 운영되어와 그 동안 추진되어 온 다자간무역협상이 결과적으로 개도국의 무역증진 효과보다는 선진국간의 국제무역질서 재편에 불과했다는 자각에 따라 개도국간의 실효성 있는 무역체제의 확립을 모색하기 시작하였다. 이에 따라 1988년 4월 베오그라드에서 개최된 각료회의에서 개도국간 교역증진을 위해 상호간 관세, 비관세장벽 철폐 또는 완화를 통한 생산 및 고용 증진을 도모하기 위한 GSTP 협정이 체결되었다.

우리나라는 1989년 6월 11일자로 GSTP가 발효되고 있으며 현재 43개 국이 협정국가로 되어 있다. 따라서 GSTP 협정국으로 수출하는 상품이 특혜대상 품목일 경우 관세혜택을 받기 위해서는 이 원산지증명서가 필요 하다.

### 7-3  개도국간관세양허협정에 따른 원산지증명서

이는 관세 및 무역에 관한 일반협정(General Agreement of Tariffs and Trade)에 의해 관세양허협정을 체결한 개도국간의 관세혜택이다. 대상국은 방글라데시, 브라질, 칠레, 이집트, 이스라엘, 멕시코, 파키스탄, 페루, 터 키, 튀니지, 우루과이, 루마니아, 유고슬라비아 등이며 대상품목은 GATT 개발도상국간 관세양허협정의 협정국에서 정한 국별 관세양허품목이다.

### 7-4  아시아−태평양무역협정에 따른 원산지증명서

아시아−태평양 무역협정(Asia-Pacific Trade Agreement: APTA)은 회원국가 간의 무역에는 다른 나라와의 무역보다 상호 관세를 인하함으로써 교역을 활성화하기 위한 협정이다. 1976년 최초회원국은 우리나라, 방글라데시, 인 도, 라오스, 스리랑카 등 5개국이었으나 2002년 중국이 가입하여 현재 협약 국은 6개국이며 라오스는 자국 양허안을 통보하지 않아 현재 법적 가입국은 아니지만 회원국으로부터 관세특혜를 부여받고 있다.

## 제 4 절  수출대금의 회수

수출이행의 마지막 단계는 수출업자가 수출대금을 최종적으로 회수하는 과정인데 이 과정은 대금결제 방식에 따라서 차이가 난다. 수출대금의 회수 과 정을 신용장 방식, 화환추심어음 방식 및 송금 방식으로 구분하여 살펴보면 다음과 같다.

# 1. 신용장 방식에서의 수출대금 회수

## 1-1 운송서류의 구비와 환어음의 발행

신용장 방식에서 수출업자가 수출대금을 회수하기 위해서는 먼저 신용장상에 명시되어 있는 운송서류를 완벽하게 구비해야 한다. 신용장 거래는 독립 추상성이라는 독특한 성질로 인해 모든 거래는 서류에 의해서 판단된다. 실제 선적된 화물이 어떤 상태이든 상관없이 서류만 요건에 따라 갖추게 되면 수출업자는 수출대금을 찾을 수 있고 반면 아무리 매매계약과 일치된 화물을 선적했다 하더라도 서류가 신용장상의 구비요건과 일치하지 않으면 수출업자는 수출대금을 찾을 수 없게 된다.

신용장 방식의 거래에서 보통 요구되는 운송서류는 상업송장, 선하증권(복합운송증권 등), 보험서류, 포장명세서, 원산지증명서 등이고 이 중 상업송장과 선하증권은 필수운송서류이다. 하지만 FTA 체결국가와의 거래에서는 원산지증명서류도 필수운송서류가 된다.

수출업자는 신용장상에서 요구하는 운송서류를 구비한 후 환어음을 발행하여 수출대금을 회수하게 되는데 환어음의 발행 여부는 신용장의 결제유형에 따라서 결정된다. 신용장은 결제유형에 따라 지급신용장, 연지급신용장, 인수신용장 및 매입신용장으로 구분되는데 인수신용장 및 매입신용장인 경우 환어음이 필요하고 지급신용장 및 연지급신용장인 경우에는 환어음을 필요로 하지 않는다.

유럽 대륙 국가들은 보통 환어음을 사용하지 않기 때문에 우리나라가 EU 등과의 거래에서 사용하는 신용장은 대부분 지급신용장 혹은 연지급신용장이다. 이 경우 수출업자는 신용장상에서 요구하는 운송서류를 갖추어 이를 지정된 지급은행이나 연지급은행에 제시하면 수출대금을 찾을 수 있게 된다.

반면 미국, 중국, 일본 등과의 거래에서는 환어음이 사용되기 때문에 개설되는 신용장도 매입 혹은 인수신용장이고 수출업자도 운송서류를 구비한 후 환어음을 발행하여 수출대금을 회수해야 한다. 특히 이들 국가는 우리나라와의 교역량이 많은 국가들이기 때문에 아직도 무역거래에서는 환어음의 발행이 주류를 이루고 있다.

## 1-2  외국환거래약정의 체결

수출업자가 처음으로 외국환은행과 매입거래를 하려면 먼저 매입은행과 외국환거래약정을 체결해야 한다. 외국환거래약정은 수출업자와 매입은행 간의 계약으로서 매입에 따른 제반 사항을 약정하는 것이지만 주로 주요 약정사항은 매입은행의 담보확보와 은행의 면책사항 등이다.

현재 우리나라에서는 전국은행연합회에서 제정한 외국환거래 약정서를 사용하고 있다. 이 약정서는 무역업자와 은행 간의 수출입거래, 내국신용장 발행, 내국신용장어음 매입(추심) 거래에서 공통으로 사용된다.

외국환거래약정 중 수출거래와 관련된 주요 사항은 다음과 같다.

① 수출업자는 수출물품 및 관련 서류를 매입과 관련된 모든 채무를 위한 담보로서 은행에 양도한다.

② 수출업자는 매입은행의 채권보전을 위해 백지로 약속어음을 연대보증인과 공동 발행하여 매입은행에 제공한다.

③ 수출업자는 매입과 관련하여 발생하는 모든 수수료, 이자, 할인료, 지연배상금, 손해배상금 등을 부담한다.

④ 수출업자는 환어음의 지급이 이루어지지 않으면 매입대금의 상환의무를 지고 곧 매입은행에 변제한다.

## 1-3  운송서류의 지급 혹은 연지급

신용장의 결제 유형이 지급 혹은 연지급일 경우 수출업자는 지정된 은행에 가서 운송서류를 제출하고 수출대금을 지급 혹은 연지급을 요청하게 된다. 지급신용장인 경우 신용장 개설은행이 수출지역의 특정 은행을 지급은행으로 지정해 두고 개설은행을 대신하여 수출대금을 지급할 것을 지시하는 것이 보통이다. 이 경우 수출업자는 지급은행에 운송서류를 제시하면 곧 수출대금을 찾을 수 있다.[11] 한편 연지급신용장인 경우 수출업자가 수출대금을 일정 기간 후 받는다고 계약을 체결했기 때문에 수출업자가 지정된 연

---

11) 이론상으로는 수출업자는 운송서류를 제시하는 즉시 지급은행으로부터 수출대금을 찾을 수 있지만 실무에서는 보통 개설은행으로부터 지급지시가 올 경우 지급하므로 운송서류가 우송되고 검토하는 시일이 필요하다.

지급은행에 운송서류를 제시하면 연지급은행은 약정된 기간 후 수출대금을 지급할 것을 약속하는 연지급약정서를 발급해 준다. 수출업자는 이 약정서를 가지고 있다가 만기일에 연지급은행으로부터 수출대금을 찾을 수 있고 혹 자금이 부족할 경우에는 만기일까지의 이자를 공제하고 수출대금을 미리 찾을 수도 있다.

### 1-4  운송서류의 매입 혹은 인수

신용장 결제 유형이 매입 혹은 인수일 경우 수출업자는 환어음을 발행하여 운송서류와 함께 매입 혹은 인수를 요청하고 수출대금을 찾아간다. 무역거래에서 매입은 수출업자가 발행한 환어음과 운송서류를 관련 은행이 자기 자금으로 매입하는 것을 말한다. 이 과정을 수출업자의 입장에서 보면 수출대금을 지급 받는 과정으로 볼 수 있지만 은행의 입장에서 보면 환어음과 운송서류를 다른 곳으로 보내어 대금을 상환 받을 수 있다는 가정하에 자기 자금으로 사주는 것을 의미한다.[12]

기한부신용장일 경우 수출업자는 관련 서류와 환어음을 인수은행에 제시하고 환어음의 인수를 요구한다. 인수은행은 이미 개설은행으로부터 지시를 받았기 때문에 수출업자가 제시한 환어음상에 만기일에 지급할 것이라는 서명을 하고 환어음을 수출업자에게 돌려준다. 수출업자는 이 환어음을 가지고 있다가 만기일에 대금을 받을 수 있고 만약 자금이 핍박할 경우에는 만기일까지의 이자를 공제하고 즉시 대금을 회수할 수도 있다.

| 그림 3-2 | 운송서류매입의 개념 |

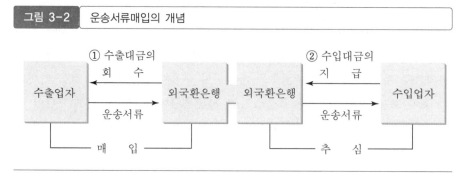

---

12) 신용장거래에서는 개설은행이 수출대금의 지급을 확약하고 있으므로 매입은행은 환어음에 대한 실제 지급이 이루어지기 전에 미리 수출업자의 환어음을 매입하고 수출대금을 결제하는데 이를 추심 전 매입이라 한다.

매입은행은 수출업자가 제출한 환어음 및 운송서류 등이 신용장 조건과 일치하는지, 운송서류 상호간의 모순이 없는지 등의 여부를 면밀히 검토하여 매입을 결정한다. 일단 매입이 결정되면 매입은행은 신용장 뒷면에 매입일자, 매입전호, 금액, 은행명 등을 기재한 후 신용장과 함께 매입대금을 지급한다.

매입대금은 매입당일의 전신환매입율(T/T buying rate)로 환산한 원화에서 환가료, 대체료, 우편료, 전신료, 무역금융 융자액 등을 공제한 잔액이다.

전신환매매율은 환어음을 전신으로 결제할 경우 적용되는 환율로서 환어음의 결제가 1일 이내에 완료되므로 우송기간에 대한 이자가 공제되지 않는다. 외국환은행이 일반 고객(수출업자)로부터 전신환을 매입할 때 적용되는 환율이 외국환은행 대고객전신환매입율(telegraphic transfer buying rate)이며 일반고객(수입업자)에게 전신환을 매도할 때 적용하는 환율은 외국환은행 대고객전신환매도율(telegraphic transfer selling rate)이다.

환가료(exchange commission)는 환어음이 개설은행으로 우송되는 기간에 해당하는 이자를 말한다. 매입은행이 수출업자에게 매입대금을 지급하면 환어음과 운송서류가 개설은행으로 송부되어야 그 대금을 돌려받을 수 있기 때문에 매입시점과 개설은행의 상환시점 사이에는 환어음이 우송되는 기간만큼 이자를 수출대금에서 공제한다.[13]

대체료는 수출대금을 외화로 인출할 때 매입은행에서 징수하는 수수료이다. 동종통화로 매입하면 외화매매율 차에 따른 수수료가 없기 때문에 대체료를 징수한다.

## 1-5 운송서류의 조건부 매입

수출업자가 매입 의뢰한 운송서류상에 하자사항이 발견되면 매입은행은 원칙적으로 매입을 거절하지만 수출업자의 신용상태, 거래관계 등을 감안하여 일정 조건하에서 매입한다.

① 추심 후 매입 : 개설은행 또는 수입업자로부터 추심이 완료된 후 수출대금을 결제한다.

---

13) 환가료에 적용되는 평균 운송기간은 인근지역(일본, 홍콩, 싱가포르, 말레이시아, 중국, 태국, 인도 등)은 9일, 기타 지역은 10일이다.

② 조회 후 매입 : 매입은행이 개설은행에 전신으로 서류상의 하자 사항을 문의한 후 개설은행의 동의가 있을 경우 매입한다.

③ 조건변경 후 매입 : 신용장의 조건을 준비된 서류에 맞도록 변경하여 매입한다. 이 경우의 매입은 정상적인 매입이다.

④ 하자부 매입 : 하자사항에 대한 모든 책임을 수출업자가 부담한다는 일종의 보증장(letter of guarantee)을 첨부하여 매입하는 방법이다. 하자부 매입에 따른 모든 책임과 비용은 수출업자가 부담한다. 주로 신용장 유효기일이 얼마 남아 있지 않거나 자금이 급히 필요한 경우 이용된다.


## 2. 화환추심어음 방식의 경우

화한추심어음 방식(D/A 및 D/P) 거래는 수출업자가 수입업자의 신용을 토대로 계약물품을 먼저 선적해 보내기로 하는 선수출계약서를 작성함으로써 시작되는데 구체적 실무 내용을 살펴보면 다음과 같다.

### 2-1  수출업자의 환어음 발행

선수출계약에 따라 수출업자는 약정된 기일 내에 계약물품을 선적하고 선박회사로부터 선하증권을 입수해야 한다. 선하증권은 선수출계약서에 명시된 내용과 일치해야 하며, 만약 상업송장, 포장명세서, 원산지증명서 등과 같은 다른 운송서류의 구비가 명시되어 있으면 수출업자는 그러한 서류도 준비해야 한다. 계약서에 명시된 운송서류가 구비되면 수출업자는 환어음을 발행한다.

수출업자가 발행하는 환어음은 다음과 같은 특징을 지닌다.

첫째, 환어음 상의 지급인(drawee)은 수입업자가 된다. 따라서 추심조건부 환어음은 개인어음(private bill)이 되고, 이 점이 개설은행을 지급인으로 발행되는 신용장 조건부 환어음인 은행어음(bank bill)과 구분된다.

둘째, 환어음의 금액은 수출가액(물품가액)이 되는데 보통 계약서에는 '송장금액의 100%' 식으로 표시된다.

마지막으로 환어음의 만기일은 지급도방식인 경우에는 수입업자가 환어음을 일람하는 즉시 지급하는 일람출급(at sight)조건이고, 인수도방식인 경우에는 약정 기일이 경과한 후 지급하는 기한부(usance)조건이다.

## 2-2  수출업자의 추심 신청

선수출계약서에 명시된 조건에 따라 환어음을 발행하고 기타 운송서류를 구비한 수출업자는 통상적으로 자기가 거래하는 은행에 수출대금을 추심해 줄 것을 신청한다. 이에 따라 수출업자는 추심의뢰인(principal)이 되고, 추심의뢰요청을 받은 수출업자의 거래은행은 추심의뢰은행(remitting bank)이 된다.

수출업자가 추심의뢰은행에 추심을 요청할 때 은행마다 차이가 나지만 다음과 같은 서류를 제시한다.

① 외국환거래약정서

② 화환어음(운송서류) 매입(추심)신청서: 이 신청서는 신용장거래에서 수출업자가 운송서류 매입 시에 사용하는 신청서와 함께 사용하는 경우가 많다.

③ 선수출계약서

④ 환어음 및 운송서류, 기타

## 2-3  추심의뢰은행의 추심 의뢰

추심의뢰은행은 주로 수입업자가 소재하는 지역에 있는 은행을 추심은행(collecting bank)으로 선정하여 추심지시서와 함께 관련 서류를 송부하고 추심을 의뢰한다. 이때 추심의뢰은행은 추심의뢰인이 제출한 추심신청서의 내용과 제출한 운송서류가 일치하는지 등 서류를 검토해야 한다.

또한 추심의뢰은행은 추심은행에 추심을 의뢰할 때 추심지시서(collection instruction or order)를 작성하고 이를 관련 운송서류와 함께 추심은행에 송부한다. 추심의뢰은행이 추심은행으로 직접 송부할 수 있으며, 또는 다른 중개은행을 통하여 송부할 수도 있다.

## 2-4  추심은행의 추심완료

추심은행은 서류와 추심지시서가 도착되면 지급인에게 지체 없이 도착통지와 함께 서류를 제시하여야 한다. 그리고 추심은행은 지급인으로부터 지급 받은 추심금액(해당되는 경우, 수수료, 지출금 또는 비용을 공제하고)을 추심지시서와 조건에 따라 추심지시서를 송부한 당사자에게 지체 없이 송금하여야 한다.

### 2-5 추심의뢰은행의 수출대금 지급

추심의뢰은행은 추심은행이 송금한 추심금액에서 추심수수료 등 관련 비용을 공제한 금액을 수출업자 즉 추심의뢰인에게 지급한다. 추심의뢰은행의 입장에서는 추심이 완료된 것이며, 수출업자의 입장에서는 비로소 수출대금을 회수한 것이 되는 것이다.

신용장의 경우 개설은행이 지급을 확실히 약속하고 있기 때문에 매입은행은 개설은행으로부터 대금을 받기 전에 미리 수출업자에게 자가 자금으로 대금을 지급하는 추심 전 매입이 가능하다. 하지만 화환추심어음방식의 경우에서는 수입업자의 신용을 바탕으로 모든 거래가 이루어지기 때문에 수입업자가 추심은행에 수입대금을 지급하고 추심은행이 이 금액을 추심의뢰은행에 송금해야만 수출업자는 비로소 수출대금을 찾을 수 있는데 이런 경우를 추심 후 지급이라 한다.

## 3. 송금 방식의 경우

### 3-1 사전송금방식의 경우

매매계약을 체결할 때 수입업자가 대금을 선적 전에 송금하기로 했을 경우에는 보통 수출물품의 선적이 예정되는 시기 일주일 쯤 수출업자가 선적 시기를 통보하면 수입업자가 송금을 하는 것이 관례이다. 그리고 수출업자는 수출대금의 입금을 확인한 후 관련 운송서류를 신속히 수입업자에게로 우송한다.

### 3-2 사후송금방식의 경우

사후송금은 수출물품 혹은 운송서류의 인도와 동시에 또는 인도 후 일정 기간 이내에 수출대금 전액을 외국환은행을 통하여 송금 받는 거래이다.

수출물품과 수출대금을 서로 교환하는 거래는 주로 귀금속 등 고가품으로서 직접 물품을 검사하기 전에는 품질을 정확히 파악하기 어려운 경우 이루어진다. 이런 거래는 통상 수출업자가 수입업자 지역에 상주하는 수출업자의 지사나 대리인에게 운송서류를 우송하고, 지사나 대리인이 그 운송서류를 이용해서 화물을 찾으면 수입업자와 함께 화물을 검사한 후 수출대금을 회수하게 된다.

운송서류와 수출대금을 서로 교환하는 경우이면 수출업자가 운송서류를 수입지에 있는 수출업자의 지사 혹은 대리점으로 우송하면 지사 혹은 대리점이 직접 이를 수입업자에게 제시하고 수출대금을 영수한다.

만약 수출물품을 인도한 후 일정 기간 이내에 수출대금을 받기로 외상 수출 계약을 체결했을 경우에는 수출업자는 먼저 수출물품을 찾을 수 있는 운송서류를 수입업자에게 보내야 한다. 그런 후 약정된 기일이 도래하면 수입업자로 하여금 수출대금을 송금해 줄 것을 요구한다. 그런데 이런 외상 수출거래에서는 보통 수출업자가 거래은행과 수출채권에 관한 양수도 계약을 체결한 후 이루어지기 때문에 수출업자는 수출채권을 거래은행에 매각하는 경우가 많다. 그러면 수입업자는 수입대금을 약정된 채권양수은행에 입금하게 된다.[14]

---

14) 이런 거래를 O/A(open account) 방식이라 한다.

| 계 | 대리 | 차장 | 부부점장 | 부점장 |
|---|---|---|---|---|
|  |  |  |  |  |

# 외국환거래 약정서

(수출 · 수입 · 내국신용장발행 · 내국신용장환어음매입(추심)거래)

년    월    일

주식회사  ○○은 행 앞

본 인<br>주 소

본인은 ○○은행(이하 '은행'이라 한다)과 수출 · 수입 · 내국신용장발행 · 내국신용장환어음매입(추심)거래를 함에 있어 '은행여신거래기본약관'이 적용됨을 승인하고 다음 각 조항을 확약한다.

## 제 1 장  공통사항

제 1 조 [적용범위]  이 약정은 다음 각호의 현재 및 장래의 모든 거래에 적용하기로 한다.
   1. 수출거래
     (1) 화환어음(환어음이 첨부되지 않은 선적서류를 포함한다. 이하 같음)의 매입 및 추심
     (2) 보증신용장 등에 의한 무화환어음(Clean Bill)의 매입
     (3) 기타 전 각호에 준하는 거래
   2. 수입거래
     (1) 신용장 발행
     (2) 화환어음의 인도 및 결제
     (3) 보증신용장에 의한 무화환어음의 인도 및 결제
     (4) 기타 전 각호에 준하는 거래
   3. 내국신용장발행거래
   4. 내국신용장환어음매입(추심)거래
제 2 조 [권리의 행사]  ① 수출화환어음 및 내국신용장환어음 매입대금(은행의 매입대금을 말한다. 이하 같음)의 경우에는 은행은 환매채권에 의하여

청구하거나 금전소비대차에 의한 대출금으로 보아 어음채권 또는 여신채권 중 어느 것에 의하여도 청구할 수 있다.

② 수입화환어음 및 내국신용장환어음 결제를 위한 대지급금의 경우에는 은행은 어음채권 또는 여신채권 중 어느 것에 의하여도 청구할 수 있다.

제 3 조 [ 담　보 ] 본인은 제1조의 거래에 수반하는 물품 및 관련서류를 당해 거래와 관련하여 은행에 부담하는 모든 채무와 이에 부수하는 이자, 할인료, 수수료, 지연배상금, 기타 부대비용 등의 지급을 위한 담보로서 은행에 양도한다.

제 4 조 [ 적용환율 ] 적용환율은 신청서 등을 접수한 날과 관계없이 실제로 지급받거나 지급하는 날의 은행이 정한 해당환율로 한다.

제 5 조 [ 수수료, 비용 및 손해의 부담 ] ① 본인은 은행의 책임있는 사유로 인하여 추가로 발행한 것이 아닌 한 제1조의 거래에 따른 이자, 할인료, 수수료, 지연배상금, 손해배상금, 기타 부대비용 및 은행의 권리행사, 권리보전, 담보의 취득 및 처분에 따른 비용, 운임, 보험료, 기타 모든 비용 및 손해를 부담하며, 은행이 계산근거를 명시하여 청구하는 바에 따라 곧 지급한다. 다만, 본인이 계산방법 등에 관하여 이의를 제기하는 경우에는 은행은 이를 심사하여 그 결과를 통보한다.

② 은행은 제①항의 이자, 할인료, 수수료 등 제반비용의 효율 및 계산방법을 성질상 고시하기 어려운 것을 제외하고는 고시하도록 한다.

③ 제①항의 수수료 등을 본인 이외의 자가 부담하기로 되어 있는 경우에 본인의 비용으로 은행이 본인 이외의 부담자에게 청구하였으나 입금되지 아니하여 본인에게 청구한 때는 본인이 이를 곧 지급한다. 다만, 은행이 본인 이외의 부담자로부터 이를 지급받은 경우에는 반환한다.

제 6 조 [ 백지어음 제공의무와 보증권 수요 ] 본인은 은행의 채권보전을 위해 제1조 각호의 거래별로 액면과 지급기일이 백지로 된 약속어음을 연대보증인과 공동발행하여 은행에 제공하겠으며 은행은 필요없다고 인정하는 경우 백지어음을 보충하여 행사할 수 있다.

제 7 조 [ 적용기간 ] 이 약정의 적용기간은 정하지 않기로 한다. 다만 부득이한 사유가 있는 경우 은행이나 본인은 이 약정을 해지할 수 있으며 이 경우 해지 전에 이루어진 거래에 대하여는 이 약정을 계속 적용한다.

제 8 조 [ 준용규정 ] 본인과 은행은 약정되지 아니한 사항에 대하여 따로 정함이 없는 한「신용장통일규칙」,「추심에 관한 통일규칙」,「은행간 신용장대금상환에 관한 통일규칙」, 기타 국제 규약,「무역업무자동화처리약관」및 은행의 관련규정에 따르기로 한다.

## 제 2 장  수출거래에 대한 특약

제 9 조 [환거래은행 및 송달방법의 선정] 신용장 또는 계약서, 매입신청서 등에 명시되어 있지 않은 경우 환거래은행 및 화환어음의 송달방법은 은행이 선정하기로 한다.

제 10 조 [결제기간의 연장] 지급의무자가 결제기간의 연장을 요청한 경우 은행은 본인의 동의를 얻어 승낙할 수 있다. 다만 은행이 부득이하다고 인정하는 때는 본인의 동의 없이 승낙할 수 있다. 이 경우 은행은 승낙한 사실을 곧 본인에게 통지한다.

제 11 조 [매입대금상환] ① 다음 각호에서 정한 사유중 하나라도 발생한 경우 본인은 은행으로부터 독촉, 통지 등이 없어도 당연히 다음 각호에서 정한 화환어음 매입대금의 상환의무를 지고 곧 변제하기로 한다.

1. 본인에 대하여 은행여신거래기본약관 제 7 조 제①항(당연 기한 전 채무변제의무) 각호에서 정한 사유중 하나라도 발생한 경우에는 모든 화환어음

2. 화환어음의 지급의무자에 대하여 은행여신거래기본약관 제 7 조 1항(당연 기한 전 채무변제의무) 각호에서 정한 사유중 하나라도 발생한 경우에는 그 자가 지급의무자로 되어 있는 모든 화환어음

3. 은행의 관련규정이 정하는 기간까지 은행의 매입대금이 입금되지 아니하거나 화환어음의 인수가 이루어지지 아니하는 경우와 그 화환어음

4. 환거래은행 등으로부터 지급 또는 인수거절된 경우의 그 화환어음

5. 본인이 화환어음 만기일 이전에 매입대금을 상환하고자 하는 경우의 그 화환어음

② 본인에 대하여 은행여신거래기본약관 제7조 제④항 및 제⑤항(은행의 서면독촉에 의한 기한 전 채무변제 의무) 각호에서 정한 사유중 하나라도 발생한 경우 본인은 은행의 서면독촉통지 도달일로부터 10일 이상으로 은행이 정한 기간이 경과하면 모든 화환어음 매입대금의 상환의무를 지고 곧 변제하기로 한다.

③ 제①항 및 제②항과 관련하여 본인은 매입당시의 외화여신 연체이율로 매입일로부터 지급일까지 계산한 손해배상금을 지급한다. 이 경우 은행은 매입당시 징수한 환가료를 환급한다.

④ 제①항 및 제②항과 관련하여 본인은 매입신청시 제출한 화환어음 또는 매입신청서에 근거하여 매입대금을 상환하여 은행은 본인이 매입대금과 이에 부수하는 손해배상금, 수수료, 비용 등을 변제할 때까지 화환어음 및 수출물품에 대하여 모든 권리를 행사한다.

제 12 조 ［화환어음 등의 반환］ ① 이 약정에 의하여 은행에 대한 채무의 변제 또는 은행여신거래기본약관 제9조(은행으로부터의 상계 등)에 의한 상계 등의 경우 은행은 본인에게 화환어음 및 수출물품을 채무변제 등의 시점에 반환하지 아니하여도 된다.

② 본인은 은행이 반환하는 화환어음을 은행에서 수령한다. 다만, 수출물품은 화환어음을 수령함으로써 반환받은 것으로 한다.

③ 은행의 책임없는 사유로 인하여 화환어음 및 수출물품의 반환이 불가능한 경우 은행의 반환의무는 없는 것으로 한다.

## 제3장  수입거래에 대한 특약

제 13 조 ［신용장의 발행, 통지 및 환거래은행 등의 선정］ ① 은행은 본인이 제출하는 신용장발행신청서(조건변경신청서 포함) 등의 기재사항에 따라 신용장을 발행, 통지한다.

② 신용장발행신청서에 명시되어 있지 않은 경우 환거래은행(통지은행, 매입은행, 지급은행, 인수은행, 확인은행, 기타 관련은행을 말한다. 이하 같음) 및 통지방법은 은행이 선정하기로 한다.

제 14 조 ［대도물품의 처분］ ① 본인은 대도물품을 입고, 운반, 출고, 가공, 매도 이외의 목적으로 사용하거나 제3자에게 담보로 제공할 수 없으며, 또한 기타 은행의 권리를 해하는 행위도 할 수 없다.

② 본인은 대도물품을 매도할 경우 금액, 물품의 인도, 대금의 영수방법 등에 관하여 미리 은행의 동의를 받는다.

③ 본인은 대도물품의 매도대금 영수 후 곧 은행에 지급하며 매도대금을 어음, 기타 유가증권 등으로 받은 경우에는 이를 곧 은행에 양도한다.

제 15 조 ［신용장조건과 불일치하는 화환어음］ ① 은행이 채권보전을 위하여, 필요하다고 인정하는 경우 은행은 신용장조건과 불일치하는 화환어음에 대하여 본인의 동의 없이 지급 또는 인수를 거절할 수 있다. 이 경우 은행은 본인에게 사후통지 하기로 한다.

② 화환어음이 은행에 도착하기 전 신용장조건과의 불일치를 사유로 환거래은행 등으로부터 지급 또는 인수등의 동의여부에 대한 조회를 받은 경우에도 제①항과 같다.

③ 은행이 본인에게 신용장조건 불일치에 관한 조회를 하였으나 본인의 회보가 은행의 관련규정이 정한 기간 내에 도착하지 않는 경우 은행은 화환어음의 지급 또는 인수에 대한 동의 또는 거절여부를 결정할 수 있다.

제 16 조 ［결제일］ 본인은 대금의 결제조건이 일람출급인 경우에는 화환어음(차

기통지서가 먼저 도착하는 경우에는 그 차기통지서) 도착 후 은행의 관련 규정이 정한 기일 이내에 결제하고, 기한부 출급인 경우에는 만기일에 결제한다.

제17조 [수입물품선취보증서에 의한 수입물품 인도] ① 본인은 화환어음 도착전에 운송회사로부터 수입물품을 인도받고자 하는 경우 은행에 수입물품 선취보증서(항공화물운송장에 의한 수입물품인도승락서를 포함한다. 이하 같음) 발급을 신청하여 은행의 사전승낙을 받아야 한다.

② 본인은 수입물품선취보증서의 발급을 신청하는 경우 은행의 관련 규정이 정하는 바에 따라 수입결제대금을 적립한다.

제18조 [신용장의 최소 및 조건변경] ① 은행은 본인이 신청한 경우에 한하여 신용장을 취소 또는 조건변경할 수 있다. 다만, 그 효력은 신용장의 취소 또는 조건변경의 당사자(개설은행, 수익자, 확인신용장의 경우는 확인은행) 전원의 동의가 있어야 비로소 발생한다.

② 제①항 본문에 불구하고 유효기일 경과 등 상당한 사유가 있는 경우 은행은 신용장을 취소할 수 있다. 이때 은행은 본인에게 사후 통지한다.

제19조 [신용장의 발행, 통지 및 환거래은행 등의 선정] 본인이 제3자 명의의 신용장발행을 은행에 본인명의로 신청한 경우에는 모든 부분에 있어서 이 약정이 적용된다.

## 제4장 내국신용장발행에 대한 특약

제20조 [지급금액] 본인이 은행의 내국신용장 발행에 따라 은행에 지급할 원화금액은 발행 당시의 내국신용장 원화금액에 불구하고 내국신용장 부기 외화금액에 매입(추심)은행이 환어음을 매입(추심)하는 날의 해당환율을 곱하여 청구한 금액으로 한다.

제21조 [구매물품의 처분] 구매물품 처분에 관하여는 제14조를 준용한다.

제22조 [신용장의 취소 및 조건변경] 은행은 본인이 관계당사자의 동의를 얻어 신청한 경우에 한하여 내국신용장을 취소 또는 조건변경할 수 있다. 다만 유효기일 경과 등 상당한 사유가 있는 경우에는 은행이 신용장을 취소할 수 있다. 이 때 은행은 본인에게 사후 통지한다.

## 제5장 내국신용장환어음매입(추심)에 대한 특약

제23조 [지급금액] ① 다음 각호에서 정한 사유중 하나라도 발생한 경우 본인은 은행으로부터의 독촉, 통지 등이 없어도 당연히 다음 각호에서 정한 환

어음 매입대금의 상환의무를 지고 곧 변제하기로 한다.

1. 본인에 대하여 은행여신거래기본약관 제 7 조 제①항(당연 기한 전 채무 변제의무) 각호에서 정한 사유중 하나라도 발생한 경우의 모든 환어음

2. 내국신용장 발행은행에 의하여 지급거절되는 경우의 그 환어음

② 본인에 대하여 은행여신거래기본약관 제 7 조 제④항 및 제⑤항(은행의 서면독촉에 의한 기한전 채무변제 의무) 각호에서 정한 사유중 하나라도 발생한 경우 본인은 은행의 서면독촉통지 도달일로부터 10일 이상으로 은행이 정한 기간이 경과하면 모든 환어음 매입대금의 상환의무를 지고 곧 변제하기로 한다.

③ 제①항 및 제②항과 관련하여 본인은 매입 당시 원화여신연체이율로 매입일로부터 지급일까지 계산한 손해배상금을 지급한다. 이 경우 은행은 매입당시 징수한 매입이자를 환급한다.

④ 제①항 및 제②항과 관련하여 본인이 매입대금과 이에 부수하는 손해배상금, 수수료, 비용 등을 변제할 때까지 은행은 매도물품에 대하여 모든 권리를 행사한다.

제 24 조 [구매물품의 처분] ① 이 약정에 의하여 은행에 대한 채무의 변제 또는 은행여신거래기본약관 제 9 조(은행으로부터의 상계 등)에 의한 상계 등의 경우 은행은 환어음 및 이에 첨부된 서류를 채무변제 등의 시점에 반환하지 아니하여도 된다.

② 본인은 은행이 반환하는 환어음 및 이에 첨부된 서류를 은행에서 수령한다.

③ 은행의 책임 없는 사유로 인하여 환어음 및 이에 첨부된 서류의 반환이 불가능한 경우 은행의 반환의무는 없는 것으로 한다.

---

본인은 은행여신거래기본약관 및 이 약정서 사본을 확실히 수령하고,
주요내용에 대하여 충분한 설명을 듣고 이해하였음

　　　　본　　　인　　　　　　　　　　　　　　　　(인)

# 제4장
# 수입이행의 주요 단계

본격적인 수입활동은 수입신용장의 개설로 시작된다. 신용장의 개설로 수출업자가 수출물품을 생산하여 선적하면 일정 기간 후 수입업자는 물품을 입수하여 수입통관절차를 거쳐 반출함으로써 사실상 수입은 끝난다. 이 장에서는 수입이행의 주요 단계를 수입신용장의 개설, 수입대금의 결제와 수입물품의 입수, 수입통관, 관세의 확정과 납부로 구분하여 살펴보고 아울러 일반 수입에 비해 여러 가지 혜택이 있고 그에 따른 사후관리 문제가 뒤따르는 수출용 원자재 수입은 별도의 절로 구분하여 살펴보기로 한다.

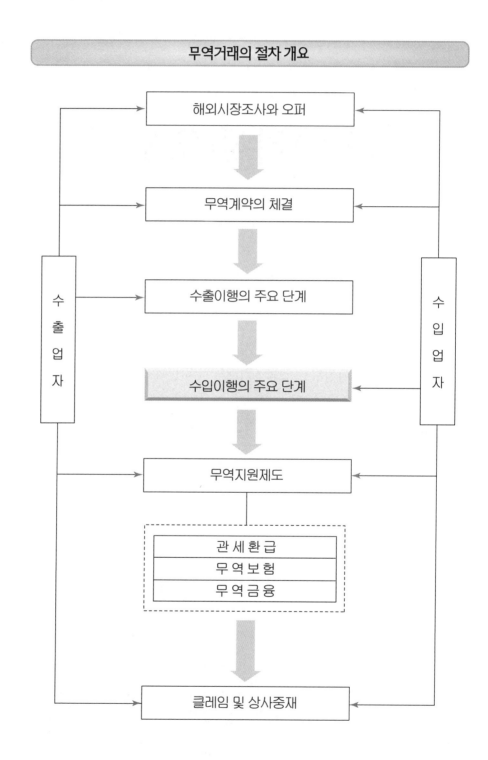

## 제1절  수입의 준비

## 1. 수입의 정의와 수입승인

### 1-1  수입의 정의

일반적으로 수입은 물품을 외국에서 구매해 오는 것을 말하는 데 대외무역법시행령(제2조 4)에서는 다음 각 목의 어느 하나에 해당하는 경우를 수입으로 규정하고 있다.

가. 매매, 교환, 임대차, 사용대차, 증여 등을 원인으로 외국으로부터 국내로 물품이 이동하는 것

나. 유상으로 외국에서 외국으로 물품을 인수하는 것으로서 산업통상자원부장관이 정하여 고시하는 기준에 해당하는 것

다. 비거주자가 거주자에게 산업통상자원부장관이 정하여 고시하는 방법으로 대통령령에 따른 용역을 제공하는 것[1]

라. 비거주자가 거주자에게 정보통신망을 통한 전송과 그 밖에 산업통상자원부장관이 정하여 고시하는 방법으로 대통령령이 정한 전자적 형태의 무체물을 인도하는 것

위의 정의를 정리해 보면 수입은 물품의 인수, 비거주자에 의한 용역의 제공 및 전자적 무체물의 전송 등 세 가지 형태로 구분될 수 있다.

(1) 물품의 인수

오늘날의 수입은 그 범위가 종전보다 확대되어 물품의 매매나 임대차뿐만 아니라 교환, 사용대차, 증여 등도 모두 수입에 해당된다. 그리고 해외건설현장 등에서 사용하기 위해 시설, 원료, 기재 등을 외국에서 구입하여 사업현장으로 직접 송부하는 외국인수수입이나 중계무역에 의한 수입도 대외무역법상의 수입에 포함된다.

(2) 비거주자의 거주자에 대한 용역의 제공

비거주자가 거주자에게 서비스, 지적재산권 등을 제공하는 것도 수입으

---

[1] 거주자와 비거주자의 정의는 우리나라 외국환거래법 제3조 제1항, 제12호 및 제13호에 따르며, 수출의 경우와 마찬가지이다.

로 간주된다. 수입으로 인정되는 용역은 수출의 경우와 마찬가지로 대외무
역법시행령(제3조)에 따라 다음의 두 가지 경우이다.

첫째, 다음에 해당하는 사업을 영위하는 자가 제공하는 용역은 수입으
로 인정된다.

① 경영상담업

② 법무관련 서비스업

③ 회계 및 세무관련 서비스업

④ 엔지니어링 서비스업

⑤ 디자인

⑥ 컴퓨터 시스템 설계 및 자문업

⑦ 문화산업진흥기본법의 규정에 의한 문화산업에 해당하는 업종

⑧ 운수업

⑨ 관광진흥법에 따른 관광사업에 해당하는 업종

⑩ 그 밖에 지식기반용역 등 수출유망산업으로서 산업통상자원부장관이
정하여 고시하는 업종

둘째, 국내의 법령 또는 대한민국이 당사자인 조약에 의하여 보호되는
특허권 · 실용신안권 · 디자인권 · 상표권 · 저작권 · 저작인접권 · 프로그램저
작권 · 반도체집적회로의 배치설계권의 양도, 전용실시권의 설정 또는 통상
실시권의 허락도 용역으로 간주된다.

### (3) 비거주자의 거주자에 대한 전자적 무체물의 전송

소프트웨어, 디지털 방식의 정보 등 전자적 형태의 무체물을 비거주자
가 거주자에게 전송하는 것도 수입에 해당된다. 전자적 형태의 무체물은 다
음 각 호의 어느 하나에 해당하는 것을 말한다(대외무역법시행령 제4조).

① 소프트웨어산업진흥법의 규정에 의한 소프트웨어

② 부호 · 문자 · 음성 · 음향 · 이미지 · 영상 등을 디지털 방식으로 제작
하거나 처리한 자료 또는 정보 등으로서 산업통상자원부장관이 정하여 고시
하는 것(여기에 해당되는 것은 영화, 게임, 애니메이션, 만화, 캐릭터를 포함한 영
상물, 음향 · 음성물, 전자서적 및 데이터베이스이다)

③ 위의 ① 및 ②의 집합체, 기타 이와 유사한 전자적 형태의 무체물로
서 산업통상자원부장관이 정하여 고시하는 것

## 1-2 수입승인

### (1) 수입승인의 의의

현행 수출입승인의 관리체계는 Negative List System으로 수입이 제한되는 극히 소수의 품목에 한하여 사전에 수입승인을 받도록 되어 있다. 따라서 대외무역법상 수출입공고에서 수입이 제한되는 품목을 수입하고자 할 경우에는 산업통상자원부장관의 승인을 받아야 한다. 승인권한은 해당 물품을 관장하는 기관 또는 단체의 장에게 위탁되어 있다. 수입승인사항이 변경될 경우에도 수입승인기관의 장으로부터 변경승인을 얻어야 한다.[2]

수입승인의 유효기간은 승인한 날로부터 1년이며 필요한 경우 연장된다. 그리고 유효기간 내에 해당 물품을 수입하고 이를 입증할 수 있는 수입신고필증 또는 컨테이너 반입확인서 등을 수입승인기관에 제출해야 한다.

### (2) 수입승인신청 구비서류

수입승인을 얻고자 하는 자는 다음 서류를 구비하여 수입승인기관의 장에게 제출해야 한다(대외무역관리규정 제10조).

① 수입승인신청서 3부(업체용, 세관용, 승인기관용) 및 사본

② 수입계약서 또는 물품매도확약서

③ 수입대행계약서(수입업자와 실수요자가 다른 경우에 한함)

④ 수출입공고 등에서 규정한 요건을 충족하는 서류(단, 해당 승인기관에서 제한요건의 충족여부를 확인할 수 있는 경우는 제외)

### (3) 수입승인의 요건

수입승인기관의 장은 수입승인을 하고자 할 경우 다음과 같은 사항을 확인해야 한다(대외무역관리규정 제11조).

① 수입승인신청인이 승인을 얻을 수 있는 자격이 있는 자일 것

② 수입물품이 수출입공고 등 대외무역관리규정에 의한 승인요건을 충족한 물품일 것

③ 수입물품의 품목분류번호(HS)의 적용이 적정할 것

---

2) 한편 우리나라에서는 수입을 일반 수입과 외화획득용 원료·기재의 수입으로 구분하여 같은 물품이라도 외화획득을 위하여 수입될 경우에는 여러 가지 혜택을 제공하고 있다. 외화획득용 원료·기재의 수입에 대해서는 제5절에서 상세히 다루기로 한다.

**서식 4-1** 수입승인신청서

---

### 수 입 승 인 (신 청) 서
### Import License(Application)

| | |
|---|---|
| | 처리기간 : 1일<br>Handling Time : 1 Day |

| | |
|---|---|
| ① 수입자　　　　　무역업고유번호<br>　(Importer)　　　(Notification No.)<br><br>　상호, 주소, 성명<br>　(Name of Firm, Address, Name of Rep.)<br><br><br>　　　　　　　　　(서명 또는 인)<br>　　　　　　　　　(Signature) | ⑤ 송화인(Consignor)<br>　상호, 주소, 성명<br>　(Name of Firm, Address, Name of Rep.) |
| ② 위탁자　　　　　사업자등록번호<br>　(Requester)　　　(Business No.)<br><br>　(상호, 주소, 성명)<br>　(Name of Firm, Address, Name of Representative)<br><br><br>　　　　　　　　　(서명 또는 인)<br>　　　　　　　　　(Signature) | ⑥ 금액 (Total Amount)<br><br>⑦ 결제기간(Period of Payment)<br><br>⑧ 가격조건 (Terms of Price) |
| ③ 원산지(Origin) | ④ 선적항(Port of Loading) |

| ⑨ HS부호<br>(HS Code) | ⑩ 품명 및 규격<br>(Description/Size) | ⑪ 단위 및 수량<br>(Unit/Quantity) | ⑫ 단가<br>(Unit Price) | ⑬ 금액<br>(Amount) |
|---|---|---|---|---|
| | | | | |

⑭ 승인기관 기재란(Remarks to be filled out by an Approval Agency)

⑮ 유효기간(Period of Approval)

⑯ 승인번호(Approval No.)

⑰ 승인기관관리번호(No. of Approval Agency)

⑱ 위의 신청사항을 대외무역법 제11조 제2항 및 동법시행령 제18조 제1항의 규정에 의하여 승인합니다.
(The undersigned hereby approves the above-mentioned goods in accordance with Article 11(2) of the Foreign Trade Act and Article 18(1) of the Enforcement Decree of the said Act.)

　　　　　년　　　　　월　　　　　일
　승 인 권 자　　　　　　　　(인)

※ 승인기관이 2인 이상인 경우 ⑭~⑰의 기재사항은 이면에 기재하도록 합니다.
※ 이 서식에 의한 승인과는 별도로 대금결제에 관한 사항에 대하여는 외국환거래법령이 정하는 바에 따라야 한다.

## 2. 수입신용장의 개설절차

대금결제 방식이 신용장일 경우 수입업자는 매매계약의 내용에 따라 거래은행에 신용장 개설을 의뢰하여 수출업자에게 신용장을 개설해 주어야 한다. 그러나 무신용장 방식(D/A, D/P, 송금 등)일 경우 이런 단계는 필요 없고 수출업자로부터 관계 운송서류가 올 때까지 기다렸다가 수입대금을 결제하면 된다.

### 2-1  외국환거래약정의 체결

수입업자는 신용장개설에 앞서 신용장거래에 따른 약정을 개설은행과 체결해야 한다. 현재 우리나라에서는 전국은행연합회가 작성한 외국환거래약정서가 사용되고 있는데, 인쇄된 약정서의 내용에 대해서 개설의뢰인이 서명·날인함으로써 동의하는 형식을 취한다.

신용장개설에 따른 약정내용은 주로 수입업자와 개설은행간의 채권 및 채무 관계이며, 수입업자의 입장에서 주의해야 할 사항은 다음과 같다.

① 수입업자는 수입물품 및 관련 운송서류를 개설은행에 지급해야 하는 모든 채무, 수수료 등을 위한 담보로서 은행에 양도한다.

② 수입업자는 신용장개설에 따른 수수료, 이자, 할인료, 지연배당금, 손해배상금 등을 부담한다.

③ 개설은행은 채권보전을 위해 필요한 경우 신용장조건과 불일치하는 어음에 대해서 수입업자의 동의 없이 지급 또는 인수를 거절할 수 있다.

④ 개설은행은 수입업자가 취소한 경우에 한하여 신용장을 취소 또는 변경할 수 있다.

### 2-2  신용장개설의 신청

#### (1) 신용장개설신청서의 작성

수입업자는 신용장개설은행과의 총괄적인 약정으로 외국환거래약정을 체결한 후 거래시마다 신용장개설신청서(L/C Application)를 제출하여 신용장개설을 의뢰한다. 신용장개설신청서에 기재된 사항은 그대로 신용장조건이 되므로 모든 사항을 간단명료하고 정확하게 기재해야 한다.

신용장개설에 필요한 서류는 각 외국환은행마다 다를 수도 있지만 일반적으로 다음과 같다.

① 신용장개설신청서

② 물품매도확약서 또는 계약서: 신용장상에 상품의 명세를 'As per our Offer Sheet (Contract) No. 123'과 같이 표시할 경우 필요하다.

③ 보험서류: FOB, CFR 등과 같이 수입업자가 보험계약을 체결할 경우이다. 신용장이 개설되면 화물에 대해서 개설은행이 담보권을 행사할 수도 있으므로 이에 대한 대비를 한 것이다.

④ 수입승인서: 수입제한품목을 수입할 경우

⑤ 담보제공증서 등

**(2) 인터넷뱅킹을 이용한 신용장개설**

우리나라의 수입업자들은 은행들이 제공하는 인터넷뱅킹을 이용하여 수입신용장을 개설하거나 조건변경을 할 수 있다. 수입업자가 인터넷뱅킹을 통해 수입신용장 개설을 신청하면 개설은행은 개설신청전문을 발송하고 발신전문사본은 수입업자에게 팩스로 전송한다. 그리고 수입업자는 인터넷뱅킹을 통해 처리결과를 조회할 수 있다.

인터넷뱅킹을 이용하여 수입신용장을 개설하면 수입업무가 경감되고 수작업에 따른 오류를 방지할 수 있다. 개설신청서를 제출하기 위해 은행을 방문할 필요가 없으며 인터넷뱅킹 이용에 따른 추가수수료를 부담할 필요도 없어 시간과 비용을 절약할 수 있다. 그리고 신용장의 개설, 처리결과 등을 인터넷으로 조회할 수 있고 기존의 자료를 저장하거나 복사할 수도 있기 때문에 최근 인터넷뱅킹을 이용해서 신용장이 많이 개설되고 있다.

## 2-3 신용장개설 담보금 및 수수료

신용장개설은행은 수입업자를 대신하여 수출업자, 매입은행 등에게 수입대금의 지급을 확약하므로 수입업자로 하여금 신용장금액에 상응하는 담보를 제공하도록 하고 수입업자의 담보제공에 따라 수입업체별로 신용장개설한도액을 설정한다.

개설은행은 신용장개설수수료, 전신료(cable charge) 등 신용장개설에 필요한 비용을 수입업자로부터 징수하는데 외국환 수수료는 은행별로 자율적으로 결정되고 있다.

**서식 4-2**   취소불능화환신용장발행신청서

## 취 소 불 능 화 환 신 용 장 발 행 신 청 서
### (APPLICATION FOR IRREVOCABLE DOCUMENTARY CREDIT)

| AT SIGHT S/C 및 |
|---|
| 내국수입 USANCE |
| 지 급 보 증 용 |

TO

Dear Sirs :

We request you to establish by ☐ cable ☐ air mail an Irrevocable Credit on the following terms and conditions

Advising Bank

Cable Address

Applicant

Beneficiary

Amount

Expiry Date

Tenor of Draft

Documents( Please indicate by placing X Mark in applicable box )

☐ Full set of clean on board ocean bills of lading, made out to the order of the Commercial Bank of Korea Ltd., Marked "Freight _____ " and "Notify accountee"

☐ Marine Insurance policy or certificate in duplicate, endorsed in blank for 110% of the invoice value. Insurance policies or certificates must expressly stipulate that claims are payable in the currency of the drafts and policies or certificates must also indicate a claim settling agent in Korea. Insurance must include :

Institute Cargo Clauses : _____

☐ Signed commercial invoice in

☐ Packing list in

☐ Other document(s) (if any)

Commodity Description

| Name of Commodity | Quantity | Unit Price | Amount |
|---|---|---|---|
|  |  |  |  |
| Country of Origin |  |  |  |

Shipment From              To              Latest

Partial Shipments are              Transhipment is

Documents must be presented within _____ days after the date of issuance of B/L or other transportation documents.Special condition(s) : All banking charges including postage. advising and payment commission outside Korea are for account of _____ Shipment by _____

위와 같이 신용장발행을 신청함에 있어서 위 기재사항이 수입승인사항과 틀림없음을 확인하고 따로 제출한 수입거래약정서의 각 조항에 따를 것을 확약하며 아울러 위 수입화물에 관한 모든 권리를 귀행에 양도하겠습니다.

Except so far as otherwise expressly stated, this credit is subject to the Uniform Customs and Practice for Documentary Credits : 2007 Revision International Chamber of Commerce. Publication No. 600

신청인                (인)
주소

| 인 감 대 조 |
|---|
|  |

| 지급보증확인 | Checked By | Approved By |
|---|---|---|
|  |  |  |

| 계 | 대 리 | 차 장 | 부 점 장 |
|---|---|---|---|
|  |  |  |  |

## 제2절 수입대금의 결제와 수입화물의 입수

## 1. 수입대금의 결제

### 1-1 신용장방식의 수입

#### (1) 외국환거래 약정

신용장 결제방식으로 수입할 경우 수입업자는 개설은행(issuing bank)과 신용장거래에 따른 약정을 체결해야 한다. 현재 우리나라에서는 전국은행연합회가 작성한 외국환거래 약정서가 사용되고 있는데, 인쇄된 약정서의 내용에 대해서 수입업자(개설의뢰인)가 서명·날인함으로써 동의하는 형식을 취한다. 신용장거래에 따른 약정내용은 주로 수입업자와 개설은행간의 채권 및 채무관계이다.

#### (2) 운송서류 심사

무역계약에 따라 신용장을 개설한 수입업자는 수입화물을 인수하기 위하여 운송서류가 도착하기를 기다린다. 운송서류는 매입은행을 거쳐서 개설은행에 도착하게 되는데, 통상적으로 매입은행은 분실, 파손 등의 우려를 염려해서 운송서류를 원본과 부본으로 구분하여 개설은행에 송부한다.

개설은행은 운송서류가 도착하면 즉시 이 사실을 수입업자에게 알리고 운송서류가 신용장상의 요건과 일치하는가의 여부를 검토하여 이를 수리할 것인지 또는 거절할 것인지를 결정한다. 이 때 개설은행은 운송서류가 문면상 신용장조건과 일치하는지 여부에 대해서 상당한 주의를 가지고 심사해야 한다(신용장통일규칙 제16조). 그리고 신용장에 명시되지 않은 일반조건은 신용장통일규칙에 따라 심사한다.

개설은행은 은행영업일(banking day)로 5일 이내에 수리 여부를 결정해야 하며 만약 모든 운송서류가 신용장조건과 일치하면 즉시 서류를 수리하고 매입은행에 대금을 상환해야 한다. 개설은행은 신용장의 독립·추상성에 따라 신용장조건과 일치하는 서류에 대해서는 무조건 신용장대금을 상환해야 할 의무가 있다(신용장통일규칙 제16조).

만약 운송서류를 심사한 결과, 서류 상호간에 모순이 있거나 신용장상의 요건과 일치하지 않을 경우 개설은행은 전신 또는 신속한 방법으로 운송서류의 수리거절을 매입은행에 통보해야 한다.

개설은행은 독자적 판단에 따라 운송서류의 수리 여부를 결정해야 하지만 일단 수입업자에게 운송서류를 서류상의 하자에도 불구하고 인수할지의 여부를 문의하는 것이 바람직하다. 왜냐하면 수입업자는 시장상황에 따라 꼭 필요한 수입인 경우 서류상의 조그만 하자에도 불구하고 운송서류를 인수할 수 있기 때문이다.

일반적으로 개설은행과 수입업자는 환어음 및 운송서류에 대해서 다음과 같은 사항을 검토한다.

- 신용장에서 요구하고 있는 운송서류가 모두 제시되었는지 여부
- 신용장에서 요구하고 있는 통수대로 운송서류가 제시되었는지 여부
- 운송서류가 신용장의 요구사항과 일치하는지 여부
- 운송서류 상호간에 모순이 있는지 여부
- 서류 발행자의 자격이 충족되었는지 여부
- 운송서류가 소정의 형식을 갖추었는지 여부
- 환어음, 선하증권, 보험증권 등 유가증권의 권리가 정당하게 양도되었는지 여부

### (3) 수입대금의 지급절차

수입업자는 운송서류가 상호 모순이 없고 신용장의 내용과 일치하면 개설은행에 수입대금을 지급하고 운송서류를 인수한다. 만약 신용장조건이 일람불이면 수입업자는 대금을 지급하는 즉시 운송서류를 인수할 수 있다. 그러나 기한부조건으로 수입한 경우에는 수입대금을 당장 지급할 필요가 없기 때문에 운송서류 인수증만 제출하고 운송서류를 인수할 수 있다. 수입업자는 환어음의 만기일에 이자를 추가하여 결제해야 한다.

그러나 수입업자가 정해진 기간 내에 운송서류를 찾아가지 않으면 개설은행은 별도의 이자를 징수한다. 예를 들어 일람불신용장일 경우 수입업자가 운송서류 도착일로부터 3일 이내에 수입대금을 결제하면 추가이자를 부담하지 않지만 4일 이후 7일 이내에 결제하면 10일간의 환가료를 부담해야 한다. 그리고 수입업자가 이 기간도 초과하면 개설은행은 수입대금의 변제시점까지 외화연체이자를 징수하고 운송서류를 인도하지 않는다.

### (4) 수입화물의 대도

대도(trust receipt)는 수입업자가 수입대금을 지급하지 않고 개설은행으로부터 운송서류를 인도받으면서 수입화물에 관하여 발생하는 일체의 손해에 대하여 자기가 책임을 지겠다고 개설은행에게 서약하는 증서를 말한다. 개설은행의 신용으로 물품이 수입되는 경우에는 수입화물 자체가 담보물이 된다.

그런데 수입화물이 담보로 잡혀 수입업자가 원래 목적대로 사용할 수 없으면 수입한 이유가 없기 때문에 개설은행은 대도와 같은 수입업자의 각서를 받고 수입화물을 처분할 수 있도록 해 준다. 물론 개설은행은 대도에 의해서 수입화물에 대한 담보권을 계속 유지할 수 있다. 수입업자는 대도물품을 제 3 자에게 담보로 제공할 수 없으며 만약 대도물품을 매도할 경우에는 금액, 물품의 인도, 대금의 영수방법 등에 관하여 미리 개설은행의 동의를 받아야 한다.

우리나라의 경우 외화획득용 원료 등을 수입할 때는 신용장개설담보금 없이도 신용장이 개설될 수 있다. 이 경우는 완전히 개설은행의 자금으로 수입되는 것이지만 원료가 가공되어 곧 수출될 수 있기 때문에 개설담보금 없이도 수입신용장이 개설되는 것이다. 이와 같이 특수한 경우 수입업자는 수입대금을 결제하는 대신 대도를 개설은행에 제출하고 운송서류를 인수하여 원료를 수입한다.

수입업자가 대도증서를 제출하고 운송서류를 은행으로부터 인수하기 위해서는 다음 서류를 제출해야 한다.

① 수입담보화물대도(선인도)신청서

② 수입담보화물처분약정서(공증인의 확정일자가 있어야 함)

③ 선하증권 사본

④ 송장사본

⑤ 포장명세서 사본

⑥ 신탁양도증서(공증인의 확인일자가 있어야 함)

⑦ 기타 수입신용장, 수입승인서 사본 등

## 1-2  화환어음 추심방식의 수입

### (1) 외국환거래 약정

화환어음 추심방식으로 수입할 경우 수입업자는 운송서류를 제시하는 추심은행(collecting bank)과 외환거래가 발생하게 되므로 외국환거래약정을 체결하고 화환어음의 인도 및 지급에 관한 당사자 간의 권리와 의무를 명확히 한다.

### (2) 운송서류의 심사와 인수

만약 결제가 지급도 조건(D/P)이면 수입업자는 추심은행이 제시하는 운송서류를 면밀히 검토하여 계약의 내용과 일치하면 수입대금을 지급하고 운송서류를 찾아간다. 그런데 인수도 조건(D/A)일 경우는 수입업자는 추심은행이 제시한 화환어음상에 만기일 지급을 약속하는 인수 서명을 하고 운송서류를 찾아간다.

## 1-3  송금 방식의 수입

### (1) 외국환거래 약정

송금 방식으로 수입할 경우 수입업자는 수출업자 계정으로 수입대금을 직접 송금하고, 수출업자는 관련 운송서류를 수입업자에게 우송하므로 수입대금의 결제와 운송서류의 입수가 매우 간단하지만 수입업자는 거래은행과 외국환거래를 하게 되므로 외국환거래약정을 체결한다.

### (2) 수입대금 송금 및 운송서류의 인수

선적 전 사전 송금 방식으로 수입계약을 체결했으면 수입업자는 약정 기일 내 수출대금을 수출업자가 선적하기 전에 송금하고 운송서류를 기다린다. 보통 수출업자가 선적 예정일을 통보하면 수입업자가 수입대금을 송금한다. 그런데 사후 송금 방식일 경우에는 수출업자가 먼저 운송서류를 수입업자에게로 보내준다. 그리고 일정 기간 후 수입업자는 수입대금을 수출업자 앞으로 송금하게 된다.

**서식 4-3** 수입물품대도신청서

<table>
<tr><td colspan="9">
□ 선 적 서 류 수 령 증<br>
□ 수입물품 대도(T/R) 신청서<br><br>
은행 앞<br>
□ 본인은 아래 신용장에 의한 선적서류를 정히 수령하였습니다.<br>
□ 본인은 아래 신용장의 수입물품을 대도신청함에 있어 따로 제출한 외국환거래약정서<br>
   및 양도담보계약서의 모든 조항에 따를 것을 확약합니다.
</td></tr>
<tr>
<td colspan="2">① 신용장번호</td>
<td colspan="7"></td>
</tr>
<tr>
<td rowspan="2">②<br>선<br>적<br>서<br>류</td>
<td>종<br><br>류</td>
<td>선<br>하<br>증<br>권</td>
<td>항<br>공<br>화<br>물<br>운<br>송<br>장</td>
<td>상<br>업<br>송<br>장</td>
<td>보<br>험<br>서<br>류</td>
<td>포<br>장<br>명<br>세<br>서</td>
<td>검<br>사<br>증<br>명<br>서</td>
<td>기   타</td>
</tr>
<tr>
<td>통수</td>
<td></td>
<td></td>
<td></td>
<td></td>
<td></td>
<td></td>
<td></td>
</tr>
<tr>
<td rowspan="4">대도(T/R)</td>
<td colspan="2">③ 선하증권<br>(항공화물운송장)</td>
<td colspan="2">번   호</td>
<td colspan="4"></td>
</tr>
<tr>
<td colspan="2" rowspan="2">④ 상업송장</td>
<td colspan="2">물품명</td>
<td colspan="4"></td>
</tr>
<tr>
<td colspan="2">금   액</td>
<td colspan="4"></td>
</tr>
<tr>
<td colspan="4">⑤ 대도금액</td>
<td colspan="4"></td>
</tr>
<tr>
<td colspan="9" align="right">년   월   일</td>
</tr>
</table>

## 2. 수입화물의 입수와 화물선취보증서

### 2-1  수입화물의 입수

수입업자는 개설은행으로부터 인수한 운송서류 중에서 선하증권의 원본을 선박회사에 제출하여 수입화물을 찾는다. 이 때 선박회사는 선하증권을 받으면서 수입업자에게 화물을 인도할 것을 지시하는 화물인도지시서(delivery order: D/O)를 교부하는데 수입업자는 이 지시서를 본선에 제출하고 화물을 입수하게 된다.

### 2-2  화물선취보증서

수입항에 운송서류가 화물보다 먼저 도착하게 되면 별 문제가 없지만 항해일수가 짧은 한국·중국간 등의 무역거래에서는 운송서류보다 수입화물이 먼저 도착하게 된다. 이렇게 되면 화물은 이미 수입항에  도착해 있는데 선하증권이 도착하지 않아서 화물을 찾을 수 없게 된다. 이런 경우 화물을 빨리 찾기 위해 수입업자는 개설은행에 화물선취보증서(letter of guarantee: L/G)의 발급을 신청하여 선하증권 대신 이 보증서를 선박회사에 제출하고 화물을 찾을 수 있다.

선박회사는 원칙적으로 선하증권의 원본을 받아야 화물을 인도하지만 공신력 있는 개설은행이 보증함으로써 선하증권 대신 화물선취보증서로 수입업자에게 화물을 인도한다. 따라서 화물선취보증서에는 선하증권 원본이 도착하면 즉시 선박회사에 제출할 것과 화물인도에 따른 모든 책임을 부담한다는 개설은행의 약속이 담겨 있다.

수입업자가 화물선취보증서를 신청할 경우 필요에 따라서는 수입보증금을 개설은행에 예치해야 한다. 특히 수입업자의 신용이 양호하지 못하거나 담보가 불충분한 경우에는 수입대금 전액을 확보해야만 개설은행이 화물선취보증서를 발급해 준다. 왜냐하면 개설은행이 일단 화물선취보증서를 발급하면 일체의 클레임을 제기할 수 없기 때문이다.

신용이 확실하거나 담보가 충분하면 수입업자는 수입대금을 결제하지 않은 채 화물선취보증서를 이용해서 미리 수입할 수 있다. 특히 외국의 수출업자로 하여금 고의로 운송서류를 늦게 제시하도록 하고 수입업자는 빨리 화물을 찾게 되면 상당기간 수입자금 없이 국내 영업을 할 수 있다.

**서식 4-4** 화물선취보증신청서

<table>
<tr>
<td colspan="4" align="center">

# 수 입 화 물 선 취 보 증 신 청 서
**(Application For Letter of Guarantee)**

( □ 수입물품대도(T/R) 신청 □ EDI형 서비스 신청 )
</td>
<td align="center">계</td>
<td align="center">결재</td>
</tr>
<tr>
<td colspan="2">① 선박회사명 (Shipping Co)</td>
<td colspan="2">⑥ 신용장(계약서)번호(L/C NO.) :</td>
<td colspan="2">⑦ L/G번호(L/G NO.)</td>
</tr>
<tr>
<td colspan="2" rowspan="4">② 송화인 (Shipper)</td>
<td colspan="2">⑧ 선하증권번호<br>(B/L NO.)</td>
<td colspan="2"></td>
</tr>
<tr>
<td colspan="2">⑨ 선박명<br>(Vessel Name)</td>
<td colspan="2"></td>
</tr>
<tr>
<td colspan="2">⑩ 도착(예정)일<br>(Arrival Date)</td>
<td colspan="2"></td>
</tr>
<tr>
<td colspan="2">⑪ 항해번호<br>(Voyage No.)</td>
<td colspan="2"></td>
</tr>
<tr>
<td colspan="2" rowspan="2">③ 상업송장금액 (Invoice Value)</td>
<td colspan="2">⑫ 선적항<br>(Port of Loading)</td>
<td colspan="2"></td>
</tr>
<tr>
<td colspan="2">⑬ 도착항<br>(Port of Discharge)</td>
<td colspan="2"></td>
</tr>
<tr>
<td>④ 화물표시 및 번호<br>(Nos. & Marks)</td>
<td>⑤ 포장수(Packages)</td>
<td colspan="4">⑭ 상품명세(Description of Goods)</td>
</tr>
<tr>
<td></td>
<td></td>
<td colspan="4"></td>
</tr>
<tr>
<td colspan="6">

□ 본인은 위 신용장의 수입물품을 대도(T/R) 신청함에 있어 따로 제출한 외국환거래약정서 및 양도담보계약서의 모든 조항에 따를 것을 확약합니다.
□ 본인은 EDI 방식에 의한 수입물품선취보증서(L/G) 발급의 경우 소정의 서비스 이용료를 납부하고 본건이 발급된 후에는 변경 또는 취소가 불가능 함을 확약합니다.
　본인은 위 신용장등에 의한 관계 적적서류가 귀행에 도착하기 전에 수입화물을 인도받기 위해 수입화물 선취보증을 신청하며 본인이 따로 제출한 수입화물 선취보증서(LETTER OF GUARANTEE)에 귀행이 서명함에 있어 다음 사항에 따를 것을 확약합니다.

1. 귀행이 수입화물 선취보증서에 서명함으로써 발생하는 위험과 책임 및 비용은 모두 본인이 부담하겠습니다.
2. 본인은 위 수입화물에 대하여는 귀행이 소유권이 있음을 확인하며 귀행이 수입화물선취보증서에 따른 보증채무를 이행하여야 할 것이 예상될 경우 또는 본인에 대하여 은행여신거래 기본약관 제7조의 사유가 발생할 경우에는 귀행의 청구를 받는 즉시 위 수입화물을 귀행에 인도하겠으며, 수입화물의 인도가 불가능할 경우에는 위 수입물품에 상당하는 대금으로 상환하겠습니다.
3. 본인은 위 수입화물에 관한 관계 적적서류를 제3자에게 담보로 제공하지 않았음을 확인하며, 또한 귀행의 서면 동의없이 이를 담보로 제공하지 않겠습니다.
4. 본인은 위 수입화물에 관한 관계 적적서류가 도착할 때에는 신용장 조건과의 불일치 등 어떠한 흠에도 불구하고 이들 서류를 반드시 인수하겠습니다.

<br>

　　　　　　　　　　　　　　　　　　　　　　　　　20　년 월 일

　　　　　신청인

　　　　　주 소

　　　　　TEL.
</td>
</tr>
</table>

## 제3절  수입통관

### 1. 수입통관의 의의

  우리나라로 들어오는 모든 외국물품은 관세법에서 규정하고 있는 수입통관절차를 거쳐야 한다. 외국물품은 곧 수입물품을 의미하지만 관세법에서는 우리나라에 도착된 물품으로 수입신고가 수리되지 않은 물품 및 수출신고가 수리된 물품을 외국물품으로 간주하고 있다.

  외국으로부터 우리나라에 도착된 물품에는 외국에서 생산된 물품, 우리나라 생산품으로서 일단 수출되었다가 재수입된 물품, 외국의 선박에 의하여 공해에서 채포된 수산물 등이 있다. 그리고 수출신고가 수리된 물품은 수출신고가 취소되거나 수입신고가 수리되지 않는 한 국내에서 사용될 수 없으므로 외국물품으로 간주된다.

  이러한 외국물품은 수입신고수리를 위한 통관절차를 필해야만 내국물품이 되어 국내로 들어올 수 있다. 우리나라는 1996년부터 전자문서교환(EDI) 수입통관자동화시스템을 운영하여 수입통관절차가 매우 간소화되었다. 현행 EDI형 수입통관절차에 따라 수입물품이 국내로 반입되는 과정을 개괄적으로 살펴보면 〈그림 4-1〉과 같다.

  수입물품을 적재한 선박이 입항한 후 부두를 배정받아 물품을 하역하고 동시에 수입업자는 해당 세관에 수입신고를 한다. 현품을 확인하거나 검사할 필요가 있으면 보세구역 등에 물품을 장치하고, 필요한 경우 수입신고서류 심사와 물품검사를 거친 후 수입신고가 수리된다. 수입신고가 수리되면 수입물품에 대한 관세 및 내국세를 납부한 후 물품을 국내로 반입한다. 이 과정에서 수입신고, 수입신고서류심사 및 물품검사, 수입신고수리 등이 수입통관절차에 해당된다.[3]

  우리나라의 통관제도는 수출입신고제이므로 납세의무자는 원칙적으로 수입신고수리 후 15일 이내에 관세 및 내국세를 납부하도록 되어 있어 통관

---

  3) 이 밖에 세관에서는 수출입요건, 상표권 침해 여부, CITES 대상 물품 여부, 원산지표시 등을 확인한 후 통관을 허용한다.

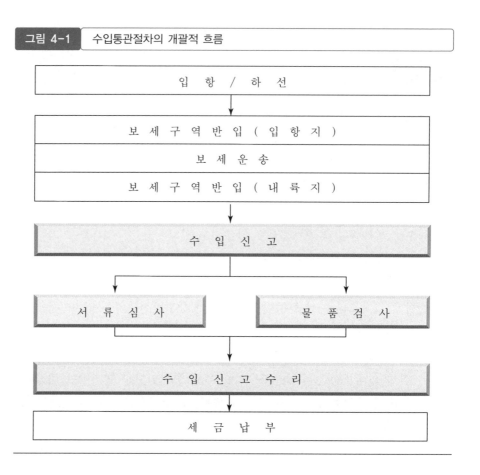

그림 4-1    수입통관절차의 개괄적 흐름

입 항 / 하 선

보 세 구 역 반 입 ( 입 항 지 )

보 세 운 송

보 세 구 역 반 입 ( 내 륙 지 )

수 입 신 고

서 류 심 사          물 품 검 사

수 입 신 고 수 리

세 금 납 부

절차와 과세절차가 분리되어 있다.

그리고 우범물품선별시스템(cargo selectivity system : C/S)을 도입하여 전체 수입화물 모두를 검사하지 않고 C/S를 통해 전산에 미리 등록된 기준에 따라 우범가능성이 높다고 예상되는 물품을 골라 집중적으로 검사함으로써 검사의 효율성을 높이고 있다.

## 2. 수입통관의 준비

세관은 외국화물을 적재한 선박이나 항공기가 국내에 입항하여 하선 또는 하기, 보세운송, 보관, 통관 등의 절차를 거치면서 최초의 수입화물이 중간과정에서 불법 유출됨이 없이 적법하게 통관되어 화주에게 인도될 수 있도록 수입화물을 관리한다.

## 2-1  적하목록의 제출

선박회사 또는 항공사는 수입화물을 적재한 선박이 적재항에서 적재하기 24시간 전까지, 항공수입인 경우에는 항공기가 착륙하기 4시간 전까지 입항예정지 세관장에게 수입화물에 대한 적하목록(manifest)을 제출해야 한다. 적하목록은 선박, 항공기 등 운송수단에 적재된 화물의 총괄목록이며 선박회사, 항공사 또는 운송주선업자가 발행한다.

세관은 적하목록 기재사항의 누락 여부, 세관의 특별감시가 필요한 우범화물에 해당하는지 등의 요건을 심사한 후 이 적하목록을 토대로 하역, 운송, 보관, 통관 별로 수입화물을 총괄 관리한다. 중국, 일본 등 근거리에서 입항하는 경우 적하목록의 제출시기는 선박 또는 항공기가 입항할 때까지이다. 그리고 혼재화물인 경우는 운송주선업자가 적하목록을 작성한다.[4]

## 2-2  수입화물의 하역

수입화물을 적재한 선박(항공기)이 입항하면 선박회사는 Master B/L 단위의 적하목록을 기준으로 하선장소를 정하여 세관장에게 하선신고서를 제출해야 한다. 하선장소는 컨테이너 화물인 경우는 부두내 또는 부두 밖의 CY(container yard)이며 벌크 화물(bulky cargo)이나 기타 화물인 경우는 부두내이다. 그리고 액체, 분말 등 특수저장시설로 직송되는 물품은 해당 저장시설에 하선한다. 수입물품이 하역되면 선박회사, 검수업자, 하역업자가 공동으로 물품검수를 실시하고 만약 적하목록과 상이한 것이 있으면 이를 세관장에게 보고해야 한다.

## 2-3  부두 직통관

수출입화물은 공항 또는 항만에서 하역과 동시에 생산 공장까지 직접 반출하는 것이 가장 효율적이기 때문에 미국, 일본, 유럽 등 선진국에서는

---

4) 적하목록을 제출하면 적하목록번호와 선하증권 번호를 조합한 화물관리번호가 자동으로 부여되고 이 화물관리번호는 관세청의 화물추적정보시스템에 기록된다. 따라서 수입화물이 이미 국내에 도착하였음에도 불구하고 자기 화물이 어느 위치에 있으며, 어느 단계에서 처리되고 있는지 모를 경우 화물관리번호(이를 모를 때는 선하증권번호)만 알면 화물추적정보시스템을 이용하여 쉽게 화물의 현재 상태, 예를 들어 보세운송 중, 도착완료 여부 등을 즉시 알 수 있다.

입항된 화물이 하역과 동시에 부두 내에서 직통관 처리되도록 물류시스템을 선진화하여 운영하고 있다. 반면 우리나라의 주요 항만은 하역기능 위주로 운영되어 통관을 부두 밖에서 하는 관행으로 수입화물은 일단 부두 밖 야적 장이나 보세창고로 옮겨진 후 통관됨에 따라 시간, 비용 등이 많이 소요되어 왔다.

이에 화주가 부두직반출(직통관 및 보세운송)을 희망할 경우 물품의 하선 장소를 부두 내로 제한하여 즉시 처리하는 부두 직통관제도를 도입 · 시행하고 있다. 부두직반출 대상화물은 입항전 신고(수입신고, 보세운송신고)물품과 입항후에 신고하더라도 부두 내 장치 후 직반출을 희망하는 물품 모두이다.[5]

## 3. 보세구역 장치 및 보세운송

### 3-1 보세구역의 의의

보세제도는 관세징수권을 확보하여 통관질서를 확립하고, 통관업무를 효율적으로 수행하기 위해 수입신고가 수리되기 전의 외국물품을 세관장의 관리하에 두는 제도를 말한다. 보세제도는 보세구역제도와 보세운송제도 두 가지로 구분된다. 그리고 보세구역은 보세화물을 반입, 장치, 가공, 건설, 전시 또는 판매하는 구역을 말하는데 지정보세구역, 특허보세구역 및 종합 보세구역으로 구분된다(관세법 제154조).

#### (1) 지정보세구역

지정보세구역은 세관에서 직접 관리하는 보세구역을 말하는데 지정장치 장 및 세관검사장으로 구분된다. 지정장치장은 통관을 하고자 하는 물품을 일시 장치하기 위한 장소이며, 세관검사장은 통관을 하고자 하는 물품을 검사하기 위한 장소이다.

#### (2) 특허보세구역

특허보세구역은 세관장의 특허를 받아 개인이 운영하는 보세구역을 의미한다. 특허보세구역은 보세창고, 보세공장, 보세전시장, 보세건설장 및 보세판매장으로 구분된다.

---

5) 현재 부두직통관 제도는 부산항, 인천항, 광양항, 평택항으로 반입되는 컨테이너 화물에 대해 시행되고 있으며 이 제도로 입항 후 국내시장 유통단계까지의 소요시간이 종전 15일 에서 3일로 단축되고 있다(관세청 자료).

### (3) 종합보세구역

종합보세구역은 보세창고, 보세공장, 보세전시장, 보세건설장 또는 보세판매장의 기능 중 둘 이상의 기능(종합보세기능)을 종합적으로 수행할 수 있는 구역을 말한다. 종합보세구역은 주로 외국인투자지역, 산업단지, 공동집배송센터, 물류단지, 기타 종합보세구역으로 지정됨으로써 외국인 투자촉진, 수출증대 또는 물류촉진 등의 효과가 예상되는 지역 중에서 무역진흥에의 기여정도나 외국물품의 반입·반출물량 등을 고려하여 관세청장이 지정한다.

## 3-2  보세구역 장치

수입화물이 본선으로부터 하역되면 보세구역에 장치하는 것이 원칙이다. 그러나 다음의 경우 보세구역이 아닌 장소에 장치할 수 있는데 이를 타소장치라 한다(관세법 제155조 제1항).

① 수출신고가 수리된 물품
② 거대중량 등으로 보세구역에 장치하기 곤란하거나 부적당한 물품
③ 재해 또는 부득이한 사유로서 임시 장치한 물품
④ 검역물품, 압수물품, 우편물품

## 3-3  보세운송

보세운송은 세관장에게 신고한 후 외국물품을 국내의 보세구역간에 이동하는 것을 말한다. 보세운송구간은 개항, 보세구역, 타소장치의 허가를 받은 장소, 세관관서, 통관역, 통관장 및 통관우체국이다. 통관역은 국외와 연결하며 국경에서 근접한 일반수송용 철도역 중에서 관세청장이 지정하는 곳을 말하고, 통관장은 관세통로에 근접한 장소 중에서 세관장이 지정한 곳이다.

만약 수입업자가 내륙에 위치한 자신의 공장에 수입화물을 장치하고 관할 세관에서 통관하기를 원하면 항만에서 내륙공장까지 수입화물의 보세운송이 허용된다. 보세운송을 하려면 화주, 보세운송업자, 관세사 등 보세운송신고인은 당해 물품이 하역된 이후 보세운송신고서에 적하목록 사본을 첨부하여 보세운송신고를 해야 한다. 그러나 재보세운송하는 물품, 검역물품, 위험물품, 불법수출입방지를 위하여 세관장이 지정한 물품 등은 세관장으로부터 승인을 받아야 한다(관세법시행령 제226조 3항).

## 4. 수입신고

### 4-1 수입신고의 의의

물품을 수입하고자 하는 자는 당해 물품의 품명, 규격, 수량, 가격 등을 세관장에게 신고해야 한다.[6] 수입업자는 수입신고를 함으로써 비로소 물품을 수입하려는 의사를 공식적으로 표현하게 되며 수입신고를 하는 시점에서 수입과 관련된 적용법령, 과세물건, 납세의무자 등이 확정된다.

수입신고는 화주, 관세사, 관세사법인 또는 통관취급법인의 명의로 해야 한다.[7] 그리고 수입신고시에는 세관이 수입물품에 대하여 적정한 관세를 부과하여 징수할 수 있도록 수입신고서에 선하증권 또는 항공화물운송장 사본, 원산지증명서(해당 물품에 한함), 기타 필요한 승인서류 등을 세관에 제출해야 한다.

### 4-2 수입신고의 시기

수입신고는 원칙적으로 수입물품을 적재한 선박 또는 항공기가 입항한 후에 할 수 있지만 신속한 통관을 위해 선박 또는 항공기가 입항하기 전에도 가능하도록 하고 있다. 현행 수입신고는 수입신고시기에 따라 〈그림 4-2〉에서와 같이 출항 전 수입신고, 입항 전 수입신고, 입항 후 보세구역 도착 전 수입신고 및 보세구역 장치 후 수입신고의 4가지 유형으로 구분된다.

#### (1) 출항 전 수입신고

항공기로 수입되는 경우 또는 일본, 대만, 홍콩, 중국 등에서 선박으로 수입되는 경우에는 출항 후 입항하기까지 시간이 너무 짧기 때문에 출항 후 수입신고하는 것이 곤란하다.

이런 경우 선박 또는 항공기가 물품을 적재한 항구 또는 공항에서 출항하기 전에 수입신고가 가능하다. .

---

6) 수입신고의 정확도가 높고, 체납사실이나 관세법 등의 위반사실이 없는 성실업체로 지정을 받은 업체는 자기 사무실에서 전산으로 수입신고하고 전산으로 수입신고수리 결과를 통보받을 수 있다.

7) 화주가 직접 신고하는 경우에는 수입신고 사항을 세관에 전송하기 위한 전산설비 등을 갖춘 후 세관에서 ID를 부여받아 신고하는 방법과 영세업체의 경우 무역협회 등에 설치된 공용단말기를 통하여 신고하는 방법이 있다.

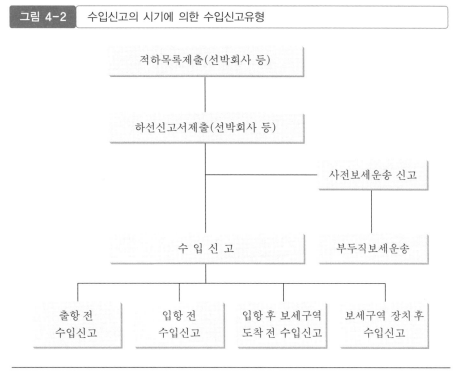

| 그림 4-2 | 수입신고의 시기에 의한 수입신고유형 |

(2) 입항 전 수입신고

입항 전 수입신고는 수입물품을 선(기)적한 선박 또는 항공기가 물품을 적재한 항구 또는 공항에서 출항한 후 하선신고 시점을 기준으로 도착지에 입항하기 전에 수입신고하는 것을 말한다. 모든 화물은 입항 전 수입신고가 가능하다.

(3) 입항 후 보세구역도착 전 수입신고

입항 후 보세구역도착 전 수입신고는 수입물품을 적재한 선박 또는 항공기가 입항하여 하역신고한 후 해당 물품이 반입될 보세구역에 도착하기 전 수입신고하는 것을 말한다. 신고대상에는 제한이 없다.

(4) 보세구역장치 후 수입신고

보세구역장치 후 수입신고는 수입물품을 보세구역에 장치한 후 관할 세관에 수입신고하는 것을 말한다. 신고대상업체 및 대상물품에는 아무런 제한이 없다.

**서식 4-5** 보세운송신고서

# 보세운송신고서
## (보관용)

| 1. 신고자 |
|---|
| 상호 _____ 신고자부호 |

| 2. 신고번호 (세관-신고구분-연도-일련번호) | 3. 신고일자 / / |
|---|---|

| 주소 _____ |
| 성명 _____ |

| 4. 운송기간 / / 까지 | 5. 운송수단 ( → ) |
|---|---|

**6. 운송구간 (발송지보세구역 → 경유지보세구역 → 도착지보세구역)**

| 발송지보세구역 (부호) | 경유지보세구역 (부호) | 도착지보세구역 (부호) |
|---|---|---|

| 7. 적화목록관리번호(MRN) | 8. B/L 일련번호 | 9. B/L(AWB)번호 (컨테이너번호) | 10. 품 명 | 11. 포장명세 개 수 | 11. 포장명세 단 위 | 12. 총중량 (KG) | 13. 세관 기재란 |
|---|---|---|---|---|---|---|---|
| | | | | | | | |

| 합 계 (TOTAL) | 14. 컨테이너 총개수 | | 15. 포장개수 합계 | | 16. 총중량합계 | |
|---|---|---|---|---|---|---|

| ※ 첨부서류 : 적화목록 사본 ( ) | 17. 수리일자 : |
|---|---|
| | ※ 비 고 |

※ 주의 : 보세운송물품이 목적지에 도착하면, 도착지장치장에 보세운송승인서와 적화목록사본을 제출 하여야 한다.

세관담당자 (인)

## 5. 물품검사와 수입신고수리

### 5-1 물품검사

수입신고가 완료되면 세관에서는 신고서의 형식적 요건과 법률적 수입요건, 신고 시 제출서류 여부 등만 확인하고 수입신고를 수리하는 것이 원칙이다. 그러나 세관 직원이 수입신고서와 제출 서류만으로는 각종 표시, 용도, 기능 등을 확인할 수 없거나, 신고된 물품 이외에 은닉된 물품이 있는지여부, 수입신고사항과 현품이 일치하는지 여부 등의 확인이 필요한 경우에는 수입물품을 직접 확인하는 경우가 있는데 이를 물품검사라 한다.

물품검사 대상은 다음과 같다.

① 서류심사만으로 신고사항을 확인하기 곤란한 물품

② 수입화물선별검사시스템에 의해 선별된 물품

③ 통관심사과정에서 현품의 확인이 필요하다고 인정하는 물품

수입신고를 한 물품이 검사대상으로 선정되면 수입자는 수입물품을 세관에서 검사할 수 있는 장소로 반입하여야 하는데 검사장소는 선박 내, 부두내 검사장소, 입항지 보세창고, 일반 보세창고 등인데 수입물품 및 수입신고시기에 따라 달라진다.

출항전 신고 및 입항전 신고 물품으로서 곡물, 원유, 광물 등 선상에서 검사가 가능하다고 세관장이 인정하는 물품은 선상에 적재한 상태로 검사가가능하고, 출항전, 입항전 신고한 컨테이너 물품으로서 부두직통관 지역으로 반입된 물품의 검사장소는 부두 내이다. 그리고 출항전, 입항전 신고물품중 검사대상으로 선정된 물품의 검사장소는 입항지 보세창고이며 수입물품이 장치된 일반 보세창고도 검사장소로 이용된다.

### 5-2 수입신고수리

세관장은 수입신고가 관세법의 규정에 따라 적법하고 정당하게 이루어진 경우 수입신고를 지체없이 수리하고 수입신고인에게 수입신고필증을 교부해야 한다.

수입신고인은 수입신고가 수리된 후 운수기관, 관세통로 또는 장치장소

**서식 4-6** 수입신고서

# 수 입 신 고 서 (보관용)

(갑지)

※ 처리기간 : 3일

| ①신고번호 | ②신고일 YYYY/MM/DD | ③세관.과 | ⑥입항일 | |
|---|---|---|---|---|
| ④B/L(AWB)번호 | ⑤화물관리번호 | | ⑦반입일 9 YYYY/MM/DD | ⑧징수형태 |

| | ⑭통관계획 | ⑯원산지증명서 유무 X | ⑱총중량 9,999,999,999,999 XX |
|---|---|---|---|
| ⑨신 고 자 ⑩수 입 자 ⑪납세의무자 (주소) (상호) (성명) ⑫무역대리점 ⑬공 급 자 | ⑮신고구분 | ⑰가격신고서 유무 X | ⑲총포장갯수 99,999,999 XX |
| | ⑳거래구분 | 국내도착항 XXX XXXXXXXXXXXXX | 운송형태 XX-XXX |
| | 종류 X | 적출국 XX XXXXXXXXXXXXX | |
| | XXXXXXXXXXXXX | 선기명 XXXXXXXXXXXXXXXX XX | |
| | MASTER B/L 번호 XXXXXXXXXXXXXXX | | 운수기관부호 XXXX |

검사(반입)장소  99999999-XXXXXXXXX (XXXXXXXXXXXXXXXXXXXXXXXXX)

● 품명·규격 (란번호/총란수 : 999/999)

| 품 명 XXXXXXXXXXXXXXXXXXXXXXXXXXX | | 상 표 XXXXXXXXXXXXXXXXXXXXXXXXX |
|---|---|---|
| 거래품명 XXXXXXXXXXXXXXXXXXXXXXXXXXX | | XXXXXXXXXXXXX |

| 모델·규격 | 성분 | 수량 | 단가(XXX) | 금액(XXX) |
|---|---|---|---|---|
| XXXXXXXXXXXXXXXXXXXXX XXXXXXXXXXXXXXXXXXXXX XXXXXXXXXXXXXXXXXXXXX | XXXXXXXXXXXXXXXXXXX XXXXXXXXXXXXXXXXXXX XXXXXXXXXXXXXXXXXXX | 9,999,999.9999XXX | 9,999,999.999999 | 99,999,999.9999 |
| XXXXXXXXXXXXXXXXXXXXX XXXXXXXXXXXXXXXXXXXXX XXXXXXXXXXXXXXXXXXXXX | XXXXXXXXXXXXXXXXXXX XXXXXXXXXXXXXXXXXXX XXXXXXXXXXXXXXXXXXX | 9,999,999.9999XXX | 9,999,999.999999 | 99,999,999.9999 |

| 세번 부호 | 순중량 | C/S 검사 | 사후확인기관 |
|---|---|---|---|
| 과세가격(CIF) | 수 량 | 검사변경 | |
| | 환급물량 | 원산지표시 | 특수세액 |

| 수입요건확인 (발급서류명) | |
|---|---|

| 세종 | 세율(구분) | 감면율 | 세액 | 감면분납부호 | 감면액 | * 내국세종부호 |
|---|---|---|---|---|---|---|
| | | | | | | |

| 결제금액(인도조건-통화종류-금액-결제방법) | | XXX-XXX-999,999,999,999-XX | 환 율 | 99,999.9999 |
|---|---|---|---|---|
| 총과세가격 | $999,999,999,999 운임 | 999,999,999,999 가산금액 | 999,999,999,999 납부번호 | 999-99-99-9-999999-9 |
| | ₩999,999,999,999 보험료 | 999,999,999,999 공제금액 | 999,999,999,999 부가가치세과표 | 999,999,999,999 |

| 세 종 | 세 액 | ※ 관세사기재란 | 세관기재란 |
|---|---|---|---|
| 관 세 | | | |
| 특 소 세 | | | |
| 교 통 세 | | | |
| 주 세 | | | |
| 교 육 세 | | | |
| 농 특 세 | | | |
| 부 가 세 | | | |
| 신고지연가산세 | | | |
| 총세액합계 | | 담당자 XXXXXXXXXXX 999999 | 접수일시 YYYY/MM/DD,HH:MM 수리일자 YYYY/MM/DD |

**표 4-1** 수입신고시기에 의한 수입통관절차 구분

| 구  분 | 출항전 신고 | 입항전 신고 | 보세구역 도착전 신고 | 보세구역 장치 후 신고 |
|---|---|---|---|---|
| 신고시기 | 우리나라 입항 5일 전(항공기는 1일 전)으로 물품을 적재한 선박(항공기)이 적재항 출항 전 | 우리나라 입항 5일 전(항공기는 1일 전)으로 선박(항공기) 출항 후 입항(하선[기]신고) 전 | 입항 후 당해 물품이 반입될 보세구역 도착 전 | 당해 물품의 보세구역 장치 후 |
| 신고대상 물품 | - 항공기로 수입되는 물품<br>- 일본, 중국, 대만, 홍콩 으로부터 선박으로 수입 되는 물품 | 제한 없음 | 제한 없음 | 제한 없음 |
| 신고세관 | 입항예정지 세관 | 입항예정지 세관 | 도착예정 보세구역 관할세관 | 장치물품 보세구역 관할세관 |
| 검사대상 통보시기 | 선박(항공기)이 출항하였음을 입증하는 자료제출(출항신고서 및 적하목록)하는 시점 | 수입신고일 | 수입신고일 | 수입신고일 |
| 검사생략 물품의 신고 수리시기 | 적하목록 제출 후 | 적하목록 제출 후 | 보세구역 도착보고 후 | 수입신고 후 |
| 검사대상 물품의 신고 수리시기 | 물품검사 종료 후 | 물품검사 종료 후 | 물품검사 종료 후 | 물품검사 종료 후 |

로부터 물품을 반출할 수 있다. 그러나 납부해야 할 관세 등에 상당한 담보를 제공하고 세관장으로부터 반출승인을 얻은 경우에는 수입신고 수리 전에도 수입물품을 반출할 수 있다.

현행 수입신고제하에서는 수입신고수리 후 관세를 납부하는 사후납부제이므로 화주는 수입신고가 수리된 날로부터 15일 이내에 관세 등 수입세금을 국고수납은행 또는 우체국에 납부해야 한다. 사후납부는 신용담보 또는 포괄담보 업체로서 담보면제된 경우와 각 신고건별로 개별담보를 제공한 경우에 해당된다.

수입신고시기에 따른 수입통관절차를 요약해 보면 〈표 4-1〉과 같다.

**서식 4-7** 수입신고필증

# 수 입 신 고(신고필증)

(갑지)

※ 처리기간 : 3일

| ①신고번호 | ②신고일 | ③세관.과 | ⑥입항일 | |
|---|---|---|---|---|
| 99999-99-9999999-9 | YYYY/MM/DD | 999-99 | YYYY/MM/DD | |

| ④B/L(AWB)번호 | ⑤화물관리번호 | ⑦반입일 | ⑧징수형태 |
|---|---|---|---|
| XXXXXXXXXXXXXX(XXXX) | YXXXXXXXXXX-9999-999 | YYYY/MM/DD | 99 |

⑨신 고 자 XXXXXXXXXXXXXXXXXXXXXX
⑩수 입 자 XXXXXXXXXXXXXXXXX (99999999 X)
⑪납세의무자 (XXXXXXX-9-99-9-99-9 / 999-99-99999)
 (주소) XXXXXXXXXXXXXXXXXXXXXXXXXXXXXXXX
 (상호) XXXXXXXXXXXXXXXXXXXXXXXXX
 (성명) XXXXXXXXXXXX
⑫무역대리점 XXXXXXXXXXXXXXXXXXX (9999999)
⑬공 급 자 XXXXXXXXXXXXXXXXXXXXXXXXXX
 XXXXXXXXXXXXXXXXX(XX) / XXXX9999X

⑭통관계획 X ⑯원산지증명서 ⑱총중량
 XXXXXXXXXXXXXX 유무 X 9,999,999,999,999 XX
⑮신고구분 X ⑰가격신고서 ⑲총포장갯수
 XXXXXXXXXXXXX 유무 X 99,999,999 XX
㉑거래구분 99 ㉒국내도착항 XXX ㉓운송형태
 XXXXXXXXXXXX XX-XXX
㉔종류 X ㉕적출국 XX XXXXXXXXXXX
 XXXXXXXXXXXXX ㉖선기명 XXXXXXXXXXXXXXX XX
㉗MASTER B/L 번호 XXXXXXXXXXXXXX ㉘운수기관부호 XXXX

㉙검사(반입)장소 99999999-XXXXXXXX (XXXXXXXXXXXXXXXXXXXXXX)

● 품명·규격 (란번호/총란수 : 999/999)

㉚품 명 XXXXXXXXXXXXXXXXXXXXXXXXXXXXXXX ㉛상 표 XXXXXXXXXXXXXXXXXXXXXXX
㉜거래품명 XXXXXXXXXXXXXXXXXXXXXXXXXXXXXX XXXXXXXXXXXXX

| ㉝모델·규격 | ㉞성분 | ㉟수량 | ㊱단가(XXX) | ㊲금액(XXX) |
|---|---|---|---|---|
| XXXXXXXXXXXXXXX XXXXXXXXXXXXXXX XXXXXXXXXXXXXXX | XXXXXXXXXXXXXX XXXXXXXXXXXXXX XXXXXXXXXXXXXX | 9,999,999.9999XXX | 9,999,999.999999 | 99,999,999.9999 |
| XXXXXXXXXXXXXXX XXXXXXXXXXXXXXX XXXXXXXXXXXXXXX | XXXXXXXXXXXXXX XXXXXXXXXXXXXX XXXXXXXXXXXXXX | 9,999,999.9999XXX | 9,999,999.999999 | 99,999,999.9999 |

| ㊳세번부호 | 9999.99-9999 | ㊴순중량 | 9,999,999,999,999.9 XX | ㊶C/S 검사 | X XXXXXXXXXXXX | ㊸사후확인기관 |
|---|---|---|---|---|---|---|
| ㊵과세가격(CIF) | $999,999,999,999 | ㊵수 량 | 9,999,999,999 XX | ㊷검사변경 | X XXXXXXXXXX | 999,999,999 |
| | ₩999,999,999,999 | ㊵환급물량 | 9,999,999,999.999 XX | ㊹원산지표시 | XX-X-X-X | ㊺특수세액 99,999,999.99 |

| ㊻수입요건확인 (발급서류명) | 9-999-99-99-99999999 (XXXXXXXXXXXXXXX) | 9-999-99-99-99999999 (XXXXXXXXXXXXXXX) | 9-999-99-99-99999999 (XXXXXXXXXXXXXX) | 9-999-99-99-99999999 (XXXXXXXXXXXXXX) |
|---|---|---|---|---|
| | 9-999-99-99-99999999 (XXXXXXXXXXXXXX) | 9-999-99-99-99999999 (XXXXXXXXXXXXXX) | 9-999-99-99-99999999 (XXXXXXXXXXXXXX) | 9-999-99-99-99999999 (XXXXXXXXXXXXXX) |

| ㊼세종 | ㊽세율(구분) | ㊾감면율 | ㊿세액 | 감면분납부호 | 감면액 | * 내국세종부호 |
|---|---|---|---|---|---|---|
| XX | 9,999.99(XX XXXX) 9999999999 | 9,999.99 | 999,999,999,999 | XXXXXXXXXX | 999,999,999,999 | |
| XX | 9,999.99(XX XXXX) | 9,999.99 | 999,999,999,999 | XXXXXXXXXX | 999,999,999,999 | XXXXXX |
| XX | 9,999.99(XX XXXX) | 9,999.99 | 999,999,999,999 | | 999,999,999,999 | |
| XX | 9,999.99(XX XXXX) | 9,999.99 | 999,999,999,999 | | 999,999,999,999 | |
| XX | 9,999.99(XX XXXX) | 9,999.99 | 999,999,999,999 | XXXXXXXXXX | 999,999,999,999 | |

| 결제금액(인도조건-통화종류-금액-결제방법) | XXX-XXX-999,999,999,999-XX | 환 율 | 99,999.9999 |
|---|---|---|---|

| 총과세가격 | $999,999,999,999 | 운임 | 999,999,999 | 가산금액 | 999,999,999 | 납부번호 | 999-99-99-9-999999-9 |
|---|---|---|---|---|---|---|---|
| | ₩999,999,999,999 | 보험료 | 999,999,999 | 공제금액 | 999,999,999 | 부가가치세과표 | 999,999,999 |

| 세 종 | 세 액 | ※관세사기재란 | ※세관기재란 |
|---|---|---|---|
| 관 세 | 999,999,999,999 | XXXXXXXXXXXXXXXXXXXXXXXXXXXXXXXXX XXXXXXXXXXXXXXXXXXXXXXXXXXXXXXXXX | |
| 특 소 세 | 999,999,999,999 | XXXXXXXXXXXXXXXXXXXXXXXXXXXXXXXXX | |
| 교 통 세 | 999,999,999,999 | XXXXXXXXXXXXXXXXXXXXXXXXXXXXXXXXX | |
| 주 세 | 999,999,999,999 | XXXXXXXXXXXXXXXXXXXXXXXXXXXXXXXXX | |
| 교 육 세 | 999,999,999,999 | XXXXXXXXXXXXXXXXXXXXXXXXXXXXXXXXX | XXXXXXXXXXXXXXXXXXXXXXXX |
| 농 특 세 | 999,999,999,999 | XXXX | XXXXXXXXXXXXXXXXXXXXXXXX |
| 부 가 세 | 999,999,999,999 | | XXXXXXXXXXXXXXXXXXXX |
| 신고지연가산세 | 999,999,999,999 | | |

| 총세액합계 | 999,999,999,999 | 담당자 | XXXXXXXXXXX 999999 | 접수일시 | YYYY/MM/DD.HH:MM | 수리일자 | YYYY/MM/DD |
|---|---|---|---|---|---|---|---|

## 6. 수입신고의 취하와 각하

수입신고의 취하는 신고인의 요청에 따라 수입신고사항을 취소하는 것을 말한다. 그러나 운송수단, 관세통로 또는 관세법에서 규정된 장치장소에서 물품을 반출한 후에는 취하하지 못한다(관세법 제250조 제 1 항).

수입신고의 각하는 세관장이 직권으로 수입신고를 거절하거나 취소하는 것을 말하는데, 수입신고시 요건을 갖추지 못하였거나 허위로 수입신고된 경우 세관장은 수입신고를 각하할 수 있다(관세법 제250조의 3).

## 제4절  관세의 확정과 납부

## 1. 관세의 의의

관세(customs, customs duties, tariff)는 일국의 관세선(관세영역)을 통과하는 물품에 대해서 부과하는 조세를 말한다. 관세선은 대부분 정치적 국경과 일치하지만 그렇지 않은 경우도 있다. 예를 들어 자유무역지대는 한 나라의 영역에 설치되어 있지만 관세제도상 다른 나라와 동일하게 다루어지는 영역이며 반대로 다른 나라에 설치된 보세구역은 자국과 다름이 없다.

관세는 조세의 일종이기 때문에 조세법률주의에 따라 원칙적으로 국회의 의결을 얻은 법률이나 국제조약에 의해서 부과된다. 그러나 관세는 그 성질상 국내외 경제여건의 변동에 따라 신속한 조치를 취할 필요가 있기 때문에 대통령령이나 부령 등의 명령에 위임되는 경우가 많다.

그리고 관세는 관세영역을 출입하는 모든 물품에 부과된다. 즉 외국으로부터 자국에 물품이 들어 올 경우에는 수입관세, 자국의 물품이 외국으로 나갈 경우에는 수출관세가 부과되는데 대부분의 국가들은 수출을 장려할 목적으로 수출관세를 부과하지 않는다. 일정한 관세영역을 단순히 통과하는 물품에 대해서 통과세(transit duties)가 부과될 수 있지만 GATT 협정(제 5 조)에서는 통과물품에 대한 관세 등을 부과하지 못하도록 규정하고 있다.

한편 관세를 부과하는 목적은 크게 국가 재정수입의 확보와 국내산업의 보호에 있다. 국내산업이 발달하지 못해 거의 수입에 의존할 경우 또는 국내산업이 이미 확립되어 있어 더 이상 보호할 필요가 없을 경우에는 주로 국가의 재정수입을 목적으로 한 재정관세(revenue tariff)가 부과된다. 일반적으로 후진국일수록 재정관세가 많아 총조세수입에서 관세가 차지하는 비중이 높다.

그리고 국내산업을 보호할 목적으로 부과되는 관세를 보호관세(protective tariff)라 하는데 주로 유치산업을 보호할 때 이 관세가 부과된다. 수입물품에 일정 관세가 부과되면 수입이 억제되므로 그만큼 국내상품의 소비가 촉진되어 국내산업이 보호될 수 있다.

## 2. 관세의 종류

### 2-1  종가세 · 종량세 · 선택세

관세는 과세방법에 따라 수입물품(과세물건)의 가격을 기준으로 부과되는 종가세, 수량을 기준으로 부과되는 종량세, 종가세와 종량세 중 높은 세액을 선택해서 적용하는 선택세 등이 있다.

#### (1) 종가세

종가세(ad valorem duties)는 수입물품의 가격을 과세기준으로 하여 산정된 세액이다. 즉 물품의 가격에 관세율이 곱해져 관세액이 산정된다.

▶ 종가세의 경우

수입물품의 실제가격 × 관세율(%) = 종가세액

종가세는 수입되는 물품의 실제가격에 비례해서 산정되므로 상품별로 균등하고 공평하게 부과될 수 있다. 그러나 과세가격의 기준을 정하고 실제가격을 확인하는 데 시간과 비용이 많이 드는 단점이 있다.

현재 우리나라는 대부분 종가세이며 종량세 대상품목은 영화용 필름(HS 3706.10), 비디오 테이프(HS 8523.29) 등 몇 개 되지 않는다.

### (2) 종량세

종량세(specific duties)는 수입물품의 수량을 기준으로 부과되는 관세이다. 과세물건의 개수, 중량, 길이, 용적 등이 과세표준이 되고 여기에 단위수량당 세액이 곱해져 관세액이 산출된다.

종량세는 수입물품의 수량에 의해서 산정되므로 모든 관세액이 상품의 종류에 상관 없이 간단 명료하게 산정될 수 있는 장점이 있으며, 대량으로 수입되는 저가물품에 적용할 경우 관세효과가 크다. 그러나 종량세는 수입물품의 가격을 반영하지 못하므로 공평한 과세가 되지 못한다.

▶ 종량세의 경우

과세물건의 수량 × 단위수량당 세액 = 종량세액

### (3) 선택세

선택세(selective duties)는 한 품목에 대해서 종가세와 종량세를 동시에 적용하여 그 중 높은 것을 관세로 확정하는 방법이다. 대체로 품질이 우수하거나 시세가 상승할 때는 종가세를 적용하고, 저가품이나 시세가 하락할 경우에는 종량세를 적용한다. 한편, 복합세(compound duties)는 동일 품목에 대해서 종가세와 종량세를 결합한 관세인데 현행 적용대상품목은 없다.

현행 선택세율 대상품목에는 밤(HS 0802.20), 은행(HS 0802.90), 대추(HS 0810.90) 등이 있다.

## 2-2 국정관세·협정관세

### (1) 국정관세

국정관세(national tariff)는 한 나라가 자국의 법령에 의하여 자주적으로 부과하는 기본관세를 말한다. 국정관세는 외국으로부터 제약을 받지 않고 관세주권에 의해 오직 자국의 경제·사회 정책의 목적으로 부과된다.

우리나라의 국정관세에는 기본관세, 잠정관세, 탄력관세, 환급에 갈음하는 관세 등이 있다. 이에 대한 설명은 다음 절에서 자세히 하기로 한다.

### (2) 협정관세

협정관세(conventional tariff)는 국가간의 관세협정에 의해 결정되는 관세를 말한다. 관세협정은 주로 국제무역을 증진하기 위해 국정관세율을 인하하거나 더 이상 인상하지 않을 것을 양허하는 협정이기 때문에 협정관세율은 국정관세율보다 일반적으로 저율이다.

우리나라의 협정관세에는 WTO협정 일반양허관세, WTO협정 개발도상국간 양허관세, ESCAP(Economic and Social Commission for Asia and the Pacific: 아시아 태평양경제사회위원회) 개발도상국가간 무역협정에 의한 양허관세, UNCTAD 개발도상국가간 특혜무역제도(GSTP)에 의한 양허관세 등이 있다.

다자간 무역협상에 의한 협정관세 외에도 2004년에 우리나라와 칠레간의 자유무역협정(free trade agreement)이 처음 체결됨에 따라 개별 국가간에 적용되는 협정관세도 있다.

## 3. 탄력관세

### 3-1  탄력관세의 의의

관세는 조세법률주의에 따라 국회의 의결을 거쳐서 결정 또는 변경되는 것이 원칙이다. 그러나 국내외 경제상황의 변동에 신속히 대응하여 국내산업을 보호하고 국민경제를 안정시키기 위해 일정 범위 내에서 관세율의 인상 또는 인하를 행정부에 위임하고 있는데 이를 탄력관세제도(flexible tariff system)라 한다.

탄력관세제도는 법률의 경직성으로부터 벗어나고 국내외 여건에 유동성 있게 대처하도록 입법부 권한의 일부를 사전에 정해진 법률에 의해 행정부에 위임한 것이다. 따라서 행정부는 반드시 관세법에서 정해진 범위 내에서 탄력관세를 발동하고 세율을 변경시켜야 한다.

일반적으로 탄력관세가 발동되는 경우는 다음과 같다.

첫째, 국내산업을 보호하기 위해서 또는 국제수지의 악화를 방지하기 위해서 특정 물품의 수입을 긴급히 억제할 필요가 있을 경우,

둘째, 국내공급이 부족하여 국내가격이 폭등하는 경우 이를 안정시키기

위해 특정 물품의 수입을 긴급히 증가시킬 필요가 있을 경우,

그리고 산업구조의 급격한 변동으로 품목간의 세율을 조정할 필요가 있을 경우 등이다.

## 3-2 탄력관세의 종류

### (1) 덤핑방지관세

덤핑방지관세(anti-dumping duties)는 외국물품이 소위 덤핑으로 수입되어 일반관세로는 도저히 국내산업을 보호하지 못할 경우 덤핑의 효과를 상쇄시키기 위해 정상가격과 덤핑가격의 차액정도를 일반관세에 추가하여 부과하는 관세를 말한다. 이 관세의 주요 목적은 정상 이하로 수입되는 물품의 가격을 정상가격으로 인상시켜 수입을 긴급히 억제하기 위해서이다.

덤핑방지관세는 1904년 캐나다에서 처음 실시되었는데 오늘날에는 세계 모든 국가들이 국내산업을 보호하기 위해 이 관세를 이용하고 있다. 우리나라 관세법(제51조)에서도 정상가격 이하로 수입되는 물품으로 인하여 국내산업이 실질적인 피해를 볼 경우 덤핑방지관세를 발동하여 국내산업을 보호하도록 규정하고 있다. 특히 덤핑방지관세의 부과대상 및 세율 등을 기획재정부령으로 정하도록 함으로써 국내산업피해가 신속히 구제되도록 하고 있다.

### (2) 상계관세

상계관세(countervailing duties)는 수출국 정부로부터 수출보조금을 받은 물품이 낮은 가격으로 대량 수입되는 것을 막기 위해 보조금만큼을 관세로 부과시켜 수출국 정부의 지원효과를 상쇄시키는 제도를 말한다. 후진국, 개도국 등에서는 자국의 수출산업을 장려하기 위해 여러 가지 수출지원정책을 실시하고 있는데 만약 정부로부터 보조금을 받게 되면 수출업자는 그만큼 수출가격을 낮출 수 있어 해외시장진출이 용이하다. 그러나 수입국의 입장에서는 국내시장교란이 발생하고 국내산업이 피해를 볼 수 있으므로 수출보조금만큼 관세를 부과하여 수입가격을 정상가격으로 인상시켜 수입을 억제한다.

우리나라는 직접·간접으로 수출보조금 등을 받은 물품의 수입으로 국내산업이 실질적으로 피해를 받고 이를 보호할 필요가 있을 때는 기획재정부령으로 해당 물품과 수출업자 또는 수출국을 지정하여 상계관세를 추가로 부과

할 수 있다(관세법 제57조). 그리고 보조금 등을 받은 물품의 수입으로 실질적인 피해를 입은 자는 증빙서류를 첨부하여 무역위원회에 상계관세의 부과를 요청해야 한다. 피해조사기간 동안에는 잠정상계관세가 부과될 수 있다.

### (3) 보복관세

보복관세(retaliatory duties)는 자국의 수출품에 대해서 상대방 국가가 부당하게 고율의 관세를 부과하거나 자국의 선박, 항공기 등에 대해서도 불리한 취급을 하는 경우 상대방 국가의 물품, 선박, 항공기 등에 대해서도 똑같이 불리한 대우를 하기 위해 부과하는 관세를 말한다.

이러한 보복관세는 상대방 국가로부터 관세보복을 유발시켜 결국에는 양국간의 관세전쟁이 일어날 가능성이 있기 때문에 각국에서는 보복관세를 좀처럼 발동하지 않는다. 단지 보복관세제도를 채택하고 있다는 자체만으로 상대방의 편파적 조치를 사전에 막을 수 있는 효과가 있다.

우리나라의 관세법에서는 교역상대국이 우리나라 수출물품 등에 대해 부당한 조치를 취할 경우 그 나라로부터 수입되는 물품에 대하여 피해상당액의 범위 내에서 관세를 부과하도록 규정하고 있다. 보복관세를 부과할 때는 관련 국제기구 또는 당사국과 미리 협의할 수 있으며, 보복관세의 대상국가, 물품, 수량, 세율 및 적용시한은 대통령령으로 정한다(관세법 제63조).

### (4) 긴급관세

긴급관세(emergency duties)는 특정 물품의 수입에 대한 긴급대응조치로서 부과되는 관세를 말한다. 특정 물품의 수입증가로 인하여 동종 물품 또는 직접적인 경쟁관계가 있는 물품을 생산하는 국내산업이 심각한 피해를 볼 경우 이를 구제하기 위한 긴급관세가 발동될 수 있다(관세법 제65조).

일국이 일방적으로 긴급관세를 발동하면 상대국도 이에 대한 보복적인 긴급관세를 부과할 수 있으므로 이러한 조치는 필요한 범위 내에서만 시행되어야 한다. 우리나라의 경우 긴급관세는 무역위원회의 긴급관세 부과건의가 있는 경우에 해당 국내산업의 보호 필요성, 국제통상관계, 긴급관세부과에 따른 보상수준, 국민경제 전반에 미치는 필요성 등을 검토하여 부과여부 및 그 내용이 결정된다. 피해조사기간 동안에는 필요에 따라 잠정긴급관세가 부과될 수 있다.

> ▶ 무역위원회

무역위원회는 특정 물품의 수입증가, 무역 및 유통 서비스의 공급증가 또는 불공정한 수입으로 인한 국내산업의 피해를 구제하는 데 필요한 각종 조사, 판정 및 구제조치 등을 수행한다.

### (5) 농림축산물에 대한 특별긴급관세

이 관세는 우리나라가 UR협상에서 양허한 농림축산물의 수입물량이 급증하거나, 국제가격이 하락하는 경우 당초 양허한 세율을 초과하여 관세를 부과할 수 있는 특별긴급관세이다. 이는 저가 농림축산물의 수입이 일시적으로 급증하여 우리나라 농어가의 피해가 예상될 때 이를 방지하기 위해 외국산 농림축산물에 대해서 특별히 긴급관세를 부과하는 것이다.

관세협정에 의해서 국내외 가격차에 상당한 율로 양허한 농림축산물의 수입물량이 급증하거나 수입가격이 하락할 경우에는 대통령령이 정하는 바에 따라 양허한 세율을 초과하여 관세를 부과할 수 있다. 특별긴급관세의 적용대상, 품목, 세율, 적용시한, 수량 등은 기획재정부령으로 정한다(관세법 제68조).

### (6) 조정관세

조정관세(adjustment duties)는 수입자유화정책에 따라 무분별하게 수입되는 것을 방지하기 위해 부과되는 관세이다. 우리나라는 다음의 경우 100분의 100에서 해당 물품의 기본세율을 뺀 율을 기본세율에 가산한 율의 범위 안에서 관세를 부과할 수 있다(관세법 제69조).

① 산업구조의 변동 등으로 물품간의 세율이 현저히 불균형하여 이를 시정할 필요가 있는 경우

② 국민보건, 환경보전, 소비자보호 등을 위하여 필요한 경우

③ 국내에서 개발된 물품 중 일정 기간 보호가 필요한 경우

④ 농림축산물 등 국제경쟁력이 취약한 물품의 수입증가로 국내시장이 교란되거나 산업기반을 붕괴시킬 우려가 있어 이를 시정 또는 방지할 필요가 있는 경우

### (7) 할당관세

할당관세(tariff quota)는 일정 수입수량을 정해 놓고 그 범위 내에서 수입될 때에는 낮은 세율을 적용하고, 수입수량을 초과하여 수입될 때에는 높은 세율을 적용하는 제도를 말한다. 즉 할당관세는 수량제한(quota)과 관세를 동시에 사용하여 수입을 조절하는 것이다.

따라서 물자수급을 원활히 하기 위해 특정 물품을 수입할 필요가 있을 경우에는 일정 수량까지 수입되는 물량에 대해서는 기본세율에서 과세가격의 100분의 40의 범위 안의 율을 기본세율에 감하여 할인할당관세를 부과한다. 그러나 특정 물품의 수입을 억제할 필요가 있는 물량에 대해서는 기본세율에 과세가격의 100분의 40의 범위 안의 율을 기본세율에 가산하여 할증할당관세를 부과할 수 있다(관세법 제71조).

예를 들어 시멘트의 국내생산량이 수요량보다 부족하면 당연히 수입을 해야 되지만 무한정 수입이 허용되면 시멘트 생산업자의 피해가 속출하므로 부족한 생산량만큼 수입될 때까지만 낮은 세율을 적용한다.

### (8) 계절관세

계절관세는 계절에 따라 가격 차이가 심한 농산물, 자연산품 등의 가격과 수입량을 계절적으로 조절하여 연중 안정적으로 가격을 유지하기 위한 제도이다. 즉 특정 물품이 부족하여 국내가격이 상승하는 계절에는 해당 물품의 세율을 낮추어 수입을 증가시키고, 반대로 특정 물품이 남아 돌아 국내가격이 하락하는 계절에는 세율을 인상시켜 수입을 억제시킨다.

현행 관세법(제72조)에 의하면 가격이 계절에 따라 현저하게 차이가 있는 물품으로서 동종 물품, 유사 물품 또는 대체 물품의 수입으로 국내시장이 교란되거나 생산기반이 붕괴될 우려가 있는 경우에는 계절구분에 따라 해당 물품의 국내외 가격차에 상당한 율의 범위 안에서 기본세율보다 높게 관세를 부과하거나 100분의 40의 범위 안의 율을 기본세율에서 감하여 관세를 부과할 수 있다.

### (9) 국제협력관세

관세는 궁극적으로 국가간의 무역을 저해하는 요인이 될 수 있기 때문에 국가나 국제기구는 가능한 한 세율을 인하시키려고 관세협정을 체결한다. 그리고 사안에 따라서 필요할 경우에는 특정 국가들간에 한시적으로 일정 품목에 대해 관세를 인하하는 협상을 벌이는 경우도 있다.

이와 같이 국제적인 관세협력을 위해 제정된 관세가 국제협력관세이다. 즉 국제협력관세는 우리나라 정부가 대외무역을 증진시키기 위해 특정 국가 혹은 국제기구와 관세협상을 할 경우 기존의 세율을 인하할 수 있도록 제정된 관세를 말한다. 따라서 정부는 관세협상 시 필요하다고 인정되면 국제협력관세를 발동할 수 있다.

그러나 국제협력관세는 기본관세율의 100분의 50의 범위를 초과하여 관세를 양허할 수는 없다(관세법 제73조). 국제협력관세의 부과대상물품, 세율, 적용기간 등은 대통령령으로 정한다.

### (10) 편익관세

편익관세(beneficial duties)는 정치·경제적 유대관계를 돈독히 하기 위해 지금까지 조약에 의해 관세혜택을 받지 않았던 나라에서 생산된 물품이 수입될 때 관세에 관한 편익을 일방적으로 부여하는 제도를 말한다. 그러나 관세편익은 기존 조약국에게 부여하고 있는 관세상의 혜택범위 이내로 한다. 왜냐하면 대부분의 관세협정에 포함되어 있는 최혜국대우(most favored nations treatment) 조항에 따라 이미 조약을 체결한 국가에 부여한 최고 혜택 이상을 제공할 수 없기 때문이다.

우리나라의 관세법(제74조)에서도 대통령령으로 적용대상국가, 물품 등을 지정하여 기존 조약국에게 부여한 편익한도 내에서 편익관세를 부여할 수 있도록 규정하고 있다. 그러나 편익관세의 적용으로 국민경제에 중대한 영향이 초래되거나 초래될 우려가 있는 경우, 기타 편익관세의 적용을 정지시켜야 할 긴급한 사태가 있는 경우에는 편익관세의 적용은 정지된다.

### (11) 일반특혜관세

일반특혜관세는 주로 선진국들이 개발도상국가나 후진국의 경제발전을 도모하기 위해 이들 국가의 제품을 수입할 때 세율을 인하해주는 관세를 말한다. 특혜관세는 혜택을 받지 못하는 국가들한테는 차별관세가 되므로 일찍이 폐지되었지만 일반특혜관세는 특정 국가가 아니라 개발도상국가나 후진국에 특혜를 베푸는 관세이다.

그 동안 우리나라는 주요 선진국들로부터 일반특혜관세의 혜택을 받았지만 이제는 어느 정도 경제성장이 이루어져 우리나라가 개발도상국가들에

392 제 2 부 · 무역거래의 절차

게 관세혜택을 베풀어야 할 입장에 놓여 있다. 이에 따라 개발도상국가(특혜
대상국)를 원산지로 하는 물품 중에서 특혜대상물품은 기본세율보다 낮은 세
율을 적용하도록 한다(관세법 제76조). 특히 유엔에서 결의한 최빈개발도상
국가 중 대통령령이 정하는 국가를 원산지로 하는 물품에 대해서는 다른 특
혜대상국보다 우대하여 일반특혜관세를 부과한다.

## 4. 관세의 확정

수입물품에 대해서 관세 및 내국세를 부과하기 위해서는 과세물건, 납
세의무자, 세율 및 과세표준의 4대 과세요건을 갖추어야 한다.

### 4-1 과세물건

관세법(제14조)에서는 수입물품에 대하여 관세를 부과한다고 규정하여
관세의 과세물건을 수입물품으로 제한하고 있다. 수입물품은 유체물과 무체
물로 구분되는데 이 중 유체물로서 이동할 수 있는 것만 과세물건이 된다.
그리고 관세는 수입신고를 할 때의 물품의 성질과 수량에 의하여 부과된다
(관세법 제16조). 따라서 과세물건의 확정시기는 수입신고시점으로 하는 것
이 원칙이다.

### 4-2 납세의무자

납세의무자는 관세를 납부할 법률상의 의무를 부담하는 자, 즉 납세책
임자를 말한다. 수입신고를 한 물품에 대해서는 그 물품을 수입한 화주가
원칙적으로 관세납부의무자가 된다(관세법 제19조). 따라서 통상적인 수입거
래에서는 수입업자, 수입대행시에는 수입을 위탁한 자, 수입신고가 수리되
기 전 보세구역에 장치된 물품을 양도한 경우는 양수인, 기타 물품인 경우는
선하증권상의 수화인 등이 관세의 납세의무자가 된다.

### 4-3 세    율

세율은 세액을 결정하기 위해 과세표준에 대하여 적용되는 비율을 말하
는데 종가세인 경우에는 백분율(%)로 표시하고 종량세인 경우에는 수량 단

위당 금액으로 한다. 관세율은 관세법 별표의 관세율표에 따르는데 현행 우
리나라의 관세율은 국정세율과 협정세율로 구분된다.

(1) 국정세율

국정세율은 국정관세에 적용되는 세율로서 여기에는 기본관세율, 잠정
세율, 탄력관세율, 환특세율이 있다.

① 기본관세율:  이는 관세법의 별표인 관세율표상의 기본세율을 말한
다. 기본세율은 국회의 승인을 받아 확정된다.

② 잠정세율:  이는 특정 품목에 대하여 기본세율과는 다른 세율을 잠
정적으로 적용하기 위한 세율이다.

③ 탄력세율:  이는 국제경제상황에 능동적으로 대처하기 위해 일정 범

**그림 4-3**  우리나라의 관세율 구조

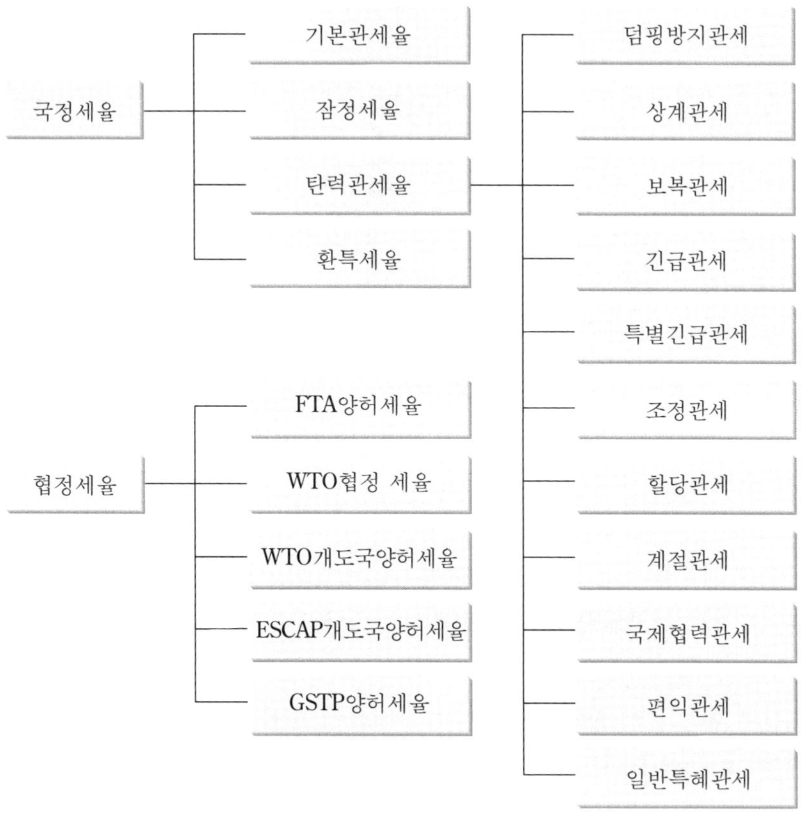

위 내에서 행정부가 세율을 조정할 수 있는 세율을 말한다.

④ 환급에 갈음하는 관세 등의 세율인하(환특세율): 이는 관세의 환급과 동일한 정도로 효과를 낼 수 있도록 기본세율을 인하해 주는 것을 말한다. 우리나라는 관세환급제도에 따라 수출용 원재료를 수입할 때 부과된 관세를 원재료가 수출물품의 제조에 사용되어 수출된 경우에는 다시 되돌려 준다. 그러나 수출용으로만 사용될 것으로 예상되는 원재료의 수입시에는 관세 징수 및 환급의 번거로운 절차를 거칠 필요 없이 처음부터 세율을 인하하여 적용하고 관세를 환급해 주지 않는 것이 오히려 수출업자를 효과적으로 지원할 수 있다.

### (2) 협정세율

협정세율은 국가간의 관세협정에 의해서 결정되는 협정관세에 적용되는 세율이다. 현재 우리나라에서 시행되고 있는 협정세율은 FTA 협정세율를 비롯하여 다음과 같은 협정세율이 있는데 FTA 협정세율의 중요성이 점차 높아지고 있다.

① FTA협정세율: 이는 우리나라가 FTA를 체결한 칠레, 싱가포르, 리히텐슈타인, 미국 등과의 교역에 적용되는 협정세율을 말한다.

② WTO협정 일반양허관세율: 이는 WTO 회원국에 적용하는 일반양허관세율이다. WTO회원국으로부터 수입될 경우 원산지증명서에 의해 원산지를 확인하고 양허세율을 적용한다.

③ WTO협정 개발도상국간의 양허세율: 이는 WTO개발도상국간의 무역협정에 관한 의정서에 가입한 국가에 적용되는 양허관세율을 말한다.

④ ESCAP개도국 양허세율: 이는 ESCAP(아시아 태평양 경제사회위원회)의 개발도상국간 무역협상에 관한 1차협정(방콕협정)에 가입한 국가에 적용되는 양허관세율을 말한다.

⑤ GSTP양허세율: 이는 UNCTAD개발도상국간 특혜무역제도(GSTP)에 관한 협정에 가입한 국가에 적용되는 일반양허관세율이다.

### (3) 관세율 적용순서

관세율은 여러 가지 종류가 있기 때문에 이들 관세율이 상호 경합될 경우에는 어느 관세율이 우선하여 적용되는지를 분명히 해야 한다.

관세율의 적용순서를 보면 먼저 협정세율은 국가간의 관세협정에 따라

**표 4-2** 관세율 우선적용 순위

| 순위 | 관세율의 종류 | 적용순위 |
|---|---|---|
| 1 | 덤핑방지관세, 상계관세, 보복관세, 긴급관세, 특정국물품긴급관세, 농림축산물에 대한 긴급관세 | 가장 우선 적용(세율의 높낮이에 관계없음) |
| 2 | FTA 협정관세<br>(칠레, 싱가포르, EFTA, 아세안, 인도, EU, 페루, 미국, 터키, 콜롬비아, 호주, 캐나다 FTA) | 3, 4, 5, 6, 7보다 낮은 경우에 한하여 우선 적용 |
| 3 | • WTO 일반양허관세(공산품, 수산물 및 단순 양허한 농림축산물에 대한 양허관세, 단순양허한 농림축산물 중 시장접근물량 설정물품에 대한 양허관세)<br>• WTO 개발도상국가간의 양허관세<br>• 아태협정(APTA)양허관세(일반양허, 방글라데시에 대한 양허관세, 라오스에 대한 양허관세)<br>• UN 개발도상국간 협정관세(GSTP)<br>• 특정국가와의 관세협상에 따른 국제협력관세 | 4, 5, 6, 7보다 낮은 경우에 한하여 우선 적용 |
| | • WTO 일반양허관세(국내외가격차에 상당한 율로 양허하거나 국내시장 개방과 함께 기본세율보다 높은 세율로 양허한 농림축산물에 대한 양허관세)<br>• 아태협정(APTA) 양허관세(녹차와 누에고치의 일반양허관세) | 6, 7보다 우선하여 적용, 4, 5보다 낮은 경우에 한하여 우선 적용 |
| 4 | 조정관세, 계절관세 | 5, 6, 7보다 우선 적용 |
| | 할당관세 | 5보다 낮은 경우에 한하여 우선적용, 6, 7보다 우선 적용 |
| 5 | 최빈 개발도상국에 대한 특혜관세(GSP) | 6, 7보다 우선 적용 |
| 6 | 잠정관세 | 7보다 우선 적용 |
| 7 | 기본관세 | |

결정된 세율이므로 국정세율보다 우선하여 적용된다. 그리고 국정세율 중 탄력관세율이 제일 먼저 적용되고 그 다음 잠정세율, 기본세율이 적용된다. 그러나 탄력관세율 중 덤핑방지관세, 보복관세, 긴급관세, 농림축산물에 대한 특별 긴급관세 및 상계관세와 같이 상대방 국가의 불공정거래에 적용되는 관세율은 협정세율에 우선하여 최우선적으로 적용된다.

### 4-4  과세표준

(1) 과세표준의 개념

과세표준은 세액결정의 기준이 되는 과세물건의 가격 또는 수량을 말한다. 관세의 과세표준은 수입물품의 가격 또는 수량으로 하는데 현행 과세율표에는 대부분이 종가세 대상품목이고 종량세 대상품목은 몇 개 되지 않는다. 따라서 관세의 과세표준은 곧 종가세의 과세표준이 되는 과세가격을 말한다.

관세의 과세가격은 바로 수입물품의 가격을 말하는데 이 가격은 FOB가격, CIF가격 등처럼 여러 가지 형태가 있으며 또한 동일한 형태의 가격도 시간, 장소, 거래수량 등에 따라서 달라진다. 그러므로 관세액을 산정하기 위해서는 먼저 여러 가지 수입물품의 가격 중 어느 가격을 과세가격으로 할 것인가를 결정해야 한다.

과세표준 평가를 통일하기 위한 국제협약에는 1950년 관세협력이사회(CCC)에서 정한 브뤼셀평가협약(Brussel's Definition of Valuation: BDV)과 EC, 미국 등 선진국들이 주도하여 1979년에 체결한 신평가협약(New Valuation Code: NVC)이 있다.

브뤼셀평가협약에서는 과세가격을 '상호 독립한 판매자와 구매자간에 공개시장에서 자유롭게 누구에게나 판매되는 가격'이라는 가정적 · 이념적 정의(notional concept)로 채택하였다. 신평가협약에서는 과세가격을 '실제

**표 4-3  과세가격의 6가지 결정방법**

| | |
|---|---|
| 제1방법 | 거래가격으로 과세가격 결정 |
| 제2방법 | 동종 · 동질의 수입실적 가격으로 과세가격 결정 |
| 제3방법 | 유사물품의 수입실적 가격으로 과세가격 결정 |
| 제4방법 | 당해 또는 동종 · 동질, 유사물품이 국내에 수입되어 판매되는 가격에서 수입 이후 발생되는 법정공제 요소금액(수수료, 이윤, 일반경비)을 공제한 가격으로 과세가격 결정 |
| 제5방법 | 당해 수입물품을 수출국에서 생산하는 데 소요된 비용을 산정하여 산출한 가격으로 과세가격 결정 |
| 제6방법 | 합리적 기준에 따라 세관장이 과세가격 결정 |

거래한 가격'이라는 실증적 가격에 원칙을 두고 평가에 대한 정의없이 과세가격을 결정하는 방법만 나열하고 있다. 우리나라는 1984년 7월부터 신평가제도를 시행하고 있다.

### (2) 거래가격에 의한 과세가격의 결정

과세가격을 결정하는 방법에는 6가지가 있으며 이 중 거래가격을 과세가격으로 결정하는 방법을 제1방법이라 한다. 제1방법은 수입업자가 실제로 지급한 실제가격을 과세가격으로 정하는데 실제거래가격은 수입업자가 실제로 지급하였거나 지급해야 할 금액에서 가산요소금액을 더하고 공제요소금액을 뺀 금액으로 한다. 이 가격은 곧 수출지의 선적항에 물품의 선적을 완료하기까지의 금액에 수입항까지의 운임 및 보험료가 포함된 CIF가격이다.

거래가격 = 구매자가 실제로 지급하였거나 지급하여야 할 금액
+ 가산요소금액−공제요소금액

「구매자가 실제로 지급하였거나 지급하여야 할 가격」은 수입물품의 대가로 구매자가 판매자에게 또는 판매자를 위하여 직접·간접으로 지급하였거나 지급할 총금액을 말하며 여기에는 다음 금액이 포함된다.

① 구매자가 판매자에게 신용장 등의 방법에 의해서 지불하는 금액

② 구매자가 당해 수입물품의 대가와 판매자의 채무를 상계하는 금액

③ 구매자가 판매자의 제3자에 대한 채무를 변제하는 금액

④ 구매자가 판매자의 요청에 의하여 수입물품의 대금 일부를 제3자에게 지불하는 경우, 그 금액 또는 그 금액에 상응하는 물품대금이나 용역대금

⑤ 기타 별도로 지불되는 금액으로서 수입물품의 가격의 일부에 해당하는 금액

「가산요소금액」에는 중개수수료, 용기 및 포장비용, 생산지원비용, 로얄티, 사후귀속이익, 운임·보험료 등이 있다.

① 수수료 및 중개료: 구매자가 부담하는 것이어야 하며 대리점 수수료는 제외된다.

② 용기 및 포장비용: 당해 물품과 동일체로 취급되는 용기의 비용과 당해 물품의 포장에 소요되는 노무비 및 자재비로서 구매자가 부담하는 비용이다.

398 제 2부 · · 무역거래의 절차

③ 생산지원비용: 구매자가 당해 물품의 생산 및 수출거래를 위하여 무료 또는 인하된 가격으로 물품 및 용역을 공급한 경우 그 가격 또는 인하차액을 말한다.

④ 로얄티: 수입물품과 관련되고 수입물품의 거래조건으로 지급하는 로얄티의 금액으로서 구매자가 수입물품에 대한 구매선택권이 없는 경우 해당된다.

⑤ 사후귀속이익: 수입물품의 판매, 처분, 사용 등에 따른 이익의 일부가 직접 또는 간접으로 판매자에게 귀속되는 금액이다.

⑥ 운임 · 보험료: 수입물품이 수입항에 도착하여 본선하역준비가 완료될 때까지 실제 소요되는 운임, 보험료 및 기타 운송관련 비용이다. 그러나 보험료는 수입물품이 실제 보험계약이 체결된 경우에만 과세가격에 포함된다.

「공제요소금액」은 수입물품을 국내에 반입한 후 발생하는 비용을 말한다. 여기에는 수입항 도착 후 수입물품의 건설 · 설치 등에 필요한 비용, 수입물품의 운송에 필요한 비용, 수입물품에 부과된 세금 · 공과금, 연불이자 등이 있다.

### (3) 기타 과세가격의 결정방법

제1방법으로 과세가격을 결정하기 위해서는 거래가격, 가산요소금액 및 공제요소금액이 모두 객관적이고 수량화될 수 있는 자료에 근거해야 된다. 따라서 다음과 같은 경우에는 거래가격을 과세가격으로 사용할 수 없기 때문에 제2방법부터 제6방법을 순차적으로 검토하여 과세가격을 결정한다.

① 판매가 아닌 경우: 무상수입물품, 임차수입물품 등

② 당해 수입물품의 처분상 어떠한 제한이 있는 경우: 수입 후 전시용, 광고용 물품으로만 사용하도록 제한된 경우 등

③ 수입물품에 대한 거래의 성립 또는 가격의 결정이 다른 조건이나 사정에 의하여 영향을 받은 경우

④ 금액으로 환산할 수 없는 사후귀속이익이 있는 경우

⑤ 판매자와 구매자가 특수한 관계인 경우

## 4-5  관세의 산정

통상 과세가격은 수입물품의 실제거래가격인 CIF금액이므로 이 금액에 과세환율을 곱하여 수입물품의 가격을 원화로 환산한 다음 여기에 관세율을 곱하여 관세액을 산정한다.

종량세 대상물품인 영화용 필름, 비디오 테이프 등은 수입물품의 수량에 관세율표상의 일정액을 곱하여 산출하며, 선택세가 적용되는 은행, 밤, 대추 등은 종가세와 종량세를 각각 산출하여 그 중 높은 것을 관세로 한다. 그리고 수입물품에는 관세외 내국세가 부과되는데 여기에는 특별소비세, 주세, 교육세, 교통세, 농어촌 특별세, 부가가치세 등이 있다.

## 4-6  관세의 납부

관세의 납부방식에는 신고납부방식과 부과고지방식이 있는데 원칙적으로 관세 등은 신고납부방식으로 납부한다.

### (1) 신고납부방식

이는 납세의무자가 수입신고를 할 때에 대통령령이 정하는 바에 의하여 과세표준, 세율 및 납부세액을 납세신고하고 수입관련 세금을 스스로 납부하는 자진신고 납부제도를 말한다.

납세신고는 수입신고시에 납세신고사항을 추가로 기재하여 신고하는 것을 말하며 납세신고자는 수입신고가 수리된 날로부터 15일 이내에 신고세액을 납부해야 한다. 수입신고가 수리되기 전에 납부하는 것도 가능하다.

### (2) 부과고지방식

부과고지방식은 세관장이 처음부터 납부세액을 결정하여 납부고지서를 발부하면 납세의무자는 납세고지서를 받은 날로부터 15일 이내에 납부세액을 납부하는 방식이다.

부과고지대상은 과세가격 결정에 관한 자료가 미비한 무환수입물품이나 심사에 신중을 요하는 탄력관세 적용물품 등 특수한 경우에 한한다. 이러한 특수물품에 대해서는 납세의무자가 세액을 결정하여 자진신고하는 것이 어렵기 때문에 처음부터 세관에서 세액을 결정하여 고지하는 것이다.

## 제 5 절  외화획득용 원료 · 기재의 수입관리

## 1. 제도의 개요

우리나라는 수출상품의 국제경쟁력을 제고하고 외화획득을 도모하기 위해 수입을 일반 수입과 외화획득용 원료·기재의 수입으로 구분하여 이를 차등 관리하고 있다. 이에 따라 외화획득에 기여할 물품을 제조 · 가공하는 데 소요되는 원료의 수입에 대해서는 일반 수입에 비해 행정, 금융, 세제면에서 여러 가지 혜택이 주어지고 있다.

### 1-1  외화획득용 원료 · 기재의 정의

대외무역법시행령(제 2 조 5)에 의하면 외화획득용 원료 · 기재는 외화획득용 원료, 외화획득용 시설기재, 외화획득용 제품, 외화획득용 용역 및 외화획득용 전자적 형태의 무체물을 말한다.

외화획득용 원료는 외화획득에 기여하는 물품과 용역 및 전자적 형태의 무체물을 생산(물품의 제조, 가공, 조립, 수리, 재생 또는 개조)하는 데 필요한 원자재, 부자재, 부품 및 구성품을 말한다. 이는 그 원료에 노동, 기술, 기타 원료 등이 부가되어 새로운 형태의 생산물로 변형될 수 있는 것을 뜻한다.

외화획득용 시설기재는 외화획득에 기여하는 물품을 생산하는 데 사용되는 시설, 기계, 장치, 부품 및 구성품(하자 및 유지보수에 필요한 부품 및 구성품 포함)을 말한다. 시설기재는 제품으로 변형되지 않지만 이를 사용함으로써 외화획득용 물품을 생산할 수 있다.

외화획득용 제품은 수입한 후 생산과정을 거치지 아니하는 상태로 외화획득에 기여하는 물품이다. 이는 수입한 물품을 국내에서 가공하거나 변형하지 않은 상태 그대로 외화획득을 위해 사용되는 것을 뜻하며 외국인 관광객이나 국내 거주 외국인 등에게만 공급된다.

그리고 외화획득용 용역은 외화획득에 제공되는 물품 등을 생산하는 데에 필요한 용역을 말하고, 외화획득용 전자적 형태의 무체물은 외화획득에 제공되는 물품 등을 생산하는 데에 필요한 전자적 형태의 무체물을 말한다.

## 1-2  외화획득용 원료 · 기재 수입의 우대사항

일반 수입에 비해 외화획득용 원료·기재의 수입시 적용되는 우대사항을 구체적으로 살펴보면 다음과 같다.

첫째, 수출입공고 등의 적용이 원칙적으로 배제된다. 외화획득용 원료·기재는 수출입공고, 통합공고 등에서 수입이 제한되더라도 추천 등 제한요건을 충족하지 않고서도 수입될 수 있으며 수입수량에도 제한이 없다(수출입공고 제6조).

둘째, 외화획득용 원료의 수입통관시에는 수입물품에 대한 원산지표시가 면제된다. 그리고 보세창고에 장치한 경우 장치기간(2년) 제한을 받지 않으며, 우선적으로 부두직통관 대상에 해당된다.

마지막으로, 관세환급의 대상이 된다. 외화획득용 원료를 사용하여 생산한 물품을 수출할 경우 수입시 납부한 관세 등을 관세환급특례법에 의해 환급받을 수 있다.

## 1-3  외화획득의 범위

외화획득을 위하여 원료·기재를 수입한 자 및 수입을 위탁한 자는 일정기간 내에 그 수입에 대응하는 외화획득을 이행해야 한다(대외무역법 제16조 3항). 그리고 당초의 목적 외로 사용하고자 할 때에는 산업통상자원부장관의 승인을 얻어야 한다(대외무역법 제17조 1항).

외화획득용 원료·기재를 수입한 자가 이행해야 할 외화획득의 범위는 다음과 같다(대외무역법시행령 제26조).

① 수출
② 주한 국제연합군 기타 외국군 기관에 대한 물품 등의 매도
③ 관광
④ 용역 및 건설의 해외진출
⑤ 국내에서 물품 등을 매도하는 거래로서 다음 각 호의 어느 하나에 해당(대외무역관리규정 제31조)하는 거래

　　i) 외국인으로부터 외화를 받고 보세지역에 물품을 공급하는 경우
　　ii) 외국인으로부터 외화를 받고 공장건설에 필요한 물품을 국내에서

공급하는 경우

iii) 외국인으로부터 외화를 받고 외화획득용 시설 · 기재를 외국인과 임대차계약을 맺은 국내업체에 인도하는 경우

iv) 정부 · 지방자치단체 또는 정부투자기관이 외국으로부터 받은 차관자금에 의한 국제경쟁입찰에 의하여 국내에서 유상으로 물품을 공급하는 경우(대금결제통화의 종류를 불문한다).

v) 외화를 받고 외항선박(항공기)에 선(기)용품을 공급하거나 급유하는 경우

vi) 절충교역거래(off-set trade)의 보완거래로서 외국으로부터 외화를 받고 국내에서 제조된 물품을 국가기관에 공급하는 경우

⑥ 무역거래자가 외국의 수입업자로부터 수수료를 받고 행한 수출알선

## 2. 외화획득용 원료의 수입 및 사후관리

### 2-1  외화획득용 원료의 수입

#### (1) 외화획득용 원료수입의 의의

외화획득용 원료 · 기재의 수입은 외화획득용 원료의 수입, 시설기재의 수입 및 제품의 수입 등으로 세분될 수 있다. 그러나 외화획득용 시설기재의 수입은 부작용이 많아 그에 대한 관리제도가 폐지되었으며, 외화획득용 제품도 외국으로 다시 수출하기 위한 것이 아니라 국내에서 사용하기 위한 것이므로 제한적으로 운용되고 있다.

따라서 외화획득용 원료 · 기재의 수입관리에 대한 주요 내용은 대부분 외화획득용 원료의 수입에 관한 것이다. 외화획득용 원료수입의 절차는 일반 수입과 동일하며 단지 대응수출을 의무화하고 꼭 필요한 양만 수입하도록 사후관리, 자율소요량계산서 작성 등의 절차가 따른다.

#### (2) 외화획득용 원료의 범위

외화획득용 원료의 범위는 다음과 같다(대외무역관리규정 제32조).

① 수출실적으로 인정되는 물품의 생산에 소요되는 원료(포장재 포함)

② 외화가득률이 30% 이상인 군납용 물품의 생산에 소요되는 원료

③ 해외에서의 건설 및 용역사업용 원료

④ 국내에서 외화획득을 하기 위한 물품의 생산에 소요되는 원료

⑤ 위 ① 내지 ④의 내용에 해당하는 원료로 생산되어 외화획득이 완료된 물품의 하자 및 유지보수용 원료

외화획득용 원료에는 생산에 직접 소요되는 재료뿐만 아니라 최종 외화획득물품에 포함되지 않더라도 생산과정에서 투입되는 소모성 원료 및 포장재까지 포함된다. 그러나 반복 사용되는 재봉용 바늘, 전자부품제조용 칩(chip) 등과 같은 내구성기자재는 외화획득용 원료에 해당되지 않는다.

### (3) 외화획득용 원료의 수입승인

수입승인기관의 장은 외화획득용 원료의 수입에 대해서 수량제한 없이 승인할 수 있다. 유통업자가 구매확인서 또는 내국신용장을 근거로 수출품 생산업자에게 직접 공급하기 위해 외화획득용 원료를 수입할 경우에도 마찬가지이다(대외무역관리규정 제33조). 그러나 농림수산물 중에서 해당 기관의 장이 국산 원료·기재의 사용을 촉진하기 위해 정하는 품목은 수입승인요령에 따라야 한다(대외무역관리규정 제34조).

수입승인기관의 장은 외화획득용 원료의 수입을 승인할 때에는 다음의 사항을 확인해야 한다(대외무역관리규정 제35조).

① 외화획득 이행의무자의 사후관리기관(수입대행의 경우에는 실수요자의 사후관리기관)

② 외화획득용 원료의 수입을 제한하고 있는 품목은 그 수입승인 여부

### (4) 외화획득 이행기간

외화획득 이행의무자는 외화획득용 원료의 수입신고수리일, 용역 또는 전자적 형태의 무체물의 공급일, 수입된 외화획득용 원료 또는 해당 원료로 제조된 물품 등의 구매일 또는 양수일부터 다음 각 호의 기간이 경과한 날까지 외화획득을 이행해야 하며 필요할 경우 시·도지사에게 외화획득기간 연장 신청을 할 수 있다(대외무역관리규정 제39조).

① 외화획득 행위의 경우에는 2년

② 국내공급(양도를 포함한다)인 경우에는 1년

③ 외화획득 물품의 선적기일이 2년 이상인 경우에는 그 기일까지의 기간

④ 수출이 완료된 기계류(HS 84류 내지 90류에 해당하는 품목)의 하자 및 유지보수용 원료 등인 경우에는 10년

## 2-2  외화획득용 원료의 사후관리

### (1) 사후관리의 의의

외화획득용 원료의 수입에는 대응수출을 전제로 여러 가지 혜택이 부여되고 있다. 따라서 외화획득용 원료를 수입한 자가 혜택을 받고 수입한 원료를 당초의 목적대로 사용하였는지를 관리할 필요가 있는데 이를 외화획득용 원료의 사후관리제도라 한다.

이에 따라 사후관리기관의 장 및 자율관리기업의 장은 특별히 승인을 얻어 수입한 외화획득용 원료 및 그 원료로 제조된 물품에 대해서는 외화획득 이행여부에 대한 사후관리를 해야 한다.

### (2) 사후관리기관

사후관리기관은 다음과 같다(대외무역관리규정 제42조).

① 외화획득용 원료 중 수입승인을 받아야 하는 농림수산물에 대한 사후관리는 당해 품목을 관장하는 중앙행정기관의 장이 지정하는 기관의 장

② 위 ①의 내용에 의한 원료 등을 제외한 원료 등의 사후관리는 당해 외화획득용 원료의 승인기관의 장

③ 위 ②의 내용에 의한 원료 중 자율관리기업으로 선정된 자가 수입(국내구매 또는 양수 포함)한 원료의 사후관리는 해당 자율관리기업의 장

### (3) 자율관리기업

수출입물량이 증가함에 따라 사후관리 업무를 사후관리기관이 직접 주도하는 데는 여러 가지 어려움이 따르므로 성실한 무역업체를 자율관리기업으로 지정하여 스스로 사후관리업무를 수행하도록 하고 일정 기간 단위로 사후감독만 하고 있다.

자율관리기업의 선정 요건은 다음과 같다(대외무역관리규정 제43조).

① 전년도 수출실적이 미화 50만 달러 상당액 이상인 업체, 수출유공으로 포상을 받은 업체 또는 중견수출기업

② 과거 2년간 미화 5천 달러 상당액 이상 외화획득 미이행으로 보고된 사실이 없는 업체

### (4) 사후관리카드의 정리

사후관리 대상품목을 수입하거나 국내에서 구매한 업체는 매분기별로

**서식 4-8**  외화획득용원료수입승인(신청)서

| 외화획득용원료수입승인(신청)서<br>**Import for Re-Export License(Application)** | | 처리기간 : 1일<br>Handling Time : 1 Day |
|---|---|---|

| | |
|---|---|
| ① 수입자   무역업고유번호<br>(Importer)   (Notification No.)<br><br>상호, 주소, 성명<br>(Name of Firm, Address, Name of Rep.)<br><br>(서명 또는 인)<br>(Signature) | ⑧ 송화인(Consignor)<br>상호, 주소, 성명<br>(Name of Firm, Address, Name of Rep.) |
| ② 위탁자   사업자등록번호<br>(Requester)   (Business No.)<br><br>(상호, 주소, 성명)<br>(Name of Firm, Address, Name of Representative)<br><br>(서명 또는 인)<br>(Signature) | ⑦ 금액(Total Amount)<br><br>⑧ 결제기간(Period of Payment) |

| ③ 원산지(Origin) | ④ 선적항(Port of Loading) | ⑨ 가격조건(Terms of Price) |
|---|---|---|

④ 사수관리 기관명

| ⑩ HS부호<br>(HS Code) | ⑪ 품명 및 규격<br>(Description/Size) | ⑫ 단위 및 수량<br>(Unit/Quantity) | ⑬ 단가<br>(Unit Price) | ⑭ 금액<br>(Amount) |
|---|---|---|---|---|
| | | | | |

⑮ 승인조건(Condition of Approval)

⑯ 유효기간(Period of Approval)

⑰ 승인번호(Approval No.)

위의 신청사항을 대외무역법 제11조 제2항 및 동법시행령 제24조 제1항의 규정에 의하여 승인합니다.
(The undersigned hereby approves the above-mentioned goods in accordance with Article 11(2) of the Foreign Trade Act and Article 24(1) of the Enforcement Decree of the said Act.)

년      월      일
승 인 권 자             (인)

※ 이 서식에 의한 승인과는 별도로 대금결제에 관한 사항에 대하여는 외국거래법령이 정하는 바에 따라야 합니다.

수입하거나 국내구매한 원료 등에 대하여 「외화획득용 원료수입(구매)내역신고서」를 작성해서 분기종료 후 다음 달 20일까지 사후관리기관의 장에게 신고해야 한다(대외무역관리규정 제45조).

사후관리기관의 장은 수입신고필증 사본, 구매내역신고서 및 공급이행신고서를 외화획득 이행의무자별로 수입신고일(또는 물품인수일) 순으로 관리해야 한다. 또한 품목분류번호(HS 10단위) 별로 분기마다 수입 또는 구매한 총량과 금액 등을 「외화획득용 원료 사후관리이행 정리카드」에 기재해야 한다(대외무역관리규정 제46조).

### (5) 외화획득이행 및 공급이행 신고

외화획득 이행의무자는 외화획득을 이행하고 「외화획득 이행신고서」를 작성하여 수출선적일 또는 외화입금일로부터 3개월 이내 사후관리기관의 장에게 신고해야 한다. 사후관리기관의 장은 외화획득 이행신고가 있을 때에는 지체없이 「외화획득 이행신고서」에 표시된 원료량을 정리카드에서 차감하여 정리하고 당해 수출신고필증(외화입금증명서)의 뒷면에 사후관리사실을 확인·표시해야 한다(대외무역관리규정 제47조).

한편 사후관리대상품목을 원료 등으로 공급한 자는 「외화획득용 원료공급 이행신고서」에 인수자의 날인 또는 물품수령증을 받아 공급대금결제일로부터 3개월 이내에 사후관리기관의 장에게 신고해야 한다. 그리고 공급자 사후관리기관의 장은 공급이행의 신고가 있을 때에는 외화획득 이행신고에 준하여 공급이행을 정리해야 한다(대외무역관리규정 제48조).

### (6) 외화획득용 원료의 사용목적 변경승인

외화획득용으로 수입한 원료 등을 당초와는 다른 목적으로 사용하고자 하는 자는 외화획득 이행기간 만기일 이전에 「외화획득용 원료 사용목적 변경승인신청서」 4부에 구비서류를 첨부하여 관할 시·도지사 또는 사후관리기관의 장에게 변경신청해야 한다(대외무역관리규정 제49조).

외화획득용 원료에 대한 양도·양수의 승인을 얻고자 하는 자는 「외화획득용 원료 양도승인신청서」 3부에 구비서류를 첨부하여 양도자 또는 양수자의 사후관리기관의 장, 당해 품목을 관장하는 중앙행정기관의 장 또는 중앙행정기관의 장이 지정하는 기관의 장에게 신청해야 한다(대외무역관리규정 제50조).

**서식 4-9**  외화획득이행신고서

<table>
<tr>
<td colspan="7" align="center">외 화 획 득 이 행 신 고 서</td>
</tr>
<tr>
<td colspan="7">외화획득용 원료(물품등) 수입 및 구매명세 (근거서류명 및 번호 :　　　　　)</td>
</tr>
<tr>
<td>① 수입(구매)일</td>
<td>② HS부호</td>
<td>③ 품명 및 규격</td>
<td>④ 단위 및 수량</td>
<td>⑤ 단가</td>
<td>⑥ 금액</td>
<td>⑦ 비고</td>
</tr>
<tr>
<td> </td>
<td> </td>
<td> </td>
<td> </td>
<td> </td>
<td> </td>
<td> </td>
</tr>
<tr>
<td colspan="7">외화획득 이행 내역 (근거서류명 및 번호 :　　　　　)</td>
</tr>
<tr>
<td>⑧ 외화획득이행일</td>
<td>⑨ HS부호</td>
<td>⑩ 품명 및 규격</td>
<td>⑪ 단위 및 수량</td>
<td>⑫ 단가</td>
<td>⑬ 금액</td>
<td>⑭ 비고</td>
</tr>
<tr>
<td> </td>
<td> </td>
<td> </td>
<td> </td>
<td> </td>
<td> </td>
<td> </td>
</tr>
<tr>
<td colspan="7">
대외무역관리규정 제47조에 따라 신고합니다.

년　　월　　일

외화획득용원료수입 사후관리기관의 장 귀하
</td>
</tr>
</table>

## 3. 자율소요량계산서

### 3-1  기준소요량의 고시

외화획득용 원료의 수입은 일반 수입에 비해 여러 가지 지원 혜택이 있기 때문에 외화획득을 빙자해서 불필요한 원료가 수입될 수 있다. 이에 따라 정부는 꼭 필요한 만큼의 원료를 수입하도록 기준소요량을 고시하고 해당 업체로 하여금 이를 기준으로 자율소요량계산서를 작성하도록 한다.

기준소요량은 외화획득용 물품 등의 1단위를 생산하는데 소요되는 원자재의 양을 말하는데 단위실량과 평균손모량을 합한 양이다. 단위실량은 외화획득용 물품 등의 1단위를 형성하고 있는 원자재의 양을 말하고, 평균손모량은 외화획득용 물품 등을 생산하는 과정에서 생기는 원자재의 손모량(손실량 및 불량품 생산에 소요된 원자재의 양을 포함한다)의 평균량을 말한다.

외화획득용 물품의 생산을 관장하는 중앙행정기관의 장(산업통상자원부장관이 관장하는 품목 중 목재가구에 대하여는 국립산림과학원장, 기타 품목에 대하여는 기술표준원장)은 사후관리대상 원료에 대해서는 기준소요량을 고시해야 한다(대외무역관리규정 제55조).

### 3-2  자율소요량계산서의 작성

사후관리대상품목을 외화획득용 원료 등으로 사용하거나 공급한 업체는 자율소요량계산서를 작성해야 한다. 자율소요량계산서는 단위자율소요량 또는 기준소요량에 외화획득용 물품 등의 수량을 곱한 물량으로 표시해야 한다. 단위자율소요량은 기준소요량이 고시되지 아니한 품목에 대하여 외화획득용 물품 등 1단위를 생산하는데 소요된 원자재의 양을 해당 기업이 자율적으로 산출한 것으로서 단위실량과 평균손모량을 합한 양을 말한다.

자율소요량계산서에는 단위자율소요량의 산출근거를 품목 및 규격별로 명확히 표시해야 한다. 그리고 기준소요량이 고시된 품목이라 하더라도 수출계약서 등의 관련서류에 소요원료의 품명, 규격, 수량 등이 표시된 경우에는 이에 따라 자율소요량계산서를 작성할 수 있다(대외무역관리규정 제56조).

**서식 4-10** 자율소요량계산서

# 자 율 소 요 량 계 산 서

외화획득이행 물품등 명세 (관련서류명 및 번호 :                    )

| ① HS부호 | ② 품명 및 규격 | ③ 단위 및 수량 | ④ 가격조건 및 단가 | ⑤ 금액 | ⑥ 비고 |
|---|---|---|---|---|---|
|  |  |  |  |  |  |

자율소요량 명세

| ⑦ HS부호(10단위) | ⑧ 품명 및 규격 | ⑨ 단위당기준소요량, 단위자율소요량 | ⑩ 단위 및 수량 | ⑪ 자율소요량 (⑨×⑩) | ⑫ 비고 |
|---|---|---|---|---|---|
|  |  |  |  |  |  |

자율소요량 계산근거 및 내역

대외무역관리규정 제56조에 따라 위와 같이 자율소요량계산서를 작성 및 제출합니다.

                                        년    월    일

   업체명 :
   주  소 :
                     작성업체 대표              (인)

              수입승인 기관 · 단체의 장 귀하

제**5**장

# 무역지원제도

| 제 1 절 | 관세환급

| 제 2 절 | 무역보험

| 제 3 절 | 무역금융

우리나라는 부존자원이 빈약하여 원자재를 대부분 해외에서 수입하여 이를 가공 후 다시 수출하는 가공무역이 주종을 이루고 있다. 이러한 가공무역에서 수출업자를 지원하고 수출경쟁력을 높이기 위해 수출용 원재료를 수입할 때 납부한 관세를 환급해 주는 관세환급제도를 실시하고 있다. 아울러 수출업자를 비롯한 대외 거래에 관련되는 당사자들이 직면하는 수출불능, 수출대금 회수불능, 수입물품 입수불능 등에 따른 손실을 보상해 주는 무역보험제도를 정책적으로 운영하여 수출경쟁력을 도모하고 있다. 또한 정부는 수출업자들에게 대외거래에 소용되는 각종 자금을 대출해 주는 무역금융제도를 시행하고 있다. 이 장에서는 현재 우리나라가 실시하고 있는 대표적인 무역지원제도인 관세환급, 무역보험 및 무역금융에 대해 알아보고자 한다.

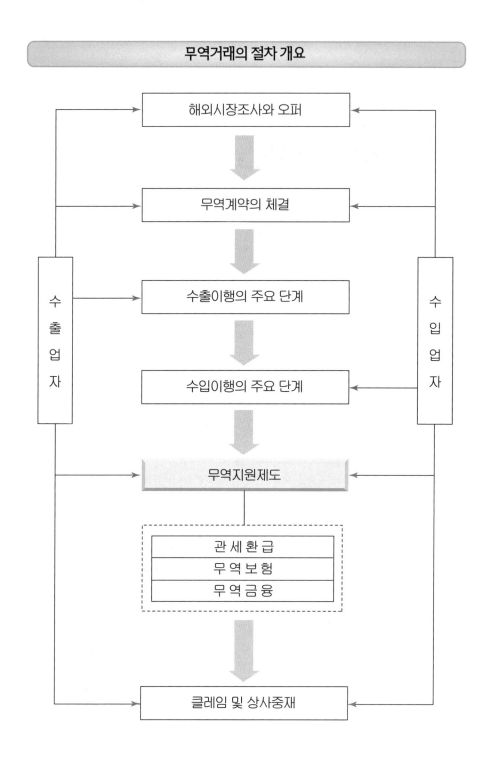

## 제1절 관세환급

### 1. 관세환급의 개요

#### 1-1 관세환급의 의의

우리나라는 부존자원이 빈약하여 원자재를 대부분 해외에서 수입하여 이를 가공 후 다시 수출하는 가공무역이 주종을 이루고 있다. 이러한 가공무역에서 수출업자를 지원하고 수출경쟁력을 높이기 위해 수출용 원재료를 수입할 때 납부한 관세를 환급해 주는 관세환급제도를 실시하고 있다.

즉 관세환급제도는 수출용 원재료를 수입할 때 납부한 관세 및 내국세를 당해 원자재를 사용하여 만든 물품을 수출할 경우 수출업자에게 환급해 주는 제도를 말한다. 이 제도는 수출물품의 가격경쟁력을 떨어뜨릴 우려가 있는 수출용 원재료에 대한 관세부담을 덜어 줌으로써 수출을 촉진하기 위한 세제상의 지원제도라 할 수 있다.

현행 법령상 관세환급제도는 납세의무의 형평과 징세행정의 공정을 위한 관세법상의 환급(과오납환급과 위약물품환급)과 수출지원을 위한 수출용 원재료에 대한 관세 등 환급에 관한 특례법상의 환급이 있는데 일반적으로 관세환급은 후자의 경우를 말한다.

과거에는 수출용 원재료의 수입시 처음부터 수입관세 및 내국세를 면제해 주는 사전면세제도가 시행되었다. 그러나 사전면세제도하에서는 대응수출을 위한 사후관리가 필요하고 면세혜택으로 인해 해외원자재에 지나치게 의존하는 경향이 높았다.

이에 따라 국산원자재의 사용을 촉진하고 무분별한 원자재 수입을 막기 위해 1975년부터 원재료 수입시에도 일반수입과 마찬가지로 관세를 납부하도록 하고 가공수출 후 이를 환급해 주는 관세환급제도가 시행되었다.

관세환급제도에서는 수출업자가 일단 납부한 관세를 되돌려 받을 수 있기 때문에 결과로 보면 면세효과가 있지만 관세납부에 따른 자금부담이 따르고 관세를 환급받기 위한 서류절차상의 문제점이 제기되었다. 이에 따라 현재 평균세액 증명제도, 기초원재료 납세증명제도, 사후정산제도 등을 신설하여 관세환급제도의 미비점을 보완하고 있다.

### 1-2 관세환급대상의 원재료 및 수출범위

(1) 환급대상의 원재료

관세 등의 환급을 받을 수 있는 수출용 원재료는 다음의 하나에 해당하는 것이어야 한다(관세환급특례법 제3조).

① 수출물품을 생산한 경우: 다음 각 목의 어느 하나에 해당하는 것으로서 소요량을 객관적으로 계산할 수 있는 것

가. 해당 수출물품에 물리적 또는 화학적으로 결합되는 물품

나. 해당 수출물품을 생산하는 공정에 투입되어 소모되는 물품. 다만, 수출물품 생산용 기계 · 기구 등의 작동 및 유지를 위한 물품 등 수출물품의 생산에 간접적으로 투입되어 소모되는 물품은 제외한다.

다. 해당 수출물품의 포장용품

② 수입한 상태 그대로 수출한 경우: 해당 수출물품

③ 국내에서 생산된 원재료와 수입된 원재료가 동일한 질과 특성을 가지고 있고 상호 대체사용이 가능하여 수출물품을 생산할 때 이를 구분하지 않고 사용된 경우에는 수출용 원재료가 사용된 것으로 간주된다.

(2) 환급대상 수출범위

수출용 원재료에 대한 관세 등을 환급받을 수 있는 수출의 범위는 다음으로 한정된다(관세환급특례법 제4조).

① 관세법의 규정에 의하여 수출신고가 수리된 수출. 다만, 무상으로 수출하는 것에 대하여는 기획재정부령으로 정하는 수출에 한한다.

② 우리나라 안에서 대가를 외화로 받는 판매 또는 공사중 기획재정부령으로 정하는 것

③ 관세법에 의한 보세구역 중 기획재정부령으로 정하는 구역 또는 「자유무역지역설치법」에 의한 자유무역지역 안의 입주기업체에 대한 공급

④ 기타 수출로 인정되어 기획재정부령으로 정하는 것

## 2. 관세환급의 방법 및 신청

### 2-1 관세환급의 방법

(1) 개별환급

환급신청자가 수출물품에 대한 원재료의 소요량을 계산한 소요량계산서를 작성하여 일일이 환급액을 산정하여 환급을 신청하는 방법이다. 소요량계산서 작성업체는 수출물품명, 소요량산정방법, 소요량 산정의 기준이 되는 기간 및 적용기간 등을 관할지 세관장에 신고해야 한다. 이 방식은 환급세액을 정확하게 산출할 수 있지만 환급금 산출에 많은 시간이 소요된다.

(2) 간이 정액환급

간이 정액환급은 개별환급을 받을 능력이 없는 중소기업의 수출을 지원하고 환급절차를 간소화하기 위하여 도입된 제도인데 관세청에서 HS 코드별로 고시한 간이정액환급율표에 의거 일정액을 환급하는 방법을 말한다. 따라서 수출신고필증에 의거 세관에서 물품을 수출하였다는 사실만 확인되면 환급이 가능하고, 소요원재료의 직수입, 국내공급 등에 관계없이 환급이 가능하다. 하지만 모든 수출물품이 환급대상인 것이 아니며, 관세청에서 고시한 간이정액환급율표에 등재된 물품에 한하여 간이 정액환급이 가능하다.

간이 정액환급 대상은 환급신청일이 속하는 연도의 직전 2년간 매년도 환급액(내국신용장등에 의한 국내거래물품에 대한 기초원재료 납세증명서 발급 시 포함)이 6억 원 이하인 중소기업기본법 제2조의 규정에 의한 중소 제조업체이다.

### 2-2 관세환급의 신청

관세 등의 환급을 신청하고자 하는 자는 대통령령이 정하는 바에 따라 물품이 수출 등에 제공된 날로부터 2년 이내에 관세청장이 지정한 세관에 환급신청을 해야 한다.

(1) 환급신청인

환급신청인은 수출신고가 수리된 일반적인 수출인 경우는 수출업자, 수출위탁업자 혹은 수출물품의 생산자 중에서 수출신고필증에 환급신청인으로 기재된 자이다. 그 밖의 환급대상수출의 경우는 수출 등에 제공한 사실을

416 제 2 부 ·· 무역거래의 절차

확인하기 위해 관세청장이 정하는 서류에 당해 물품을 수출, 판매 또는 공급 등을 하거나 공사를 한 자로 기재된 자이다.

### (2) 일괄환급신청의 원칙

동일 수출물품에 대한 관세 등의 환급신청은 당해 수출물품의 생산에 소요된 모든 원재료에 대하여 일괄하여 신청해야 한다.

### (3) 추가환급신청의 대상

다음의 경우는 추가환급신청의 대상이 된다(관세 등 환급사무처리에 대한 고시).

① 일괄하여 환급 신청하였으나 세관장의 착오로 일부 환급금이 부족하게 지급된 경우

② 원재료를 수입할 때 세율적용착오 등의 사유로 추징된 관세 등이 환급 신청 시에 누락되었거나 환급 결정된 후에 추징된 경우

③ 환급 신청 시에 수출가격을 착오로 과소하게 기재하거나 수출신고 시에 수출가격을 착오로 과소 신고하여 간이정액환급을 과소하게 받은 경우

④ 환급신청인의 착오로 소요원재료와 규격이 상이한 원재료로 환급받아 당해 원재료에 대한 관세 등이 추징되고 정당한 원재료로 추가환급 신청하는 경우

⑤ 관세 등의 환급을 받은 당해 물품에 대한 기납증(기초원재료납세증명서) 및 분증(분할증명서)의 세액이 정정된 경우

⑥ 환급 신청한 소요원재료의 소요량 산정 시 단위실량의 과소 산정 또는 소요원재료의 수량단위를 착오로 기재하여 과소 환급된 경우

⑦ 기타 환급신청시점에 환급신청인의 귀책사유 없이 과소 환급된 경우로서 세관장이 추가 환급함이 타당하다고 인정하는 경우

### (4) P/L(paperless) 환급신청

환급신청인은 환급신청서 작성요령에 따라 작성된 전자문서를 관세환급시스템에 전송하여야 한다. 관할 세관장은 접수번호, 서류제출심사대상 여부 등을 기재한 접수통지서를 환급신청인에게 전자문서로 통지한다. 만약 서류제출심사대상으로 결정되면 환급신청서, 수출신고필증 등의 서류를 접수통지를 받은 날로부터 3일 이내에 제출해야 한다.

### (5) 환급후 심사

환급심사는 일단 환급한 후에 환급대상물품의 특성, 업체의 성실도 등을 감안하여 선별 심사함을 원칙으로 한다. 그러나 환급전 심사대상의 경우는 환급심사사항을 정밀심사한 후 환급금을 결정·지급한다.

### (6) 환급금의 지급

환급신청인은 금융기관 또는 체신관서에 법인 또는 대표자 명의의 계좌를 개설하고 관할 세관장에게 통보하여야 한다. 세관장이 환급금을 지급하고자 하는 경우에는 한국은행에 환급금 이체 및 지급요구서를 전자문서로 송부하면 한국은행은 환급신청인의 계좌에 환급금을 입금하고 당해 세관장에게 환급금 이체 및 지급필통지서를 전자문서로 송부한다. 당해 세관장은 환급금 결정사항과 한국은행의 이체 및 지급필통지서가 일치하는지 여부를 관세환급시스템에 의해 확인한다.

## 2-3 관세환급 보완제도

### (1) 평균세액 증명제도

관세환급제도에서는 원칙적으로 수출물품을 만들 때 사용한 원자재와 수입할 때 관세 등을 납부한 원자재는 동일한 것이거나 서로 정확하게 관련을 갖는 것이어야 한다. 이러한 사항들이 관세환급과 관련된 모든 서류에 정확하게 기재되고 제시되어야 환급이 가능하다.

그러나 품명, 규격 등이 복잡하고 다양하게 표기되는 물품인 경우에는 이러한 원칙에 맞도록 서류를 작성하고 관리하는 데 여러 가지 어려움이 따른다. 이에 따라서 모든 원자재의 수량 및 납부세액을 HS 10단위별로 통합한 후 환급에 사용할 때에는 평균세액을 적용하도록 함으로써 복잡한 규격 확인을 생략하고 서류를 간편하게 관리할 수 있는 평균세액 증명제도가 시행되고 있다. 이 제도는 원하는 업체에만 적용되는 임의제도이며 자신이 원하는 물품에만 한정적으로 적용할 수도 있다.

### (2) 기초원재료 납세증명제도

수출업자가 수출용 원재료를 해외에서 직접 수입하여 수출물품을 가공하여 수출한 후 개별환급을 신청하고자 할 경우 원재료를 수입할 때 납부한 관세 등을 증명하는 증빙자료로서 수입신고필증을 제출해야 한다. 그러나

## 서식 5-1 　관세환급신청서

# 환 급 신 청 서 (갑)

**1. 환급신청인**

　　주 소 :

　　상 호 :

　　성 명 : ＿＿＿＿＿＿＿＿＿＿

| 신 청 인 부 호 |
| --- |
|  |
| 사 업 자 등 록 번 호 |

**5. ※접수번호**

| 처리기간 | 3 일 |
| --- | --- |
| 기관부호 | 년 도 | 일련번호 |
|  |  |  |

**2. 신청관세사** ＿＿＿＿＿＿＿＿＿＿

**3. 제출번호** ＿＿＿＿＿＿＿＿

**4. 제조자**

　　주 소 :

　　상 호 :

　　성 명 : ＿＿＿＿＿＿＿＿＿＿

| 통관고유부호 |
| --- |
|  |
| 사 업 자 등 록 번 호 |

**6. ※접수일자** ＿＿＿＿＿

**7. 환급구분** ☐

(1:연산품정액, 2:간이정액, 3:개별환급)

**8. ※결정일자** ＿＿＿＿＿

**9. 추가환급**

| 10. 수 출 품 명 규 격 | | | 세 종 | 환 급 액 |
| --- | --- | --- | --- | --- |
|  | | | 17. 관 세 |  |
|  | | | 18. 특 소 세 |  |
|  | | | 19. 교 통 세 |  |
| 11. H. S | 12. 부 호 | 13. 형 태 | 20. 주 세 |  |
|  |  |  | 21. 교 육 세 |  |
| 14. 수출금액(FOB$) | 15. 수출물량 | 16. 단 위 | 22. 농 특 세 |  |
|  |  |  | 23. 계 | |

| 24. 지 급 은 행 | 은 행 명 | |
| --- | --- | --- |
| | 코 드 번 호 | |
| | 온라인구좌번호 | 총 (　　)행 |

| ⓐ 행번호 | 수출신고번호 | | | | ⓕ 수리일자 | ⓖ 수출물량 | ⓗ 수출금액(FOB$) |
| --- | --- | --- | --- | --- | --- | --- | --- |
| | ⓑ 세 관 | ⓒ 과 | ⓓ 신고번호 | ⓔ 란 | | | |
|  |  |  |  |  |  |  |  |
|  |  |  |  |  |  |  |  |
|  |  |  |  |  |  |  |  |
|  |  |  |  |  |  |  |  |
|  |  |  |  |  |  |  |  |

| 결 재 | 담 당 | 주 무 | 과 장 | 장 | |
| --- | --- | --- | --- | --- | --- |
|  |  |  |  | |

**서식 5-2** 간이정액환급(적용, 비적용) 승인신청서

## 간이정액환급(적용, 비적용) 승인신청서

|  |  |  | 처리기간 : 즉시 |
|---|---|---|---|
| ① 신청인 | 상　　　호 |  | 대　표　자 |
|  | 주　　　소 |  | 사 업 자 등 록 번 호 |
|  | 통관고유번호 |  | 대표자주민등록번호 |

② 사업장내역(사업장이 2이상인 경우 전부 기재)

| 사업장명 | 사업자등록번호 | 통관고유부호 | 소 재 지 |
|---|---|---|---|
|  |  |  |  |
|  |  |  |  |
|  |  |  |  |
|  |  |  |  |

③ 비적용(적용) 신청사유



수출용원재료에 대한 관세등 환급사무처리에 관한 고시 제2-10조의 규정에 의하여 간이정액환급(적용, 비적용) 승인을 신청합니다.

　　　　　　　　　　　　　　　년　　　월　　　일

　　　　　　　　　　　　　　　신 청 인　　　(인)

　　　　　세　관　장　귀　하

| 처리내역 | 승 인 일 |  |
|---|---|---|
|  | 전산등록일 |  |
|  | 전산등록자 |  |

| 결재 | 담 당 | 주 무 | 과 장 |
|---|---|---|---|
|  |  |  |  |

첨부서류 : 없음　　수수료 : 없음

471-02111민
210mm×297mm
'97.7.2. 승인　　　　　　　　　　　　　　　신문용지 54g/㎡

수출업자가 수출용 원재료를 항상 해외에서 조달하는 것은 아니며 국내 타업체가 기초원재료를 수입하여 가공한 중간원재료를 공급받아 이를 제조·가공하여 완제품을 수출하는 경우가 있다. 이 경우 최종 수출업자가 완제품을 수출한 후 관세환급을 받을 수 있도록 원재료 수입시 납부한 관세 등을 증명해 주는 것이 기초원재료 납세증명제도이다.

기초원재료 납세증명서는 환급신청시 수입신고필증에 대신해서 사용될 수 있다. 만약 국내제조과정이 여러 단계일 경우에는 그 제조단계에 따라 전단계 기초원재료 납세증명서를 근거로 2차, 3차 기초원재료 납세증명서를 발급받을 수 있는데 수입신고수리일 또는 전단계 거래일로부터 1년 내에 거래되어야 한다.

### (3) 일괄납부제도(사후정산제도)

관세환급제도하에서는 수출용 원재료의 수입시에도 일단 관세를 납부해야 하므로 환급받을 때까지 수출업자의 관세부담이 가중되어 왔다. 이를 완화하기 위해 관세를 6월의 범위 내에서 대통령령이 정하는 일정 기간(일괄납부기간)별로 일괄하여 납부하게 할 수 있다.

관세의 일괄납부제도는 일괄납부업체로 지정받은 자가 수출용 원재료를 수입할 때에 일정 기간 이내에 수출 등에 제공할 것을 조건으로 관세 등을 부과는 하되 징수를 하지 아니한 상태에서 통관하여 물품을 생산하도록 한다. 그 후 물품이 수출된 후 환급받아야 할 금액과 관세 등을 상계처리하도록 함으로써 수출용 원재료 수입에 따른 관세부담을 완전히 면제시켜 수출을 촉진시킬 수 있는 효과를 누릴 수 있다.

일괄납부업체로 지정받고자 하는 자는 일정한 자격요건을 갖추어 해당지역의 세관장에게 지정신청서를 제출해야 하며 담보를 제공하거나 신용담보업체로 지정받아야 한다.

일괄납부업체는 수출용 원재료에 대한 관세 등을 6개월의 범위 내에서 대통령이 정하는 기간별로 일괄납부할 수 있다. 이 경우 일괄납부업체는 수출용 원재료의 수입신고 수리일이 속하는 분기가 종료되는 달의 다음 달 15일까지 해당 지역의 세관장에게 일괄납부해야 할 관세 등과 지급이 보류된 환급금을 정산하고 그 내역을 기재한 신고서를 세관장에게 제출해야 한다.

## 제2절 │ 무역보험

### 1. 무역보험의 의의

　　무역보험은 무역거래를 포함한 해외거래에서 발생하는 각종 위험 중 주로 대금결제 등의 위험을 담보하는 보험을 말한다. 처음에는 수출거래에 따른 대금회수불능 등의 위험을 주로 담보하는 수출보험으로 출발했는데 최근 들어 우리나라를 비롯한 대부분의 국가에서는 수입거래 시 발생하는 선적 불능 등으로 인해 수입업자가 입는 손실까지 담보하는 종합적인 무역보험으로 운영하고 있다.

　　무역거래에서는 많은 위험이 따르는데, 예를 들어 수입업자가 일방적으로 계약을 파기하거나 고의로 약정된 기일 내에 대금을 결제하지 않든지 혹은 파산으로 수출업자가 대금을 회수할 수 없는 경우도 있고, 수입국내에서의 전쟁, 비상조치 등으로 외환거래가 제한되어 대금회수가 지연되거나 불가능해질 수 있다. 거꾸로 수입대금을 이미 지급했는데 수출업자가 선적하지 않고, 수입이 불가능해짐으로써 수입업자가 손실을 입을 수 있다.

　　이러한 위험은 계약당사자인 수출업자 혹은 수입업자에게만 영향을 미치는 것이 아니라 수출업자에게 생산, 집화, 가공자금 등을 융자해 준 금융기관, 혹은 수입업자에게 수입대금을 융자해 준 금융기관에까지 연쇄적으로 손실을 일으킬 수 있다. 이러한 이유 때문에 국내의 금융기관은 수출업자 혹은 수입업자를 과감히 지원하지 못하게 되고 활발한 무역거래를 도모할 수 없게 된다.

　　이에 따라 수출업자 혹은 수입업자 그리고 그 밖의 해외거래자를 보호하고 금융기관으로 하여금 적극적으로 이들을 지원하도록 하기 위해 제정된 보험이 바로 무역보험이다. 즉 무역보험은 수출입국 내에서의 전쟁, 내란, 환거래의 제한과 같은 비상위험이나 계약당사자의 파산, 대금지급의 지연, 선적 불이행 등과 같은 신용위험으로 인하여 수출업자, 수입업자 또는 그 밖의 해외거래자 등이 입게 되는 손실을 보상해 주는 비영리 정책보험을 말한다.

## 2. 무역보험의 담보위험과 기능

### 2-1  무역보험의 담보위험

무역보험에서 담보하고 있는 위험은 크게 비상위험과 신용위험으로 구분된다.

#### (1) 비상위험

비상위험(political risk)은 상대국가의 정치·경제적 사정에 의해 발생하는 위험으로 수출국 혹은 수입국에서의 전쟁, 혁명, 내란, 환거래제한, 환거래중지, 지급유예 등이 해당된다. 비상위험은 무역계약 당사자에게 책임지울 수 없는 불가항력적 위험이다.

#### (2) 신용위험

신용위험(credit risk)은 계약상대방의 신용악화로 인해 발생하는 위험으로 수입업자의 지급불능, 지급거절, 지급지연, 인수거절, 인수불능 등 그리고 수출업자의 선적불능 등이 해당된다. 이러한 위험은 수입업자 혹은 수출업자가 파산하거나 재정상태가 악화되어 당연히 이행해야 할 채무를 태만히 하거나 이행하지 않음으로써 발생한다.

### 2-2  무역보험의 기능

#### (1) 불안제거기능

무역보험은 수출계약 이행불능, 수출대금 회수불능 또는 수입계약 이행불능 등의 위험으로 인해 수출업자, 수입업자, 금융기관 등이 입게 되는 손실을 보상해 줌으로써 무역거래에 따른 불안을 제거해 준다.

#### (2) 금융창출기능

무역보험은 금융기관에 대해 지급보증을 해 줌으로써 금융기관으로 하여금 적극적으로 수출업자 혹은 수입업자를 지원해 주도록 유도하며 또한 보험사고가 발생했을 때 수출업자나 수입업자가 입은 손실을 보상함으로써 자금의 유동성을 제고시키는 금융창출의 기능이 있다.

#### (3) 무역진흥기능

무역보험에 의해 무역거래에 따른 불안이 제거되고 수출에 필요한 자금이 원활히 지원됨으로써 수출증대를 기대할 수 있다. 수출업자들은 수입업자가 선호하는 D/A, D/P와 같은 결제방식을 활용하고 해외무역전시회에 적극 참여하여 신시장을 개척하며 또한 선박, 산업설비와 같은 고가의 자본 재 상품을 중장기 연불조건으로 수출하는 등 무역보험의 보호아래 과감한 해외활동을 전개한다.

### (4) 무역관리제도로서의 기능

무역보험은 담보위험의 범위, 보상률, 보험료율 등을 조정하여 특정 수 출거래를 활성화시키거나 제한시킬 수 있어 무역거래를 간접적으로 통제할 수 있다. 또한 무역보험은 개발도상국가에 대한 경제협력수단으로도 활용된 다. 민간 수출업자들은 위험도가 높은 개발도상국가와의 거래를 단독으로 추진할 수 없기 때문에 무역보험이 이를 인수하여 자금 및 신용이 약한 개발 도상국의 수입업자에게 신용을 제공하고 우리나라와의 거래를 가능하도록 해 준다. 이에 따라 무역보험은 사전에 무역보험 인수방침을 국가별로 선정 하여 대외무역채권의 부실화를 방지한다.

### (5) 신용조사기능

무역보험은 보험사고를 사전에 방지하기 위해서 수입국의 정치·경제적 사정, 수입업자의 재정 및 신용상태 등을 조사·분석하는 신용조사의 기능 을 수행한다. 무역보험공사에서 운영하고 있는 국외기업 신용조사 서비스를 활용하면 수입업자, 지급보증기관의 신용상태, 수입국의 상황 및 향후 전망 등 수출거래추진에 필요한 정보를 무료로 얻을 수 있다.


## 3. 무역보험계약

### 3-1 보험자 및 보험계약자

무역보험은 정부가 최종적으로 보상책임을 지는 정책보험이므로 무역보 험계약의 보험자는 정부이다. 우리나라도 무역보험사업에서 대규모 보험금 의 지급으로 손실이 발생할 경우에는 정부에서 이를 보전하도록 되어 있다. 현재 무역보험업무는 산업통상자원부 산하의 한국무역보험공사를 통해 이 루어지고 있다. 그리고 정부는 무역보험사업의 목적을 효율적으로 달성하기 위하여 예산이 정하는 바에 따라 무역보험기금을 설치하고 있다.

보험계약자는 보험종목에 따라 수출업자, 수입업자, 금융기관, 해외건 설업자, 해외투자자 등이 된다.

### 3-2  보험요율 및 보상한도

우리나라의 무역보험요율은 무역경쟁력 강화를 통한 무역진흥이라는 목적을 위해 비교적 저율로 책정되어 있다. 기본요율은 보상비율, 신용기간, 담보범위, 위험도 등을 고려하여 책정되고 여기에 보험기간, 포괄보험, 국별 정세안정도 등에 따라 할인율이 적용된다.

무역보험은 손실액에 대하여 전액  보상하는 것이 아니며 통상 손실액의 90~95% 정도만 보상한다. 이는 손실액 전부를 완전히 보상해 줄 경우 보험계약자는 무역보험을 악이용할 수 있고 상대방의 신용파악을 소홀히 하거나 계약 체결시 거래조건을 신중하게 고려하지 않을 수도 있기 때문이다. 통상 단기거래 보험종목의 보험금은 손실액의 95%이며 지급일의 환율로 계산하여 원화로 지급된다.

### 3-3  인수방식

무역보험계약은 개별보험방식 또는 포괄보험방식으로 인수된다. 개별보험은 보험계약자가 보험계약을 청약할 때마다 보험자가 그 내용을 심사하여 인수 여부를 결정하는 방식이다. 보험계약자는 위험이 크다고 생각되는 무역거래만 선택해서 청약할 수 있고 보험자는 위험이 높다고 판단되는 거래에 대해서는 보험계약인수를 거절할 수 있다.

이에 반해 포괄보험은 보험계약자와 보험자가 사전에 포괄보험특약을 체결하여 특약에서 정한 일정 기간 동안의 모든 무역거래를 의무적으로 보험에 가입하고 또한 보험자도 이를 자동적으로 인수하는 방식이다.

개별보험에 비해 포괄보험을 이용할 경우 다음과 같은 장점이 있다.

첫째, 포괄보험은 개별보험보다 보험요율이 50~75% 정도까지 할인되어 보험계약자의 부담이 경감된다.

둘째, 위험국가와의 무역거래도 자동으로 보험계약이 체결되므로 과감하게 시장개척에 나설 수 있다.

마지막으로, 대상물품의 전부를 보험에 가입하도록 함으로써 특정 위험만을 집중적으로 보험에 가입하는, 이른바 보험의 악이용을 방지할 수 있어 위험의 평준화를 기할 수 있다.

## 4. 무역보험종목의 해설[1)]

### 4-1 단기성 보험

#### (1) 단기수출보험(선적 후)

단기수출보험은 결제기간 2년 이하의 수출계약을 체결하고 수출물품을 선적 한 후 수입업자 혹은 개설은행(신용장 거래인 경우)으로부터 수출대금을 받을 수 없게 된 때 입게 되는 손실을 보상하는 종목이다. 담보위험은 수입업자 혹은 신용장개설은행의 지급불능, 지급지체, 수입화물에 대한 인수거절 등의 신용위험과 전쟁, 송금 중지, 환거래제한 등의 비상위험이다.

가입대상거래는 〈표 5-1〉과 같이 일반수출, 위탁가공무역, 중계무역 및 재판매이다.

계약방식은 개별보험과 포괄보험방식이 있으므로 수출업자는 수출 특성에 따라 선택할 수 있다. 개별보험은 수출업자의 판단으로 수출대금 미회수의 위험이 크다고 생각되는 거래만 선택해서 개별적으로 가입하는 방식이다. 수출업자의 입장에서는 고위험거래만 선택적으로 가입할 수 있는 장점이 있지만 보험자가 거절할 가능성도 그만큼 크다. 반면 포괄보험은 사전 특약에 의해 합의된 범위 내에서 의무적으로 무역보험에 가입하는 방식이다.

**표 5-1** 단기수출보험(선적 후) 거래대상

| 구 분 | 내 용 |
|---|---|
| 일반수출 | 국내에서 외국으로의 수출을 말하며 국내에서 자체 생산하거나 국내 재조업체로부터 구매한 물품을 수출하는 방식 |
| 위탁가공무역 | 해외에 진출한 국내기업의 현지법인이 생산 가공한 물품 또는 제3국기업에 위탁하여 동 국가에서 가공한 물품을 제3국에서 수입국으로 직접 선적하는 거래 |
| 중계무역 | 제3국에서 생산된 물품을 구매하여 제3국에서 수입국으로 직접 선적하는 방식 |
| 재판매 | 수출업자가 해외지사(해외법인 포함)에 물품을 수출하고 동 해외지사가 당해 물품을 현지 또는 제3국에 재판매하는 거래 |

---

1) 한국무역보험공사, 무역보험제도 해설, 2019.

개별보험에 비해 보험료가 저렴한 편이지만 일정한 요건을 갖추어야 하기 때문에 대기업이나 상당한 규모의 중소기업에 적합하다.[2]

### (2) 단기수출보험(포페이팅)

포페이팅(forfaiting)은 수출업자가 발행한 기한부어음을 포페이터 (forfaiter)가 할인·매입해 주는 금융기법을 말한다. 수출업자가 가액이 큰 물품을 기한부조건으로 수출할 경우 신용장 개설은행이 수출업자가 발행한 기한부어음에 대해 보증을 해주는데 수출업자는 이 보증어음을 포페이터에 할인 매각하여 수출대금을 즉시 회수할 수 있다.

반면 포페이트는 만기에 보증은행으로부터 대금을 지급받아야 하는데 수입국의 비상위험이나 개설은행(보증은행)의 파산 등으로 수출대금 미상환 위험이 발생할 수 있다.[3]

단기수출보험(포페이팅)은 포페이팅 수출금융을 취급한 은행 즉 포페이터가 신용장 개설은행으로부터 수출대금을 회수하지 못하여 입게 되는 손실을 보상해주는 종목이다. 따라서 보험계약자는 은행이 되고 대상거래는 기한부신용장이 사용되는 거래이며 결제기간은 2년 이내이다.

### (3) 단기수출보험(수출채권유동화)

은행이 수출입자간 거래에서 발생한 수출채권을 비소구조건으로 매입한 후 매입대금을 회수할 수 없게 된 경우 입게 되는 손실을 보상하는 보험이다. 이 보험은 수출채권을 비소구조건으로 매입한 은행의 미회수 위험을 담보하므로 보험계약자는 금융기관이고 결제기간은 180일 이내(신용장 360일)이다. 대상거래는 일반 수출과 위탁가공무역거래이고, 중소·중견 기업에 한해 재판매(특약)도 대상거래가 될 수 있다.

### (4) 단기수출보험(농수산물 패키지)

농수산물 패키지보험은 대금미회수위험을 기본계약으로 하고 그 밖에 가격상승위험, 수입국 검역위험, 수입업자 계약파기위험 등을 선택계약으로 활용할 수 있는 종목이다. 대금미회수위험의 내용은 일반 단기성 수출보험과 유사하다.

보험계약자가 선택할 수 있는 가격상승위험은 만약 수출품목의 국내가

---

2) 포괄보험 가입요건을 갖추지 못한 소규모 중소기업들은 단기수출보험 준포괄보험제도를 이용할 수 있는데 포괄보험과 마찬가지로 보험료 인하효과를 누릴 수 있다.

3) 포페이팅 혹은 포피팅 결제방식에 대한 자세한 것은 제1부 제6장에 설명되어 있다.

격이 상승할 경우 수출하는 것이 오히려 손해이기 때문에 국내가격이 보험공사가 정한 기준가격보다 높을 경우 책임금액 범위 내에서 수출실적에 비례하여 일정 금액을 보상하는 위험이다.

수입국 검역위험은 수출업자가 수입국 검역과정에서 소독, 폐기명령을 받아 소독비용, 폐기비용을 지출한 경우 책임금액 범위 내에서 비용 전액을 보상하는 위험이다. 농산물은 사전 병충해 검사가 힘들기 때문에 검역 불합격처분으로 인한 비용부담 가능성이 높고, 일부 국가에서는 검역이 비관세 장벽으로 이용되기도 하여 이에 대비한 것이다.

수입업자 계약파기 위험은 수입업자가 자국 내에서 가격하락으로 일방적으로 계약을 파기할 경우 책임금액의 범위 내에서 잔여 수출금액의 10%를 보상하는 위험이다. 기존의 농수산물 수출보험 손실액 산정방식이 복잡하여 활용도가 낮았던 점을 보완한 것이다.

### (5) 단기수출보험(중소 · 중견 플러스)

중소 · 중견 플러스 보험은 수출기업의 전체 수출거래를 대상으로 위험별로 책임금액을 설정하여 운영되는 종목이며 담보위험은 기본위험으로 수입업자 신용위험이 있고, 그 밖에 신용장 위험, 수입국 위험 등이 있다. 단기수출보험은 개별 수출거래 건별로 보험계약이 체결되는 반면 중소 · 중견기업 플러스 보험은 마치 수출기업이 화재보험, 자동차보험에 가입하는 것과 마찬가지로 전체 수출거래를 보험에 가입하고 보험계약자가 선택한 담보위험으로부터 손실이 발생하면 약정된 책임 범위 내에서 보상이 이루어진다.

보험계약기간은 1년이며 수출업자 신용등급이 F급 이상이고 전년도(최근 1년간) 수출실적이 백만 달러 이하의 중소수출기업을 대상으로 한다.

### (6) 수출신용보증(선적 후)

선적 후 수출신용보증은 수출업자가 선적 후 발행한 기한부환어음을 외국환은행이 매입할 수 있도록 무역보험공사가 수출신용보증서를 발행하는 보험종목을 말한다.

수출업자가 기한부조건으로 수출할 경우 선적을 하더라도 일정 기간 후 수출대금을 회수할 수 있게 되는데 무역보험공사가 발행한 수출신용보증서를 담보로 하여 수출과 동시에 수출대금을 받을 수 있게 한 것이다. 만약 외국환은행이 만기에 수입업자로부터 수출대금이 결제되지 않으면 무역보험

428 제 2 부 ·· 무역거래의 절차

공사로부터 보상을 받을 수 있다.

담보위험은 수입업자 혹은 신용장개설은행의 지급불능, 지급지체, 수입화물에 대한 인수거절 등 신용위험과 전쟁, 송금 중단, 환거래 제한 등의 비상위험이며 대상거래는 일반 수출거래와 위탁가공무역이다.

### (7) 수입보험

수입보험은 수입거래에서 우리나라 수입업자가 입는 손실을 보상하는 제도로서 2011년부터 시행되고 있다. 수입업자가 해외 수출업자의 계약불이행으로 적기에 화물을 인도받지 못하거나 수입에 따른 선불금을 회수하지 못하는 경우 등 수입과정에서 입는 손실을 보상해 준다. 수입보험의 주요 내용은 수출보험과 동일하고 현재 수입업자용 및 금융기관용으로 운영되고 있다.

수입보험의 수입업자용은 국내수입업자가 선급금 지급조건의 수입거래에서 비상위험 또는 신용위험으로 인해 선급금을 회수할 수 없게 된 경우에 발생하는 손실을 보상하는 종목이다.

그리고 수입보험의 금융기관용은 금융기관이 주요 자원 등의 수입에 필요한 자금을 수입업자에게 대출(지급보증)한 후 대출금을 회수할 수 없게 된 경우에 발생하는 손실을 보상한다.

### (8) 해외 마케팅보험

해외 마케팅보험은 수출업자가 해외시장 개척을 위해 해외 마케팅 비용을 지출하였으나 마케팅 효과가 미미하여 지출한 비용을 회수하지 못하는 경우 이를 보상하는 종목이다. 담보대상은 고유브랜드(디자인)개발비용, 해외 마케팅 기획비용(시장조사, 마케팅 전략수립 등), 해외 마케팅 실행비용(해외광고, 전시회 참가 등)이다. 부보율은 지출비용 또는 보험가액한도의 70%이고, 해외 마케팅 활동기간은 2년 이내이며 비용회수기간은 3년이다.

## 4-2 중장기성 보험

### (1) 중장기수출보험(선적전)

중장기수출보험은 결제기간이 2년을 초과하는 중장기 수출계약에서 수출불능으로 인한 수출업자가 입는 손실을 담보하는 종목이다. 선박, 산업설비, 플랜트 등과 같은 자본재의 수출은 통상 수출가액이 거액이고 제작기간이나 결제기간이 장기간이며 대상국도 정치적으로나 경제적으로 불안정한 개발도상국이 대부분이기 때문에 신용위험이나 비상위험이 발생할 가능성이 높다.

중장기수출보험–선적 전은 자본재상품 수출계약을 체결한 후 상품의 제작기간 중 발생하는 신용위험 혹은 비상위험으로 인하여 수출 자체가 불가능하게 되어 수출업자가 입는 손실을 보상하는 보험이다. 이 보험에서 담보하는 신용위험은 수입업자의 파산, 수입국 법원의 채무동결 혹은 채권단과의 채무조약 협약으로 인한 수입업자의 지급불능 등이며, 비상위험은 전쟁, 혁명, 수입국의 모라토리움 선언, 송금지연조치, 공공수입업자의 일방적인 계약파기 혹은 특별한 사유로 이한 계약의 해제, 해지 등이다.

### (2) 중장기수출보험(공급자신용)

중장기 수출에서 공급자신용은 수출업자가 수입업자에 대해 직접 신용을 공여하는 것, 다시 말해서 수출업자가 자본재를 장기의 연불조건으로 수출하는 것을 말한다. 중장기수출보험(공급자신용)은 수출업자가 결제기간 2년을 초과하는 중장기 연불조건으로 자본재를 수출하고 수입국의 비상위험이나 수입업자의 신용위험으로 인해 수출업자가 수출대금을 받지 못할 경우 손실을 보상해 주는 보험이다.

### (3) 중장기수출보험(구매자신용 · 표준/표준이상형)

구매자신용은 수입업자가 금융기관으로부터 대출을 받아 자본재 등을 연불조건으로 수입하는 경우를 말한다. 즉 금융기관이 수입업자 혹은 수입국 은행 앞으로 결제기간 2년을 초과하는 연불금융을 제공하면, 수입업자가 이 자금으로 수입하는 방식이다.[4] 따라서 구매자신용에서 수출업자의 경우 수출대금 미회수의 위험은 발생하지 않지만 금융기관은 대출금 미회수의 위험에 직면하게 된다. 중장기수출보험(구매자신용)은 구매자에게 금융을 제공한 금융기관이 수입국의 비상위험이나 수입업자의 신용위험으로 인해 대출금을 회수하지 못함으로써 입는 손실을 보상해주는 종목이며 보험계약자는 금융기관이다.

---

4) 1개의 국내외 금융기관이 신용을 제공하는 Single Loan과 다수의 국내외 금융기관들이 대주은행단을 구성하는 경우 전체 자금공여금액을 담보대상으로 1개 은행을 보험계약자로 지정하는 Syndicated Loan으로 구분된다.

### (4) 중장기수출보험(구매자신용 · 채권)

이는 수출대금 결제기간이 2년을 초과하는 중장기 수출거래에서 수입자가 자금조달을 위해 발행하는 채권(project bond)에 대해 무역보험공사가 원리금 상환을 보장하는 제도이다. 대상거래는 금융기관이 수출대금의 지급에 필요한 자금을 외국인에게 공여하는 상환기간 2년 초과의 채권인수계약이다. 채권인수계약은 공채, 사채 기타 이에 준하는 채무증서의 인수를 통한 자금공여계약이고 선박 및 부유식 해양설비 수출거래에 한하여 적용된다. 보상하는 손실은 채권이 발행되었으나, 보험계약자가 채권 조건상 상환기일에 당해 채권의 원금 또는 이자를 회수할 수 없게 된 경우에 입게 되는 손실이다.

### (5) 해외사업금융보험

이는 국내외 금융기관이 외국인에게 수출증진이나 외화획득의 효과가 있을 것으로 예상되는 해외사업에 필요한 자금을 2년 초과 조건으로 공여하는 금융계약을 체결한 후 대출 원리금을 상환받을 수 없게 됨으로써 입게 되는 손실을 보상하는 제도이다. 최근 해외사업 추진방식은 과거와 같은 단순발주형이 아니라 사업기획에서 금융까지 포함하는 투자 개발형으로 변화하고 있어, 이런 방식의 해외사업에 필요한 소요자금에 대한 금융계약을 지원할 수 있는 제도를 마련함으로써 해외사업 참여 가능성을 높일 수 있다.

이 보험에서 적용대상 해외사업은 다음과 같다.

① 해외사업을 영위하는 외국법인의 주식 등의 지분취득 계약(필수)

② 해외사업관련 원재료 공급계약

③ 해외사업관련 생산물 구매계약

④ 해외사업관련 운영 및 관리계약

⑤ 기타 수출증진이나 외화획득 효과가 예상되는 해외사업관련 계약 등

적용대상 금융거래는 해외사업에 필요한 자금을 공여하기 위해 국내외 금융기관이 외국인을 상대로 체결한 상환기간 25년 이내의 금융계약이다.[5]

---

[5] 중장기수출보험(구매자신용)과 해외사업금융보험은 국내외 금융기관이 외국인에게 연불 금융을 제공한 후 차입국의 비상위험과 차주의 신용위험으로 인해 대출 원리금을 회수하지 못하여 입게 되는 손실을 보상해 주는 점에서는 유사한데 지원 대상 금융계약, 보험요율 등에서 차이가 있다.

### (6) 해외투자보험(주식 · 대출금 · 보증채무)

일반적으로 해외투자에는 투자국 내에서의 전쟁, 혁명, 내란 등으로 해외사업을 계속 수행하는 것이 불가능하거나 투자국 정부에 의한 투자자산의 몰수, 수용 등과 같은 여러 가지 위험이 발생한다. 이러한 위험은 당사자에게 있어서 불가항력일 뿐만 아니라 손실을 보상받는 것이 어렵다. 비상위험으로부터 해외투자자를 보호하고 해외투자를 장려하기 위해 해외투자보험이 운영되고 있다.

해외투자보험(주식, 대출금, 보증, 채무)는 우리나라 국민이 해외투자를 행한 후 투자상대국의 수용, 전쟁, 송금불능, 약정불이행, 불가항력의 비상위험 등으로 인하여 투자원금, 배당금 혹은 이자 등을 회수할 수 없게 되거나 보증채무의 이행으로 입게 되는 손실을 보상하는 제도이다. 해외투자 대상은 주식 등에 대한 투자, 대출금에 대한 투자, 보증채무에 대한 투자,[6] 부동산에 대한 권리 등에 대한 투자 등이다.

### (7) 해외투자보험(투자금융)

해외사업과 관련하여 금융기관이 국내 개발사업자의 해외사업에 필요한 소요자금을 대출하는 경우 투자국의 비상위험 또는 신용위험으로 인해 금융기관이 대출금을 회수하지 못할 경우 입는 손실을 보상해 주는 보험이다. 국내 기업이 자원개발, 부동산개발 등 해외사업 및 해외투자를 수행하기 위해서는 장기간 대규모 자금이 필요한데 이에 소요되는 자금을 금융기관이 원활히 지원해 주도록 정부가 정책적으로 만든 보험종목이다.

### (8) 해외공사보험

이 보험은 해외공사계약 상대방의 신용위험 발생, 해외공사 발주국 또는 지급국에서의 비상위험 발생에 따른 손실을 보상해주는 보험이다. 해외공사 시에는 발주자의 채무불이행, 파산 등 신용위험만 발생하는 것이 아니라 발주국 또는 지급국에서의 전쟁, 내란, 정변이나 환거래의 제한, 금지 등 해외공사 계약당사자간에는 불가항력적인 비상위험이 발생할 가능성이 있어 이런 위험으로부터 해외공사를 수주한 국내업체를 보호하기 위한 제도이다.

---

6) 이는 대한민국 국민이 외국인(외국 법인 및 외국 정부 포함)의 2년을 초과하는 장기차입금 또는 회사채 발행에 대해 보증채무를 부담하는 것을 말한다.

해외공사보험은 건설 및 기술용역 거래와 동 수출이행을 위해 반입된 관련 장비의 손실을 대상으로 한다. 건설 및 기술용역의 거래에서 담보하는 손실은 수출불능, 공사대가의 회수불능, 공사비용의 회수불능이며, 건설장비의 경우는 장비에 대한 권리박탈, 권리의 상실로 취득한 금액의 국내 송금불능, 전쟁, 혁명 등의 사유로 인한 장비에 관한 권리의 손해 등이다.

### (9) 서비스종합보험(일시결제방식)

서비스종합보험(일시결제방식)은 국내에 주소를 둔 기업이 외국기업에게 운송, 관광 등의 서비스를 제공하고 서비스제공 상대방으로부터 서비스대금을 지급받지 못하게 됨으로써 발생하는 손실을 보상하는 제도이다. 결제기간 180일 이내의 무신용장 및 신용장 거래를 대상으로 하고 서비스 형태는 운송, 관광 등 무형의 순수 서비스, 소프트웨어 등 콘텐츠가 제공되는 서비스, 그리고 해외엔지니어링, 산업재산권 등의 기술서비스이다.

그리고 기성고 · 연불방식은 국내 수출업체가 시스템통합(SI), 기술서비스, 콘텐츠, 해외엔지니어링 등의 서비스 거래를 수출하고 이에 따른 지출비용 또는 확인대가를 회수하지 못함으로써 입게 되는 손실을 보상하는 제도이다.[7]

### (10) 수출기반보험

수출기반보험은 금융기관이 국적외항선사(한국 국적의 선사로서 해운법상 외항 화물 운송 사업을 영위하는 자) 또는 국적외항선사의 해외현지법인에게 상환기간 2년 초과의 선박 구매자금을 대출하고 대출 원리금을 회수할 수 없게 된 경우에 발생하는 손실을 보상하는 제도이다.

### (11) 수출보증보험

수출보증보험은 수출거래, 해외건설공사계약 등과 관련하여 보증서(bond)를 발급한 금융기관이 이를 이행함으로써 입게 되는 손실을 보상해주는 보험제도이다. 따라서 수출보증보험의 보험계약자는 보증서를 발급한 금융기관이 된다.

주로 거액의 수출계약이나 해외건설공사계약시에는 수입업자나 발주자들이 공신력 있는 은행의 보증서를 요구하는 경우가 많다. 만약 수출업자나

---

7) 기성고(completed amount)는 공사의 진척도에 따른 공정을 산출해 현재까지 시공된 부분만큼의 소요자금을 말한다.

해외건설업자들이 계약에서 정한 채무를 이행하지 않으면 보증서를 발급한 은행이 수입업자나 발주자들에게 보증금을 지급해야 하므로 은행은 확실한 담보가 없으면 보증서를 발급하지 않는다. 이에 따라 수출보증보험은 금융기관으로 하여금 수출업자나 해외건설업체 등을 위하여 보증서를 쉽게 발급할 수 있도록 은행의 보증채무 부담에 따른 위험을 담보하고 있다.

수출보증보험의 대상이 되는 보증서는 다음과 같다.

① 입찰보증(bid bond) : 입찰보증은 낙찰이 되었음에도 불구하고 계약을 하지 않는 경우에 대비하기 위해 응찰시 필요한 보증서이다. 해외건설공사계약, 해외건설용역계약 또는 수출계약서에는 입찰로 인한 채무를 상대방에게 보증하도록 하는 보증조항이 포함되어 있으며 이 조항에 따라 입찰자는 응찰시에 입찰보증을 반드시 제출해야 한다.

② 계약이행 보증(performance bond) : 이행보증은 계약체결시에 제출하는 것으로서 낙찰자가 약정된 계약을 이행하지 않을 경우에 대비하여 상대방이 요구하며 보증금액은 보통 계약금액의 10% 전후이다.

③ 선수금환급 보증(advance payment bond) : 해외발주자가 수주자에게 일정한 금액을 미리 지급한 경우에 수주자가 계약을 이행하지 않으면 이미 지급된 선수금에 상당한 금액을 보상받을 수 있도록 한 보증이다.

④ 유보금환급 보증(retention payment bond) : 유보금 적립 후 공사 완료시까지 공사의 하자가 발생하였을 경우 지급하도록 되어 있는 보증이다.

⑤ 하자보증(maintenance bond) : 하자보증도 이행보증과 마찬가지로 계약체결시에 제출하는 것으로서 공사가 완공된 후 일정 기간 내에 하자가 발생했을 경우 발주자가 보상받을 수 있도록 한 것이며, 보증금액은 보통 계약금액의 5% 이내이다.

### (12) 이자율변동보험

이자율변동보험제도는 결제기간이 2년을 초과하는 자본재 수출거래에서 수입업자에게 수입대금을 융자해 준 금융기관이 융자금 회수기간 동안 이자율이 변동함으로써 입게 되는 손실을 보상하기 위한 종목이다. 이 종목에서는 이자율변동에 따라 손실이 발생하면 무역보험공사가 보상하지만 반대로 이익이 발생하면 이를 환수하게 된다.

선박, 산업설비 등과 같은 자본재의 거래에는 많은 자본이 필요하여 수출업자가 융자를 받아 자본재를 수출하기도 하고, 반대로 금융기관이 자본재 수입대금을 수입업자에게 융자하여 그 자금으로 수입하도록 하는 경우도 있다. 후자와 같이 구매자신용으로 자본재를 연불 수출할 경우 수입대금을 융자해 준 금융기관은 중장기수출보험에 가입하여 금융대금 미회수에 따른 위험에 대비하는 것이 보통이다.

그러나 중장기수출보험은 장기간의 대출에 따라 발생할 수 있는 이자율변동에 의한 손실은 보상하지 않기 때문에 이를 보완하기 위해 이자율변동보험제도가 제정되었다. 이에 따라 구매자신용을 제공한 금융기관은 이자율변동보험에 가입하여 장기간의 대출에 따른 이자율변동에 의한 손실을 보상받을 수 있게 되며 또한 고정금리의 대출이 가능하여 자본재수출의 경쟁력을 높일 수 있다.

### (13) 수출기반보험(선박)

수출기반보험(선박)은 금융기관이 국적외항선사 또는 국적외항선사의 해외현지법인에게 상환기간 2년 초과의 선박 구매자금을 대출하고 대출 원리금을 회수할 수 없게 된 경우에 발생하는 손실을 보상하는 제도이다. 국적외항선사: 한국 국적의 선사로서 해운법상 외항 화물운송사업을 영위하는 자를 말한다.

그리고 수출기반보험(제조설비)은 금융기관이 수출중소중견기업에게 시설자금을 대출하고 원리금을 회수하지 못하게 된 경우 이에 대해 보상하는 제도이다.

### (14) 해외자원개발펀드보험

해외자원개발펀드가 해외자원 개발사업에 투자되었는데 피투자국의 전쟁, 수용, 송금제한 등의 비상위험과 투자상대방의 파산, 해당 자원의 가격변동 등의 신용위험으로 손실이 발생하는 경우 손실액의 일부를 보상하는 제도이다. 우리나라는 경제발전에 필요한 에너지원을 대부분 해외에 의존하고 있기 때문에 석유 등 에너지 자원의 안정적인 공급원의 확보가 필요하다. 이를 위해서는 자원개발을 위한 투자가 필요한데 자원개발사업에는 위험도가 높고, 미래 수익이 불확실하며 대규모 투자가 이루어져야 하기 때문에 펀드조성이 어려운 실정이다.

해외자원개발펀드보험은 해외자원개발 투자거래의 안정성을 제고함으

| 그림 5-1 | 환변동보험의 개념도 |

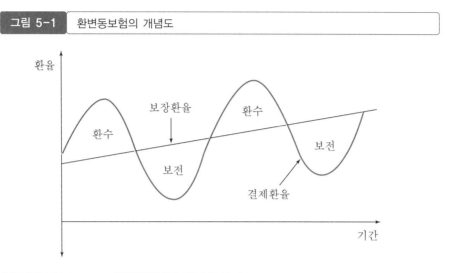

로써 펀드에 대한 민간 자금의 유입을 촉진하고 주요 전략 자원의 안정적인 확보를 도모하기 위해 만든 보험이다. 세부대상은 융자, 주식, 수익권 등이며 보상하는 손실은 융자 등의 원리금 미회수 손실, 주식 등의 투자원금 미회수 손실, 수익권 등의 투자원금 미회수 손실 등이다.

(15) 환변동보험

이는 수출업자가 수출활동을 통해 외화를 획득하는 과정에서 발생할 수 있는 환차손익을 제거하기 위해 사전에 수출금액을 원화로 확정시키는 제도이다. 즉 수출계약을 체결할 때 계약 시점에서 무역보험공사가 보장하는 환율과 실제 결제시점에서의 환율이 변동할 경우 수출업체들이 입는 환차손은 보험자가 보상하고 만약 환차익이 발생하게 되면 이를 보험자가 환수하는 것으로 한다(〈그림 5-1〉 참조). 환위험 관리 여건이 취약한 중소 수출업자들이 손쉽게 이용할 수 있도록 만든 종목이며 대상 통화는 미화, 엔화, 유로화 등 3개 통화이고 신용상 문제점이 없는 기업은 모두 이용할 수 있다.

### 4-3  기타 보험종목 및 서비스

(1) 신뢰성보험

신뢰성보험은 국산 부품 및 소재의 신뢰성을 보장하는 보험이다. 즉 국산 부품이나 소재를 사용하는 기업이 이들 제품의 결함으로 인해 대내외적으로 입을 수 있는 재산 피해를 담보하는 보험이다. 신뢰성보험으로 우리나라 기업들은 국산 부품이나 소재를 안정적으로 사용할 수 있고 이로 인해 국산 부품이나 소재들은 지속적으로 개발될 수 있다.

신뢰성보험에서 담보하는 주요 위험은 〈표 5-2〉와 같이 제조물보증책임, 제조물회수비용, 제조물배상책임, 기업휴지(休止)위험 등이다. 이 중에서 제조물보증책임 및 제조물회수비용은 기본담보이며 제조물배상책임과 기업휴지위험은 보험계약자의 선택담보이다.

신뢰성보험에서는 자기부담금(deductible) 제도를 운영하고 있는데 이는 보험금 지급시 보험자가 보상해야 할 금액에서 공제하는 금액으로 보험계약자가 부담한다. 이 제도는 보험계약자에게도 손해부분에 대해 일부 책임을 지도록 함으로써 손해발생을 줄이고 보험자는 그만큼 보험료를 할인해 준다. 그리고 신뢰성보험에서는 보험개시일 이전에 발생한 사고로서 보험기간 중에 손해배상청구가 제기된 것도 보상해주는 소급보상의 원칙이 적용되고 있다.

### (2) 지식서비스보험

지식서비스보험은 국내 수출업체가 정보통신, 문화 콘텐츠, 기술, 엔지니어링 등의 지식서비스를 수출하고, 이에 따른 지출비용 또는 확인대가(running royalty)를 회수하지 못함으로써 입게 되는 손실을 보상하는 제도이다. 이 보험에서 담보하는 위험은 비상위험 및 신용위험이며, 신용위험은 수입업자 채무불이행에 대해서는 3개월 이상 지체에 한한다. 그리고 보상하는

**표 5-2** 신뢰성보험의 담보위험

| | |
|---|---|
| 제조물보증책임 | 부품·소재업체가 제조, 판매한 제조물이 양도된 후, 부품·소재의 결함으로 법률상 배상해야 할 손해중 수리비용 또는 대체가격 |
| 제조물회수비용 | 부품·소재업체가 제조·판매한 부품이 회수가 불가피하게 된 경우 회수에 따른 제반비용 보상 |
| 제조물배상책임 | 부품업체가 제조·판매한 부품이 양도된 후 그 제조물로 생긴 제3자의 신체상해 또는 재물손해로 부품업체가 부담하여야 할 법률상 손해배상금액 |
| 기업휴지위험 | 부품업체가 제조·판매한 부품이 제3자 양도된 후 그 제조물의 결함으로 인해 제3자에 기업휴지손해가 발생한 경우 그 상실이익 |

손실은 첫째, 단계별 또는 수출완료 후 대가로 확정된 금액을 받지 못하게 되는 경우에 입게 되는 손실(확인대가), 둘째 '시스템 통합'의 경우, 수출계약이행을 위해 지출하였으나 계약 상대방이 대가의 지급을 정하지 않은 지출비용 포함(지출비용) 등이다.

### (3) 문화수출보험(영화)

개별 영화에 대한 투자, 대출거래 또는 영화펀드에 대한 투자거래에 수반되는 위험을 담보하는 종목인데 거래의 특성을 반영하여 투자형, 대출형 및 펀드형 3개의 세부종목으로 운영된다. 담보위험은 투자형의 경우에는 개별 영화 투자거래에 내재된 위험, 투자금 회수불능과 관련된 모든 위험이다. 대출형의 담보위험은 차주(제작사)의 파산, 상환채무 불이행 등 신용위험이며, 펀드형의 경우는 영화펀드가 투자대상영화로부터 투자원금을 회수하지 못해 손실이 발생하는 일반투자형 보험사고 발생위험과 동일하다.[8]

### (4) 수입업자 신용조사 서비스

무역보험의 주요 보상 중 하나는 상대방 수입업자의 신용위험으로 인해 우리나라 수출업자가 대금을 회수하지 못함으로써 입는 손실이기 때문에 수출보험 가입 시 수입업자의 신용평가는 절대적으로 필요하다. 수출업자의 의뢰가 있을 경우 유료로 무역보험공사는 해외지사나 유명 신용조사기관과 연계하여 해외 수입업자의 회사 개요, 재무제표 등의 신용조사를 실시하여 의뢰인에게 정보를 제공한다.

### (5) 해외미회수채권 추심대행 서비스

수출 또는 기타 대외거래와 관련하여 발생한 해외미회수채권에 대하여 무역보험공사가 해외 네트워크를 통해 채권회수를 대행하는 서비스이다. 주로 미수채권을 보유하고 있는 수출업체나 은행 등이 이용하고 있다.

---

8) 이 밖에도 교토의정서(기후변화협약에 따른 온실가스 감축목표에 관한 의정서)에서 정하고 있는 탄소배출권 획득사업을 위한 투자, 금융, 보증 과정에서 발생할 수 있는 손실을 종합적으로 담보하는 탄소종합보험, 그리고 녹색산업에 해당되는 경우 기존이용 보험약관에 수출기업이 선택한 특약을 추가하여 우대하는 녹색산업종합보험 등이 있다.

## 제3절 무역금융

### 1. 무역금융의 의의

무역금융은 넓은 뜻에서 보면 무역거래에서 일어나는 모든 금융을 말하지만 일반적으로 의미하는 무역금융은 정부가 정책적으로 무역거래에 필요한 각종 자금을 지원해 주는 것을 말한다. 현재 우리나라 정부는 수출경쟁력을 향상시키기 위해 무역거래나 이와 관련된 국내거래 및 해외 현지거래의 각종 단계에 필요한 자금을 일반금융에 비해 유리한 조건으로 지원하는 무역금융제도를 실시하고 있다.

우리나라의 무역구조는 해외에서 원자재를 수입·가공하여 이를 수출하는 가공무역이 많은 비중을 차지하고 있어 우리나라 수출업자들은 구조적으로 원자재 수입을 위한 상당한 자금이 필요하다. 그리고 우리나라의 금융시장도 선진국에 비해 자금력이 약하여 일반 시중은행의 자금만으로는 수출업자들에 대한 충분한 지원이 불가능하며 또한 여신금리가 높아 수출업자들의 이자부담도 매우 큰 편이다. 이에 따라 정부는 수출업자를 비롯한 관련 당사자들에 대한 금융지원을 통해 수출경쟁력을 강화하고 수출을 증대시키는 정책을 시행해 왔다.

그러나 우리나라의 대외교역량이 늘어남에 따라 정책적 무역금융은 통화량 팽창의 한 요인이 되어 왔고, 투기성자금으로 활용되는 등 그 동안 많은 부작용이 제기되었다. 그리고 WTO는 이러한 무역금융을 정부의 보조금으로 규정하여 그 사용을 규제하고 있으며 또한 나라마다 상대국의 특정 수출품에 대한 정부의 지원을 상쇄시키기 위해 상계관세(countervailing duties), 덤핑방지관세(anti-dumping duties) 등을 규정하고 있어서 수출업자들을 무한정 지원할 수 없게 되었다.

이에 따라 오늘날의 무역금융은 정부의 특혜적인 금융지원보다는 무역거래에 필요한 각종 자금을 융자해 주는 상업적 차원에서의 금융으로 그 성격이 점차 바뀌고 있다.

현재 우리나라 무역금융이 지니고 있는 특성을 살펴보면 다음과 같다.

첫째, 무역금융은 중앙은행의 자금지원으로 이루어지는 정책금융이다. 한국은행은 금융통화운영위원회가 정한 총액범위 내에서 한국은행차입한도를 사전에 포괄적으로 배정하여 금융기관별로 자금을 지원하고 있으며 금리면에서도 우대금리를 적용하고 있다. 따라서 개별기업에게 무역금융을 제공한 융자취급은행은 한국은행으로부터 취급액의 일정 금액을 차입받을 수 있다.

둘째, 무역금융의 융자대상은 포괄적이다. 물품, 건설, 기타 용역의 수출에 직접·간접으로 참여하는 모든 업체들은 무역금융의 수혜대상이 될 수 있다. 따라서 국내의 수출용원자재 공급업자, 수출용완제품 공급업자 등 내국신용장(local credit)을 받은 국내업체들도 무역금융을 활용할 수 있다.

셋째, 무역금융은 용도별, 시기별로 지원된다. 무역금융은 생산자금, 원자재자금, 완제품구매자금 등으로 구분하여 각 자금의 소요시기에 맞추어 지원되고 있다.

넷째, 무역금융은 신용장기준 또는 실적기준으로 지원된다. 무역금융은 수출증대를 목적으로 수출신용장, 선수출계약서(D/A·D/P), 외화표시 물품공급계약서 등에 의해 지원되며 또한 과거 수출실적을 기준으로 지원되기도 한다. 특히 실적기준 금융은 과거 수출실적이 있는 업체가 앞으로도 동일한 정도로 수출할 것이라는 전제하에 과거 일정 기간의 수출실적을 융자대상으로 하기 때문에 융자절차가 간편하고 원자재의 사전비축이 가능하다.

마지막으로 무역금융은 수출이행을 의무화한다. 무역금융은 용도별로 지원되는 정책금융이므로 용도 외의 다른 목적에 사용되어서는 안 되며, 또한 금융만 수혜하고 대응수출을 이행하지 않을 경우 해당 업체에게 불이행이자를 추징하며 수혜자격을 정지시킬 수 있다.

## 2. 무역금융의 종류

넓은 의미에서 무역금융은 무역거래 과정에서 일어나는 모든 금융을 의미하는데 그 종류가 〈표 5-3〉에서처럼 매우 다양하다. 무역금융은 국내에서 이용되는 금융과 해외로부터의 금융으로 구분될 수 있다. 국내 무역금융은 수출지원정책의 일환으로 각종 금융기관이 수출업자를 비롯한 대외거래자

표 5-3 무역금융의 종류

| 구 분 | 종 류 |
|---|---|
| 금융중개지원대출<br>무역금융 | • 신용장기준금융(용도별)<br>• 실적기준금융(용도별)<br>• 포괄금융 |
| 기타 무역금융 | • 무역어음제도<br>• 내국신용장제도<br>• 수출환어음담보대출<br>• 기한부 원화 수출환어음담보대출<br>• 연불수출금융<br>• 외화대출 중 외화획득용 시설재 수입자금 |
| 해외금융 | • 수출선수금<br>• D/A조건 수입<br>• 연지급조건 수입신용장 개설<br>• 현지금융 |

에게 제공하는 금융혜택을 의미하고 해외금융은 해외에서 제공되는 여신을 의미한다.

국내 무역금융 중 핵심은 한국은행의 금융기관대출세칙에 의해 시행되고 있는 금융중개지원대출관련 무역금융이다. 이는 주로 물품, 용역 등의 수출에 직접·간접으로 참여하는 업체를 대상으로 선적 전에 지원되는 단기성 무역금융으로서 수출지원 본래의 취지를 가장 잘 나타내고 있다.

그 밖에 수출업자를 지원하기 위해 무역어음제도, 내국신용장제도 등이 시행되고 있는데 무역어음제도는 민간 자본을 이용하여 수출업자들을 지원한다는 점에서 기존의 무역금융제도와 근본적으로 다른 성격을 지니고 있다. 내국신용장은 외국환은행이 발급하는 지급확약서이기 때문에 국내 물품 공급업자는 외국환은행을 믿고 수출업자에게 물품을 공급하는데 이는 곧 수출업자에게 간접적으로 금융을 제공하는 결과가 된다.

또한 한국은행은 수출환어음담보대출 등과 같은 수출지원금융을 통해 일반 금융기관으로 하여금 수출업자를 지원하도록 유도하고 있다. 우리나라 수출업자들이 중장기조건으로 수출할 경우 자금지원을 하기 위한 연불수출금융, 외화대출 등도 주요 무역금융의 일종이다.

해외금융은 해외에서 제공되는 단기성 금융이다. 수출업자가 수출대금을 먼저 받는 경우, 우리나라 수입업자가 기한부조건으로 수입하는 경우, 현지에서 금융을 일으키는 경우 등은 그 성격상 모두 해외금융에 해당된다. 그러나 해외금융은 무역거래 과정에서 필요한 금융으로 넓은 의미에서 보면 무역금융에 해당되지만 정책적 차원의 지원금융은 아니다.

## 3. 금융중개지원대출 무역금융

### 3-1  금융중개지원대출 무역금융의 의의

금융중개지원대출 무역금융은 수출경쟁력 향상을 위해 정책적으로 지원되고 있는 무역금융을 말한다. 이는 현재 금융통화운영위원회가 제정한 「한국은행의 금융기관에 대한 대출규정」에 따라 한국은행총재가 제정한 「한국은행의 금융중개지원대출관련 무역금융지원 프로그램 운용세칙」 및 동 취급절차에 의해 시행되고 있다.

따라서 한국은행은 무역금융지원 프로그램 한도 배정에 반영하는 무역금융 등과 같은 정책금융을 취급한 금융기관을 지원하게 된다. 우리나라 무역규모가 커짐에 따라 일반 금융기관의 자금만으로는 충분한 지원이 어렵기 때문에 금융기관들은 한국은행으로부터의 대출을 통해 무역금융을 지원하고 있는 것이다.

금융중개지원대출 무역금융은 〈그림 5-2〉와 같이 신용장 등의 기준과 실적기준으로 구분되고 자금의 용도도 생산자금, 원자재자금 및 완제품구매자금으로 구분된다. 그리고 중소 수출업자들이 편리하게 이용할 수 있도록 자금의 용도를 구분하지 않는 포괄금융제도가 있다.

무역금융은 대외거래와 직접 연결되는 대출제도이므로 무역금융의 취급기관은 외국환은행으로 한정되어 있다. 따라서 무역금융을 받고자 하는 자는 거래외국환은행을 지정해야 하며 필요한 경우 여러 외국환은행을 거래은행으로 지정할 수 있다. 거래외국환은행은 해당 업체의 수출실적관리카드를 비치하고 관리해야 하며 관리카드상의 수출실적에 의해 해당 업체의 무역금융한도를 결정해야 한다.

| 그림 5-2 | 금융중개지원대출관련 무역금융의 구분 |

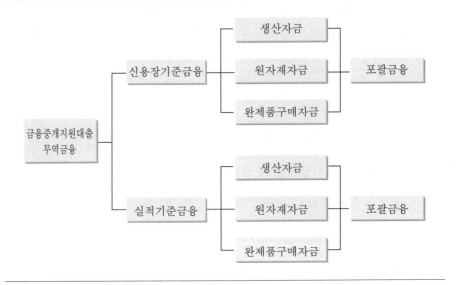

▶ 금융중개지원대출

한국은행의 금융중개지원대출은 무역, 신성장, 일자리 창출 등과 관련하여 시중은행들의 중소기업 대출 확대를 유도하기 위한 제도로서, 은행들의 중소기업 대출취급실적에 비례하여 한국은행이 은행에 낮은 금리로 자금을 공급하는 대출을 말한다.

### 3-2  무역금융의 대상

(1) 대상업체

한국은행의 금융중개지원대출관련 무역금융의 융자대상은 중소기업법에서 정하고 있는 중소기업이다. 다만, 주채무계열기업 소속 기업체, 최종부도거래처 및 폐업업체에 대한 무역금융은 지원에서 제외한다.

그러나 한국은행의 대출한도와 상관없이 금융기관의 자체 자금으로 무역금융을 지원하는 경우에는 융자대상업체에 대한 제한은 없다.

(2) 대상수출

무역금융의 대상이 될 수 있는 수출거래는 다음과 같다.

① 수출신용장(Master L/C), 선수출계약서(D/A, D/P조건 수출계약서) 및 기타 수출관련계약서에 의한 물품, 건설 및 용역의 수출

② 다음의 외화표시 물품공급계약서에 의하여 물품, 건설, 용역 등을 공급하고자 하는 자

  ⅰ) 외국정부, 외국공공기관 또는 국제기구와 체결된 물품공급계약서

  ⅱ) 선박건조 공급(개조공급 포함) 및 대외무역법이 정한 산업설비의 수출을 위한 계약서

  ⅲ) 정부, 지방자치단체 또는 정부투자기관이 외국으로부터 받은 차관자금에 의한 국제경쟁 입찰에 의하여 국내에서 유상으로 물품을 납품하기 위하여 체결된 계약서

③ 내국신용장에 의한 수출용 원자재 및 완제품의 국내 공급

④ 관세법에 의하여 설치된 보세판매장에서 자가생산품을 외국인에게 외화로 판매한 실적 및 외항항공 · 외항해상운송 · 선박수리업체의 외화입금 실적

⑤ 위탁가공무역방식에 의한 수출(내국신용장에 의하여 국내에서 조달하는 원자재만이 융자대상에 포함)

(3) 융자대상제외 거래

수출업자가 보유한 수출신용장 등에 대해서 아무런 조건 없이 금융을 허용하면 금융공급이 과대해지고 금융을 중복으로 유용할 수 있다. 이에 따라 무역금융은 수출물품 제조업자가 수출이행에 필요한 자금을 중복으로 혜택받을 여지가 없거나 금융자금을 확실히 회수할 수 있을 경우에만 지원된다. 따라서 다음과 같은 경우는 융자대상에서 제외된다.

① 해외 수입업자로부터 전액 선수금을 받은 단순송금방식 수출

② 전액 선수금 조건의 전대신용장(Red Clause L/C)에 의한 수출(일부 선수금 조건은 나머지 금액 융자가능)

③ 한국수출입은행의 수출자금 대출을 이미 수혜한 신용장

④ 한국수출입은행이 개설한 내국신용장

⑤ 융자대상 증빙에 대하여 무역어음이 발행된 경우

⑥ 중장기 연불수출방식에 의한 수출신용장

⑦ 중계무역방식 수출

444 제2부 ·· 무역거래의 절차

⑧ 융자한도를 초과하여 개설된 내국신용장(개설의뢰인 및 그 내국신용장의 수혜자도 무역금융 이용 불가)

### 3-3 무역금융의 용도

무역금융의 융자금은 그 용도에 따라 생산자금, 원자재자금 및 완제품구매자금으로 구분된다.

#### (1) 생산자금

생산자금은 수출용 완제품 또는 원자재를 국내에서 제조·가공하는 데 소요되는 자금으로서 수출금액 중에서 원자재의 수입 및 국산원자재 구매액을 제외한 부분, 즉 가득액 부분에 대하여 지원하는 자금이다.

그리고 중고품, 농수산물 및 자가생산한 원자재 등과 같이 상거래 관례상 내국신용장에 의하여 조달하기 곤란한 수출용 원자재 및 완제품을 구매하는 데 소요되는 자금은 생산자금으로 융자 가능하다.

#### (2) 원자재자금

원자재자금은 수출품 생산에 필요한 수입원자재를 해외로부터 직접 수입하거나 국내에서 생산된 국산원자재 또는 국내의 유통업자(사업자 등록증상의 도매업자, 조달청, 중소기업협동조합)로부터 수입원자재를 원상태로 내국신용장에 의해 구매하는 데 소요되는 자금이다. 수입신용장 또는 내국신용장 개설 후 관련 어음의 결제자금으로 융자된다.

원자재수입에 따른 해상운임을 따로 지급할 경우에는 당해 선박회사 또는 대리점이 발급한 운임증명서에 의거 동 운임결제를 위한 자금도 원자재자금으로 융자 가능하다.

#### (3) 완제품구매자금

완제품구매자금은 주로 생산시설이 없는 무역상사가 해외로부터 수취한 수출신용장 등을 근거로 수출용 완제품을 국내에서 내국신용장을 개설하여 구매하는 경우 지원하는 자금이다. 내국신용장하에서 발행된 어음의 결제자금으로 융자가 이루어진다.

### 3-4  무역금융의 방식

무역금융은 신용장기준금융, 실적기준 및 포괄금융방식으로 이루어진다. 각 자금별 신용장기준 또는 실적기준방식 중 업체가 편리한 방법으로 선택할 수 있으며, 필요에 따라 융자방식을 변경할 수 있다.

#### (1) 신용장기준금융

신용장기준금융은 해당 업체의 과거 수출실적, 매출액, 신용상태 등을 감안하여 신용장 등의 융자대상 증빙 건별로 자금을 지원하는 방식을 말한다. 수출업체가 보유하고 있는 수출신용장, 내국신용장, 송금방식수출계약서(사전송금방식 제외), D/A, D/P 계약서 등의 융자대상금액 범위 내에서 매 건별로 대출금 및 지급보증을 수출입절차에 맞추어 취급하고 당해 수출대금으로 융자금을 회수하는 방식이다.

신용장기준금융은 신용장 융자대상 증빙 건별로 일일이 용도별로 융자를 받아야 하므로 절차가 복잡하고 원자재의 사전 비축이 곤란하다. 주로 무역금융을 처음 이용하는 신규업체들이 많이 활용하고 있다.

#### (2) 실적기준금융

실적기준금융은 과거 수출실적이 있는 업체가 향후에도 동일 금액만큼 수출할 것으로 간주하여 과거 일정기간의 수출실적을 융자대상으로 하여 개별 수출신용장 등의 내도와는 관계없이 일괄적으로 융자하는 금융제도이다.

신용장의 내도시마다 일일이 융자서류를 구비하여 융자신청을 해야 하는 신용장기준금융과는 달리 절차가 간편하며 원자재의 사전비축이 용이하여 무역업체들이 많이 이용하고 있다.

실적기준금융의 융자대상이 될 수 있는 수출실적은 수출신용장, 선수출계약서(D/P 혹은 D/A), 기타 수출계약서에 의한 수출실적과 내국신용장에 의한 수출용 완제품 또는 원자재 공급실적이다. 무역어음이 인수 취급된 수출신용장 등에 의한 수출실적은 무역어음 인수금액을 제외한 나머지 부분만을 수출실적에 포함한다.

그러나 중계무역에 의한 수출실적은 융자대상에서 제외되고 현지 또는 제3국에 수출되는 위탁가공무역의 경우에는 국산원자재 무상 수출만이 수출실적으로 인정된다. 수출실적은 FOB 가격을 기준으로 산정한다.

융자대상 수출실적의 인정시점은 수출신용장 및 내국신용장의 경우는 환어음이 매입(추심)의뢰 되었을 때이며, 수출계약서 및 외화표시 물품공급 계약서의 경우는 대금이 입금되었을 때이다. 그러나 선수금 영수방식수출은 그 수출이 이행되었을 때가 수출실적의 인정시점이 된다.

실적기준금융에서 하나의 수출신용장 등과 관련된 무역금융의 취급과 수출대금의 영수는 동일한 외국환은행을 통하여 이루어져야 한다. 그리고 실적기준금융 이용업체와 포괄금융 이용업체가 발행한 수출환어음 또는 내국신용장 어음의 매입과 추심은 융자취급 은행을 통해 이루어져야 하며 만약 융자취급 은행을 통하지 않은 수출대금 혹은 공급대금 영수실적은 그 업체의 수출실적에 포함되지 않는다.

### (3) 포괄금융

포괄금융은 일정 요건을 갖춘 수출업자에 대해서 생산자금, 원자재자금 등 자금용도의 구분 없이 수출신용장 금액의 일정 비율 또는 과거 수출실적의 일정 비율에 해당하는 금액을 일괄 지원하는 방식이다. 포괄금융은 주로 무역금융제도의 활용을 위한 전문 인력이 없는 중소업체를 위하여 일괄 융자함으로써 중소업체를 지원하기 위한 금융이다.

포괄금융을 이용하고자 하는 업체는 당해 업체의 무역금융 융자한도의 결정 등 무역금융에 관한 종합관리를 담당할 주 거래외국환은행을 지정하고, 동 외국환은행에 포괄금융 수혜업체로 신청해야 한다. 지정은행은 신청업체가 자격요건에 해당하는지를 검토한 후 포괄금융 수혜업체로 선정한다.

포괄금융 이용업체의 자격은 전년도 또는 과거 1년간 수출실적이 5천만 달러 미만인 제조 수출업체이며, 수출실적 보유기간이 1년 미만인 업체도 수출실적이 5천만 달러 미만인 경우는 포괄금융 수혜업체가 될 수 있다. 주 거래외국환은행은 매년 1월중 수혜자격 요건을 재심사한다.

포괄금융 수혜업체에 대한 무역금융, 수출환어음 매입 등 모든 외환 및 수출입 업무는 주 거래외국환은행이 취급한다. 그러나 주 거래외국환은행이 배정하는 한도 범위 내에서 부 거래외국환은행에서도 취급 가능하다.

그리고 포괄금융 수혜업체 및 실적기준금융 수혜업체가 발행한 수출환어음 또는 내국신용장 어음의 매입과 추심은 동 업체에 대한 융자취급은행을 통하여 이루어져야 한다.

포괄금융은 신용장기준과 실적기준으로 구분되는데 신용장기준은 수출신용장 등의 금액 내에서 자금용도 구분 없이 업체별로 한도를 산정하여 융자하는 방법이다. 수출신용장 수취 등 융자대상 증빙이 생길 때마다 수시로 이용가능하다.

실적기준 포괄금융은 신용장 등 융자대상 증빙과는 관계없이 과거 일정 수출실적에 근거하여 산정된 소정의 융자한도 및 융자기간 범위 내에서 필요시마다 수시로 융자하는 방법이다.

### 3-5 무역금융의 융자내용

#### (1) 융자한도

신용장기준금융의 융자한도는 거래외국환은행이 업체별 수출실적관리카드 상의 실적을 근거로 매년 초에 업체별 및 자금별로 설정한다. 만약 거래외국환은행이 2개 이상인 경우에는 1개의 외국환은행으로 수출실적을 이전받아 융자한도를 산정할 수 있다. 실적기준금융의 융자한도는 외국환은행이 수출업체의 과거 수출실적과 자금별 예상소요금액을 감안하여 자율적으로 산정한다.

자금의 종류별 융자한도는 대체로 생산자금은 2~3개월간 수출실적, 원자재자금은 6개월간 수출실적, 완제품구매자금은 2개월간, 수출실적금융 및 포괄금융은 4~6개월간 수출실적 범위 내에서 정해진다.

수입신용장 및 내국신용장이 융자한도 범위 내에서 개설되었을 때는 어음 결제시점에서 융자한도가 부족하더라도 원자재자금, 완제품구매자금을 융자한다. 그러나 융자방법을 변경할 경우, 이미 융자된 대출금, 지급보증 잔액이 새로 변경된 대상자금의 융자한도를 이미 초과하였을 때는 융자한도 내로 축소될 때까지 신규 융자는 불가능하다.

#### (2) 융자금액

신용장기준의 융자금액은 당해 업체가 보유한 수출신용장 등 수출관련 증빙의 외화금액에 융자취급일 전월 평균매매기준율을 곱한 금액 범위 내이며 구체적으로 다음과 같다.

① 수출신용장 등의 융자대상 금액은 당해 수출신용장 등의 금액 중 본선인도(FOB)가격 기준

② 선수금 영수조건의 수출신용장이나 수출계약서 및 외화표시 물품공급계약서의 경우 융자대상 금액은 당해 수출신용장이나 계약서 금액에서 이미 영수한 선수금을 차감한 금액

③ 무역어음이 인수 취급된 수출신용장 등의 경우 융자대상 금액은 당해 인수취급액을 차감한 금액 기준

④ 회전신용장의 경우 융자대상금액은 당해 신용장의 액면금액 이내

⑤ 위탁가공 무역방식의 경우 융자대상 금액은 국산원자재를 무상수출하는 금액(단, 가공물품을 현지나 제3국에 수출하는 경우에 한하여 융자. 국산원자재를 가공하지 않고 수출하는 경우는 생산자금, 포괄금융 융자대상에서 제외)

실적기준금융의 생산자금 및 포괄금융의 융자금액은 외국환은행이 업체별로 산정한 융자한도에 융자취급일 전월 평균매매기준율을 곱한 금액 범위 내이다.

실적기준금융의 원자재자금 및 완제품구매자금은 내국신용장어음, 수입신용장 발행어음, 수입대금(수입화물 운임 포함) 금액에 평균매매기준율을 곱한 금액이 된다. 그리고 생산자금은 융자한도에 평균매매기준율을 곱한 금액이다.

### (3) 융자기간

무역금융의 융자기간은 수출품 생산에 필요한 자금의 소요기간 등을 감안하여 외국환은행이 자율적으로 결정하고 있는데 현재는 대체로 3~6개월 범위 내이다. 신용장기준금융의 융자기간은 자금소요기간 등을 감안하여 외국환은행이 결정한다. 그러나 융자기간 만료 전이라도 수출대금이 입금되면 회수가 가능하다.

### (4) 융자시기

생산자금 및 포괄금융은 자금의 소요시기에 따라 수시로 융자되고, 원자재자금은 선적서류나 물품의 인수와 동시에 수입어음을 결제하거나 수입대금을 지급할 때 또는 내국신용장어음을 결제할 때 융자가 이루어진다. 그리고 완제품구매자금은 내국신용장어음을 결제할 때 융자된다.

총액한도 무역금융의 주요 내용을 요약해 보면 〈표 5-4〉와 같다.

| 표 5-4 | 금융중개지원대출관련 무역금융의 융자한도·융자금액·융자기간 |

| | 구  분 | 융자한도 | 융자금액 | 융자기간 |
|---|---|---|---|---|
| 신용장<br>기준 | 포괄금융 | 당해업체가 보유한 수출신용장등의 범위내에서 융자신청전월로부터 과거 1년간 수출실적범위내 | 당해수출신용장등의 외화금액×전월 평균 기준환율 | 당해 수출신용장의 유효기일 이내로서 선적 기일 또는 인도기일＋10일 이내 (단, 270일을 초과할 수 없으며, 완제품구매자금의 경우 30일을 초과할 수 없음) |
| | 생산자금 | 당해업체가 보유한 수출신용장등의 금액 범위내에서 융자 수혜분에 상응하는 수출예정액(미선적잔액)을 기준으로 과거 1년간 수출실적 범위내 | 당해 수출신용장등의 가득외화액×전월 평균 기준환율 | |
| | 원자재자금 | | 결제금액×전월 평균 기준환율 | |
| | 완제품<br>구매자금 | 당해업체가 보유한 수출신용장등의 금액 범위내에서 융자수혜분에 상응하는 수출예정액(미선적잔액)을 기준으로 과거 1년간 타사제품 수출실적 범위내 | 결제금액×전월 평균 기준환율 | 융자취급일로부터 30일 |
| 실적<br>기준 | 포괄금융 | 과거 1년간 수출실적 | 융자한도외화금액 × 전월 평균 기준환율 | 융자취급일로부터 180일 |
| | 생산자금 | 과거 1년간 자사제품 수출실적×평균가득율 | 융자한도외화금액 × 전월 평균 기준환율 | |
| | 원자재자금 | 과거 1년간 수출실적×평균 원자재 의존율 | 결제금액×전월 평균 기준환율 | |
| | 완제품<br>구매자금 | 과거 1년간 타사제품 수출실적 범위내 | 결제금액×전월 평균 기준환율 | 융자취급일로부터 30일 |

그림 5-3 │ 수출과정에 따른 무역금융의 융자절차 비교(신용장기준금융의 경우)

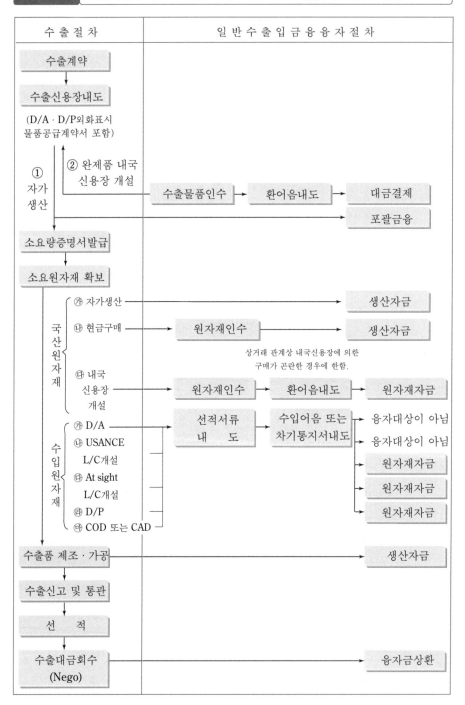

## 4. 무역어음

### 4-1 무역어음의 의의

무역어음제도는 수출업자가 수출신용장을 근거로 선적전에 발행한 기한
부어음(무역어음)을 금융기관이 인수하고 이를 중개기관을 통해 할인·매각
하여 그 대금으로 수출자금을 지원하려는 취지에서 1989년 8월 1일부터 시
행된 무역금융의 일종이다. 현재는 무역금융을 이용할 수 없는 30대 계열기
업 소속 기업체들이 주로 이용하고 있다.

이 제도는 수출업자가 수출에 필요한 자금을 선적전에 조달한다는 점에
서는 일반수출입금융과 비슷하지만 일반수출입금융에 비해 자금조달방식으
로 무역어음을 발행한다는 점이 다르다. 또한 일반수출입금융은 재원의 일
부가 한국은행의 재원으로 뒷받침되는 반면 무역어음제도는 금융기관의 자
체 자금 또는 할인·매입한 무역어음을 일반 투자가에게 재매각하여 조달된
자금을 재원으로 한다는 점에서 차이가 있다.

무역어음에 의한 수출자금의 조달은 〈그림 5-4〉에서처럼 이루어진다.

먼저 수출업자는 수출에 필요한 자금을 조달하기 위해 융자대상 증빙서
류인 수출신용장 등을 근거로 기한부무역어음을 발행하고, 이 어음의 지급
을 보증하기 위해 금융기관의 인수를 받는다.

**그림 5-4** 　무역어음의 유통과정

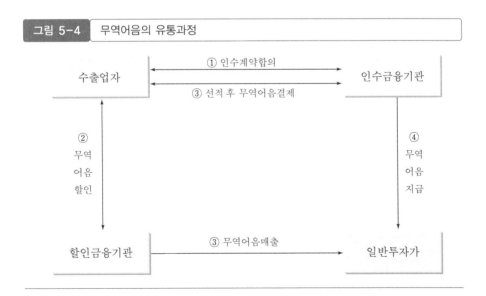

452 제2부 •• 무역거래의 절차

다음으로 수출업자는 금융기관이 인수한 무역어음을 중개기관(할인기관)에 매각하여 수출자금을 조달하고, 이 자금으로 수출물품을 제조·가공하여 선적한다. 무역어음의 대금은 수출물품을 선적한 후 매입은행(negotiating bank)으로부터 받은 수출대금으로 결제한다.

무역어음을 매입한 할인기관은 어음을 만기까지 그대로 보유하거나 일반 투자가들에게 다시 매각한다. 일반 투자가들은 만기일에 무역어음의 인수기관으로부터 대금을 결제받는다.

## 4-2 무역어음의 유통과정

### (1) 무역어음의 발행

무역어음을 발행할 수 있는 자는 수출신용장, 선수출계약서(D/A, D/P), 외화표시 물품공급계약서, 수출신용장결제조건부 수출계약서 등을 보유하고 있는 자, 혹은 국내에서 생산된 수출용 완제품을 내국신용장으로 구매하여 수출하고자 하는 자이다. 그러나 수출용 원자재를 국내 공급하는 내국신용장 수혜자는 무역어음을 발행할 수 없다.

수출업자는 무역금융 취급세칙 상의 융자대상증빙서류를 첨부하여 매건별로 무역어음을 발행할 수 있다. 그리고 과거 수출실적 등을 기준으로 거래은행이 업체별 무역어음 발행한도를 설정하고 동 한도 내에서 무역어음을 수시로 발행할 수도 있다.

무역어음 발행 수출업자는 무역어음 인수기관을 지급장소(지급지)로 하여 인수기관 소정의 환어음 용지를 사용하여 환어음 형태로 무역어음을 발행한다. 무역어음의 금액은 신용장 등의 금액(FOB)의 90% 이내에서 인수당일 대고객전신환매입율로 환산한 원화금액 범위 내로 하되 최저 500만원 이상이어야 한다.

그리고 무역어음은 통합 또는 분할 발행이 가능하기 때문에 만약 수출신용장 등의 1건이 500만원 이하일 경우 수개의 어음을 통합하여 발행하면 된다. 이 경우 어음기간은 선적기간이 가장 늦게 도래하는 수출신용장 등을 기준으로 한다.

무역어음의 지급기일은 신용장 등의 유효기일 범위 내에서 최종 선적기일(내국신용장의 경우 물품의 인도기일)에 10일을 가산한 기간 이내로 하되 최장 180일을 초과할 수 없다.

### (2) 무역어음의 인수

무역어음의 인수는 수출업자 등이 발행한 기한부환어음에 대해 인수기관이 지급기일에 지급의무를 부담하는 것으로 인수기관 입장에서는 수출업자 등에게 지급보증을 하는 것과 동일하다. 신용도가 양호한 금융기관이 무역어음을 인수함으로써 어음발행인은 무역어음 중개기관으로부터 용이하게 자금을 융통할 수 있다.

무역어음의 인수기관은 은행 및 종합금융회사이며, 인수금액은 다음 산식에 의해 산출된 한도액 이내에서 수출업자의 수출실적, 생산능력 등을 감안하여 금융기관이 자율적으로 산정한다. 그리고 인수기관은 연 1.5% 이내의 인수수수료를 미리 받을 수 있다.

▶ 인수금액의 산정방식

과거 1년간 자사제품 수출실적(FOB) × 1/3 × 대고객전신환매입률

### (3) 인수대상 신용장 등의 요건

무역어음 인수대상은 수출신용장, 수출계약서(D/A, D/P, 기타 수출계약서 등), 외화표시 물품공급계약서, 내국신용장 또는 수출신용장결제조건부 수출계약서를 근거로 발행된 환어음이다. 다만, 금융기관이 수출신용장결제조건부 수출계약서를 근거로 발행된 무역어음을 인수한 경우에는 무역어음 발행업자로 하여금 수출신용장이 도착하면 이를 수출계약서와 대체하도록 한다. 무역금융을 이미 사용한 부분에 대해서는 무역어음을 인수할 수 없다.

### (4) 무역어음의 할인 및 매출

무역어음의 할인은 인수기관이 인수한 무역어음을 수출업자의 요청에 의해 할인 매입하는 것을 말한다. 할인의뢰인은 당해 무역어음의 발행인으로 한정하고, 할인대상어음은 어음법상 요건을 구비한 환어음으로서 인수기관이 인수한 무역어음이다. 무역어음의 할인 혹은 매출 취급기관은 은행, 종합금융회사, 보험회사 등이다.

무역어음의 할인은 한도거래로 운영함이 원칙이며, 할인한도는 할인기

**서식 5-3** 무역어음(인수·할인)신청서

| | | 무역어음(인수·할인) 신청서 | | | 계 | 대리 | 차장 | 지점장 |
|---|---|---|---|---|---|---|---|---|

은행 앞　　　　　　　　년　월　일

본인이 따로 제출한 무역어음거래약정서에 터잡아 본인이 발행한 다음 무역어음의 (인수·할인)을 신청합니다.

| ① 신 청 인 | 성　명 | | ② 업　종 | |
|---|---|---|---|---|
| | 주　소 | | (전화) | |
| ③ 신청금액 | | 금　　　　　　원정 | | |

| 무역어음<br>내　용 | ④ 인수번호 | ⑤ 어음번호 | ⑥ 어음금액 | ⑦ 발 행 일 | ⑧ 지급기일 | ⑨ 인수기관 | 인수확인 |
|---|---|---|---|---|---|---|---|
| | | | | | | | |
| | | | | | | | |
| | | | | | | | |
| | | | | | | | |
| | | | | | | | |

| 근거신용장<br>내　용 | ⑩ 신용장<br>번　호 | ⑪ 금　액<br>(원화환산액) | ⑫ 선적기일 | ⑬ 유효기일 | ⑭ 품　목 | ⑮ 수출승인서<br>번　호 |
|---|---|---|---|---|---|---|
| | | | | | | |
| | | | | | | |
| | | | | | | |
| | | | | | | |
| | | | | | | |

주) 1. 환어음(무역어음)과 근거가 되는 신용장 원본을 같이 제출하여 주십시오.
　　2. 아래란은 기재하지 마십시오.

| 구　분 | 승인기간 | 승인한도 | 사용잔액 | 본　건 | 한도이용액 |
|---|---|---|---|---|---|
| 인　수 | | | | | |
| 할　인 | | | | | |

관이 거래실적, 자금사정, 매출전망 등을 고려하여 적정한도를 설정한다. 할인기간은 할인취급일에서 어음지급일까지이다. 할인요율은 각 취급기관에서 자율적으로 결정한다.

무역어음의 매출은 취급기관이 할인 매입한 무역어음을 일반투자자에게 매출하는 것을 말한다. 매출대상어음은 은행 혹은 종합금융이 인수하고 취급기관이 할인 매입한 무역어음이 된다.

### (5) 무역어음의 결제

무역어음은 만기 시에 수출대금으로 상환해야 하므로 수출업자는 무역어음 발행의 근거가 되는 신용장 등으로 수출대금을 받을 경우 무역어음금액을 상환하고 인수기관은 동 상환금액으로 무역어음을 매출자에게 결제한다. 만약 어음의 만기일 이전이라도 당해 수출신용장 등의 수출대금을 영수하였을 경우에는 우선 융자금액 이상을 예치한 후 이를 인수어음의 결제자금으로 충당한다.

### (6) 무역어음과 무역금융의 중복이용 금지

무역금융규정 및 동 세칙에 의거 무역금융을 융자받은 부분에 대하여는 무역어음을 인수할 수 없으며, 무역어음이 발행된 신용장으로 무역금융을 이용할 수 없다. 그러나 동일 신용장으로 무역어음을 발행하더라도 원자재 조달을 위한 내국신용장 개설은 신용장금액에서 어음발행분을 제외한 범위 내에서 가능하다.


## 5. 수출환어음 매입제도(수출환어음 담보대출)

수출환어음의 매입제도는 수출신용장, 선수출계약서(D/A · D/P) 등에 따라 수출업자가 발행한 기한부어음을 은행이 추심 전에 매입해 줌으로써 수출업자에게 선적과 동시에 수출대금을 찾을 수 있도록 해 주는 선적 후 금융이다. 이 제도로 인해 수출업자는 기한부조건으로 수출하더라도 수출대금을 일람수출과 마찬가지로 선적 후 즉시 찾을 수 있게 된다.

만약 수출업자가 기한부조건으로 수출계약을 체결하면 원칙적으로 환어음의 만기일이 되어야만 수출대금을 찾을 수 있다. 이러한 수출업자의 자금부담을 덜어 주기 위해 매입은행이 이 기간 동안의 이자를 할인해서 미리 수출대금을 지급하고, 매입은행은 일정 기간 후 수입업자 및 개설은행을 통해 매입대금을 상환받는다.

이렇게 되면 매입은행측에 자금부담이 따르기 때문에 한국은행은 외국환은행이 매입한 수출환어음을 담보로 환어음에 해당하는 금액만큼을 대출해 주는 수출환어음 담보대출제도를 운영하고 있다. 이에 따라 외국환은행들은 한국은행의 담보대출조건에 적합한 환어음을 매입하여 추심 전 매입에 따른 은행의 자금부담을 완화한다.

수출환어음 담보대출의 융자대상은 국내에 본점을 둔 외국환은행(산업은행, 수출입은행 제외)이 매입한 중소기업의 수출환어음이다(30대 계열기업군 소속 중소기업은 제외).

① 화환신용장에 의하여 국내의 수출업자가 발행한 기한부 수출환어음
② 국내의 수출업자가 발행한 무신용장방식의 인수도조건(D/A)의 수출환어음

## 6. 연불수출금융

수출입은행의 금융자금은 국민경제의 건전한 발전과 대외경제협력을 촉진하기 위해 수출, 해외투자, 해외자원개발 등에 지원되고 있는데 이 중 수출자금에 대한 지원이 가장 활발히 이루어지고 있다. 수출자금은 산업설비, 선박, 기계류 등 수출입은행이 지원하고 있는 품목의 수출을 촉진하기 위해 수출에 소요되는 자금을 수출업자 또는 국내생산업자에게 지원되는 자금이다.

수출자금은 수출목적물의 제작에 필요한 자금을 지원하는 제작금융과 수출목적물을 수입업자에게 인도 완료한 후 수출대금을 회수할 때까지 필요한 자금을 지원하는 연불금융으로 구분된다. 따라서 수출업자는 기계 · 설비류 등을 장기간의 연불조건으로 수출하더라도 수출입은행으로부터 자금대출을 받을 수 있다.

최근의 연불수출금융은 국내의 생산업자나 수출업자에게 직접 자금을 지원하는 공급자 신용보다는 외국의 수입업자에게 자금을 지원하여 우리나라 시설, 기자재 등을 연불조건으로 수입해 가도록 하는 구매자 신용방식으로 많이 이용되고 있다.

### 6-1  연불수출대상품목

다음과 같이 국제협약이나 국내법상 수출이 금지된 품목을 제외한 모든 품목은 수출자금을 대출받을 수 있다. 그리고 선박은 계약금액의 20% 이상, 그 밖의 품목은 계약금액의 15%까지 선수금으로 융자가능하다.

① 대외무역법에서 정한 전략물자 규제품목 중 수출허가를 받지 못한 품목

② 앵속, 아편, 코카인, 대마 등 마약류(의료 목적용 제외)

③ 마취제 및 유독성 화학물질(의료 목적용 및 산업용 제외)

④ 국가기밀이 누설되거나 국가안전에 위해를 줄 수 있는 품목

⑤ 골동품 등 보호문화재

⑥ 국제협약에서 보호하고 있는 동·식물 및 이들을 사용하여 만든 품목

⑦ 음란물 등 공안·풍속을 저해할 수 있는 품목

⑧ 타인의 특허권 등을 위반하여 제조된 품목

⑨ 국제협약 또는 국내 법규에서 수출을 금지하거나 제한하는 품목

⑩ 기타 은행장이 수출자금지원이 부적합하다고 인정하여 따로 정하는 품목

### 6-2  지원금지기술

연불수출금융의 주요 대상들은 시설·기자재 등이기 때문에 이들과 함께 핵심 기술이 유출될 수 있다. 따라서 다음에 해당되는 기술은 원칙적으로 지원이 금지된다.

① 기술의 해외이전으로 국가안전에 위해를 줄 수 있는 기술

② 인터넷 등 정보통신망을 통하여 타인의 정보를 파괴, 유출할 수 있는 프로그램 및 관련기술

③ 전략물자 중 기술만을 수출하고자 하는 경우 수출허가를 받지 못한 기술

④ 음란물 등 공안·풍속을 저해하는 제품을 생산·유통하는 기술

⑤ 국제협약 또는 국내 법규에서 해외이전을 금지하거나 제한하는 기술

⑥ 기타 은행장이 기술제공자금지원이 부적합하다고 인정하여 따로 정하는 기술

### 6-3 연불금리 · 기간 · 상환

연불수출계약상 수입업자가 부담하는 연불금리는 핵발전설비, 대형항공기 이외의 품목은 CIRR(Commercial Interest Reference Rate: 참고상업금리) 이상이어야 한다. 그리고 연불기간은 품목 및 수입국가에 따라 다르지만 10년～15년 이내이며 현재 핵발전설비의 연불수출기간은 15년 이내이다.[9]

그리고 연불수출계약상 다음과 같은 방식 중 하나에 의해 수출대금의 회수가 보장되어야 한다.

① 수입업자가 발행한 약속어음 또는 채권

② 신용이 양호한 금융기관, 수입국 정부 또는 중앙은행이 발행(또는 확인)한 지급보증서 또는 신용장

한편 연불수출금융을 신청하고자 하는 자는 국내담보를 제시해야 하며 경우에 따라 연대보증인의 보증도 필요하다. 그러나 수출업자의 신용이 양호하고 채권회수의 가능성이 인정될 때에는 신용대출이 가능하다. 그리고 연불수출금융은 원화 또는 외화로 대출될 수 있으며 상환방식은 선박의 경우는 연 1회 이상, 기타 품목은 연 2회 이상 정기균등분할 상환이다.

## 7. 외화대출

외화대출은 설비투자를 촉진하기 위해 주요 시설재를 수입하는 데 필요한 자금을 장기(10년 이내)의 저리로 융자해 주는 제도이다. 외국환은행이 국내거주자에게 수입결제대금 등 대외지급에 필요한 외화자금과 국산기계 구입에 필요한 자금을 어음대출 또는 증서대출 형식으로 대출해 준다. 외화대출은 금융통화위원회가 제정한 「외화여수신업무에 관한 규정」과 한국은행 총재가 정하는 세칙에 의해 시행되고 있다.

외화대출의 융자비율은 소요자금의 범위 이내로 하며 융자기간은 외국환은행이 자금용도 등을 감안하여 자율적으로 결정한다. 융자금리는 외국환은행이 조달비용 등을 감안하여 결정한다. 그리고 융자시기는 차주의 실제 자금 소요시기(결제시점 또는 대외송금시점)에 맞춘다. 한국수출입은행을 제외한 모든 외국환은행이 외화대출을 취급한다.

---

9) CIRR은 표시통화국가의 국채 수익율에 1%를 가산한 수준으로 OECD사무국이 매월 15일 기준으로 고시한다.

# 제6장

# 클레임 및 상사중재

상관습이 다른 국가간의 무역거래에서 영리를 추구하다 보면 언제 어떤 클레임이 제기될지 모른다. 클레임의 해결에는 예방이 최고라 하지만 이에는 한계가 있기 때문에 예방과 동시에 클레임을 해결할 수 있는 방법을 사전에 분석해 두어야 하며 또한 클레임을 제기할 때도 어떤 절차를 거쳐 어떻게 제기해야 하는가를 파악해 두어야 한다. 이 장에서는 무역거래에서 발생하는 클레임의 특성, 제기절차, 해결방법 특히 국제적으로 보장받을 수 있는 상사중재에 관하여 살펴보기로 한다.

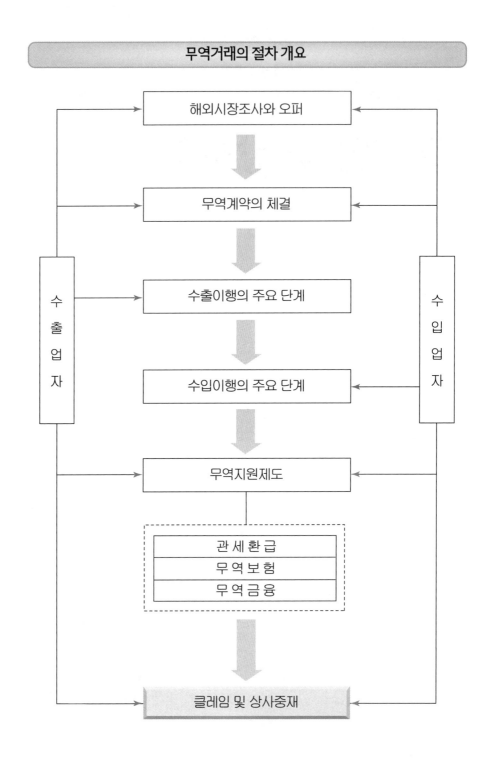

## 제1절 | 클 레 임

## 1. 클레임의 개요

### 1-1  클레임의 의의

클레임(claim)의 본래 의미는 당연한 권리를 요구, 청구 또는 주장할 수 있는 것을 의미하지만 일반적으로 무역거래에서의 클레임은 피해자가 가해자에게 손해배상을 청구하는 것을 말한다. 즉 무역거래 당사자 중 일방이 고의나 과실로 계약의 일부 또는 전부를 이행하지 않음으로써 발생된 손해를 구제받기 위해서 상대방이 손해배상을 청구하는 것을 클레임이라 한다.

무역거래에서 클레임의 대부분은 주로 상품의 품질, 선적지연, 선적불이행 등을 이유로 수입업자가 수출업자에게 제기하는 경우이고 수출업자가 수입업자에게 클레임을 제기하는 경우는 대금결제와 관계되는 것 외에는 별로 없다. 대개 무역거래에서는 당사자 중 일방이 부주의로 인해 무역계약을 이행하지 않거나 이행을 지체함에 따라 클레임이 발생하는 경우가 많으며 간혹 국제무역법규를 악이용하여 고의적으로 클레임을 제기하는 경우도 발생한다.

### 1-2  클레임의 원인

무역거래에서 종종 제기되는 클레임의 원인을 살펴보면 다음과 같다.

(1) 상품에 대한 클레임

수입업자가 제기하는 클레임은 대부분 상품의 하자에 관한 것이다. 상품의 품질과 관련하여 품질불량, 품질상이, 규격상이, 등급저하, 손상, 변질, 변색 등이 클레임의 주요 원인이다. 상품의 수량에 관해서는 주로 수량부족(shortage)으로 클레임이 제기되며 상품의 포장과 관련된 것으로는 포장불량, 부적합포장, 포장결함 등이 클레임의 주요 원인이 된다.

(2) 선적에 관한 클레임

선적에 관계된 클레임은 선적지연(delay)과 선적불이행(non-delivery)이 대표적인 원인이다. 신용장거래에서는 명시된 선적기일을 반드시 준수해야 하지만, 그밖의 거래에서는 선적지연이 종종 발생한다. 계절적 상품이나 수입지에서의 시판이 촉박한 경우 선적지연은 중요한 클레임제기의 원인이 된다.

계약당시보다 수출상품의 시세가 올랐거나, 수출채산성이 맞지 않을 경우 수출업자들은 고의로 선적을 이행하지 않는 경우가 있다. 이러한 선적불이행은 곧 계약자체를 수출업자가 이행하지 않는 것이나 마찬가지이며, 수입업자는 계약불이행에 따른 손해배상 청구가 가능하다.

### (3) Market Claim

이는 시장상황이 좋지 않을 경우 수입업자가 사소한 하자를 잡아 클레임을 제기하는 것이다. 특히 계약 당시에 비해 수입국의 시장가격이 폭락할 경우 수입업자는 운송서류상 사소한 하자만 발견되어도 대금지급을 거절하는 경우가 많다. 호황기에는 관습적으로 묵인되었던 서류상의 조그만 하자사항도 불경기가 되면 얼마든지 클레임을 제기할 수 있는 사유가 된다.

### (4) 결제에 관한 클레임

수출업자가 제기하는 클레임의 대부분은 지급지연, 대금미회수와 같이 결제에 관한 클레임이다. 신용장거래에서는 수입업자 대신 개설은행이 지급을 확약하고 있어 이와 같은 클레임이 제기되는 경우가 별로 없으나 D/A, D/P와 같은 무신용장방식의 거래에서는 수입업자의 파산, 재정상태의 악화로 인해 대금지급이 지연되거나 회수불가능한 경우가 발생한다.

## 1-3 클레임의 청구내용

무역거래에서 클레임을 제기할 때 피해자가 청구하는 손해배상의 내용은 대략 다음과 같다.

### (1) 손해배상금의 청구

피해자가 상대방의 고의나 과실로 인해 입은 손해를 금전으로 보상해줄 것을 요구하는 것이다. 환차손, 운임의 미회수, 수수료의 미지급과 같은 클레임에서는 금전외 다른 대체보상이 불가능하고, 설령 물품으로의 대체보상이 가능한 클레임일지라도 수입지에서의 시장상황이 좋지 않아 새로 수입해도 별 전망이 없을 경우 금전보상을 요구한다. 이런 이유 때문에 무역거래의 클레임은 금전보상이 대부분을 차지하고 있다.

### (2) 대체품의 청구

수입상품의 품질이 계약과 다르거나 수량이 부족한 경우의 클레임시에는 계약내용하고 다른만큼의 대체품을 별도로 요구한다든지 추후 선적분에 부족한 수량만큼을 추가하여 선적해 줄 것을 요청한다. 이와 같은 물품의 대체는 단골거래선간이나 수입상품의 경기가 좋을 경우 수입업자들이 많이 요구한다.

### (3) 매매계약의 취소 · 해약

이는 매매계약을 완전히 취소하거나 잔여계약을 해약하는 것이다. 약정된 선적기일이 경과하여도 선적이 제대로 이행되지 않으면 선적중지요청과 함께 계약 자체의 취소를 요구하고 계약불이행에 대한 손해배상금을 별도로 청구할 수 있다.

할부선적(installment shipment)의 경우 수출업자가 할부선적기간을 준수하지 않으면 신용장통일규칙에 의해 당해 할부 부분은 물론 그 이후의 모든 할부 부분이 자동으로 무효가 된다. 만약 먼저 선적한 부분에 하자가 있을 경우 이에 대한 손해배상을 청구함은 물론 잔여 선적분을 해약하는 클레임을 제기할 수 있다.

### (4) 대금지급의 거절

이는 수입업자가 수입상품을 확인한 후 하자가 있을 경우 그 대금지급을 거절하는 것이다. 이런 클레임은 신용장방식의 거래에서는 제기될 수 없고 간혹 인수도조건(D/A)과 같은 무신용장방식의 거래에서 제기되기도 한다. 신용장거래에서는 독립 · 추상성에 의해 수입업자가 반드시 대금을 지급해야 화물을 찾을 수 있으므로 대금지급거절과 같은 클레임은 제기될 수 없다. 그러나 인수도조건은 수입업자가 기한부조건으로 물품을 수입하는 것이므로 이와 같은 클레임이 제기될 수 있다.

## 2. 클레임의 제기와 해결

### 2-1 클레임의 제기

클레임은 합의된 기간 내에 적절한 절차에 따라 제기되어야만 법률적인 보장을 받을 수 있다. 무역계약을 체결할 때 클레임의 해결에 관한 사항을 약정했을 경우에는 약정된 사항에 따르지만 그렇지 않은 경우에 클레임은 국제상관습, 국제규칙, 국내법 등에 따른다.

### (1) 클레임 상대방(가해자)의 확정

클레임을 제기하려면 먼저 누구에게 제기해야 하는가를 확정해야 한다. 만약 상대방을 잘못 선정하면 클레임을 제기하더라도 아무런 효력이 없기 때문에 클레임의 주요 원인을 분석하여 그에 따른 책임소재가 누구에게 있는가를 파악해야 한다. 무역거래에서 클레임의 상대방은 계약 당사자이므로 대부분 수출업자 또는 수입업자가 된다. 그러나 선박회사, 보험회사, 관련 은행 등 제3자도 클레임의 당사자가 될 수 있다.

### (2) 클레임 제기기간

클레임은 그 제기시기를 놓치면 시효에 걸릴 뿐 아니라 증거를 상실하게 되어 해결에 많은 어려움이 있으므로 반드시 약정된 기간 내에 제기되어야 한다.

만약 클레임 제기기간에 대한 약정사항이 없으면 국제관습, 국제규칙 또는 각국의 법률에 따르지만 이에 대한 규정이 모두 다르기 때문에 무역계약서에 제기시기를 명확히 규정해 두는 것이 바람직하다.

참고로 클레임 제기기간에 대한 각국의 입법 예를 살펴보면 〈표 6-1〉과 같다.

### (3) 클레임의 통지

클레임 사유가 확정되면 클레임제기 의사표시, 클레임의 주요 내용 등을 요약한 클레임 통지서를 전신으로 보낸 후 곧 이어 클레임에 관한 상세한 내용을 진술한 제기서장을 작성해서 우편으로 보내야 한다.

**표 6-1** 클레임 제기기간에 관한 입법 예시

| 구 분 | 클레임 제기기간 |
|---|---|
| 한국상법 | 발견즉시 통지(발견이 곤란한 경우 6개월의 기간 인정) |
| 일본상법 | 즉시검사, 하자발견 즉시 통지 |
| 미국 통일상법전 | 합리적 기간내 물품검사 및 하자통지 |
| 영국 물품매매법 | 합리적 기간내 물품검사 및 하자통지 |
| 와르소-옥스퍼드 규칙 | 합리적 검사후 3일 이내 통보 |
| 비엔나 협약 | 단기내 검사 합리적 기간 내에 통지(최대소멸시효기간 2년) |

클레임을 제기할 때 보통 클레임진술서, 손실명세서, 검사보고서 등의 증빙서류가 필요하다. 클레임진술서에는 클레임의 대상이 되는 거래내용, 클레임의 원인, 클레임의 해결방법 등을 명시한다. 그리고 손해배상을 청구할 경우에는 손실명세서를 작성하여 상대방에게 송장가격과 배상금액을 표시하고 실제 손실의 내역과 부대비용도 명시한다. 더 나아가 클레임의 정당성을 주장하려면 국제적으로 권위 있는 검정기관에서 발급한 검사보고서와 같은 증빙자료를 첨부하는 것이 효과적이다.

## 2-2 클레임의 접수

무역거래 당사자로부터 클레임이 제기되면 클레임의 제기내용을 검토하고 상대방에게 자신의 입장과 해결방안을 통보한다.

### (1) 클레임 제기시기의 검토

클레임의 통지를 받으면 클레임이 약정된 기간 내에 제기되었는가를 검토한다. 만약 클레임처리조항에서 약정된 기간이 지난 뒤 제기된 클레임은 법적인 시효를 상실한 것이므로 클레임을 거절해도 상관없다.

### (2) 클레임내용 조사

클레임진술서에 기재된 내용을 면밀히 확인하여 클레임의 정당성 여부를 검토하고 보통 다음과 같은 사항을 우선적으로 조사한다.

① 본인이 클레임의 책임당사자인지의 여부
② 클레임이 적법한 기간 내에 제기되었는지 여부
③ 클레임이 계약조건의 미비로 인한 것인지 여부
④ 하자를 입증하는 객관적인 증빙자료의 제시 여부
⑤ 공인검정기관이 인정한 물품검사인지 여부
⑥ 하자의 정도가 계약상 또는 관습상 허용되는지 여부
⑦ 손해배상청구액이 합리적인 산출근거에 의한 것인지 여부
⑧ 해당 계약의 특성을 충분히 감안했는지 여부

### (3) 해결방안 통보

클레임의 내용을 조사한 후 이에 대한 자신의 입장을 빠른 시일 내에 전달해야 한다. 클레임 해결과정에서 첫응답은 향후 분쟁해결의 방향을 설정하는 것이기 때문에 매우 중요하므로 자신의 입장을 명확히 해야 한다.

모든 클레임은 당사자간의 합의에 의해서 해결한다는 원칙하에 각 개별 거래의 특성을 감안하여 대응한다. 만약 클레임 제기자가 지속적으로 거래할 당사자일 경우나 거래관계를 계속 유지하고 싶은 상대라면 가능한 우호적 해결자세를 지니는 것이 바람직하다.

그러나 상대방의 의도가 불분명하거나, Market Claim과 같이 사소한 하자를 이유로 클레임을 제기할 경우에는 여기에 따른 반대자료를 첨부해서 항변해야 한다. 특히 배상할 용의가 있다든지, 계속 거래를 통하여 해결하겠다는 등의 애매모호한 표시는 상대방에게 클레임을 인정한다는 의사표시가 될 수 있으므로 삼가야 한다.

## 제2절 상사중재

## 1. ADR

### 1-1 ADR의 개념

ADR(alternative dispute resolution)은 재판 외의 대체적 분쟁해결제도를 말한다. 이는 무역거래를 비롯한 사적 거래에서 발생하는 분쟁을 재판에 의하지 않고 다른 방법으로 해결하는 제도인데 여기에는 대표적으로 알선, 조정, 중재 등이 있다.

일반적으로 분쟁을 사법적 절차에 의해 해결할 경우에는 시간, 비용 등이 많이 소요되고 재판과정에서 개인의 비밀이 누설된다. 따라서 개인들 간의 분쟁은 가능한 법정 밖에서 당사자들 간에 우호적으로 해결하는 것이 바람직하다. ADR이 지니고 있는 장점을 일반 소송제도와 비교해 살펴보면 다음과 같다.

첫째, 시간과 비용을 절약할 수 있다. 소송과 달리 ADR에서는 변호사를 반드시 대리해야 할 필요도 없으며, 또한 일심으로 해결되는 경우가 많기 때문에 시간과 비용을 절약할 수 있다.

둘째, 개인의 비밀이 보장된다. ADR에서는 절차가 공개되지 않기 때문에 개인의 비밀, 영업상의 비밀 등이 유지된다.

셋째, 분쟁당사자간의 합의를 존중한다. ADR은 재판권을 인정하지 않고 당사자간의 합의에 의해 절차를 개시하고 분쟁해결을 유도한다.

마지막으로, 전문성이 보장된다. 법관에 의한 일률적인 판정이 아니라 분쟁의 내용에 따라 해당 분야의 전문가들이 판정을 함으로써 분쟁의 전문성이 보장된다.

### 1-2 온라인 ADR

온라인 ADR은 분쟁의 신청, 절차진행 등 모든 과정에서 인터넷, EDI와 같은 정보통신기술을 이용하여 신속히 분쟁을 해결하는 제도이다. ADR 그 자체로서도 소송에 비해 시간과 비용을 절약할 수 있지만 이를 온라인으로 처리함으로써 더욱더 신속히 분쟁을 해결할 수 있게 된다.

기존의 ADR 업무처리는 분쟁당사자들이 서면으로 신청서를 작성하여 이를 관련 기관에 우송하면 관련 기관은 그 내용에 따라 적합한 대응조치를 취하게 됨으로써 다소 시간이 소요되는 경향이 있다. 그러나 온라인으로 업무를 처리하게 되면 분쟁당사자들은 인터넷을 이용해 분쟁을 신청하고 답변서를 제출함으로써 분쟁해결이 신속히 진행될 수 있다.

그 동안 온라인 ADR은 소규모의 전자상거래분쟁 등에서 이용되었는데 오늘날에는 지적재산권의 분쟁, 명예훼손, 프라이버시분쟁, 국제상사분쟁 등에서 많이 이용되고 있다. 특히 인터넷에 의해 시간과 국경을 초월하여 분쟁을 해결할 수 있어 무역거래에서도 유용하게 활용될 수 있다.

따라서 우리나라의 대한상사중재원에서도 기존의 업무를 온라인으로 처리할 수 있도록 사이버분쟁서비스체제를 구축하여 활용하고 있다. 현재 사이버 알선, 상담의 신청, 사이버 조정, 사이버 중재 등 온라인 ADR 서비스가 실시되고 있다.

## 2. 알    선

### 2-1 알선의 개념

알선은 공정한 제3자가 클레임에 개입하여 당사자간에 원만한 타협이 이루어지도록 조언함으로써 분쟁을 해결하는 방법이다. 제3자는 당사자의 일방 또는 쌍방의 의뢰에 의해 클레임에 개입하지만 어떠한 형식절차를 거치지 않는다. 따라서 알선은 쌍방이 협력하지 않으면 실패할 가능성이 크다.

알선이 성공할 경우에는 당사자간에 비밀이 보장되고 거래관계를 계속 유지할 수 있다. 그러나 알선은 어디까지나 양 당사자의 자발적인 합의를 통한 해결이기 때문에 그 효력은 법률적인 구속력을 가지지 못한다. 만약 당사자간 합의가 이루어지지 않으면 중재로 해결하거나 부득이한 경우 소송으로 해결해야 한다.

알선은 대개 중재합의가 없는 경우에 이용되고 있는데 우리나라에서는 분쟁해결의 경험과 지식이 풍부한 대한상사중재원의 직원이 개입하여 양당사자의 의견을 듣고 해결합의를 위한 조언을 하거나 타협을 권유한다. 알선 절차에 소요되는 모든 경비는 무료이다.

알선은 국내기업간의 클레임을 해결하는 국내알선, 국내기업이 외국기업에 대하여 신청하는 대외알선 및 외국기업이 국내기업에 대하여 신청하는 대내알선으로 구분된다.

## 2-2 온라인 알선

알선은 일반 알선과 온라인 알선으로 구분되는데 일반 알선은 알선의 접수만 온라인으로 가능하고 진행은 오프라인으로 이루어진다. 일반 알선은 국내, 국제 사건 모두 신청이 가능하다.

반면 온라인 알선은 기존의 알선과는 달리 알선의 신청 및 답변과 같은 알선절차 전부 혹은 일부를 온라인상에서 수행하는 사이버 알선을 말한다. 신청인은 대한상사중재원 홈페이지에 등재되어 있는 '사이버 알선신청하기' 프로그램을 통하여 사이버 알선을 신청할 수 있다. 이런 사실은 이메일을 통하여 피제기자에게 통지되고 피제기자가 사이버 알선에 동의하면 알선이 개시된다. 만약 피제기자가 사이버 알선을 원하지 않는 경우에는 일반적인 알선 절차로 전환되어 진행된다. 현재 사이버 알선은 국내건(국내기업간의 클레임)에 한하여 신청이 가능하다.

# 3. 조    정

## 3-1  조정의 의의

조정(mediation)은 당사자 일방 또는 쌍방의 요청에 의해 공정하고 중립적인 제3자를 조정인으로 선정하고 조정인이 제시하는 조정안을 양 당사자가 합의함으로써 클레임을 해결하는 방법이다. 알선은 형식적 절차를 거치지 않지만 조정은 반드시 조정인을 선정해야 하는 절차를 거쳐야 한다.

조정인은 해당 분야에 대해 경험이 풍부하고, 전문적 지식을 갖춘 전문가로 구성되는 것이 보통이다. 조정인은 전문적 지식을 바탕으로 거래관행, 상관습을 반영하여 상호 만족할 만한 조정안을 제시하여 당사자들 스스로 분쟁을 해결하도록 한다.

조정인이 제시한 조정안은 반드시 양 당사자가 합의해야만 효력이 있으며 어떠한 구속력도 가지고 있지 않다. 그러나 조정안은 대체로 당사자의 입장을 수용한 것이기 때문에 이에 따른 자발적 이행율은 상당히 높은 편이다.

조정이 지니고 있는 장점을 살펴보면 다음과 같다.

첫째, 조정은 절차가 간결하다. 조정의 신청 및 절차진행이 간결하여 분쟁당사자들이 쉽게 이용할 수 있다.

둘째, 조정은 신속히 끝난다. 조정은 분쟁을 신속하게 해결하기 위하여 통상 조정인이 선정된 날로부터 일정 기일 내에 조정이 끝나도록 되어 있다.

셋째, 비용이 저렴하다. 청구금액에 상관없이 최소비용으로 절차를 진행하고, 신속한 분쟁해결로 인해 추가손해를 방지하는 효과가 있다.

넷째, 비공개이다. 조정은 분쟁당사자의 영업비밀, 사생활보호를 위해 절차가 비공개로 진행된다. 아울러, 조정 중에 당사자의 진술 또는 제출한 자료는 소송절차 등에서 원용하지 못하도록 되어 있다.

다섯째, 전문가의 조력을 받을 수 있다. 무역 분야의 전문가로 구성된 조정위원회가 거래관행 및 전문적 지식에 근거하여 적절한 조정안을 제시한다.

여섯째, 거래관계를 유지할 수 있다. 조정은 당사자가 조정인의 조력을 받아 우호적으로 분쟁을 해결하는 제도이므로 분쟁해결 후에도 계속적인 거래관계를 유지할 수 있다.

마지막으로 분쟁당사자의 의견을 존중한다. 당사자가 조정인의 도움을 받아 스스로 분쟁해결책에 대하여 결정을 내릴 수 있도록 하고, 아울러 절차진행에 있어서도 당사자의 의견을 충분히 반영한다.

현재 대한상사중재원에서는 대외무역법에 따른 무역분쟁조정과 「부품·소재전문기업 등의 육성에 관한 특별조치법」에 따른 신뢰성분쟁조정을 시행하고 있다.

### 3-2  무역분쟁조정

(1) 의    의

무역분쟁조정은 우리나라 대외무역법에 따라 다음과 같은 분쟁이 발생한 경우 대한상사중재원에서 조정위원회를 구성하고, 이 조정위원회에서 분쟁에 관한 적절한 조정안을 제시함으로써 분쟁을 처리하는 절차이다.

① 무역거래자 상호간 또는 무역거래자와 외국업체간에 물품 등의 수출, 수입과 관련하여 분쟁이 발생한 경우(대외무역법 제44조 제4항)

② 선적전 검사와 관련하여 수출업자와 선적전 검사기관간에 분쟁이 발생한 경우(제45조 제2항)

무역관련분쟁으로서는 대표적으로 물품대금 미지급, 선적불이행, 지연, 품질불량, 물품상이, 계약과 관련한 분쟁 등이 있다. 그리고 선적전 검사와 관련된 분쟁으로서는 가격산정, 품질, 수량, 통관관련 분쟁 등이 있다.

(2) 무역분쟁조정절차

대한상사중재원에서는 조정사건을 접수한 후 7일 이내에 조정위원후보자로 위촉된 조정위원들 중에서 3인을 조정위원으로 위촉하고 조정위원회를 구성한다. 조정위원회가 구성되면 20일 이내에 조정위원회의 회의를 개최하여 분쟁내용을 검토하고, 당사자가 원만한 합의에 이르도록 조정안을 제시한다. 이 경우 당사자들은 조정위원회로부터 조정안의 통지를 받은 날로부터 7일 이내에 조정안에 대한 수락 여부를 서면으로 조정위원회에 통지하여야 한다.

양 당사자가 조정회의 중 합의에 이르거나, 조정안 제시에 대해 모두 수락한 경우에는 조정이 성립된다. 이 경우 합의서가 작성되며 그 순간부터 효력이 발생한다. 만약 당사자가 내용대로 이행하지 않을 경우에는 이후의 중재, 소송절차에서 그대로 인용될 가능성이 높다.

### 3-3  신뢰성분쟁조정

(1) 의     의

신뢰성분쟁은 신뢰성보장사업과 관련하여 발생하는 분쟁을 뜻한다. 즉 신뢰성인증을 받은 부품·소재를 이용하여 제품을 생산하거나 생산된 제품을 사용한 자가 그 부품·소재의 하자로 인하여 손해를 입은 경우, 신뢰성보장사업자, 피보험자, 지정인증기관, 지정평가기관 혹은 그 밖의 이해관계자 간에 발생하는 분쟁을 뜻한다.

신뢰성보장사업과 관련된 분쟁은 전문성을 요하므로 가급적 조정에 의해 신속히 해결하도록 유도하고 있다. 우리나라 「부품·소재전문기업 등의 육성에 관한 특별조치법」에 따라 신뢰성보장사업과 관련한 분쟁은 대한상사중재원에서 조정에 의해 해결하도록 규정하고 있다. 이에 따라 신뢰성분쟁이 발생한 경우, 전문적 지식을 갖춘 공정한 조정인이 분쟁에 대한 의견, 조언, 대안모색, 조정안제시 등 조정절차를 통해 해결되고 있다.

(2) 신뢰성분쟁조정절차

대한상사중재원에서는 사건이 접수되면 3인의 조정인을 선정하여 조정부를 구성한다. 조정회의를 통해 당사자들은 자신의 입장을 개진하고, 조정인은 사실관계, 법률관계에 대한 확인 및 당사자가 적절하게 분쟁을 해결하도록 의견을 제시한다. 조정부는 분쟁해결합의를 위하여 필요하다고 인정하는 경우 서면으로 조정안을 작성하여 당사자에게 수락을 권고할 수 있다. 당사자가 조정안 수락권고를 받은 때에는 이를 수령한 날로부터 10일 이내에 수락 여부를 통지해야 한다. 양 당사자가 모두 수락의사를 표시한 경우에 조정안에 따라 조정이 성립된 것으로 본다.

## 4. 상사중재

### 4-1  상사중재의 의의

상사중재(arbitration)는 분쟁당사자들의 신청에 의해 법관이 아닌 제3자를 중재인(arbitrator)으로 선정하고 중재인의 판정에 최종적으로 복종함으로써 분쟁을 해결하는 방법이다.

중재의 특성을 살펴보면 먼저 중재는 양 당사자의 신청에 의해 성립된다. 조정은 분쟁당사자 중 일방이 신청해도 가능하지만 중재는 반드시 양 당사자간에 합의된 중재계약에 의해서만 성립된다. 또한 중재는 당사자들이 법원의 소송절차에 의하지 않고 자신들이 클레임을 해결하는 것이므로 중재계약이 성립되기 위해선 재판을 받을 수 있는 권리를 포기해야 한다.

중재는 민간인에 의한 자주적인 분쟁해결방법이다. 중재인은 법관이 아닌 민간인으로서 해당 분야에 대한 전문지식을 갖춘 전문가들이며 분쟁당사자들에 의해 직접 선정된다. 중재인의 판정은 최종적이며 그 효력은 법원의 확정판결과 동일하고 중재인은 자기가 내린 중재판정을 철회하거나 변경할 수 없다. 중재판정을 집행하기 위해서는 법원의 집행판결을 받아야 한다. 그리고 국제협약에 따라 외국에서의 승인 및 집행이 보장된다.

또한 중재는 중재절차를 관리하는 중재기관에 의해 수행되며 중재기관에는 상설기관과 임시기관이 있지만 두 기관의 판정효력은 동일하다. 우리나라의 경우 대한상사중재원이 운영되고 있다.

이러한 중재가 지니고 있는 장점을 법원의 소송과 비교해 살펴보면 다음과 같다.

첫째, 중재는 분쟁을 신속히 해결하여 시간과 비용이 절약된다. 중재는 일심제이고 정해진 기간내 중재판정이 이루어지므로 당사자들은 분쟁해결에 많은 시간과 비용을 절약할 수 있다.

둘째, 분쟁당사자들은 자신들의 실정에 맞는 중재인을 선정할 수 있다. 대한상사중재원이 유지하고 있는 중재인단은 각 분야의 전문가들로 구성되어 있으며 당사자들이 중재인 명부에서 직접 선정한다.

셋째, 중재는 비공개리에 진행될 수 있어 사업상의 비밀이나 회사의 명성을 그대로 유지할 수 있다.

마지막으로 중재판정은 외국에서도 그 효력이 인정되고 집행이 보장되므로 무역거래의 적합한 분쟁해결방안으로 인정받고 있다.

### 4-2  중재합의

#### (1) 중재합의(중재계약)의 의의

중재는 분쟁당사자들이 합의한 중재합의에 근거하여 성립되는데 중재합의는 법정소송을 배제하고 중재에 의해서 분쟁을 해결하도록 당사자간에 중재를 합의하는 중재계약을 말한다. 따라서 중재계약은 당사자간의 합의가 있어야 하며 법원에 의해 재판받을 권리를 포기하고 제3자인 중재인의 판정에 복종해야 하는 것을 기본으로 하고 있다.

중재합의는 서면에 의한 별도 합의 또는 계약서상에 중재조항의 형식으로 체결할 수 있다. 우리나라 중재법(제8조)에서는 '중재계약은 당사자들이 서명한 문서에 중재합의가 포함되어 있거나 교환된 서신 또는 전보 등에 중재합의가 포함되어 있어야 한다'고 규정하여 중재합의의 서면주의를 명문화하고 있다. 그리고 계약이 서면으로 작성되고 중재조항을 그 계약의 일부로 하고 있는 경우에 한하여 중재조항이 포함된 문서를 인용하여 중재합의로 이용할 수도 있다.

#### (2) 사전 중재합의와 사후 중재합의

중재합의는 분쟁이 발생하기 전에 미리 합의해 두는 사전 중재합의 방식과 이미 발생한 분쟁을 중재로 해결하기 위하여 중재부탁계약을 합의하는 사후 중재합의 방식이 있다. 그런데 클레임이 발생한 후에는 불리하다고 판단하는 당사자가 중재부탁계약의 체결에 선뜻 동의하지 않기 때문에 매매계약을 체결할 때 계약서상에 중재조항을 삽입하는 사전 중재합의 방식이 매우 바람직하다.

#### (3) 중재지역, 중재기관 및 준거법

중재합의가 유효하게 성립되어 중재절차가 순조롭게 진행되기 위해서는 중재를 행할 중재지역, 중재기관 및 적용할 준거법 등을 정확하게 명시해야 한다. 특히 무역거래에서는 수출업자는 자기 나라에서 자국의 법에 의한 중재를 원하고 수입업자는 이와 반대로 원하기 때문에 중재합의를 할 때는 이 점을 분명히 명시해야 한다.

### 4-3  표준중재조항

현재 대한상사중재원이 중재합의계약의 취지를 살리기 위해 국내외 매매계약서상에 삽입하도록 권고하는 표준중재조항(standard arbitration clause)을 살펴보면 다음과 같다.

(1) 국내 중재조항

국내 매매거래에서는 다음과 같은 표준중재조항을 삽입함으로써 분쟁을 중재에 의해 신속히 해결할 수 있다.

▶ 국내중재조항

　이 계약으로부터 발생되는 모든 분쟁은 대한상사중재원에서 국내중재규칙에 따라 중재로 해결한다.

(2) 국제 중재조항

대한상사중재원이 무역거래의 계약서에 삽입하기를 권고하는 국제 표준중재조항은 계약당사자들이 상호 중재합의를 무난히 하여 중재인을 직접 선정할 경우에는 중재인의 수, 중재지역, 중재규칙 등이 언급된다.

▶ 국제표준중재조항 : 단독중재인의 경우

　All disputes which may arise between the parties, in relation to this contract, shall be finally settled by arbitration in Seoul, Korea in accordance with the Domestic(International) Arbitration Rules of the Korean Commercial Arbitration Board and under the Law of Korea. The dispute shall be decided by a sole arbitrator appointed by agreement of both parties.

　이 계약과 관련하여 당사자 간에 발생하는 모든 분쟁은 대한민국 서울에서 대한상사중재원의 국내(국제)중재규칙과 대한민국 법에 따라 중재에 의하여 최종적으로 해결한다. 중재판정부는 양당사자들의 합의에 따라 1인으로 구성한다.

▶ 국제표준중조항 : 3인 판정부의 경우

All disputes which may arise between the parties, in relation to this contract, shall be finally settled by arbitration in Seoul, Korea in accordance with the Domestic(International) Arbitration Rules of the Korean Commercial Arbitration Board and under the Law of Korea. The arbitral tribunal consists of three arbitrators, each party shall appoint one arbitrator and two arbitrators chosen by them shall appoint a third arbitrator, as a presiding arbitrator.

이 계약과 관련하여 당사자 간에 발생하는 모든 분쟁은 대한민국 서울에서 대한상사중재원의 국내(국제)중재규칙과 대한민국 법에 따라 중재에 의하여 최종적으로 해결한다. 중재판정부는 3인으로 구성하되 각 당사자는 각자 1인의 중재인을 선정하고, 이에 따라 선정된 2인의 중재인들이 합의하여 의장중재인을 선정한다.

그리고 무역거래에 있어서 계약당사자 간에 중재를 할 장소, 담당 기관 등에 관하여 원활한 합의가 이루어지지 못하여 계약체결이 지연되거나 계약 자체가 이루어지지 못하는 경우가 있을 수 있다. 대부분의 외국무역업자는 자국의 중재기관에서 중재할 것을 주장하는 반면, 우리나라 무역업자는 대한상사중재원에서 중재받기를 원하기 때문인데 이런 경우에 대비하여 대한상사중재원에서는 신청인 또는 피신청인 국가의 중재기관을 이용하여 분쟁을 해결할 수 있도록 한다.

▶ 표준국제중재조항 : 신청인 국가에서 중재하기를 원하는 경우(한·중 기업 간의 예)

All disputes in relation to this contract shall be finally settled by arbitration in the country of the claimant. In case the claimant is (a Korean enterprise), the arbitration shall be held at the Korean Commercial Arbitration Board. In case the claimant is (a Chinese enterprise), the arbitration shall be held at the China International Economic and Trade Arbitration Commission.

이 계약과 관련하여 발생하는 모든 분쟁은 신청인의 국가에서 중재로 최종 해결한다. 만일 신청인이 (한국기업)일 경우 대한상사중재원에서, 만일 신청인이 (중국기업)일 경우 중국국제경제무역중재위원회에서 진행한다.

> ▶ 표준국제중재조항 : 피신청인 국가에서 중재를 하기로 하는 경우 (한·중 기업 간의 예)

All disputes in relation to this contract shall be finally settled by arbitration in the country of the respondent. In case the respondent is (a Korean enterprise), the arbitration shall be held at the Korean Commercial Arbitration Board. In case the respondent is (a Japanese enterprise), the arbitration shall be held at the Japan Commercial Arbitration Association.

이 계약과 관련하여 발생하는 모든 분쟁은 피신청인의 국가에서 중재로 최종 해결한다. 만일 피신청인이 (한국기업)일 경우 대한상사중재원에서, 만일 피신청인이 (일본기업)일 경우 일본상사중재협회에서 진행한다.

### 4-4  중재절차

중재절차는 중재계약으로 정할 수 있으나 당사자간의 합의가 없거나 당사자의 의사가 분명하지 아니한 경우에는 상사중재규칙에 의한다.

우리나라에서의 중재는 〈그림 6-1〉과 같은 절차를 거친다.

① 중재신청: 클레임을 제기하는 당사자(신청인)는 중재계약에서 정하는 바에 따라 대한상사중재원(사무국)에 중재를 신청한다. 중재신청 구비서류는 중재신청서에 중재합의서 또는 중재조항이 포함되어 있는 계약서, 청구의 근거를 입증하는 서류, 중재비용 예납영수증 등이다.

② 중재신청의 접수 통지: 사무국은 일방당사자가 중재신청서를 제출하는 경우 당해 신청이 중재규칙 제10조의 규정에 적합한 것인지의 여부를 확인하고 적합한 경우에는 이를 접수한다. 중재신청서가 접수되고 중재비용이 예납되면 중재사건의 사무를 처리하기 위하여 사무국 직원 중에서 중재서기가 지명된다. 그리고 사무국은 양 당사자에게 중재신청이 접수되었음을 통지함과 동시에 중재인 선정을 의뢰함으로써 중재절차는 개시된다. 이때 피신청인측에 중재신청서 1부를 보낸다.

③ 답변서 제출 및 반대신청: 피신청인은 신청인의 중재신청서를 검토한 후 중재신청 접수통지의 수령일(기준일)로부터 국제중재의 경우 30일(국내중재의 경우 15일) 이내에 사무국에 답변서를 제출하여 답변할 수 있다. 사무국은 답변서를 제출받음과 동시에 그 답변이 적합한지 확인하여 이를 접수하

| 그림 6-1 | 중재절차 |
| --- | --- |

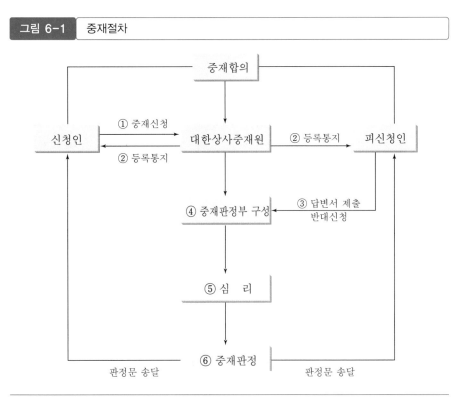

고, 양 당사자에게 접수사실을 통지하며 신청인에게는 답변서 1부를 보낸다.

그리고 피신청인은 신청인의 중재신청에 대하여 반대의 중재신청을 할 수 있다. 중재판정부가 답변의 취지나 이유가 반대신청의 내용을 포함하고 있다고 판단할 경우 중재판정부는 피신청인에게 반대신청의 여부를 명확히 요구할 수 있다. 그러나 중재판정부는 반대신청이 늦어 상대방의 이익을 해하거나 절차를 지연시키는 것으로 인정하는 경우에는 직권 또는 상대방의 신청에 의하여 이를 불허할 수 있다.

반대신청의 접수 및 통지와 반대신청에 대한 답변 등 반대신청의 절차는 중재신청의 절차와 동일하다. 그리고 피신청인의 반대신청은 신청인의 중재신청과 병합심리한다.

④ 중재판정부 구성: 중재판정부는 사무국에 접수된 중재사건을 심리하고 판정을 내리는 업무를 수행하며, 1인 혹은 수인의 중재인으로 구성된다. 중재판정부는 당사자의 합의로 정해질 수 있지만 사무국에 의해 선정될

때에는 당사자가 반송한 중재인후보자 선정명단 중에서 당사자들이 선호하는 우선순위에 따라 선정된다.

⑤ 심리절차: 중재판정부는 심리의 일시, 장소와 방식을 결정하고, 사무국은 당사자에게 국내중재의 경우 10일, 국제중재의 경우 심리개시 20일 전까지 이를 통지한다. 심리절차는 비공개를 원칙으로 하고 당사자 이외의 사람은 중재판정부의 허가를 받아야 심문에 출석할 수 있다. 중재판정부는 증인이 증언을 하는 중에 다른 증인의 퇴석을 요구할 수 있다. 중재판정부는 당사자를 직접 심문하지만 당사자의 서면합의가 있으면 서면심리에 의한 중재 심리로 대체할 수 있다.

⑥ 중재판정: 중재판정부는 당사자의 합의 또는 법률의 규정 중 다른 정함이 없는 한 심리종결일로부터 30일 이내에 판정을 내린다. 그리고 판정의 범위는 중재계약의 범위 내에서 계약의 현실이행뿐만 아니라 공정하고 정당한 배상이나 기타의 구제를 명할 수 있다.

중재절차시 주장되었으나 중재판정에 포함되지 아니한 청구에 대한 추가 판정은 당사자의 신청을 받은 날로부터 60일 이내에 추가판정을 한다. 사무국은 판정의 정본을 당사자 또는 대리인에게 송부하고, 원본은 송부사실을 증명하는 서면을 첨부하여 관할법원에 송부한다.

---

▶ 신속절차

신속절차는 중재제도의 강점을 최대로 살려 국내외 상사분쟁을 신속, 저렴하게 해결함으로써 중재 이용자들에게 편익을 제공하는 제도이다.

당사자간에 신속절차에 따르기로 하는 별도의 합의가 있는 중재사건 또는 신청금액이 1억원 이하인 국내중재의 경우에는 신속절차를 적용할 수 있다.

중재인의 선정에 대해 당사자간에 별도의 합의가 없는 경우에는 사무국이 중재인명부 중에서 1인의 중재인을 선정한다. 중재판정부는 심리일시와 장소를 결정하며, 사무국은 심리개시 3일전까지 구술, 인편이나, 전화 또는 서면 등 적합한 방법으로 당사자에게 통지한다.

심리는 1회로 종결함을 원칙으로 한다. 다만 중재판정부는 상당한 이유가 있다고 인정하는 경우에는 심리를 재개할 수 있다. 중재판정부는 중재판정부 구성의 통지를 받은 날부터 100일 이내에 판정하며 다른 합의가 없으면 중재판정부는 판정이유의 요지를 기재하여 판정할 수 있다.

서식 6-1 중재신청서

# 중 재 신 청 서

1. 당사자의 성명 및 주소

　(가) 신청인

| 법 인 | 법인명칭 | | 법인주소<br>전화번호 | |
|---|---|---|---|---|
| | 대 표 자<br>성 　명 | | 대 표 자<br>주 　소 | |
| 개 인 | 성 　명 | | 주 　소<br>전화번호 | |
| 대리인 | 성 　명 | | 주 　소<br>전화번호 | |

　(나) 피신청인

| 법 인 | 법인명칭 | | 법인주소<br>전화번호 | |
|---|---|---|---|---|
| | 대 표 자<br>성 　명 | | 대 표 자<br>주 　소 | |
| 개 인 | 성 　명 | | 주 　소<br>전화번호 | |

2. 중재신청의 취지

3. 중재신청의 이유 및 입증방법(별지기재):

　　　　　　　　　　　　　　　　　　　　　　　　20 　　년 　월 　일

　　　　　　　　　　　　　　　　위 신청인 ＿＿＿＿＿＿＿＿＿＿ 인

(구비서류): 가. 중재신청서 ······················································5부
　　　　　　 나. 중재합의를 인증하는 서면의 원본 또는 사본 ·····················5부
　　　　　　 다. 중재신청에 주장하는 청구의 근거를 증명하는 서증의 원본 또는 사본 ·····5부
　　　　　　 라. 법인등기등본(개인인 경우 주민등록등본)·························1부
　　　　　　 마. 대리인 신청시는 위임장 ·········································1부
　　　　　　 바. 소정의 중재비용

## 사단법인 대 한 상 사 중 재 원 귀 중

# 중 재 합 의 서

    여기 당사자들은 아래 내용의 분쟁을 대한상사중재원의 중재규칙 및 대한민국법에 따라 대한상사중재원에서 중재에 의하여 해결하기로 하며, 본 분쟁에 대하여 내려지는 중재판정은 최종적인 것으로 모든 당사자에 대하여 구속력을 가지는 것에 합의한다.

    (1) 분쟁내용 요지 :

    (2) 부가사항(중재인수나 위 규칙 제8장에 따른 신속절차 등에 관하여 합의할 수 있음) :

|  | 당 사 자(갑) | 당 사 자(을) |
|---|---|---|
| 상 사 명 : |  |  |
| 위대표자 : |  |  |
| 주소 : |  |  |
| 전화번호 : |  |  |
| 서명 또는 기명날인 : |  |  |
| 일자 : |  |  |

사 단 법 인 대 한 상 사 중 재 원 귀 중

## 5. 뉴욕협약(New York Convention)

무역거래의 분쟁은 대부분 수출업자와 수입업자간의 분쟁이기 때문에 중재에 앞서 외국에서 내려진 중재판정의 승인 및 집행이 국제조약에 의해 보장되어야 한다. 이에 따라 중재판정의 범위를 외국까지 확대시키고 중재판정의 승인 및 집행에 관한 요건을 간단히 할 목적으로「외국중재판정의 승인 및 집행에 관한 유엔협약」(The United Nations Convention on the Recognitions and Enforcement of Foreign Arbitral Awards: New York Convention)이 1958년 뉴욕에서 채택되었다.

뉴욕협약의 주요 내용은 상호주의 원칙에 따라 외국에서 내려진 중재판정의 효력을 인정하고 그 집행을 보장하는 것이다. 그리고 뉴욕협약은 외국중재판정의 승인 및 집행을 받기 위한 신청요건도 간결히 하여, 신청인이 중재합의서 및 중재판정문의 원본을 집행국의 해당 법원에 제출하면 집행이 가능하도록 규정하고 있다.

뉴욕협약의 결과로 각 회원국들은 외국중재판정의 승인 및 집행을 보장받을 수 있게 되었으며 세계 주요 국가들은 대부분 뉴욕협약에 가입하고 있다. 우리나라도 1973년 2월 8일에 42번째 국가로 이 협약에 가입하였으며 이로써 대한상사중재원에서 내려진 중재판정도 가입국간에서는 그 승인 및 집행을 보장받게 되었다.

# | 국 문 색 인 |

# | 영 문 색 인 |

# │ 부록 및 참고문헌 │

본 QR코드를 스캔하시면 무역실무(제8판)의 부록과 참고문헌을 참고하실 수 있습니다.

## 저자약력

서강대학교 경상대학 졸업
서강대학교 대학원 무역학과 졸업(경영학 석사)
고려대학교 대학원 무역학과 졸업(경영학 박사)
한남대학교 무역학과 조교수 역임
행정고시·관세사 출제위원 역임
콜로라도 대학교 방문교수 역임
Fulbright Senior Research Scholar
대한상사중재원 중재인
한국해운물류학회 회장 역임
현 충남대학교 무역학과 명예교수

## 저 서

「글로벌 무역개론」(공저), 박영사, 2015
「무역대금결제론(개정판)」(공저), 박영사, 2019
「해상보험」(제6판), 유원북스, 2016

E-mail: jskoo@cnu.ac.kr

제8판
## 무역실무

| | |
|---|---|
| 초판발행 | 1999년 3월 10일 |
| 개정판발행 | 2000년 8월 10일 |
| 제2개정판발행 | 2005년 1월 10일 |
| 제4판발행 | 2009년 6월 20일 |
| 제5판발행 | 2011년 8월 15일 |
| 제6판발행 | 2015년 1월 22일 |
| 제7판발행 | 2017년 2월 16일 |
| 제8판발행 | 2019년 5월 20일 |

| | |
|---|---|
| 지은이 | 구종순 |
| 펴낸이 | 안종만·안상준 |
| 편 집 | 배근하 |
| 기획/마케팅 | 정연환 |
| 표지디자인 | 이미연 |
| 제 작 | 우인도·고철민 |
| 펴낸곳 | (주)**박영사** |
| | 서울특별시 종로구 새문안로3길 36, 1601 |
| | 등록 1959. 3. 11. 제300-1959-1호(倫) |
| 전 화 | 02)733-6771 |
| f a x | 02)736-4818 |
| e-mail | pys@pybook.co.kr |
| homepage | www.pybook.co.kr |
| ISBN | 979-11-303-0772-5   93320 |

정 가    32,000원